武媚娘秘史

张鲁原 著

中国社会出版社
国家一级出版社★全国百佳图书出版单位

图书在版编目（CIP）数据

武媚娘秘史/张鲁原著. —北京：中国社会出版社，2011.1

ISBN 978－7－5087－3447－7

Ⅰ.①武… Ⅱ.①张… Ⅲ.①武则天（624～705）—传记 Ⅳ.①K827＝42

中国版本图书馆CIP数据核字（2010）第239650号

书　　名： 武媚娘秘史
著　　者： 张鲁原
责任编辑： 薛丽仙

出版发行： 中国社会出版社　　**邮政编码：** 100032
通联方法： 北京市西城区二龙路甲33号
电话：编辑部：（010）66082098
邮购部：（010）66060275
销售部：（010）66051698　传真：（010）66080880
（010）66080300　传真：（010）66051713
（010）66080360　（010）66063678
网　　址： www.shcbs.com.cn
经　　销： 各地新华书店

印刷装订： 中国电影出版社印刷厂
开　　本： 170mm×240mm　1/16
印　　张： 22
字　　数： 350千字
版　　次： 2011年1月第1版
印　　次： 2011年12月第2次印刷
定　　价： 39.00元

序

武媚娘即武则天，是中国封建王朝一个引人注目且颇具争议的人物，连外国文史学家也都积极参与讨论。武则天是武媚娘死后的谥号。她在世时，人们都只知武媚娘而不知武则天。千百年来，史籍和小说也不称她武则天，而只称她的本名武媚娘，或称为武氏、昭仪、武后、太后。武则天三字，是近代才开始流行的，这和现代的观念和思潮的改变有关，女权观念、男女平等、性开放、政治开明、思想解放等都起了一定作用。更重要的是，“则天”二字气势宏伟，符合相当一部分人、特别是演艺界、文史界人士褒扬、赞赏武则天的心理需要，许多书籍和影视剧都以武则天或以女皇称呼为快为荣，现演变成一种时尚，谁能撰写或表演武则天都会很引人欣赏、注目、艳羡，都能经常出镜、做秀，甚至会使身价提升百倍。

本书写的武媚娘，是历史上真实的武媚娘，没有丝毫掺假，除了偶尔夹入一些传说故事和进行必要的叙述与评论以外，全部都是历史的真实面目。有人可能嘀咕了：你写的是真实的媚娘，别人所写、所演的难道是假武则天吗？其实不然，这只是个人观念和看法的不同，也和材料的取舍有关。对历史人物的评价，各抒己见，百花齐放，百家争鸣，仁者见仁，智者见智，这是历史界、文化界的共识。本于此，这部历史人物传记材料翔实可靠，故事撼人心弦，人物栩栩如生，情节曲折生动，发人深省。《武媚娘秘史》这部历史人物传记的取名就与众不同，别人都称唐朝短命窃位女皇为武则天，此书独称武媚娘，这就很有吸引力，且意味深长。还有，“秘史”究竟秘在何处？令人悬念丛生，必欲探求究竟。事实上本书令人探秘之处实在太多，例如武媚娘如何狠心扼杀小公主，凶残虐杀王皇后、萧淑妃，疯狂冤杀大批骨肉亲人、皇亲国戚、忠臣良将、无辜百姓，她专门招收品质恶劣凶残的无赖、恶棍、杀人犯担任酷吏、滥用酷刑、枉杀忠良人士、实行血腥恐怖的统治，她愈老愈淫、公开宣淫、设立控鹤监广收美少年入宫供其纵欲淫乐等等，都依据史料披露、描写得淋漓尽致，因而具有很强的感染力和艺术魅力，当你在本书中看到武媚娘谋杀三个太子、囚禁两个儿皇、残杀和暗杀两个嫡亲孙儿孙女及四个贤惠媳妇的具体细节时，自会深感怵目惊心、义愤填膺；当你看到武媚娘因担心几万孤儿寡妇的流人“谋反”而连派六道使授意到流放地进行血腥大屠杀造成尸积成山、血流成河的惨不忍睹的情状时，自会拍案而起，怒不可遏……

史书与历代著名学者文人对武媚娘一向持严厉批判的态度。《唐会要》、《旧唐书》、《新唐书》、《资治通鉴》、《通鉴纲目》、《隋唐五代史》、《剑桥中国隋唐史》、《武则天传》、（林语堂）等正统史书都深刻揭露和批判了武媚娘为了夺权称帝而犯下的罄发难数的大量滔天罪行，都共同斥责支持武媚娘入主中宫、临朝执政的许敬宗是大唐第一奸臣。明末清初的思想家王夫之痛骂武媚娘是“鬼神之所不容，臣民之所共怨”，清朝著名文人赵翼斥责她是“千古未有之忍人”，隋唐史专家岑仲勉认为“总观其在位二十一年实际，无丝毫政绩可记”，吕思勉则痛斥她是“使滥刑、任酷吏”的“暴君”，文学大师林语堂除指责她是个“冷酷可怖、狰狞凶险”的淫婆、恶妇、暴君外，还哀叹她统治的那个时代“人人在恐怖之下，又如返回太古野蛮时代”，“当时竟一直向六千年以前古老的蛮荒进展下去，文明当时已经成了人类遗忘将尽的残梦。”我敬仰许多史书与先贤学者对武媚娘的评价，因此我这本《武媚娘秘史》中的观点基本上与许多史书与先贤学者对武媚娘的评价是一致的。不论现今有些人如何赞美、吹捧武媚娘，我丝毫不为所动。我坚信，事实胜于雄辩，事有公论，公道自在人心。在对武媚娘的评判上，真理、人性、良知、道德一定会居于上风和主导地位的。

有人说，武氏功垂千秋：“政启开元，治宏贞观。”这不合乎实际，也太肉麻了点。第一，武氏跟开元盛世沾不上边，她在太宗开元年间始终不得志，十三年才人身份不变，无所建树，唐太宗一直不喜欢她。徐惠妃还向太宗呈递了几篇奏疏，她一篇奏疏未写过，宫廷中没她的位置。第二，她重用小人，滥封官吏，踏践人才，贬杀不断，许多英才惨遭血洗、镇压，如初唐四大家的褚遂良、“大小欧阳”的欧阳通当时杰出的文人、书法家，均惨遭贬杀；宰相长孙无忌、韩瑗、柳奭、上官仪、裴炎、刘祎之、魏宏同等先后被斩或处死；一代名相狄仁杰亦因谋反案系狱，经设法廷奏对证，才巧脱囹圄；李昭德德才超群，功勋卓著，揭发酷吏罪恶，竟与酷吏来俊臣一同处斩等等。被她所残杀的大臣真不知有多少盖世英才！朝廷虽还保留一些杰出大臣，但这些人大都明哲保身，不敢触怒武皇，武氏为了巩固自己的“大周”统治，需要一些有用的杰出人才，不能对才华横溢者斩尽杀绝。大唐盛世人才辈出，势不可挡，她杀不尽也挡不住。因此，说她“治宏贞观”，实在是有悖史实。

但是，平心而论，武媚娘也有其可取之处。作为中国历史上独一无二的女皇，她自有其独特和不凡处。在男权思想占统治地位的封建社会，她竟然萌生“难道皇帝只有男子才能做的吗”的思想，于是尽力向至尊之位冲击，她的目标很坚定，从地位卑微的侍婢，高升为万人恐惧的权倾一时的帝国之主。凭着她的聪明才智，一路浴血拼搏，终于荣登上了皇帝的宝座。这的确为中国古代被人轻视的妇女扬了眉、吐了气，争得了无上光荣，可以看作是中国妇女获得平等、解放的先声，在中国以至世界文化发展史上都占有一席之地。在这一点上，武媚娘是成功的，她的确是精明强干的政客，胜过那些学识渊博的儒臣，胜过历代雄心大志的皇后。

应当承认，武媚娘是个杰出的女人。除去疯狂热衷于权力、滥施淫威、疯狂屠杀、实行恐怖统治以外，她头脑非常清楚，城府很深，深谋远虑，计划周密，料事如神，治事有方，个性聪敏而坚强。她临危不慌，计算精确可靠，稳打稳扎，方寸不乱，残忍与聪明、疯狂与冷静，在这个无与伦比的女人身上得到了惊人的统一。她争夺权力的把戏，的确玩得很高妙，包括皇帝和许多达官贵人，都被她玩弄于股掌之中而茫然不知。在她执政期间，为了维护她的统治，她念念不忘的似乎是恢复并进而发扬世人的道德良心，并提高国人的精神理想，尽管她言行不一、不能以身作则，但她的良苦用心还是可以理解和值得称赞的。在她生活的最后十年，性格渐见宽容，胸襟亦渐见开阔，冤案逐步平息，社会渐趋稳定，以前被放逐出去的贤良之臣又都召回为官，给予重用。她的老成练达，从容镇定，虽然难以洗涤其残忍毒狠之罪，却也使人敬佩。

近阅《百家讲坛》蒙曼所著《武则天》和赵葭苇所著《武则天时代》两部书，对其中一些观点颇不以为然。在《武媚娘秘史》一书中，本着切磋的原则，将时有涉及和商讨。

这部历史人物传记借鉴了诸多前人研究成果，并得到薛丽仙、田芳、陈福宝、赵潇雅等人的支持和帮助，谨在此深表谢意。疏误不当之处，敬请各界人士批评指正。

目录

【第一章】唐太宗点选武媚娘

一、点选进宫

大唐贞观十一年（637 年）一场大火烧毁皇宫大盈库，毁损较大。后又大雨兼旬，水漫宫廷民居，民众伤亡较多。宰相魏徵对太宗说：“天灾流行，皆因宫中阴气抑郁所致，乞将先帝所御老嫔妃尽行放出。”太宗见说，深以为是，即将老宫女尽数放出，宫苑为之一空。空旷的宫廷又使太宗心中不适。他是个风流天子，沉溺美色，纵欲无度，见有美貌佳人，从不放过。他身边不乏娇女艳妃，如吴王恪母，是隋炀帝女儿，花容月貌，隋亡后辗转入宫，深得太宗宠爱；弟妇杨氏，原是前齐王元吉的正妃，娇艳迷人，玄武门事变后没入宫中，成为太宗爱宠之一，《资治通鉴》记载太宗曾有意立她为后，因遭魏徵、长孙无忌等一班重臣反对而未遂；同时还有齐王祐母阴妃、蒋王恽母王妃、纪王慎母韦氏、越王贞母燕妃等绝代佳人，都深为太宗亲昵眷爱。然而，太宗素性好色，贪得无厌，觉得后宫空虚，还需找些绝色佳人来填充，供他尝鲜采蕊，恣情玩乐。此时，隋宗室杨达堂兄杨师道的从侄女巢王妃杨氏，想起自己转折表亲外甥女武媚娘，年方二七，娇媚动人，才艺出色，便向太宗推荐武媚娘入宫邀宠，以利于自己晚年有所依靠。太宗原本偏爱才貌双全的女子，听杨妃一渲染，怦然心动，立即下诏派宫臣唐俭亲往山西并州征召艳丽娇娃武媚娘入宫。据史书记载，武媚娘因“美容止”，“素多智计，兼涉文史”，“有才貌，召入宫”，都表明武媚娘不是一般选召入宫的，而是因她不仅容貌娇艳，还颇具才艺而被特选入宫的。

骏马飞驰，宫臣唐俭不日赶至并州，见过刺史，宣敕太宗诏令。诏令就是圣旨，刺史与唐俭立即来到武媚娘家中，向其母杨氏宣读太宗征召武媚娘入宫的诏令。左右邻居听说皇帝特选征召武媚娘入宫，都轰动起来，为武媚

娘高兴。武媚娘母亲杨氏舍不得女儿离开自己，深感悲恸。她知道圣旨难违，也想到让女儿进宫去碰碰运气改变命运，但事到临头还是难舍。她未生男孩，只生三个女儿，大女儿嫁给了贺兰氏，生有一子一女，丈夫病故守寡；三女儿后来嫁给一个姓郭的后很快就死了，二女儿就是本书主人公、太宗特召入宫的才貌出众的武媚娘。在杨氏三个女儿中，是她最疼爱的一个，自幼相貌就娇滴滴令人疼爱，且又天真活泼，人见人爱，杨氏当然更欢喜她。杨氏出身隋朝贵族，有良好的文化教养，精习经书诗文。受母亲熏陶，武媚娘善属文工书，醉心诗赋文学，聪慧机灵，小小年纪就精通文艺，在邻近儿童少女中算是个拔尖的人儿。女儿是娘的心头肉，为娘的怎能割舍得这娇美聪慧的小女儿远离身边和故乡啊。

杨氏泪眼含悲怔怔地望着媚娘，不知说什么是好。令她想象不到的是，武媚娘却笑吟吟对母亲说了一句令她感到意外的话："见天子庸知非福？"意思是说，家里生活这么暗淡，进宫廷若能改变命运，岂不是件好事，母亲你何必悲伤呢？也许是她真的试图碰碰运气，也许是自幼受父母官僚家庭的思想滋润，产生憧憬宏大壮美事物的冲动，这句话绝非她不经意的脱口而出，其中隐含着她对宫廷生活的好感与追求。这句话出自一个年仅十四岁、缺乏生活经验、不知天高地厚的纯净少女之口，颇令人费解和惊讶，已成武媚娘一生的名言了。文史学家们已对此话作出各种含义不同的解读。然而那时的武媚娘，毕竟还很率真、单纯，稚气未脱，这仅仅表露了她良好的愿望与追求而已，与她入宫后逐渐包藏祸心、杀戮不断、入主中宫、君临天下等思想言行与作风毫无因果联系。武媚娘这一句话多少给了母亲一点安慰，她的心因此也安定了一些。毕竟，女儿媚娘宫中还有两个亲戚，一个是前面提到的巢王妃杨氏，是自己转折的表亲，可算作武媚娘的姨妈，此次武媚娘被指定征召入宫，可能就是杨妃引荐的；一个是十三岁即进入秦王后廷累升至德妃的燕氏，燕氏的母亲和武媚娘的母亲是堂姐妹，杨氏想德妃燕氏也一定会照看表妹武媚娘的，既有这两个亲戚在宫中并身居要位，母亲杨氏应该可以放心了。杨氏想想，也好，就让女儿进宫去吧，这家里日子实在难过一点，自从丈夫武士彟去世以后，生活处境十分艰难，武士彟前妻相里氏所生的庶子武元庆、武元爽经常欺侮她们母女几个，日子过得很不是滋味。虽说"宫门一入深似海"，但也有出人头地的，例如自家亲戚巢王妃杨氏、德妃燕氏都深得皇帝宠爱，不是也很显贵风光吗？女儿迟早是人家的，就让她进宫去闯闯吧，媚娘妩媚动人、精灵活泼，说不准进宫后会有好运气呢。

杨氏在和唐俭谈话后，心中有了底，女儿媚娘确是经杨妃推荐、太宗皇帝因她才貌超群亲自点选入宫的，进宫后肯定能得到皇帝宠幸和敕封，不禁心怀喜悦。她向宫臣唐俭说："既是杨妃推荐，皇上点选，我女儿媚娘自当即日应选赴京进宫，只是有一事相商。”唐俭说：“什么事？”杨氏说：“媚娘是我最心爱的女儿，我舍不得离开她，我想和她姐妹一道进京，到京城后你可直接带进宫见驾，我和她姐妹在京城找个地方住下，我皇宫中还有至亲杨妃、燕妃，日后也便于联络、关照，可以吗？”唐俭说：“可以。这样吧，你们全家可随武媚娘一同乘大篷车上路，我乘马前行，走一段停下来等一下你们，到京城后你们找地方住下，她可随我直接进宫。”杨氏说：“好，就这样。”就立即打点细软物件、家私积蓄，带着媚娘和另两个女儿，雇一辆大篷车，随唐俭一路风尘仆仆进京送媚娘进宫了。

二、媚娘家世

武媚娘祖籍并州，出生于长安，童年生活在利州等地。武家原来世代务农，可到了武媚娘父亲武士彟这里，不愿再务农了，毅然走上了弃农经商的道路。据《太平广记》记载，开始经营木材，积累了不少财富。后因商人地位低下，被人看不起，为了改变身份，他决定从军。由于他有钱，经过活动，他从军伊始就做了一个名叫鹰扬府队正的小小的武官。碰巧时来运转，他结识了后来当上大唐开国皇帝的李渊。李渊因讨伐反叛路过文水，武士彟看准李渊是个杰出人物，大有可为，于是给予热情款待，表示为他效力的意向。据《新唐书·武士彟传》记载，他曾“梦帝骑而上天”，古代传说只有龙才能上天，他投靠李渊，把这梦说给李渊听，等于说您就是真龙天子，李渊当然非常高兴。李渊后留守太原，想起武士彟，就提拔武士彟为行军司铠参军，相当于军队后勤总管，地位一下子升上去了。当时李渊招兵买马急需钱用，也急需人才，武士彟冒着很大风险，倾尽家产，举族从军，给李渊很大的财力和人力支持。由于得到李渊的信任和提拔，武士彟终于累升高官，成了达官贵族。李渊登上皇位以后，他成了开国元勋之一，武德三年（620 年）即拜工部尚书，加封应国公。唐高祖晚年，他转任扬州大都督府长史，从此离开了京城，以后又历任过豫州都督、利州都督、荆州都督，都是威震一方的最高长官。

武士彟虽累高官，但出身寒微，被人看不起。当时社会重门阀，互相联姻都要豪门贵族，世家大族都不把他放在眼里。这给了武士彟不小的心理压力。他原娶妻相里氏，相里氏生了两个儿子后因病去世。武士彟在任上无法探望，高祖李渊为此嘉勉他说：“此人忠节有余，去年儿夭，今日妇亡，相去非遥，未尝言及，遗身循国，举无与比。”据《册府元龟》说，武士彟工作勤勉，唐高祖对他大加赞赏，决心为他娶个好媳妇。经过精心挑选，最后选中弘农杨氏之女为武士彟之妻。杨氏背景显贵是隋朝四贵之一观王杨雄的侄女、宰相杨达的女儿，是正宗的金枝玉叶。武士彟有政治地位，杨达有显贵身份，可谓强强联合，优势组合。《新唐书》还为此写了杨氏祖父《杨恭仁传》。这里顺便提一下杨氏的性能力和高寿龄。杨氏虽四十多岁结婚，但生育能力很强；一般女人四十多岁就很少生育了，可她婚后却先后生了三个女儿，这表明她性功能很旺盛。有人怀疑，她是二婚或有过情人，但史无实据，无从查考。从现象看，这是有可能的，她后来到了八九十岁高龄还公然招引大批美貌青壮年男子做她的面首，纵欲狂淫无度，竟致丧失人性乱伦勾引嫡亲外孙与自己通奸，还霸占外孙贺兰敏之不准他结婚和沾染别的女人，可见她淫荡成性，她的性欲和性功能已强盛到极点。她女儿武媚娘晚年也纵欲无度、愈老愈淫、广招面首、公开宣淫，似乎和母亲一个模子套下来的，自然是继承了她母亲杨氏特好淫媾、老而愈淫的遗传基因。杨氏直到九十二岁高龄才去世，这在当时是很少有的，这肯定和她的性功能得到充分发挥和满足有关。她到八九十岁高龄广招面首淫乐，使青少年充沛的阳刚之气能滋润、填充到她年老体衰的肌肤血液之中，长期处于阴阳调和、精神愉悦状态，因而能够使她长期肌肤柔嫩，精力充沛，心旷神怡，延年益寿。她的这一恣情纵欲、肆意放荡的生理特性和遗传基因也传给了她的后代，所以武媚娘、太平公主、安乐公主、韩国夫人、魏国夫人都无一不是像她一样极度纵欲淫荡、污秽不堪。年老的武媚娘由于广招貌美体壮的青少年充其面首纵情淫媾，也因此而身心无比欢愉，肌肤柔软润滑，容光神采焕发，还长出新牙、新眉，并且思维敏捷，任性使气，直活到八十二岁高龄才去世，这在身居皇位或帝位的女性中是极其罕见的。从史料看，杨氏出身贵族之家，是可以肯定的，不然高祖决不会亲自为武士彟选配这一婚姻。也许正是因为这个缘故，武士彟才迁就愿和超大龄的杨氏联姻的。后来武媚娘当上皇后操控朝政时封杨达近亲杨执柔为相，就因杨执柔是外戚才加以重用的。武媚娘还为此写了《外戚传》，宣扬自己外戚家世显贵，以正视听。

三、童年生活

武媚娘刚生下来，就娇媚动人，秀丽的面孔，灵动的眼珠，笑起来有小酒窝儿，手舞足蹈，特别惹人喜爱。她从小特别好动、爱玩，常跟一些小孩子东奔西跑，嬉戏取闹。她就是一个外向型的好动、好张扬、好上进的女孩子，经常深山野岭到处跑，哪里热闹就往那里钻。可以说，她很不安分，很不拘礼，相当泼野难驯。她父亲到处做高官，她随父到处走动，见识了不少，因而眼界开阔，心胸宽广，这为她以后进宫左右逢源应对许多艰难局面奠定了初步基础。

不过，她父母对她的培养、教育可一点没有放松。武媚娘有个特点，能动能静，动如脱兔，静如处子。父亲身为高官，勤于政事，但对媚娘的教育抓得很紧，每到一地都要请老师到家中来教她攻读古书诗文，学写诗词歌赋，家有书房陈列各种书籍，花再多的钱也在所不惜。由于她生得娇媚可爱，从小就叫她“媚儿”，老师进门教学后她日有长进，既能写诗，又擅写文，并特别练得一手妙手天成的好书法，尤其擅长王羲之的行草。老师很是喜欢，就给她正式取名为“媚娘”。母亲杨氏出身贵族，颇具北方女子精明强干特性，喜诗书，善属文，这样的情性也为她所继承，她对于文学的爱好和善写诗文无疑也来自于母亲的遗传和教导。武媚娘入宫后所写诗文颇具特色，令人赞赏，她书写的《升仙太子碑》那行云流水、令人心仪的漂亮书法千古流传，是和她童年时父母勤于教导、老师认真指教和自己勤奋努力的学习分不开的。

她的童年生活可以说是快乐而向上的。她的长进可以用“行万里路，读万卷书”来概括，她虽小小年纪，却有广泛阅历，已经随到处为官的父亲走遍半个中国，满腹经纶，经典诗文均能脱口而出，怪不得她年方二七，却已艳名远传，名声大噪。前面所写她对母亲说“见天子庸知非福”，并非她信口雌黄，她对自己的底细最为清楚，她觉得凭她的倾城容貌和出众才艺定可感染帝王，也会给全家带来美好幸福的生活。这一点，她是有些把握的。正因如此，史官特地把这句不寻常的且有很大胆识和气魄的惊人之语记录下来。

关于她的名字，清褚人获《隋唐演义》中说：“先生见她面貌端丽，叫做媚娘”；成书于明末清初的《浓情快史》中说：“抚养三岁，长得眉清目秀。武行之道：‘此女后来还要长得娇媚呢。’王氏道：‘这等就叫媚娘如何?’因此一家人都叫她媚娘。”这都是古书上的说法，完全合乎情理。现在有些书都说她自小无名，或称她入宫后皇帝赐名媚娘才叫做媚娘的。赵葭苇《武则天时代》就称“赐号武媚”。一个曾封为应国公、以后又历任扬州、豫州、利州、荆州都督重要官职的人，自己女儿必然读书习文，第二个女儿又生得特别娇媚，取名媚娘是很自然、正常的事，倒是一个高官小姐广读诗书却没有名字才是奇怪的事。其实，根据历史记载，隋唐时代用媚娘取名是很平常的事。媚娘不是封号，不必由皇帝赏赐。实际上从隋朝开始，民间流行的一个歌曲的名字就叫《武媚娘》。唐人笔记《朝野佥载》曾载有隋唐年间民间流行《武媚娘》歌曲的说法：“永徽后，天下唱《武媚娘》，后立武氏为皇后。大帝崩，则天临朝，改号大周。”这就是明证。依照现今的资讯信息，如果上网查询全国有多少个名叫武媚娘的，恐怕能查出成千上万个同名同姓的武媚娘来，这一点儿也不奇怪，这本来就是平常女子常喜欢用的名字。说不定因为中国历史上曾有个武媚娘做过皇帝，非常有名、风光，许多姓武的父母更愿意为自己女儿取用这个名字呢。

武则天这个名字，是在她死后中宗追赠她为“则天大圣皇帝”、后又改为“则天大圣皇后”的谥号而来的。中宗是个昏庸无能的君王，一切听韦皇后摆布，复位不久就被韦皇后毒死。这一谥号是很不恰当的。“则天”二字的含义极其庄严、伟大，有“受命于天”的意思。《论语》说：“佳天为大，惟尧则之”。“则”者准则、标准也，“则天”就是取则于天，受命于天。武媚娘穷凶极恶，为了做皇帝而凶残屠杀、残暴无比，是李唐王朝也是民族罪人，她有资格称作则天吗？她假称受命于天，那是她的无耻，她昏聩糊涂的儿子李显给她“则天”谥号是完全错误的，被颠倒的历史应当被纠正过来，那个窃据皇位十五年、前后亲政、执政近五十年的凶残透顶的所谓一代女皇不应称作武则天，而应直称她的本名武媚娘。

武媚娘童年的后期有点不幸、坎坷。贞观九年（635 年），时任荆州都督的父亲闻知高祖李渊去世后过度悲痛，不久就呕血而死，享年五十九岁。当时武媚娘已十一二岁。她母亲带着三个女儿扶柩回到并州老家。武士彟前妻生的两个儿子武元庆和武元爽以及武媚娘两个堂哥武惟良和武怀远，都对她们母女四人很不尊敬，甚至欺侮她们。这种日子过得甚是不愉快。家人的不和不可能对武媚娘没有影响，可以说，从十二岁到十四岁，这两年武媚娘是在阴影笼罩下度过的。

四、传说故事

传说武媚娘出生很神奇。说她母亲怀孕时睡梦中觉得有个沉重的东西压在身上，并听得有个声音说：我是神灵，今托生于你，将会给你带来荣华富贵。又有一个传说，她母亲在利州一个名叫龙潭的地方游玩，忽见水中腾空飞出一条金龙，欢跃旋舞，瞬忽不见，从此她母亲就怀孕了，生下了武媚娘。按古代说法，这叫“神灵感孕”。这后一个说法特别叫人感觉神奇而激动，金龙腾飞，那不是天子的征兆吗？晚唐大诗人李商隐在《利州江潭作》这首诗中特别注明利州是“感孕金轮所”，而“金轮圣王”则是武媚娘当皇帝后朝臣给她上的尊号，“感孕金轮所”就是表明武媚娘是她母亲在利州龙潭这地方金龙腾飞时感孕而生的。据《史记》记载商代创始人商汤就是“感孕而生”的，这就加重了武母感孕而生武媚娘的神秘色彩。对这些传说，无论商汤或武媚娘，按照现在科学观点，都是不现实、不存在的，因此也只能一笑置之。再说，前面说过，长安是武媚娘的出生地，因为按年代推算，她出生时父亲正在长安朝廷任职，她母亲怎么可能在利州神灵感孕呢。

武媚娘在襁褓中和童年时期还有个“为天下主”的灵异传说。据《新唐书·袁天纲传》记载，在她很小的时候，有个叫袁天纲的相面大师给她相过

面，说她气宇不凡，有人主之相。一天，袁天纲从武家门口经过，见到杨夫人，说：啊，夫人，您生得骨骼不凡，家中必有贵子。杨夫人听了很高兴，就请他到家看看几个孩子，看哪个是贵子。先看武士彟前妻生的两个儿子，袁天纲看后说，这两个孩子长相不错，将来会有前程。接着又把大女儿叫出来请袁天纲看，袁左看右看，连连点头，说“之后必当大贵，但夫婿沾不了光”。最后，抱出一个穿男孩衣服的小儿，就是武媚娘，因她母亲连生三个女儿，未生男孩，就把她打扮成男孩，聊以自慰。不料，袁大纲一看这小孩，脸色骤然一变，面露惊喜之色，又叫让这小孩下地走几步看看。武媚娘下地走了几步，灵动地闪动着一双大眼睛看着袁天纲，袁天纲见这孩子生得凤颈龙睛，大惊道：“可惜是个男孩，若是女孩，将来必为天下主!”“天下主”就是当皇帝。这可不得了，当皇帝，这真惊人啊！这个神奇的传说可靠不靠呢？日本原百代写的《武则天传》认为这个传说是武媚娘后来赖以飞黄腾达成为一代女皇的力量的源泉、基础和精神支柱，她正是受这次算命结果的鼓舞而在入宫后的人生搏斗中百折不挠，直至最后走上皇帝宝座的。但依据史实和科学观点来看，这个“女主天下”的卜相传说虚无荒诞，因为《袁天纲传》记述这件卜相故事，是依据《感命录》记述的，而最后记述袁天纲事迹的《感命录》里面并没有这件事，后人怀疑是伪造，说不定就是武媚娘当上皇帝后自己授意他人捏造出来的，其目的在于抬高自己的身价，自幼相命就注定“女主天下”，这是天命所归，谁还能来撼动她的君权神授的武周女皇神圣不可侵犯的权威啊。

【批】

这部分主要写武媚娘入宫前的家庭背景、童年生活和有关她那时的传说故事。“人之初，性本善。”总体看武媚娘入宫前的心性是比较天真、单纯而又随意、任性的。在她身上有着她父亲刻苦奋斗、终获显贵和她母亲大家闺秀、精通诗文的遗传基因，为她入宫后的强劲发展、才华尽显、多谋善断、争权夺利以至攀登权力顶峰奠定了较好的基础。从她后来诗文并茂、艺术情趣广泛等方面看，她自小应该受过良好教育，可惜无史实可考。她入宫后为改变身份谋夺权位和废唐立周而表现出的各种极端无耻、卑鄙、凶恶、残暴思想和行为，在她童年生活中找不到一丝一毫的影子。“见天子庸知非福”只是她当时的一种天真烂漫的遐想。传说袁天纲说她可为“天下主”，很可能是后来武媚娘登上帝位后授意他人捏造出来暗中传播的一个欺骗人的流言蜚语，根本没有原始史实根据。

【第二章】武媚娘邀宠福绥宫

一、太宗宠幸

车轮滚滚，风尘仆仆，武媚娘和母亲姐妹已随同唐俭离开家乡并州进入八百里秦川了。母女数人坐在一辆大篷车上，一匹马拉着，飞快奔驰。这时正是春夏之交的季节，田野上郁郁葱葱，麦苗生长茁壮，金黄的菜花，特别令人喜爱，沿途桃红柳绿，小桥流水淙淙，令人心旷神怡，远处山峦起伏，蔚为壮观。这是一幅多么令人心动美好的大自然风景画啊！前面城墙高耸，威严雄壮，隐约中可见城中一座座巍峨整齐的宫廷殿宇，气宇轩昂，飞檐画栋，金碧辉煌，分外壮观，这标志着已快到唐朝京城长安。武媚娘忍不住把头伸出车篷外看，拍手笑道："到了，到长安了！多好看啊！"她出生长安，可不久就离开长安，随父亲到各个为官所在地去生活，对长安一点印象也没有。刚才听唐俭说已快到长安，她特地伸头向外张望。她母亲没好气地说："看你快活得这个样子，要知道，宫廷深深，你进去就出不来了。"武媚娘说："娘啊，你别担心，我还有一个姨妈、一个表姐在宫里呢，她们都贵为妃嫔，一定会照顾我的。"母亲点头道："是的，这还真巧，你有两个表亲在里面，还有些地位，她们知道你进宫一定会照应你的，我有机会也要找她们谈谈，请她们多关心你一些。"

进了京城，杨氏和大女儿、三女儿下车找了个地方住了下来，武媚娘就直接随唐俭进宫去了。武氏入宫住进福绥宫，见到太宗一点儿不露慌张神色，自陈姓氏，三呼万岁，赢得太宗倾心。太宗命她起来，仔细端详她的颜面，只见她面若桃花，娇艳动人，体态轻盈，倾国倾城，他从德妃处已知她年方二七，但身体修长，仿佛十七八岁形景。最动人的，是一对俏眼，直盯着太宗微笑，太宗的魂魄都被勾了去，对眼前这个俊俏佳人，真是喜欢得不知如何是好了。太宗想她既如此引人、勾魂，反正已是自己的人了，就不顾一切地双手紧紧握住她的手，故意直盯着她看，而她也毫不娇羞，和太宗双目对视，眼珠闪光，热血上涌，满面通红，真如一朵含苞待放的鲜花。曾玩弄过多少娇娃美女的太宗知道，这媚娘已春情涌动，春心尽露，此刻已急切地渴求春雨淋沐了。于是他一把将媚娘抱入怀中，而媚娘也就顺势倒到太宗怀里。听任太宗拥抱、抚摩、亲吻，毫不拒绝，并且自己身体一纵一纵地摩擦着太宗身体。亲热缠绵了好久，两人情欲都达到了沸点，媚娘竟像久战情场的娇娘，迅速主动褪去衣裤，又替皇上脱光衣服，紧抱着太宗倒到床上。太宗是著名的风流天子，玩弄的美女不计其数，从未见过一个稚嫩娇滴滴的小姑娘初试云雨就如此癫狂、奋不顾身的。他产生了最大的性冲动。两人一直不停地玩弄了好长时间，双方都筋疲力尽了，才休兵停战，紧紧亲热搂抱而睡。

第二天早晨，杨妃闻讯前来看望她转折表亲的外甥女武媚娘。此时太宗已经起身，而武媚娘仍熟睡未醒。杨妃笑对太宗道："皇上，昨夜辛苦她了，难怪她此时还疲倦难醒呢。"太宗微笑不答。太宗的另一宠爱的燕妃闻讯前来探望表妹武媚娘，和太宗、杨妃闲聊，等待武媚娘醒来。过了一会儿，武媚娘从朦胧状态中醒了过来，睁眼一看，见太宗、姨妈、表姐都带着笑容站在床前看着她，她不由娇羞得捂起脸来，然后又迅速放开手，笑着连呼"万岁早，姨娘、姐姐早!"一骨碌爬起就穿衣起身下床了。昨晚因急于交欢，不及细谈，此时太宗才向杨妃、燕妃和媚娘详细问起武媚娘在家的情形。当太宗得知武媚娘在家广读经典诗书、勤于写诗作文，并练有一手好书法时，连连点头赞称武媚娘才艺出众，当即敕封她为才人。杨妃、燕妃听武媚娘说母亲、姐妹也已进京了，回去后就立即分别打发太监去招呼杨氏进宫，叙谈别后思念之情，承诺杨氏今后定会从多方面好好照应武媚娘。

二、徐惠贤妃

武媚娘的入宫引起了一些朝臣的不安。有两位大臣特别留意，一个是太尉长孙无忌，一个是宰相褚遂良。他们二人是大唐王朝的重臣，曾在玄武门之变中帮助李世民夺取皇位。现在他们关心的是中宫之位，此时贤德的长孙皇后已经去世，中宫乏人，谁主中宫，对唐朝政局稳定至关重要，也和这两位大臣休戚相关。因为他们参加过玄武门事变，在那次事件中齐王元吉被杀，事变后元吉的正妃杨氏没入宫廷，成为太宗宠妃之一，生有一子曹王明。她是杨达堂兄杨师道的从侄女，也是武媚娘的转折表亲。台湾雷家骥在《武则天传》中认为杨妃是太宗晚年最爱的女人。现在来了个武媚娘，是杨妃的亲戚，长孙无忌和褚遂良担心杨氏得武媚娘之助，可能会对他们二人不利，杨氏会寻机报复玄武门事变中元吉被杀之仇。这当然是他们的担心，但俗话说："害人之心不可有，防人之心不可无"。他们不能不有所警惕。他们深知太宗好色，决定向太宗进献一个才色双全的美女，转移太宗对杨氏和武媚娘的宠爱，并在太宗身边安下他们放得下心的一个心腹。这个女子是谁呢？她姓徐名惠，是一小京官之女，由于出身知识分子家庭，天性聪颖，很有灵性，人称小神童。五个月会说话，四岁熟读《毛诗》、《论语》，八岁就能写出出色的文章。年方一十三岁，却已早熟，俨然二八佳人。她貌胜天仙，精通音律，长袖善舞，吟诗作文，无所不能。且擅长书法，她所临摹的王羲之的《兰亭序》几可乱真。现已有许多官宦人家纷纷求聘为妇。褚遂良与徐惠父亲交情深厚，又是近邻，若从中撮合为太宗妃嫔，定能成功。徐惠一旦进宫，就成为长孙无忌和褚遂良在宫廷内的有力助手，他们在朝廷中身负辅佐重任的位置也就永远牢固了。

二人经过商议，决定快速行动，向太宗进献徐惠。一天退朝后，长孙无忌跟随在皇上后面说："臣有事启奏。"太宗说："你怎不在朝堂上奏呢？"长孙无忌说："此事不便公之于众。"说着，就从袖笼中拿出一卷白纸，在太宗面前铺展开来，说："皇上请看。"太宗一看，大吃一惊，说："啊，这是王羲之的《兰亭序》，现今只有一幅真迹，朕爱如生命，严密保存在文斋库房中，你是怎么偷来的？"长孙无忌笑道："臣不敢偷取皇上宝物，这是一奇才美女所临摹的，与王羲之的真迹完全一样，不差分毫，凡看过的都击节赞赏啊！"太宗喜爱擅长书法，对王羲之书法崇拜备至，广泛收集王羲之真迹，藏入书库，视为至宝。他所书写的字完全模仿王体，成了他文翰生活中的最大乐趣。他接过来仔细观摩，连连含笑点头，说："若卿不说是临摹的，朕还真的认为是王羲之真迹呢。"他停了停，若有所思，问："这女子叫什么？现在哪里？"长孙无忌长长一揖说："此女姓徐名惠，京城之女，年方一十三岁，广读经书，善写诗文，是个名扬京城的绝色才女，臣与遂良想敬献给皇上，以解除皇上在皇后仙逝后的寂寞，同时可为皇上增添书斋乐趣。皇上如愿召见，此女现在殿外。"太宗笑问："太尉怎知朕定会召见？"长孙无忌说："皇上爱王羲之书迹如命，臣知皇上定会喜爱此临摹王羲之《兰亭序》几可乱真的才女，何况她还是一个貌若天仙的绝色女子呢。"

当徐惠出现在太宗面前时，他真惊呆了，亭亭玉立在他眼前的秀俊艳丽的女子，体态轻盈，举止文静，充分显露出书香闺秀风韵，眉宇间脉脉含情，一声清脆悦耳的声音"臣女叩见万岁"直把太宗欣喜得不知如何是好，连说"请起、请起"，又上前一步，面对徐惠仔细端详。她面若桃花，鲜艳撩人，双眉纤细修长，两眼闪动的眼珠明澈透亮，一点朱唇鲜艳光泽。他原以为天底下没有比武媚娘更艳丽的女人了，没想到徐惠更胜一筹，媚娘虽媚但有妖淫之气，徐惠之媚则别具秀雅文采。徐惠眉宇、举止间处处展现一身书香气，真正是大家闺秀的端庄秀丽，虽撩人而无挑逗之态，显现出一般少女少有的儒雅与文静。徐惠的出色才貌特别是她的文雅风韵使太宗倾倒，当着长孙无忌的面就封徐惠为才人。徐惠叩头谢恩后就随太宗进入后宫。这一夜，太宗在床笫纵欢时微微有个感觉，徐惠即使纵体迎合、玩得异常舒畅也不失大家闺秀的文雅气质，在这一点上，她远远高于和胜过武媚娘。

徐才人进宫以后，知书达理，进退有度，并且关注国家大事，她见太宗经过多年的励精图治，国家蒸蒸日上，渐露踌躇满志之心。她及时上书，劝太宗“伏惟抑志裁心，慎终如始，削经过以添重德，循今是以替前非。”她这种关心国家大事的精神很得太宗赏识。不久，徐才人就升为徐婕妤，从五品升到三品，过了些时，又升为充容、贤妃，接连上升到了二品、一品。唐太宗有次想出兵西讨龟兹国，距唐都约七千里，如此劳师动众，耗费兵力国力，有损君恩国体。当时身为充容的徐惠，写了一篇奏疏，上呈太宗。疏中略云：“臣妾徐惠上言，妾闻以力服人，不如以德服人。盖以德服人者、逸而顺，以力服人者，劳且逆也。今陛下既东征高丽，复欲西讨龟兹，损有尽之农功，填无穷之巨浪，图未获之他众，丧已成之我军，妾窃疑之。昔秦皇吞并六国，反速危亡之基，晋武奄有三方，反成覆败之业，岂非矜功恃大，弃德轻邦，图利忘危，肆情纵欲之所致乎？越俎之诛，勿蹈噬脐之悔。伏愿陛下俯察迩言，息事宁人，以安天下，则不胜幸甚！”这疏上后，太宗览毕，不禁赞叹道：“徐充容有此奏牍，朕不得不息事弭兵了。”贞观二十三年，唐太宗去世，徐贤妃非常哀伤，她说先帝有厚恩于我，我发誓要追随他于地下。于是她有病也不肯吃药，很快就殉情而死了。这徐贤妃，太宗对她始终眷宠不衰，而贤妃也善始善终，尽忠太宗，不失为唐宫历史上一段佳话。

三、夺储风波

唐朝立国以来，夺储之争延绵不断。唐太宗当皇帝当得很凶残，他是通过玄武门之变杀死自己亲兄弟后逼父皇退位当上皇帝的。这给他的儿子们树立了一个很不好的榜样，让儿子们觉得皇位是可以篡夺的，谁厉害，谁就可以当皇帝。人们都知道，唐太宗以后的皇帝是唐高宗，可是要知道，他是唐太宗的第九个儿子，按嫡出讲他是长孙皇后的第三子，按常理怎么安排也轮不到他当皇帝。他是经过一场凶残的夺储大战之后才侥幸当上皇帝的。唐太宗刚当上皇帝时，嫡长子李承乾就已立为太子。李承乾不争气，整日不悉心攻读书文，攻研治国方略，只知一味玩耍，骑马、喝酒、打猎、玩娈童，闹得不成体统，乌烟瘴气，是个烂泥扶不上墙的人。他兄弟魏王泰，看哥哥这

样子，肯定不能继续当太子，就阴谋扳倒他夺过太子的皇位。魏王便时常在父皇面前说哥哥的坏话，太宗也知道承乾不成气候，又因他打猎把腿给摔折了，成了瘸子，瘸子皇帝是要被人笑话、看不起的，想另换太子而一时拿不定主意。恰巧东宫有个叫俳儿的侍女，为太子所嬖爱，日夕不离。太宗知情后召入俳儿，责她蛊惑太子，加杖百下，当即殒命。太子非常悼惜，疑为魏王告发，致触怒父皇，因此深恨魏王。由于心怀愤懑，整日托疾不朝，只在宫中聚众游戏，聊解愁闷。间或令宫奴盗窃民间马牛，亲临烹炙，与一般嬖童宠婢，同坐而食，完全失去太子应有的尊贵身份。有时酒后兴酣，自愿服作突厥衣饰，仿效突厥语言，命左右亦着胡服，分戟为阵，外竖五梛头纛，内设穹庐帐舍，高坐台上，一呼百诺，命左右烹羊进舍。食毕，顾语左右道："我已做过可汗，譬如今日死了，你们可为我行丧礼。"说完突然倒地，一动不动，左右骑马环转，一齐痛哭。然后他死而复生，一跃而起，哈哈大笑对大家说：等我有了天下，我就带着几万兵投奔到突厥首领思摩帐下，当一个小官，那真是天底下最快活的事啦。这简直是昏头昏脑、胡说八道，哪像大唐太子该说的话啊，这样的人以后当皇帝不要卖国吗？真是人性泯灭，祸国殃民。所以，太宗对他失望，渐渐地不喜欢他了。

魏王泰是韦妃所生，他仪表堂堂，喜欢读书写文，曾网罗一些文学之士编写一本名叫《括地志》的书，专讲全国山川地貌和政治、军事、经济等国计民生大事，表明他眼界不凡，挺适合当皇帝的。太宗对此书越看越喜欢，对他的好感甚至超过了太子。李泰看清了父亲心思，就开始拉帮结派，准备接班当太子。太子承乾知觉，暗派刺客纥干承基刺杀魏王，未能成功。承乾觉得李泰对自己是个威胁，父皇对自己又不信任，适值吏部尚书侯君集怨望朝廷，见太子低劣无能，可以利用，就劝太子谋反，太子就很高兴地答应他了。承乾勾结了一些文臣武将，甚至是亡命之徒，以金宝厚赂中郎将魏安延等，作为谋反夺权的内应。唐太宗得知此事后异常愤怒，他想我是通过造反杀兄起家登基的，我儿子再造我的反，这还得了？他把承乾找来盘问，承乾诉说内心的苦衷，说已贵为太子，别无奢求，如果不是李泰相逼，我也不会走到这一步，我实在怕我一旦落到李泰手上就不得命啦。太宗想想也是，但反案已定，于是废承乾为庶人，侯君集等处斩。太子位暂时空着，太宗一时拿不定主意。

魏王泰每日入内廷侍奉太宗，太宗面许立他为太子，但还需与大臣商议。中书侍郎岑文本及侍中刘洎等，也都劝太宗立泰为太子。唯独长孙无忌、褚遂良固请应立晋王治为太子。太宗沉默了一会儿，对侍臣说："昨青雀（泰小字）投朕怀中，谓臣儿今日始得为陛下子，臣止一儿，臣死时当为陛下杀之，传位于晋王。"褚遂良说："陛下以为可怜，臣实以为可虑。试想陛下万岁后，魏王据有天下，尚肯自杀爱子，传位晋王么？陛下前日正因为嫡庶相争，酿成内变，今必欲立魏王，愿先将晋王安插，方保无虞。”太宗流泪说：“这事恐办不到呢。”魏王泰恐晋王治得立为太子，就去见晋王说：“你与元昌亲善，今元昌败死，你可能会被连及吧？”晋王听了这话，不觉面露愁容，被太宗看见了，问他为何忧愁。晋王据实把魏王找他说的话奏告父皇。太宗听了猛然有所惊悟，说：“他却有此深心，朕今天才明白。”是说魏王阴谋很深，我到今天才看透了他。太宗流泪入宫，想起太子、二王（魏王李泰、晋王李治），不觉无比懊恨，不停地击床大叹。

徐惠妃、武才人问道：“陛下有何闷事，发此长叹？”太宗把太子与魏王、晋王纷争的事告诉了他们二人，又说：“朕屡敌万阵，多次面临颠危处境，从来不放在心上，想不到如今家室之间，反发生许多狂悖的事，我还有什么生趣呢？”徐惠妃说：“陛下平定四海，征伐一统，历经艰辛，才得有今日天下，何苦为了一点家庭细小事务而忧伤呢？”太宗说：“你们岂不知以前建成、元吉，淫乱于前，二王欲步履他们后尘，他们所作所为达到这等地步，怎不叫我忧心忡忡呢？”太宗因情绪过分激动，就自己投奔到床前，拔出床边佩刀想要自刎。这可吓坏了徐、武二人，武才人抢步上前，夺下佩刀，说：“陛下何必轻易这样难过、自杀呢，品行不好的太子已经废为庶人，图谋当太子的人尚未予以确定，倒不如就此结束这鹬蚌相争、渔人得利的局面吧。依臣妾看，晋王也是长孙皇后所生，是皇上嫡系儿子，立他为太子未尝不可啊。”徐惠妃说：“晋王仁孝，立他为太子，可保没有风险。”太宗听她们这么一说，心里很是认可、高兴。当即亲临太和殿召见各位大臣说：“承乾悖逆犯上，李泰又凶恶阴险，在朕许多儿子中你们看谁可立为太子啊？”许多大臣都一致赞叹欢呼说：“晋王仁孝，应当立他为太子。”太宗于是立即宣布晋王治敕立为皇太子，这时他年方一十六岁。为了保持稳定，太宗痛下决心，把李承乾和李泰同时废为庶人。他的想法是，这样就可避免宫廷内部的争斗、杀戮了。然而他没有想到的是，他确立李治为太子以备将来继承他的皇位，却给李唐皇室潜伏下了巨大惨烈的杀机。由于李治为人“柔懦”，也就是软弱无能，无主见，窝囊废，反复无常，易于被强者控制、摆布，就注定本书主人公武媚娘一旦正式登场就牢牢控制、摆布了李治一生，使李唐皇室惨遭大屠杀的灾祸，这里所记叙的武媚娘劝唐太宗立李治为太子一段话，是武媚娘经过细心揣摩作出的今后生活道路的选择，也是她在大唐王朝正式登场的前奏曲。

四、狮骢事件

一天，风和日丽，武媚娘与皇上携手漫步，不觉来到御马厩前。马厩中的马匹都在安静地吃着草料，其中有一匹白马很不安静，不停地用前蹄刨地，并不住地扯动缰绳，似乎要挣脱羁绊的样子，好去奔向广阔的原野，放开四蹄奋力向前飞驰。皇上指着白马对武媚娘说："这匹马叫狮子骢，因为它鬃毛像狮子似的，所以叫做狮子骢。这狮子骢非常暴躁，桀骜不驯，很难驯服。自从得到这匹马以后，还没有人能够降服过它。"武媚娘仔细看看这匹马，见它长得高大威猛，神骏异常，见有人来了，不由昂头长啸一声，啸声宏大响亮，和它的威猛气势相得益彰。接着又来回走动，不时还用蹄踢地，得得作响。武媚娘说："妾父亲到各地做都督，他经常骑马，臣妾对马的习性还是多少有些了解的。"皇上说："这狮子骢是匹好马，雄壮有力，上战场是最能起作用的。可是现在不打仗，用不着它，它倒反而常发威踢人了，要是有人能征服它就好了。"武媚娘笑了笑说："怕是没有遇到高人吧，别看狮子骢这么凶悍，依臣妾看驯服它还是很容易的。"皇上惊奇地问："你能驯服这匹马吗？你如何驯服啊？"武媚娘笑道："臣妾能够制伏它。""你怎么制伏？""请万岁赐臣妾三物即可驯服。"太宗问："哪三物？"武媚娘说："铁鞭、铁锤和匕首。"太宗大惑不解地问："这可不是驯马的东西啊，你用这些东西干什么啊？"武媚娘语气坚定地说："臣妾有这三样东西就能制伏它，凡事一物必有一克，暴烈的马就用暴烈的手段对付它。臣妾的办法是：先用铁鞭抽它，如果不驯服，就用铁锤敲它的头，要是还不能驯服它的野性，那就用匕首割断它的喉咙。"武媚娘说时，坦然自若，没一点紧张神色。可皇上听了却毛骨悚然，他万万没有想到，站在他面前的这个温柔妩媚、娇态万千的女子，竟然有这样无情狠毒的心肠，几乎把他吓了一跳，他脑海里一闪念想到，这女子驯马方法太可怕了，如果让她掌握政权，那不是杀人不眨眼的女凶魔吗？他作为一位皇帝，却几乎怔怔地不知说什么是好了。

武媚娘感到皇上神色不对，似有不悦之色，忙问："万岁为何不说话啊，难道臣妾说得不对吗？"皇上点点头，又摇摇头，说："我是要你谈驯马的方法，没有要你杀马啊，你用刀捅马的喉咙，马还有命吗？"武媚娘说："万岁，马既不能为你所用，还要它干什么，不如一杀了之，倒可免为他人所用。"见皇上还没有回过神来，她又补充一句："用人之道也是如此啊。"皇上听他最后这句话，心里猛然一震：心想，这武媚娘虽娇小可人，可想不到心肠却如此狠毒，真是人不可貌相！她还谈到用人之道，若她真的从政，那不知道不听话的臣子要被她杀掉多少。这太可怕，太凶残了！心虽这样想，嘴上却说："说的是。"正好有个太监来到太宗面前，说："太史李大人求见。"太宗随即说："要他在便殿等候，朕立刻就来见他。"说毕，就匆匆走了，连一句打招呼的话也没有跟武媚娘说。武媚娘觉得不对劲，以前皇上离去时总要多少说几句话，这次说走就走了，一句话也没有，把她晾在一边，她感到不是味儿。

上述这个故事是由晚年的武媚娘自己述及的。时值大周久视元年（700年），宰相吉顼与河内王武懿宗争执，武媚娘说出这个故事以壮自己声威，并最后说“太宗壮朕之志”，吓得吉顼不敢声辩，拜伏求生，终被贬黜。

对这个故事本身，人们有多种看法：明代李贽认为这是女皇的权谋，“借此以恐吓人尔”；台湾学者雷家骥认为这展示了武媚娘人格上的一些特点：在性情上有暴烈、攻击、敌视不顺从她的人的倾向，在能力上对自己处理问题的方式有极大的自信和果断，在心理上有极强的表现欲和自尊心；有人认为“太宗壮朕之志”这句话不符合现实，太宗对她欲以钢刀刺杀狮子骢极为反感，怎么可能鼓励、赞赏她呢，这极有可能是武氏自我吹嘘，以提高自己的身份和威严。

五、低等才人

武媚娘刚进宫就被太宗封为才人，应该是很荣幸的。宫廷中能得皇帝宠幸的人是分品级的，才人是五品，县令一般只有七级，所谓七品芝麻官，她一进宫就被封为五品才人，这不够荣耀吗？但若仔细推敲，才人身份并不高，只是一个平常宫嫔，它既是皇帝的小妾，又是宫中的小官。当然，才人这个封号也不是平常入宫女子可以得到的，必须具备才貌双全的条件，没有文才，就不会封为才人。但才人仅是初获宠幸的才女的一个低级封号，在皇帝妃嫔中属于最低级的封号，是才女入宫后获得各种封号的第一步，是晋升为妃嫔的开端。

皇宫里等级森严，界限鲜明。古代普通男子有妻有妾，有的还有很多小老婆。皇宫里也一样，但地位、封号、品级严格，有明显的高下贵贱之分。皇帝的嫡妻，也就是大老婆，叫皇后或正宫娘娘。皇后之下，皇帝的小老婆统称妃嫔，是有各种等级的，且每个等级都有固定的员额与等级。唐朝后宫制度，第一等叫妃，有四个名额，依次为贵、淑、德、贤四妃，均为一品；第二等叫嫔，有九个名额，名称有昭仪、昭容、充容等，均为正二品；第三等是婕妤，共九人，位列三品；第四等是美人，共九人，位列四品；第五等是才人，也是九人，位列五品；妃、嫔、婕妤、才人名额都固定不变，一旦满员再受宠也只能排队等待升迁。武媚娘受封为才人正五品，位在四妃、九嫔、九婕妤、九美人之下，属最下等级品位。

帝王妃嫔都各有一定的职务，在宫廷中称为“内官”。随着等级封号品位的高低，各人的职务也有所不同。等级封号品位越低，职务也越低越平凡。才人的职责为“掌叙宴寝，理丝怠，以献岁功”，主要是负责安排帝王饮宴、狩猎、寝歇、音乐等。事情繁多，蛮辛苦的，但接近皇帝机会较多。

唐代帝王外出游猎，常有才人相随伴驾，并多有骑射功夫。诗人卢纶诗云："台殿云凉风日微，君王初赐六宫衣。楼船罢泛归犹早，行道才人斗射飞。"大诗人杜甫《哀江头》诗云："辇前才人带弓箭，白马嚼齿黄金勒。翻身向天仰射云，一箭正坠双飞翼。"都充分展现才人伴驾时的高超骑射的功夫与英姿。

从上述情况看，武媚娘在太宗时代主要属于随侍伴驾的角色，和皇帝混个脸熟没问题，但要出类拔萃、出人头地很困难。此情此景对她来讲是难耐和难堪的。她原想遇到机会、出头有日，可混来混去，十多年青春时光消逝了，才人身份始终未变，说白了只是个侍奉皇上的高级宫人，太宗一直恩宠徐贤妃等其他妃嫔，几乎把她搁在一边了。但也正因为她经常随侍太宗，便也有机会结识、亲近太子李治，产生不伦之恋，同时也正因为常在太宗前照应寝歇饮食，太宗病重时煎汤熬药，因此后来天下人都知道她侍奉过先帝。以致高宗立她为后时公开撒谎，说她当初不是才人而是宫女，哄骗世人，欲盖弥彰，出尽了丑。但那时的武媚娘倾心后位与权威，哪顾什么名声与议论呢？当然，那是后话了。

六、后宫失宠

武媚娘进宫十多年，在太宗面前一直不走运。刚入宫时，二七芳龄，鲜艳如花，妩媚动人，交合时那泼浪劲儿，实在叫人舒畅、销魂，因此太宗一度非常喜欢她。日子久了，宫廷中美人众多，特别是自徐惠进宫以后，徐惠那娇嫩鲜艳容貌，温存体贴劲儿，幽静文雅风度，处处高媚娘一筹，并且处处都和他思慕难忘的已逝的长孙皇后思想、性格、举止、风韵相似，他从徐惠身上找到了莫大的精神安慰和寄托，他爱徐惠简直到了如痴如醉的程度。加上徐惠心机灵敏，关心国事而又不干预朝政，常常在太宗面临重大事件和问题时适时上疏进谏，而一切朝政都不予过问，这赢得了太宗最大的信任和慰藉。人常说，"千金易得，知己难求"，太宗过去把长孙皇后当做最心爱的贴心人，长孙皇后在玄武门事件中给予他全力支持，太宗觉得，如今的徐惠犹如长孙皇后再生，他和徐惠实际上已成了最贴心最恩爱的结发夫妻，万千宠爱在一身，太宗对徐惠的爱恋已达到爱不释手、如痴如狂的程度，这样，无形中就和武媚娘日渐疏远了。

从封位上也可看出太宗对徐惠的深切宠爱。徐惠这个不久前新近进入宫廷的少女，由于她处处举止、言谈、待人、处事得体，德才兼备，关心国事，不涉朝政，颇得后宫及大臣一致好评，所以她入宫几年来，升迁不断，先是才人，后是婕妤，再就是充容，最后是贤妃，从五品才女一步步飞速升迁到一品贵妃、夫人的位置，真有点像是如今火箭腾飞的速度，这在当时是极其少有的。回头看看武媚娘，她进宫时封为才人，一晃十多年过去了，还是个才人，始终原地踏步，没有一丁点儿升迁，于此也可看出，太宗不爱武媚娘，对她总有一种难以言传的不对味的感觉。什么感觉呢，武媚娘太好表现，好炫耀、张扬、逞能，并且虽然地位卑微有时竟能说出和做出令人咋舌的话语和行为，譬如上面提到的狮子骢事件，她竟说出要凶残地刺杀掉暴烈难驯的狮子骢，并说用人也是如此，不为我所用就格杀勿论，这使一朝之尊的太宗惊悚不已，这样的人一旦掌权，可不得了。因此，他当时离开武才人时一句话也不愿多说，就悻悻然拂袖而去，把武才人撂在马厩旁半天也回不过神来。

太宗不喜欢武媚娘还有更深层次的情感性格上的原因。长孙皇后是太宗一生中最亲近、最敬重的女人。长孙皇后美艳动人，温柔敦厚，知书达理，宽容大方。她处理家事井井有条，关心国事，进退有度。玄武门之变她在秦王府鼓励将士，奋勇杀敌，帮李世民一举登上了皇帝宝座。她做了皇后以后，从不干预朝政，说：“牝鸡司晨，惟家之索。妾以妇人，岂敢预闻政事?”但她并非对国事漠不关心，有次魏徵劝谏太宗惹怒了太宗，太宗扬言“今当杀此田舍翁!”长孙皇后听到后身穿厚重朝服出来行大礼拜见太宗，把太宗吓了一跳，忙问皇后为何对我行此大礼，长孙皇后说：“妾闻君明则臣直，如今魏徵敢于直言进谏，这表明您皇上很英明啊，故我特向您表示祝贺。”太宗听了十分喜悦，同时也明白了皇后良苦用心，她是在劝谏自己作为一代明君要有容人风度，他于是取消了要杀魏徵的念头。长孙皇后明白劝诫皇上不要重用外戚，“慎勿处之权要”，别让娘家人身居要位、干预朝政，因为许多历史事实都表明外戚干政都没有好结果。她如此识大体、顾大局的良苦用心使太宗永志难忘。可惜她操心过度，积劳成疾，竟一病不起，只年轻轻的三十六岁就撒手人寰了。太宗对长孙皇后这一贤内助、圣德皇后的逝世真是太伤心、太悲痛了，长孙皇后逝世使他在内宫失去了一个好帮手，真正悲痛欲绝。所以他从此再也没有立过皇后，连徐惠那样贤惠的他十分心爱的妃嫔都未能登入皇后宝座，更不用说其他女人了。武才人算什么，在太宗心中根本没有她的位置，太宗一直沉浸在思念长孙皇后的阴影中，她那样端丽儒雅、雍容大度、贤德超群、众口交誉，是任何再美再好的女子都无法相比代替的，至于武才人这类女人，用一用还可以，其他休想，只能靠边站！武才人用钢刀刺杀狮子骢的一席话，唐太宗深感厌恶，更加拉远了他和武才人之间距离。

武才人当初说“见天子庸知非福”，可是福在哪里呢？她回顾茫然，内心有些悲哀。当才人绝不是她的终结欲望和追求，她要出人头地，她要风光无限，她要拥有她想有的一切，恣意而为，肆行无忌，可是命运似乎跟她开玩笑，她都未能得到，她失望了。然而，有心机的她终于不失时机地抓住了一

个机会，她及时地当着太宗的面推举李治当上太子，她似乎稳操胜算，觉得这一步棋她走对了，福运正隐隐约约向她招手呢。这在后文将要谈及。而在马厩边太宗晾下她而去的武才人，则感觉心地悲凉伤感命不如人。

七、传言谶语

武媚娘失宠于太宗，还有另外一个原因，那就是“唐三代后，女主武王当有天下”的传说。太宗晚年的时候，宫外忽然流传“女主武王”的流言，说唐三代后，当有女主武王代有天下。原来是民间传说，后来传到宫里了，太宗听了很纳闷、难受。他把太史令李淳风召到宫里，问他有没有这回事。开头说的武媚娘可能将来“女主天下”的袁天纲和李淳风是同事、好友，但袁天纲只是民间术士，李淳风却高居太史令，为测天象、卜吉凶、定历法的重要官员。李淳风来到便殿，太宗问：“太史，近来可有异常天象？”李淳风答称：“万岁，有，此天象异常重要，关乎唐朝长治久安。”太宗问：“究竟是何天象，你如实说来。”李淳风说：“臣连续三天日观天象，都见太白星在日旁显现，而且光芒四射，今日方才隐去，太白犯日，是个大凶征兆。”太宗问：“这一天象有何预示？”李淳风说：“不好，当主三十年后女主临朝。并且，我经过一番推算，发现这个女人已经在陛下宫里，是陛下的眷属，不出三十年，她就要取代陛下，而且还要诛杀李唐皇室的子孙。”太宗说：“这是真的吗？真那么准啊？”李淳风说：“天象警示，不可不防，三十年后的事，臣也不能把话说死。”李淳风欲言又止，“不过……”太宗说：“不过什么？你不要吞吞吐吐，把话说完。”李淳风说：“此乃臣从民间得来的传言，近日在长安民间流传一纸谶书，名为《秘史》，内文中说，大唐三世后，女主武王当有天下，虽是谶言，还是有一定可信度的，万岁不可掉以轻心。”太宗听了非常紧张，说：“那怎么办呢，既有天象，又有谶言，都巧合到一起了，我要在朝廷和宫里清理清理，把姓武的或与武字有沾边的都杀了算了，江山社稷要紧，宁可错杀一千，不可漏网一个，你看如何？”李淳风说：“俗话云：‘天意不可违’，非人力所能扭转。圣天子百灵相护，必能转危为安，但剪毒苗于萌芽之中，也是可以的。”《旧唐书·李淳风传》对此事有一段记载：“淳风曰：‘天之所命，必无禳避之礼。王者不死，多杀恐枉及无辜。且据天象，今已成，复在宫内，已是陛下眷属。更三十年，又当衰老，老则仁慈，虽受终易姓，其于陛下子孙，或不甚损。今若杀之，即当复生，少壮严毒，杀之立仇。若如此，即杀戮陛下子孙，必无遗类。’”这后面几句话，把唐太宗给镇住了，“少壮益毒”、“必无遗类”，那多惨、多可怕啊！

《太平广记》还有一段记述李淳风在后宫女人中选认武王的说法。说唐太宗在李淳风观天象、释谶语之后即命李淳风到宫中辨认一下传说中的武王。李淳风一一指认宫人，最后指出了五十人一组，说武王就在其中，而武媚娘就在这一队里面。太宗觉得五十人太多了，要李淳风再仔细一点，李淳说天机不可泄漏，让太宗自己猜。太宗难以猜认，说这太费事，干脆把这五十人都杀掉算了。可李淳风说这样违反天意，恐怕后果更加严重。太宗终于没有动手，但是已有一份防范之心。

正是太宗由于有了这个防范之心，有一个人就倒了霉，当了替死鬼。此人姓李名君羡，乃玄武门一员守将。玄武门是守卫都城长安的北门，位置十分重要。他本人又是武安人，身为玄武门守将，左武卫将军、爵位为武连郡公，一连串的“武”字，已够犯嫌的了。这还不算，真正要命的是他在一次宴会上无心说出自己的小名。酒宴上为了凑热闹，大家或吟诗句，或报乳名，无非图个欢乐。轮到李君羡，他不会赋诗，只得报称：“臣小名五娘子。”这名字太娘儿腔，一个武将怎么会有这个乳名呢，引起大家一阵哄堂大笑。可是有一个人却笑不起来，他就是一直纳闷、防范“女主武王”的唐太宗。武安人、玄武门守将、左武卫将军、武连郡公，又是五娘子，还是扼守京城要地的武将，他觉得此人谋反嫌疑很大，不除不行。于是，他宴后找了个借口，把李君羡给杀了。李君羡到死都不知道为何被杀的，真是个冤死鬼。而武媚娘也就此躲过一劫了。

上面的天象、谶语说得神乎其神，历史上确有李淳风这个人，李君羡也确实被杀了，然而仔细深究，却纯属史料有误和明显有人故意捏造的谎言。《旧唐书》所记李淳风故事，本事见于《感定录》，今存于《太平广记》卷二一五，《旧唐书》把小说家的故事搬进正史《李淳风传》，有失史书严谨，这怎么可信呢？《旧唐书》有关李君羡的传记是和刘兰、张亮等合为一卷的，他们都因私通狂人、听信妖言、企图谋反被杀的，李君羡亦属此类。而记述李君羡被杀的文字中有这样的话：“天授中，家属诣阙诉冤，武后亦欲自诧，诏复其官爵，以礼改葬。”更觉令人玩味。实际上，这恐怕是武媚娘为篡夺李唐皇权而进行“天授君权”的造神运动的一个有机组成部分。她需要宣传自己受命于天，宣称早在太宗朝代就已有她武氏受命于天当为皇帝的天象和谶语了，还有个叫李君羡的做了她的替死鬼。为了坐实这件事，她在当了皇帝后还为李君羡平了反，复其官爵，以礼改葬。这样就把她受命于天、女主武王这一君权神授的舆论造足造大了。所以，清代学者赵翼一针见血地说：“唐太宗何果于除宫外之功臣而昧于除宫内之侍妾也，此不过作者欲神其事而附会之！”一语戳破了整个诳骗世人的谎言！

再说，如果说李淳风确实有过上述预言，那么长孙无忌等人为什么在反对武氏为后的时候不把它提出来作为阻武氏为后的证据呢？还有，为什么高

宗在位时，武氏重返宫廷后不设法罢免李淳风的官职反而让他继续官运亨通、主持颁行《麟德历》呢？唯一合理的解释就是当时根本不存在这个预言。

【批】

太宗深切思念长孙皇后，徐惠贤妃才德兼优，欲以钢刀刺杀狮子骢和李淳风测象谶语，是武媚娘入宫后不久即不受太宗宠爱因而长期冷落的主要原因。如果狮子骢事件属实，太宗自然对她的凶残个性极为反感。这个女子一旦掌权，将会使许多人遭其残暴伤害，皇朝也将岌岌可危。“女主武王”的预言显然是武媚娘登位后大肆进行造神运动的一个产物，以凸显她君临天下是受命于天的。但李君羡之死颇令人感到悬疑。

【第三章】勾太子才人二进宫

一、狐媚惑主

武媚娘进宫后不受太宗喜爱，郁郁寡欢，长期受冷落，从十四岁入宫到二十七岁，十三年过去，开始是武才人，最后还是武才人。才人是正五品，位在四妃、九嫔、九婕妤、九美人之下，地位偏下。跟许多妃嫔每天都扮靓等待皇帝临幸不同，才人是有一定职务的，主要负责帝王饮宴、音乐、休息等日常生活以及宫中蚕丝纺织等，虽有机会得见天颜或被召幸，但那是皇宫中低档次的品味和荣幸。唐代承北魏雄健之风，帝王出外游玩常有会骑射的才人伴驾随行，才人不过是皇帝游玩、骑射时的侍从人员。可以说，以侍奉帝王生活、游玩为职责的十三年才人生涯让武媚娘过得很不舒畅并深感郁闷。她从一个让人伺候的官宦小姐变成侍候别人的才人，且很不得宠，她心里很不平衡，她要反抗，她要向命运冲击，她要腾飞。

机会来了。前面写到，在太宗因几个儿子嗣位之争而心烦气躁，想要抽剑自刎的时候，武才人和徐惠迅速上前阻拦，夺下宝剑，并在与太宗对话时劝皇上启用李治为皇太子。这件事徐充容雍容大度，没有半点私心杂念，纯为国家前途着想。武才人则不同，她要改变命运，她已开始行动了。她观察太宗三个嫡亲儿子，太子承乾游玩嬉乐成性，不成大器，又谋反败露，必定被废除；魏王泰虽仪容美观，但内心险恶，很不可靠；唯有晋王治比较温顺可靠，年纪又轻，比自己小四岁，容貌也很俊俏，身体相当魁梧强壮，软弱无主，易受控制。她揣摩来揣摩去，觉得太宗经常患疾，并且病情很重，她为自己前途着想，对太宗是不抱希望了，她的内心深处已暗暗把赌注押在新太子、未来的皇帝李治身上。

武媚娘选中李治作为终身依靠有个思想演变过程，从这一过程中可以看

出她内心的敏感和不同凡响。看李世民和自己父亲年龄差不多，武媚娘和许多年轻的宫女都为后路寻找着靠山。自李承乾因声色犬马被革去太子之位后，最受李世民宠爱的儿子就是魏王李泰，妃嫔无不投其所好，唯独武媚娘对他冷若冰霜，敬而远之。武媚娘有她自己的想法，尽管她也想存心找一个年少貌美的皇子风流快活，但她更要一个忠厚可靠的男人。而李泰是一个阴险而轻浮的家伙，将来不可能成大器，即使有所成就，也是一个无情无义的薄情郎君。李世民有十四个儿子，究竟谁能继承皇位呢？武媚娘不得不日思夜想这个问题。考虑再三，武媚娘看中了就像阿斗一样既仁懦又可听任摆布的李治。统治者往往喜欢老实善良的接班人，精明能干者大都喜欢出风头，结果一个个都印证那“出头椽子先烂”的真理。因此，武媚娘看中生性懦弱、忠厚老实的晋王李治，经常暗送秋波，进行调情、勾引。不出所料，在承乾太子被废以后，李世民查出魏王李泰结党营私，倾轧太子，又发现李泰内心险恶，对弟弟李治心怀不良，这对于有过“玄武门之变”的李世民来说是不能容忍的，在经过一番斟酌与权衡之后决定传位给李治，李治果然成了太子，住进了东宫。据《新唐书·后妃·高宗则天顺圣皇后武氏传》记载：“高宗为太子时，入侍，悦之”，这“悦之”肯定是武媚娘悦之，就这一悦，李治就被武媚娘套住了，一直到死。

有一天，皇太子李治听政已毕，前去探望太宗，碰巧武媚娘正立在榻旁，见太子进来，武媚娘忙轻移莲步，上前向太子行礼。太子留神一瞧，见她面含春色，嫣笑迷人，一双滚动的眼睛闪闪发光，令人喜爱，眉宇间含情脉脉，宝髻高盘，光可鉴影，婀娜多姿，模样儿很是轻柔，口中亲切呼出“殿下”二字，险些儿把太子魂灵勾去，等媚娘礼毕回身，才勉强按定心神，自忖道：“我以前曾见她多次，从未有今天这般可人、媚态，现如今越发出落得娇艳出色了。怪不得父皇病重难治，哪经得住这等尤物缠弄啊！”他进至榻前与太宗说了几句，劝太宗安心养病，不要再多操心。刚出寝门，又与媚娘打了一个照面，媚娘直望着太子笑吟吟地眉目传神，而太子也心领神会了。他的情感信号告诉他，这年轻貌美、轻佻万状的庶母已经完全倾心于他了。而他也深深喜欢上了媚娘，恨不得立刻拥抱住她同效鱼水之欢。

武媚娘观察多日，总是没有机会下手。这日打从假山经过，静悄无人，正想站着歇一会儿，忽听前面有脚步声传来，探头一望，是太子来了。她早就准备好了，只要有机会就和他更进一步亲密接触，以享受极尽男欢女爱之乐。本来太宗就久已不亲近于她，加上现今卧病不起，一直旷渴难熬的她，多么渴望得到青壮男子的雨露滋润啊！什么人伦、不伦，她是不管的，她急需要狂热的抚爱、交欢。太子进入假山，媚娘有备而来，经过刻意打扮的她快步迎了过去，她故作惊慌，将太子碰了个正着，然后脚下闪失，直接倒到太子怀里。太子忙就势把她抱在怀里，说：“你没摔着吧？”武媚娘的发髻有意撩拨了一下李治的面颊，说：“殿下，不留神撞着你了，我向你赔礼吧。”她刚要向李治施礼，不料李治却把她紧紧抱住，越抱越紧，武媚娘的嘴唇和双乳都紧贴到李治身上了。一股异香直冲李治的鼻腔，武媚娘温柔的身体在他身上摩擦、游动。李治把媚娘压在身下，说：“我太爱你了，我要让你快活。”武媚娘说：“看光景，万岁病情危重，去日不多，只要殿下心中有我，媚娘只是殿下一个人的。来日方长，有你我尽情享乐的时候。只是殿下将来登基后，妃嫔众多，美不胜收，未必再顾及妾了。”说到这里，扑簌簌落下泪来。李治见她像带雨海棠，分外娇艳，心疼不已，忙指天发誓道：“我若负你，有如白日。”媚娘忙用言截住道：“殿下厚情，妾已心领了，但求一物为表记。”李治就从腰间解下一个九龙玉佩，交与媚娘。两人旋即分头离开，任何人也不知道这假山内方才有一对庶母庶子在此纵情欢快苟合。但史有记载，《唐会要》说：“时，上在东宫，因入侍，悦之。”悦就是喜欢，放在男女关系上，就是爱慕、调情、交欢。谁主动呢？李治是庶子，他为人“柔懦”，谨小慎微，对父皇的妻妾，他不敢主动调情、勾搭。只有武媚娘有这个胆子，她入宫长期失宠，独守空房，旷渴难忍，再加上李世民病重，一旦驾崩，她就没着落、没希望了。而李治年轻俊雅，身材壮实，身为太子，即将接替李世民登上皇帝宝座，是她唯一希望所在。她比李治大四岁，久尝床笫之欢其乐无比的滋味，生性不拘约束，富有进攻性，为了性欲与前途，她不顾一切了，自然会积极主动勾引李治成欢，而苟合成功就意味着她将拥有一切。所以，“悦之”者是武媚娘千娇百媚、风情万种勾引李治的结果也。从后来武媚娘性欲旺盛、愈老愈淫、广纳男宠并广引众多美貌青少年进入内宫控鹤监公然日日宣淫、玩乐来看，她是丝毫不知羞耻为何物的淫妇，她脑海里压根儿就没有人伦、道德观念，她是旷古少有的最放荡不羁、纵欲无度、荒淫无耻的淫女、淫后、淫皇，因此说，她主动勾引太子欢媾，是非常确切、可信的。

对于这段孽缘，古来许多人认为，李治与武媚娘苟合属于逆伦行为，于礼不合，虽然唐宫这类事情很多，人称“臭唐脏汉”，说唐朝乱伦淫乱的事层出不穷，已到污臭不堪的地步，但仔细衡量起来，这武媚娘主动纵情放荡勾引李治与之通奸，并在以后堂而皇之结成一对夫妻，以致最后武媚娘篡夺皇权，改朝换代，几将李唐宗族、杰出文臣武将屠戮殆尽，这笔臭唐特大铁血罪恶的账，还是要归罪于武媚娘这个千载少有的淫妇与毒妇，并需向她彻底清算的。

二、太宗殡天

唐太宗为开创大唐皇朝立下了丰功伟业。贞观二十三年（624 年）他患

病住进了终南山行宫调养。这一次病势不轻，是病情日益严重的风疾，加上突发的痢疾，两病相加，病况危殆。风疾按黄仁宇等学者的观点是指高血压及相关心脑血管疾病，轻则头晕目眩，视力下降，重则突然摔倒，半身不遂，死亡率极高。这似乎是李唐皇室的家族遗传病，史籍上记载高祖、太宗、高宗、顺宗、穆宗、文宗、宣宗七位皇帝都曾患有此病，唐高祖是第一个得风疾而死的，太宗的爱妻长孙皇后也被此疾夺走性命，太宗也罹患此疾，久治不愈。史籍有太宗“得风疾，苦京师盛暑”的记载，并曾把自己治病的药物赐给同样“以风疾废于家”的大臣高季辅。

因为在长安城宫殿里暑热难受，唐太宗便住到了风景秀丽的终南山中的翠微宫的含风殿里养病。这座行宫是太宗专用的避暑宫殿，和长安有一溪谷相通，溪谷之中，风光佳丽，清流潺潺，从山峦上泻下，流往长安。此处隐僻幽静，别有天地，怡情悦性，自有一种雅致情趣。这所行宫是一所农庄式的别墅，构造简单，是用旧宫殿拆下来的木材建成。太宗作风一向简朴，不尚豪华，他在长安住的是隋朝留下的宫殿，小补小修，已甚觉满意。因为他深知几十年来兵连祸接，生灵涂炭，大增土木，必然加重百姓负担，有损百姓生计。他确曾敕建凌烟阁，但那是为纪念二十四位开国元勋，把诸功臣的肖像绘在凌烟阁上以表彰他们的建国功勋而建的，自当别论。

太宗两个月前曾患痢疾，始终不见好转，他很觉伤感苦闷，全身精力似乎已经耗尽，现今虚软亏损已甚。他朦胧觉得已经大限将至、来日无多了。生老病死，这是人生定律，任何人无法避免、扭转，贵为九五之尊的皇帝也不例外。他想象不到，他这曾叱咤风云一时的盖世英雄，已快走到人生的尽头。

太宗虽年过半百，但素质极佳，对文臣武将仁泽深厚，古今罕有。他以天纵英才，领袖绝伦，为人爽朗而宽厚，臣子有过，必坦诚相告，自己有过，也命群臣力诤直谏。当时像魏徵那样犯颜直谏的铮铮忠臣不止一个。仁圣天子一片爱臣之心，文武百官无限敬君之意，融洽投合，历史少有。不知为了什么，文臣猛将虽众，大家竟觉得集众才于一身，也不及太宗皇帝之英伟睿智。太宗在战场之上，英勇无畏，不避矢石硝烟之险，曾亲率大军东征高丽，又统帅诸将北伐突厥，击溃突厥联军，还挥师西进拓边至土耳其斯坦，逼近里海。他还南攻印度，迫使尼泊尔入贡天朝，使中华疆域达到无限辽阔的境地，充分拓展开元盛世的英姿与雄风。他虬髯如戟，可以悬弓，看似狰狞可畏，实则仁厚爱民，如葆赤子，大公无私，平易近人。即此一点爱民之心，就构成了辉映千古的大唐力量。太宗皇帝深得民心，拧成了人心向唐的巨大力量，而人民对大唐皇室的感戴与效忠就最终招致了本书主人公武媚娘毁唐梦幻的破灭。得民心者兴，失民心者亡，这是历史的规律和颠扑不破的真理。

太宗仁厚爱民之心，可从他一次探视死刑犯监狱时看得清清楚楚。他一次驾临一所监狱，看见一些已经判决处死的囚犯。问他们：“你们是不是愿意看看父母妻子呢?”死刑犯怕是耳朵听错了，愣神互相看。太宗说：“我是你们的皇帝。我放你们回家，回去看看你们的父母妻儿吧，明年秋天再来受刑。”囚犯闻听，万分惊喜，都立即被释放回家。到了次年秋季，都回到监狱就刑。他们觉得自己罪有应得，都乐于处死，无怨无恨。在那时，一个死囚的定罪有非常严格的审批程序，必须经过地方各级三次审判，再上诉到大理寺进行最高审判，大理寺要与皇家的门下省和中书省的代表一齐坐下来共同审判。决不像后来武媚娘临朝执政和改朝称帝时恣肆凭自己或酷吏意志横行杀戮，造成人人自危、噤若寒蝉的铁血恐怖气氛。因而，人们回想太宗时代宽宏仁厚政治，人心归唐，灭周复唐，就是顺乎历史潮流的事了。

圣明的太宗犯了一个大大的错误，他立了晋王治做他的皇位继承人。晋王治软弱无能，优柔寡断，怯懦有余，英明不足，根本没有统治大唐帝国的才能。太宗后来渐渐又犹疑起来，他对长孙无忌说：“治为人仁厚，只是过于软弱，可是……我真不知怎么好。”他没有料想到，因为立治为皇位继承人，之后大唐江山竟因而遭致一场空前血腥浩劫。

太宗驾崩前，召他最信任倚重的两位大臣到榻前嘱托遗命，一个是太尉长孙无忌，另一个是中书令褚遂良。太宗又命传入妃嫔等人及太子妃王氏，同至榻前送终。太宗握住太子手，且指太子妃，顾语无忌、遂良道：“这些年来，卿二人对孤忠心辅佐。现在将二卿召来，受孤遗命。二卿都知道，太子为人仁厚，事孤至孝。今佳儿佳妇，悉以付卿，望善为辅佐，趋吉避凶，谨守寡人遗范，永葆宗社！将来国事，尽付二卿之手。”长孙无忌与褚遂良既受太宗遗命，即为顾命大臣。太宗又转向儿子儿媳，命二人单膝跪下，拜遵遗命。太宗又向太子说：“有遂良无忌二人为辅，汝可无忧了。”于是，褚遂良受命将遗命写下。太宗忽又觉腹痛，呼号一会，眼中模模糊糊，似觉建成、元吉等前来索命，不禁叫了声“啊呀”，竟晕厥过去。好容易叫他苏醒，但已痰喘吁吁，无法再说话，不久即撒手而去，一命归天了。

三、削发为尼

贞观二十三年（649 年），唐太宗病死在终南山的翠微宫，享年五十三岁。太宗对长孙无忌、褚遂良当面授命托孤，说明太宗对他二人极为重视，向他二人托付最牵挂心肠的重大心愿，他可以放心无憾地离开人世了。岂知世事难料，太宗临终授命不久，两位托孤大臣却遭遇被托孤者高宗和武氏的凶残打击，也去见阎罗王了。这是后话。

唐太宗一死，武媚娘就面临何去何从的问题。史书和传言小说有两种说法。

一种说法是唐太宗觉得“武王天下”的谶语和传说可能是指武媚娘将危害唐朝宗室后代，先要赐死她，后见她哀求免死、可怜的样子楚楚动人又产生仁悯之心，放她一条生路，出宫削发为尼，认为一个做了尼姑的人决不会再危害皇朝了。一种说法是按北朝以来惯例安排到尼姑庵去削发为尼。哪种说法可靠呢？我认为后一种说法可靠，因为这有史籍可证，现今大多数学者、作家也持这种看法。如前所说，“武王天下”的谶语和传说无确切史实根据，很可能是武氏灭唐立周后为彰显自己是受命于天而所作的造神运动中的一个捏造出来的谎言。后一个说法有史书为证。《唐会要》说：“太宗崩。武则天循妃嫔之例出家，为尼感业寺。”《唐会要》是唐朝编写的一部汇集朝廷大事的史书，翔实可靠，应是十分可信的。但是奇怪的是，查遍唐史，却找不到感业寺的名称和位置。唐太宗整肃佛门，淘汰僧尼，但是当时京城长安有案可查的尼寺一共只有二十七所，而其中并无感业寺。然而仔细查阅史籍，还是能窥知感业寺的蛛丝马迹。北宋文人宋敏求在他的《长安志》中说，长安城西南部崇德坊原先有两个尼寺，东边的叫道德尼寺，西边的叫济度尼寺。贞观二十三年太宗死后这两个尼寺都搬家了，其中济度尼寺搬家后原址改成灵宝寺，安置太宗死后没有子女的妃嫔。照此说法，感业寺就在济度尼寺的旧址，当时叫感业寺，后因年代久远而改为灵宝寺。“尽度太宗嫔御为尼以处之”，因此感业寺便为崇德坊灵宝寺，即未搬迁前的济度尼寺，与太宗别庙崇圣宫邻近，在长安城朱雀街西崇德坊西南一侧。这是有关感业寺地址最切实、合理的一种说法，那时尼寺的名称就叫感业寺，后来因年代久远，寺院废弃才逐渐失传的。

另外，还有一种说法认为武媚娘并未出家，她只是入寺或在别处暂住，受太子李治关照而没有削发为尼。台湾学者李树桐持这种观点，因为感业寺地址不明，武氏登基并未见感业寺尼众支持造势，且唐初宫中流行高髻，由削发到蓄发盘成高髻约需两年时间才行，“阴令长发”的说法难以令人置信，此观点影响颇大，连《剑桥中国隋唐史》都认可了。

武媚娘在尼寺中暮鼓晨钟、黄卷青灯的日子是颇为寂寞难忍的。她是一个一心追求欢愉、刺激、张扬、权势的人，十三年宫廷生活过去，如今一切皆空，而她根本无心遁入空门，春花岁月，处处恼人，良宵孤衾，时时惹恨，尼寺中这单调、苦闷、凄惊、冷落的生活是她无法接受的。有些传说、故事、小说说她在尼寺中结识了一个名叫冯小宝的强壮男人，和他相识、奸宿了，使她感到无比欢快。冯小宝就是后来权势颇大的武媚娘的男宠薛怀义。但此说法史无实据，有史可查的说法是后来千金公主敬献给身为天后、独揽皇权的武媚娘一个叫冯小宝的人做她的面首。不管怎么说，当时武媚娘的生活境况是十分落寞、悲苦的。尼寺生活是武媚娘整个生命线的最低谷，实际上她成为了已经死了的太宗皇帝的未亡人，她唯一混日子过的目的就是等死。这日子要说多苦就有多苦！后来武媚娘再度入宫之后从未提及她入寺为尼这件事，因为这太丢人现眼，且会使人想起她是先帝宠幸过的才人，而今又做了先帝嫡亲儿子的妃嫔、皇后、天后，这不丢脸吗？也许，正是由于这个原因，她为后后下令把感业寺拆毁，把寺尼遣散了，让人永远不会想起她出家为尼这段既不光彩又很悲凉的事，她可以高枕无忧、无限欢快地做她的皇后、天后、太后和大周皇帝了。

四、高宗为人

太宗逝世。万众哀痛，太子出紫微宫，由卫士拥还大内。无忌遂良两位受命大臣把太宗遗体驾舆拥还正宫，太子率百官迎入，然后发丧，宣示遗诏，众臣俯伏恭闻诏命。从历史看，太宗皇帝，可以说是秦汉以后一个威德兼备、疆域辽阔、四夷咸伏、恩泽天下的英主了。太宗于贞观二十八年驾崩，八月安葬昭陵。番将阿史那社尔契必何力因受太宗恩遇，自请殉葬，高宗不许。蛮夷自颉利以下共十四人，均琢石为像，陪列陵旁，尽显一代明君太宗的威仪与恩泽。

李治登基后，大赦天下，赐文武官各进一阶。史家后来因他谥号“高宗”，所以称他为高宗皇帝。高宗进长孙无忌为太尉，召外放的李世勣入京，为开府仪同三司，不久又加授左仆射，晋封司空。因避太宗李世民“世”字之讳，李世勣去掉“世”字，单名为勣。次年改元永徽，立妃王氏为皇后。后乃唐高祖的妹妹同安长公主侄孙女，长公主因王女婉淑，极力说合，为太宗接纳，聘为子妇。父名仁祐，因女致贵，授职陈州刺史。王妃做了皇后，仁祐得晋封为魏国公，母柳氏为魏国夫人。加封褚遂良为河南郡公，令与长孙无忌左右辅政。进礼部尚书于志宁为侍中，太子少詹事张行成兼侍中，右庶子高季辅兼中书令。高宗王朝从此正式建立。

高宗李治本是一个很有能力和抱负的人。《旧唐书·高宗本纪》说唐高宗幼而“岐嶷”，岐嶷是说非常聪明。他很有才华，擅长写华丽的诗文，擅长书法，他写的字大气磅礴，颇为人们赞赏。他还酷爱音乐，曾为舞蹈配乐在宫中演奏，风靡一时。可以说，他很有艺术才华和气质。他的政治能力也较强，自登上皇位以后，勤于国政，很想有一番作为，为国为民尽职尽力。太宗晚年三日一视朝，他却是每日上朝，称“朕幼登大位，日夕孜孜，犹恐拥滞政务”，广泛征求朝臣意见，体察民情疾苦，重视发展生产，务求能够做到强国强民。他每日引刺史十人入内，问“百姓疾苦及其政治”，商议兴革治国事宜。可以说，在历史上，唐高宗应该算是一个颇为开明、礼贤下士并很有作为的君主。他在位期间，唐朝疆域扩展，社会各方面都有长足的发展，并在医药、法制方面成就斐然，出了世界第一部官修药典《唐本草》，而唐律至今仍是中华法系的最高代表。他重视军事，多次派兵出征，拓展疆域，掌握军队最高指挥权的几个将领如裴行俭、王方翼、刘仁轨等人都是由他发现、培养和任命的。

“仁懦”是他性格的一个重要特征。《旧唐书》记载：唐太宗曾对长孙无忌说：“公劝我立雉奴，雉奴仁懦。得无为宗社忧，奈何？”“雉奴”是李治的小名。“仁懦”是一个粉饰性的词语，就是懦弱，具体地说，就是软弱无用，无大作为，窝囊废，任人摆布，反复无常。他后来为武媚娘挟制，严重惧内，一切惟媚娘主张是听就是一个明显例证。但他仁懦也有好的一面，即他对亲长非常恭孝仁爱，如一次太宗远征归来，途中腿上生了一个毒瘤，不能走路，他见了二话不说扑上去给吮吸了出来；他为被贬到穷乡僻壤的两位哥哥李承乾和李泰送行，见他们衣衫单薄，随行人员很少，很不忍心，请求父亲多给他们衣食补给，让他们能舒心地生活等等。

李治性格的另一个特点就是有恋母情结。他出生不久，母亲长孙皇后就去世了，他自小失去母爱，因此他对年长的女性有一种依赖和柔顺心理。历史上有名的才女、唐太宗的爱妃薛婕妤曾做过他的老师，薛婕妤在一定程度上扮演了母亲的角色，对他关心、体贴备至，因而他对薛婕妤非常依恋。后因他当了皇帝，薛婕妤欲出家为尼，他特地在大内造了一座尼寺，专给薛婕妤出家，便于他经常去看望他依依难以离舍的业已衰老的老师薛婕妤。他对武媚娘的爱慕、依恋在很大程度上也是由于他怀有恋母情结，处处像小孩子一样，听从武媚娘摆布。武媚娘大他四岁，不仅妩媚动人，且因她童年曾随父跑遍大半个中国，阅历丰富，又才艺非凡，常做出一些平常人难以做到的事情，使他十分欣赏、佩服，随后又由佩服而生敬畏，以至演变成严重惧内，处处成了武媚娘为实现其权欲狂的工具和傀儡。这是古今许多学者所持的一个共识。

武媚娘出宫为尼，对李治来讲是无奈之举。武媚娘明明是父皇才人，刚登基便收容她难免遭人议论，出宫为尼是个不错的选择。武媚娘离去后李治为情所恼，时常想念武媚娘，但又不便轻率地去尼寺看望。他没有一时一刻忘记武媚娘的，他太喜爱武媚娘的娇媚姿态和火热柔情了。虽身边不乏青春少女与新欢，但他总割不断对武媚娘的深深思念。

李治除了武媚娘还喜欢一个才女，她是太宗贤妃徐惠的亲妹妹。太宗去世后徐惠哀痛成疾，即拒绝医治，她妹妹便入宫来照料她。徐惠为太宗殉情而死后，她妹妹便成为高宗的婕妤。徐婕妤也是一位才女，人称“女中班马”。这或许是李治虽思念武媚娘，但因身边还有他心爱的徐婕妤为伴而抽不出时间来去看望武媚娘的原因吧。

五、尼寺传情

太子李治登基即位，世称高宗。武媚娘离宫入寺时曾匆匆与太子见过一面，向他告别，情态凄楚。太子向她示以颜色，点头答应她以后一定去看望她，一有机会就接她入宫。但当时群臣聚集，忙于太宗丧事，人多事杂，无暇与媚娘叙情细谈。高宗积极关心国政、百姓，颇得人心。执政后忙于国事，后宫佳宠又多，李治一时不得时间和机会去尼寺看望他心爱的武媚娘。日子一长，新角色的新鲜感冲淡了与情人分离的相思，复召武媚娘入宫之事一拖再拖，政务繁忙时几乎淡忘了。

可武媚娘对这不伦之恋却永记在心。她当然不会忘却，这是她希望、幸运、腾飞之所在。她当初向太宗推举李治为太子，就是看准了李治是个软弱无能、可以听人摆布的人。一旦成为李治身边的人，便能施展迷人的伎俩牢牢套住李治，为所欲为，一步步向更高层次进军。对这点她是稳操胜券的。但在尼寺中长久见不到李治身影，得不到有关他的半点的信息，她有点不安和焦虑了。皇上啊，你在哪儿呢？你为什么不来看望我并且连一点信息也没有呢？你可知道，我武媚娘想念你真的是寝食难安、如痴如醉啊。她情怀难以遣寄，急切寻求出路，在万般无奈心情下写作了一首充满相思又有调情意味的《如意娘》这首情诗：

看朱成碧思纷纷，
憔悴支离为忆君。
不信比来常下泪，
开箱验取石榴裙。

此诗的意思是说，我心烦意乱，精神恍惚，把红的都看成绿的了。我为思念你而愁肠难解、形容憔悴。如果我的心上人不信我每天为思念你而时常落泪，就请打开箱子看看我那泪痕斑驳的石榴红裙吧。

此诗写得情真意切，十分生动、感人，据说之后大诗人李白看了这首诗，深受感染，颇为赞赏，认为是一首很出色的扣人心弦的相思诗。

这首诗不是写给自己看的，而是向李治表达情思的。她想通过这首诗向李治敲开自己的命运之门，一定要通过什么渠道把它交到李治手里，让他知道，尼寺中有个尼姑、他昔日的情人在愁肠百结、日思夜想着他。李治看了这首在白绢上以娟秀的笔墨写的诗，武媚娘的缠绵悱恻之情，激起了他对武媚娘的深深思念，昔日交欢时的舒畅涌上心头，他实在舍不得武媚娘在尼庵中忍受如此痛苦的思念与孤单。决定找个机会到尼寺中去看看为情所苦、所痛的武媚娘。

永徽元年（650 年）五月二十六日，是唐太宗的周年忌日，李治趁机会到感业寺行香来了。先帝忌日行香是当时的朝廷礼典，以表示对先帝的哀思，同时为先帝祈福。虽然忌日行香是固定仪式，必须按时进行，但到哪个寺院行香就由皇帝决定了。长安城那么多尼寺，李治偏偏选定感业寺行香，这就表明李治确实收到了那首诗，名为行香，实则是专门来看望武媚娘的。李治到感业寺后会见了武媚娘，两人表现得情意缠绵，日久不见，一见面就非常激动，竟然都流下了眼泪，这可真正表现出两人多么情深意笃了。根据《唐会要》记载：“上因忌日行香见之，武氏泣，上亦潸然。”见面竟然激动到双双落泪的地步，与前面所写“上在东宫，因入侍，悦之”遥相呼应，足可证明他二人在武媚娘主动挑逗、勾引下早已两情相悦，经历过鱼水之欢了。由于随从皇帝行香的侍从、官员很多，李治需注意自己皇上的身份和尊严，他不能有半点儿举止失态，所以只能隐约流露出对武媚娘的思念与眷爱之情。执手、拥抱这类事肯定不会在大庭广众之下发生，但“上亦潸然”已足够向武媚娘传递出一个明确无误的信息：皇帝李治没有忘记她，仍然深深爱着她。回宫后，一定会想方设想让她重返内宫，延续割不断、理还乱的难分难舍的情缘。

六、后妃争宠

在武媚娘重返后宫问题上，李治和武媚娘还面临一道难以逾越的坎：王皇后。王皇后是后宫之主，是朝臣、天下人共知共尊的国母。武媚娘要由尼寺进宫，必须获得王皇后的同意和支持。李治正在为此事颇费脑筋的时候，意外的事发生了：王皇后竟然主动纵容、支持李治把武媚娘带入内宫。

这是怎么回事呢？说来可笑又可怜。要了解这情况，得先弄明王皇后的身世和处境。王皇后出身于贵族之家，太原王氏，是当时门阀制度中显赫一时的七大望族之一，权倾一时。王皇后出身权贵，又生得非常端庄美貌，所以她的从祖母即唐高祖的妹妹同安长公主才向唐太宗和长孙皇后竭力说合，促成了嫁与晋王李治为妃的这段婚姻。

王皇后先是当晋王妃，后来随着晋王成为太子又荣升为太子妃，太子登基她再加格为皇后。可以说是一帆风顺，平步青云。然而遗憾的是，她虽然出身显贵且姿容秀丽，却缺少一个很重要的东西：李治真心实意的爱。她自从当晋王妃起，与李治同床共枕多年，可说是亲密夫妻了，却迄今没有给李治生下一儿半女。这可是与王皇后生活与权位前景攸关的大事。《旧唐书·王皇后传》说：“王皇后性简重，不曲事上下”，她处处总是显示出大家闺秀的庄重矜持，不曲意逢迎、温柔体贴李治，又未生儿女，这尴尬的婚姻蕴含着潜在的危机。为了解决子嗣问题，王皇后母舅柳奭替她设法与长孙无忌、褚遂良、韩瑗、于志宁等大臣商议，将出身微贱、没有身份的后宫刘氏所生的儿子忠过继给王皇后为子，并奏请高宗册立李忠成为皇太子。这多少为王皇后缓和了心理矛盾和危机。然而意外的是，高宗最宠爱的一个妃子萧淑妃进宫不久就生有一子二女，子名素节，受封雍王。萧淑妃家庭背景也好，出身南方贵族，兰陵萧氏，这一家族在隋唐时期非常兴盛，隋炀帝的萧皇后就出身于兰陵萧氏。萧淑妃出身很好，容貌秀丽可人，专宠后宫，并为李治连生一子二女，儿子封为雍王，这很使王皇后惴惴不安。雍王的“雍”字是指长安，雍王管辖范围就在当时的首都长安地区，包括整个皇宫、朝廷在内，地理位置十分重要，举足轻重，权势极大。依惯例雍王一般不会轻易封给妃嫔生的儿子，而应封给皇后生的儿子。现在王皇后自己没有儿子，而萧淑妃的儿子被封为应为皇后儿子封号的雍王，王皇后气不打一处来，她感觉到萧淑妃是她的最大的威胁，一旦因子得贵进一步提升萧淑妃的地位，那她王皇后这个后宫之主的位置就岌岌可危了。就在此时，她的情报信息告知她，高宗早就与侍奉先帝的武才人有染，此次皇帝趁为先帝周年忌日行香之机还专程亲临感业寺去看望过她，并且两人当众激情对泣，她揣摩皇上一定对这个昔日情人情缘未了，一心想要把她带进宫来重续前缘。为了与萧淑妃夺宠以确保自己的皇后这一后宫的最高权位，王皇后迅速而不顾一切地出手了。

王皇后心想，现萧淑妃专宠后宫，气焰熏人，如果把感业寺中皇帝喜爱的那个尼姑弄进宫来，不是就可以转移皇上对萧淑妃的宠爱了吗？她认为萧淑妃出身高贵，又生子封为雍王，将来完全有取代她的地位的可能；而武媚娘出身不高，又曾是先帝才人，先帝去世后削发为尼，有历史污点，众所周知，她入宫后皇上虽会被她迷惑，但碍于身份、礼法、议论，不可能获得任何名分，即使得宠，对自己的威胁也不会有萧淑妃那么大。说不定，武媚娘为了感激王皇后主动同意让她回宫，还会对她感激涕零、永远恭敬呢。因此，正当高宗从感业寺探望武媚娘回宫感到六神无主、不知如何才能把武媚娘迎接回宫并获得皇后和众人所认可的时候，王皇后主动向高宗提出接纳武媚娘的意见，这对李治来说真是喜出望外，对皇后的贤惠、大度和体贴深深表示感谢。他一面暗中派人传示武媚娘蓄发准备进宫，一面已为武媚娘进宫后的一切做了准备和安排。

七、重返后宫

时间过得飞快，过了一年多，武媚娘乌黑的头发已经蓄成，油光闪亮。永徽二年七月，李治为唐太宗服丧之期已满。不久，武媚娘终于重返宫廷了。根据两唐书《武后本纪》和《高宗实录》的说法，武氏确为高宗自己召入的，不过文字中闪灼其词，掩饰了李治子纳父妾这一事实。毕竟，对于李唐皇族来说，李治是他们的父皇、祖父，武氏是他们的嫡母、祖母，有谁会在意来翻那陈年旧账追寻武氏曾为先帝才人那段令人难以启齿的经历呢。

武媚娘这次进宫十分低调，什么名分也没有，原先还是个才人，现在则是个普通宫人，身分落了一大截。她此时已二十八岁，已错过青春大好年华，距初进宫已过去了整整十四年。虽然如此，但她身容不仅丝毫未衰，而且更加妩媚动人，别具一种成熟女人的轻佻迷人风韵。偏偏高宗就是喜欢这样激情放荡、风情万种的女人，因为与她贴体合欢的情趣令他分外感到一种异常的快感，入宫第一夜，高宗拥武媚娘入宫，在床上互相热烈拥抱，纵情交合、欢乐。这一夜的凤倒鸾颠，比那当年偷奸时迥然不同，当年是喜中有忧，生怕被人发觉，这一次是冠冕堂皇，放胆交欢，武媚娘拿出了擒纵收合的交欢看家本领，大显身手，癫狂至极，直到高宗有浑身说不出的快感，连呼“好媚娘，好人儿，你太叫朕舒服了!”正如蔡东藩所描述的那样，“这武氏性等媚猪，就使英明如太宗，也要受她蛊惑，还要论什么高宗呢?”从此以后，他非常宠爱武媚娘，听她摆布，非常惧内，不敢丝毫违逆媚娘心意，这和武媚娘非同寻常的床笫功夫、极度纵欲寻欢的魅力和吸引力是分不开的。

武媚娘入宫了，快乐了，但是她没有名分，地位低下，高宗虽非常欢喜她，但也不能操之过急，不得不耐着性儿暂时迁就环境，宫规和皇后的容许度让她暂时受点委屈，且待以时日再给她名分和地位。武媚娘自己也知道这一点，因此她入宫后处处小心谨慎，待人接物都非常低调、谦虚。她还记得入宫前对母亲说过的一句话，“见天子庸知非福”，她十几年来的跌宕历练，使她知道，这“福”不是可以轻易到手的，正如俗话所说，“不经一番寒彻骨，怎得梅花扑鼻香”，这福分是需要自己勤奋努力、历经风雨才能一步步由理想变成现实的。我们且看她再次入宫后那种处处卑微恭顺而又善于笼络人心的言语和表现吧。据史书记载，“初，武后能屈身忍辱”，“痛柔屈不齿，以就大事，帝谓能奉已”，“始，下辞降体事后，后喜，数誉于帝”，“昭仪伺后所薄，必欲结之，得赐予，尽以分遗”。她真够卑微、低贱、堪怜啊，她脚踏实地，一步一个脚印向前走着，八面玲珑待人接物，处处低三下四，不敢有丝毫错失，无时无刻不以笑脸迎人，经过一段时间柔顺事人，她终于取得了虽是初步的却是明显的收获。

武媚娘有极其聪明的性质，工于心计，她的计谋，无不成功。武媚娘觉得，她要在重返后宫后站稳脚跟、赢得人们好感，必须对不同的人施展不同的策略。她认为有三种人决定着自己今后的命运，都要以不同方式小心对待。哪三种人呢？第一是皇帝，第二是皇后，第三是宫女。她必施以不同的策略和手段，把他们都拉到自己的麾下来。结果她终于一一达到了目的。

对皇帝，她“痛柔屈不耻，以就大事”，处处委曲求全，以图成就自己的大事。什么大事，就是后文所写的她篡夺后位后依次登上皇后、天后、太后、女皇宝座的大事。她处处恭顺柔和，赢得皇帝好感。每进忠言，切中利害。她从不直接反对皇帝的意见，总是指点暗示，明明是公正无私的忠言，实则使皇帝所作所为，无不暗合己意。高宗觉得她精明强干，处处能合自己的意图，实则自己已经进入了她那温柔有力而又坚强不破的圈套。皇帝很高兴，“帝谓能奉已”，对她非常赞赏。

对皇后，她“下辞降体事后”，低声下气、卑躬屈膝地恭侍皇后，以示感谢皇后同意让她再次入宫的再造之恩，并表示今后一切听从皇后差遣，圆满完成使命。她去拜见王皇后说：“臣妾深受娘娘大恩，铭记五内，终生会像奴婢一样侍奉皇后娘娘，愿娘娘千岁千千岁。”王皇后笑逐颜开，说：“妹妹请起，平身说话。”她向武媚娘吐露了自己心事：“妹妹，那个萧淑妃实在可恨，依仗着万岁的宠爱，根本不把我这个皇后放在心里，妹妹你可要帮我出这口气啊。”武媚娘恭敬地说：“萧妃所做，实乃无礼之举。皇后贵为国母，何等尊贵，她如此大不敬，是当接受教训。臣妾当尽力帮娘娘出气。”她离开王皇后，心中腾起冲动：我武媚娘难道不应享受做皇后的权威吗？但目前时机未到，她还得耐着性儿处处逢迎王皇后。结果是“后喜，数誉于帝”，多次在皇帝面前说武媚娘的好话，更加增添了皇上对她的宠爱。

对宫女，她“伺后所薄，必欲结之，得赐予，尽以分遗”，她小心观察王皇后薄待什么人，包括宫女、太监。她尽力跟他们结交，并把皇帝赏赐给她的财物毫不吝惜地尽其所有分送给他们，以广结善缘，收拢人心。结果，“后及妃所为必得”，王皇后和萧淑妃身边的宫女、太监都被她拉过来了，王皇后和萧淑妃的一举一动都尽在武则天的密切掌控之中。她如此低眉顺眼、甘心服小，使得从皇帝、皇后到下面一众宫女和宦官对她一致喜欢和赞许，甚至已在后、妃周围建立了自己的情报网，表明她卑微事人、笼络人心取得了初步成功。

武媚娘的处处低下忍辱事人迅速得到宫廷上下一致认可。不久，她的地位很快就提升了，《资治通鉴》说她“未几大幸，拜为昭仪”，贵为九嫔之首，是二品等级，其地位升迁之快，如同坐直升机一般。再入宫未及一年，

就一跃上升为二品的昭仪，有宫女、太监服侍，威仪不凡，够幸运了。接着好运又至，永徽三年十月，她又生了个儿子，取名李弘，武媚娘有了高品级封号，又有了儿子，她再次入宫后经过颇费周折的历程，地位终于稳定下来了。

【批】

武媚娘生性淫荡，比李治年长四岁，存心引诱李治成奸，这是历史定评。《如意娘》诗尽显其调情偷欢之快和长期孤独之怨。她晚年放荡不羁、愈老愈淫、广召面首、纵淫寻欢情事悉源于此。她再次进宫后处处卑躬屈膝、低声下气，表现她此时已成竹在胸，施展策略，欲为后宫之主。她决不甘居人下，而要出人头地，平步登天。她经过奋力拼搏，终于实现了自己的心愿。只是其手段太阴险凶残，为人所不齿。

【第四章】
谋后位狠毒杀公主

一、淑妃被废

武媚娘再次入宫后巧施心计，屈膝恭谨，赢得上下欢心，迅速被封为昭仪，又生一子，子以母贵，高宗因此十分宠爱昭仪，对她的孩子自然分外喜欢，每天都要来抱抱心爱的小儿子，心欢无限，其乐融融。然而，武媚娘晋升昭仪和生有一个皇帝特别喜欢的粉嫩娇憨的儿子，却刺痛了王皇后和萧淑妃的心。这里先说萧淑妃遭受的不幸和打击。

萧淑妃是李治当太子时娶进宫的，当时封为萧良娣。良娣是太子妻妾的一个等级，相当于妃。萧良娣当年宠冠后宫，接连给李治生下三个子女，在李治过去所有妻妾中她生的子女是最多的。李治登基以后，她被封为萧淑妃。萧淑妃凭借出身贵族，生有众多子女，王皇后又没生过孩子，因而深受李治宠爱。这使王皇后时刻担心，萧淑妃会进一步提升地位，将后位取而代之，那样一来，就糟糕了。李治当时有四个儿子，前三个都是一般宫人所生，只有老四李素节是萧淑妃所生。永徽初年，李素节被封为雍王，这使王皇后惴惴不安，自己没生过儿子，雍王的封地又是皇宫和京城所在地长安，这就给自己的前途、晚景罩上了阴影。于是她同意和鼓励高宗将武媚娘从尼寺重召入宫，为的是想以武媚娘削夺高宗对萧淑妃的宠爱。萧淑妃非等闲之辈，洞悉王皇后的险恶用心，她任凭风浪起，稳坐钓鱼台，一点儿也不慌张。萧淑妃出身高贵，身居一品妃位，又生有一子二女，儿子已封为管辖都城长安的雍王，权威显赫，她一丁点儿也不把武媚娘放在眼里。在她看来，你武媚娘算老几，你出身微贱，曾做过先帝才人，由尼寺入宫很不光彩，谅你这条小泥鳅翻不起大浪来。然而严峻的事实是，曾是天子宠妃的萧淑妃随着武媚娘的二度入宫而完全失宠。一个明显的证据是，自武媚娘入宫以后，原本生育

能力很强的萧淑妃再也不见生育，可见皇帝不怎么到她身边去了。她失宠后似乎并不甘心，据史籍记载她也曾和昔日情敌王皇后携手合作共同对付、诽谤武昭仪，但不起作用；武媚娘凭她深得皇上宠幸，身居一品妃位和接连生儿育女，三年连生一子一女，眼看着萧淑妃失宠，王皇后成囊中之物，她稳操胜券，坐收渔利。不知是出于什么原因，萧淑妃不久就遭皇帝废弃了。有人说武媚娘收买萧淑妃宫女向皇上告发萧淑妃“谋行鸩毒”因而被废。有人说萧淑妃性格泼辣，常冲撞、得罪皇上，而武媚娘温情似水，小鸟依人，堪怜堪爱，两相对比，高宗舍弃萧淑妃而亲昵武媚娘了。不管怎么样，反正武媚娘再次进宫没多久，萧淑妃就很快失宠、被冷落，以至终被废为庶人而打入冷宫。我们完全找不到萧淑妃被废为庶人打入冷宫的罪证，但无情的史实证明她最终被贬黜打入冷宫。

武媚娘放荡纵欲、施展自己的阴谋，觉得津津有味。她深知高宗皇帝性好淫乐而又软弱无能的弱点，便使出浑身的解数，满足他的欲望，甚至举贤自代，让姐姐进宫与皇帝亲近，务使龙心大悦而后已，淫秽无耻，可谓达于极点。平常人，在年轻力壮的时候，淫欲过度，本来尚可支持，但是这位年轻的帝王，不但身体不强，且患家庭遗传疾病，当房事过度之后，身体渐渐不支。因武媚娘有特别的房事功夫，常能在交欢中把高宗服侍得舒舒服服，高宗也不管身体如何，对武媚娘特别喜欢，对萧淑妃不觉冷落，渐渐忘记了。高宗欲令智昏，倾情与武媚娘纵欲淫乐，王皇后也因武媚娘媚力十足使高宗疏远了萧淑妃而暗中高兴，但武媚娘却冷静如常，她正按计划向她的目标前进。虽在龙床之上恣情淫欲，但她有时用脑超过用情。武氏正当盛年，比高宗大四岁，心中大计，早已拟定，她要向皇权高峰奋进。高宗并非雄伟力壮之人，现在依然是心肠软、爱感触。武媚娘深知这种男人最容易受制于像她这样的目标坚定、刚强果敢的妇人。她已机灵地感觉到，在她雄心万丈的前途上，已经消除了最大的障碍，其他困难留到日后再清除，她有的是计划和办法。一有机会，她就会把握利用，把高宗玩于股掌之上，犹如抚弄婴儿，令其入睡一样。怎么样对付高宗，她向来没有忧愁过，以她之才智，自然如此，毫不足忧。现在既已发动，就决不会中途而止。她能控制皇帝，控制皇后，控制各妃嫔，而且已经把他们控制住。萧淑妃的被冷落、遭废弃就是一个明显的例证。她的命运很清楚，她的道路很明显，她的目标很坚定。从地位卑微的侍婢，高升为万人恐惧、权倾朝野的帝国之主。

萧淑妃，这个千古流传的曾经显赫一时、炙手可热、最终成为武媚娘的阶下囚、虐杀致死的萧淑妃，她的最大弱点就是自恃尊贵、傲视群芳，根本不把很有心计的武媚娘放在眼里，结果输得一败涂地，十分惨凄，留下千古遗恨。从她的没落、惨死，我们可以窥见武媚娘重返内宫处处卑躬屈膝、曲意逢迎完全是一种诡谲骗人花招，无论皇帝、皇后、妃嫔、宫女、太监都被她哄骗得不知东南西北，可见她心机之深，旷古少有。到得后来萧淑妃欲与王皇后联手反扑武媚娘时，高宗已处处深深畏惧、慑从武媚娘，已经来不及了。萧淑妃的冷落被废，是我们看到的武媚娘重返内宫后获取胜利的第一个回合，也可从中看出武媚娘是多么阴险、狠毒，而表面却非常从容镇定，不露声色。

二、风暴酝酿

王皇后原以为把削发为尼的先帝的才人再次召进宫来有助于与她联手对付萧淑妃，有助于她争宠夺爱，保住皇后宝位，有助于继子封为太子和将来继承皇位。谁知机关算尽太聪明，反误了卿卿性命，她最后也落入武媚娘圈套，成为武媚娘手上听任摆布、玩弄的玩具，到她发觉上当、企图反扑时，已经迟了。萧淑妃败下阵来是第一个凶险信息，武媚娘生子取名为弘是第二个危险信号。为什么说武媚娘生子取名为弘是个危险信号呢？这太令人震惊、生畏了。因为李弘的取名，不同寻常，潜藏着巨大的野心。道教有“老君当治，李弘当出”的谶语。魏晋南北朝时期战乱不断，人民不得安宁，百姓渴望安定幸福的生活，而道教是宣传无为、安定理念的，因而道教得以在全国流行。当时普遍流传一个说法，说太上老君只要一降临人世，天下就会太平。而老君的化身就叫做李弘，什么时候李弘出生了，就意味着老君出世，天下太平，万民安乐。李唐王朝又是以老子李聃为祖先的，对老子十分尊敬，全国到处道教兴盛，道士众多，道观林立。在这样情况下，武媚娘给儿子取名为弘，隐含着不可告人的野心。这个名字包含着她对儿子将来能够成为太子并继承皇位，在王皇后看来，这可不得了啦，她的儿子当太子，她是什么呢？她不就是皇后吗？那我王皇后往哪里摆呀。看来武媚娘野心很大，这才意识到让她进宫无异引狼入室，这只母狼已经张牙舞爪要咬人吃人了。绝对不能让她阴谋得逞，必须进行坚决反击。王皇后先下手为强，再多的麻烦先放在一边，打好基础再说。她迅速抢先一步，通过舅父柳奭和长孙无忌、褚遂良等受命大臣奏请皇帝立了继子忠为太子，并立忠的生母宫人徐氏为徐妃。

谁知武媚娘也不是吃素的。她如今已荣登昭仪这九嫔之首宝座，生下一子一女，已经羽毛丰满，她要展翅高飞了。她的既定目标就是冲击后位。她心知肚明，王皇后在李治心中不占重要位置，如今集三千宠爱于一身的是她武媚娘，后宫之中无任何人可以和她比肩。王皇后太矜持端庄，缺乏风情灵性，从未生育小孩是她致命弱点，皇帝不喜欢她已是事实。此时此刻，在王皇后抢先立忠为太子的忙碌、高兴之际，冷眼旁观的武昭仪内心发出平静而

温柔的微笑，一场即将震动整个后宫乃至朝廷的风暴，正在不动声色地酝酿着、掀动着。

在后宫，后妃的形象、人缘是个重要因素。王皇后一出生就是名门闺秀，出阁则是太子妃，然后又升为皇后，一路顺风、荣耀。她从未有过底层生活的经历，她认为被人服侍是天经地义的事，对身边的人和事漠不关心。武媚娘则不同，她出身低微，原来做过才人再次入宫成了侍女，她必须挣扎，处处待人小心谨慎，笑脸相迎，给人亲近良好印象。如果要做个宫内人心倾向调查，下层宫女和太监对于王皇后和武昭仪的评价刚好掉个个儿。武昭仪虽野心勃勃要向后位冲击，但对她万般宠爱的李治并无废后之意。因为道理很简单，处在权力顶端的君王，皇后是她唯一的嫡妻，立后不仅意味着两大家族势力的联合，也意味着政治利益的分配，其间牵涉的非爱情因素太多太多。废后牵动的关系和因素错综复杂，绝非可以轻易说到做到的。况且王皇后一向贤淑端庄，没有任何错失，更没有任何理由可以轻言废后。然而武昭仪不这样想，她不考虑高宗是怎么想的，她要竭力去为所欲为。她认为王皇后和自己不是一个品位的，王皇后没有资格久踞皇后宝座。她经过十四年历练，深知后宫风光无限下的危机，花团锦簇背后的悲凉，君王的宠爱很难捉摸，萧淑妃的可悲下场让她看到李治欢情另一面的冷漠无情。她不能任人宰割，她要去放手一搏，杀出一片新天地，为自己争取正室的名分，为儿子争取嫡子的地位。目标既已明确，那便不惜一切代价去完成，没有机会，就去创造机会，神阻杀神，佛阻杀佛，无论怎样残忍，在所不惜，毫不留情。经过一段时间的考虑酝酿，她终于出手了，一旦豁出去就永无休止。由此，大唐王朝经历了一场惊天动地、令人魂飞魄散的巨变。

三、公主之死

王皇后性格简重，文静端庄，你可说她乏味、不灵敏，但任何人都难找到她的话柄。武媚娘久已觊觎后位，早就在她周围布下秘密情报网，那些受她笼络的宫女也不断来向她汇报，王皇后今天做了什么事，吃喝了什么，说些什么话，但始终抓不住大错。然而有志者事竟成，一个人只要一心一意想做一件事，终会取得成功的。武媚娘经过深思熟虑，终于找到了一个突破口，一旦打开这个突破口，王皇后的后位就保不住了。她所想到的能够帮助她打开突破口的主意，就是让武媚娘背上千秋骂名的“小公主死亡事件”。

大约在永徽四年，武媚娘的长女降临人间，这个小女孩生下来粉皮嫩肉，面含微笑，灵动活泼，非常可爱。这是武媚娘生的第一胎女儿，自然特别疼爱，视如掌上明珠，李治更加疼爱得要命。这一天，是小公主出生不久，王皇后出于宫廷礼仪，也来昭仪宫探望。武媚娘见王皇后看望小孩，事先就溜了出去。王皇后见武媚娘不在，就一人到内室小床上抱起小公主逗弄了一回，她自己未生过小孩，对小孩天生有一种无限喜爱之情，她见小公主对她咯咯笑个不停，更加抚爱不止。停了一会，见武媚娘没有回来，她就出了内室，仍未见到武媚娘，就立即回到自己宫中去了。此时，武媚娘迅速返回内室，抱起可爱的小公主，见她一双水灵灵的黑眼睛直望着她笑，实在招人怜爱。然而预定的计谋闪过脑海，她犹豫片刻，狠了狠心，伸出双手掐住女儿的脖子，双手用力死掐，眼见女儿脸色由红变青，眼球凸出，很快断了气，小脑袋垂落下来，就这样小公主惨死在生母手中。武媚娘赶快把已死小孩放到小床上，用被盖住面颊，快步走出来到庭院中去了。李治为给女儿过周岁生日，武媚娘忙从庭院回来上前接驾。李治问：“小公主怎么样了，今日周岁，我要给她上公主封号。”武媚娘说：“孩子大概是睡着了，好一阵子没吭声了。”李治于是兴冲冲步入内室，来到小床边，见有被蒙在孩子头上，说：“怎么把被蒙在小公主脸上呀?”媚娘在他身后说：“不知道呀。”李治掀开被，见孩子脸色变青，双眼紧闭，僵硬地挺在床上，大惊道：“怎么小公主死了?是谁害死的?”媚娘大哭一声，扑上前来，抱起小孩说：“孩子刚才好好的，怎么没气了，我在庭院散步时谁到这里来过?”宫女说：“王皇后来过，她抱起小公主抚弄了一会，就走了!”武媚娘大哭道：“王皇后，你好狠毒啊，你看不过我，就害死公主，我不得饶你！我要你还我小孩命来!”李治大怒说：“这个贱婢，自己不能生养，竟然对朕疼爱的小公主下此毒手！我饶不了你!”李治和武媚娘快步来到皇后宫廷，李治喝问王皇后：“你这贱人为何要杀死小公主?”王皇后惊呆了：“什么?我杀死小公主，我刚抱起她时她还好好的呀!”李治气得踹了皇后一脚，说：“刚才没有别的人去过，就是你去的，不是你掐死小公主还有谁?你太凶狠恶毒了!”王皇后说：“万岁，妾妃冤枉，我非常喜欢小孩，我怎么可能掐死她呢。”李治当即要下令废掉王皇后，武媚娘对皇上说：“废后是大事，不可轻言。且朝廷大臣不知内情，会阻谏生事，请陛下三思。”李治昂头考虑了一下说：“你说的也对，只是便宜了她，朕废后决心已下，且与廷臣商议后再作定夺。”

这是一桩历史公案。王皇后一人前来探望小公主离开后小公主就离奇地死了，当时没旁人来过，武昭仪在花园赏花摘花，她作为母亲不可能做出杀死亲生女儿这样的事，因此高宗认定是王皇后因嫉妒武媚娘得宠所为。由于这事发生在武媚娘向皇后之位发起冲击的时候，所以许多人认为这是武媚娘制造的一个阴谋陷害案，使高宗从此嫉恨、疏远王皇后，有利于武氏下一步采取更凶狠的谋夺后位的强烈行动。

《唐会要》说：“昭仪所生女暴卒，又奏王皇后杀之，上遂有废立之意。”

明明白白“奏王皇后杀之”，这当然迁怒了高宗，因而产生废掉王皇后而改立武昭仪为后的心意。《新唐书·后妃列传》中说得更明确，指明就是武媚娘直接杀死女儿后而嫁祸于王皇后的，说她在王皇后来的时候溜了出去，王皇后走后她又溜了回来，掐死女儿后又悄悄离去，在外面等待皇帝到来，这种鬼鬼祟祟溜来溜去三次，明显是她蓄谋杀女以嫁祸于王皇后，王皇后是完全中了她的圈套而蒙受冤屈的。

史官记事从来严谨认真，去伪存真，《新唐书》记述得如此翔实，一丝不苟，那这个铁案就完全可以定下来了：千真万确是武媚娘设计亲手扼杀女儿嫁祸王皇后，她取得了胜利，皇帝对她更亲近、对王皇后更疏远、并已谋划废立之事了。结果表明，这一仗她是真正打胜了。

这就关系到一个人性和亲情的问题。武媚娘虽亲手杀死女儿移祸于王皇后获得了预谋的好处和胜利，但她却因此而留下了千古骂名。历史上许多官员、文人都因武媚娘如此灭绝人性、残杀亲生女儿之举而认定她是万恶难赦。从来说：“虎毒不食子”，武媚娘却独断专行虎毒要食子，这女人有多残忍、狠毒啊！儿女是娘身上掉下的肉，做父母的疼爱还来不及，武媚娘却怎么能忍心下毒手呢？

我们还要看到，武媚娘残杀亲女乃是她今后大开杀戒、屠杀成千累万无辜嫡亲儿女、孙儿女、哥哥、姐姐、侄女和皇后、淑妃及许多皇亲大臣、平民的开端。此杀戒一开，以后便从家庭、朝廷到各地疯狂大肆屠戮，她亲生的爱女还能自己动手凶残扼死，其他人的生命就更加一文不值了。这样的人能让她登上最高权位吗？当然不能！虽然这已是一千多年前的无奈的既成历史事实，但稍有良知和人性的人绝对不能对武媚娘这个万恶凶残屠妇、暴君有丝毫容忍和同情，更不用说去为她大唱赞歌了！

四、收买国舅

长孙无忌是高宗母舅，官居一品太尉，是凌烟阁二十四位功臣之首，又是亲奉太宗遗命的顾命大臣，可以说是朝廷中当之无愧的百官之长。当初太子李承乾和魏王李泰为争夺储君之位双双被废，是在长孙无忌极力劝谏下把年幼的李治扶上太子宝座的。他此刻在朝廷真正是一人之下、万人之上，一言九鼎，权势声望最为显赫。高宗与他的舅舅关系极为密切，凡有大事总要先和他商量。如今高宗要废王皇后，立武媚娘为后，如此重大的事情，自然首先要征得母舅和首相的同意。武氏很明白，朝中大官重臣之中，长孙无忌最有威望。位居三公之首，身为太尉，又是皇帝的舅父，必须争取为己用不可。如果他能认可，别人就容易了，她劝高宗驾幸无忌的府第，亲自拜访舅父，并要随驾前往。经过一番准备，一天黄昏，李治与武昭仪乘龙车凤辇，一齐驾临长孙府。

无忌对于后宫风云早有所闻，因此对皇帝和武昭仪的来意也已心中有数。无忌忙整衣冠，出门恭迎。高宗携昭仪下辇，共进门内。无忌虽猜出他们此来意图，但他老谋深算，态度从容，不露声色。因有昭仪随驾，只好呼令妻妾出厅相陪。彼此闲谈多时，高宗并无归意。无忌不好催他动身，只好摆下酒宴，盛情款待。酒酣耳热之际，高宗趁着酒兴，打开了话匣子。他还不好把来意直接说出，就转弯抹角兜了个圈子，先问起长孙无忌儿子的情形。长孙无忌儿子好几个，就一一做了汇报。武媚娘问及嗣子，无忌就令嗣子出来拜见，长子名冲，已任秘书监。此外尚有三个姬妾生的儿子，称为庶子，都还年轻、不懂事，没有任何官职。武媚娘就对高宗说：“元舅身为国家元勋，理应全家受勋，请陛下推恩加赐，遍及舅门。”李治说：“是啊，将门无犬子，舅舅是国家栋梁，儿子肯定都是芝兰玉树，都应当授予官职啊。”当即面授无忌三庶子为散朝大夫。授官之后，李治觉得腰杆子硬了，开始转入正题，说：“舅舅，看你儿子都这么优秀、有出息，我真为你高兴啊。可惜，王皇后没有儿子，且有妒悍情节。武昭仪倒是生了儿子，还很聪明伶俐呢。”说完笑眯眯地等着舅父表态。谁知长孙无忌没接茬儿，他说：“这好啊，武昭仪生了个儿子，真令人高兴啊。皇上、昭仪，请喝酒吧”，以示庆贺。高宗心不悦，过了一会，又说：“来人啊，礼物献上。”随从拿出四车金银珠宝、十车绫罗绸缎，皇上传喻授给长孙无忌。唐初经过隋末战乱，经济尚未恢复，这四车金银珠宝、十车绫罗绸缎可真是丰厚赏赐了。赏赐之后，高宗再次开口说：“朕虽为天下主，可惜皇后无子，武昭仪倒是生了个儿子。”又转入正题了。可是长孙无忌还是装聋作哑，环顾左右而言他地说：“咱们甥舅欢聚不易，今天一定吃好喝好。”又把话转开去了。气得皇帝几乎鼻孔冒烟，脸色很难看，无忌还是含笑吃喝，不买他的账。据史书说，这次会见“上及昭仪皆不悦而罢”。

次日，礼部尚书许敬宗登门拜访，向长孙无忌转达皇上欲废王立武为后的意向，劝无忌勉从。无忌正色说：“这事事关重大，我不敢勉从。”敬宗再三劝说，都不起作用，无忌并责他助君为恶，罪不可辞。敬宗碰了一鼻子灰，怏怏而去。

五、宸妃挫折

武昭仪从无忌府回宫，心有不甘。她心想，我为谋后位，掐死了小公主，这代价多大啊，我一定要尽力向后位进军。她向皇帝要求，加封她为宸妃。宸妃本没有这个封号。因为唐朝妃子只有四个封号：贵妃、淑妃、贤妃、德妃。这时这四妃都有人占着位子，武昭仪想要进封为妃，还没有这个空缺。武昭仪不能等，她生性就果敢、泼辣，要达到的必须达到。她甜言蜜语，要求皇帝在这四妃之外加封她为宸妃。宸妃这个“宸”有特殊的政治含义，宸即北辰，是北极星，《论语》中说：“为政以德，譬如北宸，居其所，而众星拱之。”是说北辰在天空中照耀，其他的星都是围绕着它进行拱卫。故时常以北辰来比喻帝王，群星环绕意味万众臣民恭谨敬奉。如果封她为宸妃，就意味着她在四妃之上，等于是大唐第一妃了。所以以宸为封号，就像给长子取名为弘一样，明显反映了武昭仪的政治野心，她要奋力向皇权中心逼近。

可是，众大臣看穿了她的阴谋，不买她的账。高宗在廷殿上公开宣称欲进武昭仪为宸妃，此议一出，中书令来济、门下侍中韩瑗马上上表强烈反对，说“妃嫔有数，今立别号，不可”，意思是说本朝宫制只有贵妃、淑妃、德妃、贤妃四妃名称，并无宸妃名号，不应由陛下特增。于是高宗又不便下诏，暂行罢议。这样，加封宸妃的努力又经受挫折而失败了。从这时起，武媚娘深深感到外廷势力的重要性。她向后位进军的每一步努力都和外廷紧密相关，若无外廷支持，她永远休想实现正位中宫的梦想。于是，她开始把眼光投向外廷，她要在外廷中寻找朋友和支持。然而，她一时还不知外廷的朋友和支持在哪里，她为此很是烦躁不安。对她来讲，这是多么难忍的日子啊。小公主被她凶狠地掐死了，王皇后仍稳居后位不动，母舅、太尉长孙无忌又不买账，来济、韩瑗反对晋封宸妃，武媚娘有点伤心，还有点失落感，弄得不好一切皆空，还偷鸡不着蚀把米。这可亏蚀得很大很大啊，她把活泼可爱的小公主的生命都硬生生残忍给断送掉了！

阴毒凶险的武昭仪日夜营谋，想夺后位，偏被一些重臣合力打消，自己又无词可挟，没奈何只得暂且忍耐一时。偏老天有意祸唐，竟使武氏再次怀胎，十月满期，又生一男，高宗非常高兴，取名为贤。现武氏已有二男，深得皇帝宠爱，竭力谋位为后，这一新生儿使她向后位进军的资本又足了。她既又生一儿，鼓起了她的勇气，想出了一条最凶险的法儿，构陷正宫。你想这是何法？她已买通内宫上下，串通一气，制造了又一个陷害王皇后的后宫巫惑案。

六、巫惑冤案

永徽六年（655 年）六月，武媚娘再度发难，向已形同禁锢的王皇后进攻。上次她打的是感情牌，这次她要炮制一个真正的刑事案件。她指使左右报告皇帝，说王皇后和她的母亲魏国夫人共行厌胜，诅咒皇帝早死。厌胜是古代一个巫术，是指憎恶某人而用木头刻一个小人或用纸剪个小纸人儿，在上面写上所憎恶的人的生辰八字，再在上面钉上钉子或扎针，以诅咒此人饱受痛苦或不得好死。古人相信这样做确实可以通过冥冥之中的感应而加害于人，因此厌胜本身是一种罪行，且被列为十恶重罪之一。施此术者，以谋杀罪减二等，如果对象是尊长或皇帝，就不再减刑，属不赦之罪，罪当处斩。

武媚娘先属令手下亲信备一木偶，上写高宗御名及生年月日，悄悄埋在王皇后床下，然后密告高宗，听人举报王皇后搞厌胜诅咒皇上，要高宗亲往验视。高宗即直入后宫，命内侍发掘床下，果得证物，高宗勃然大怒，责问王皇后："朕与你何仇，忍用此物魇朕？"王皇后莫名其妙，只吓得浑身乱抖，跪拜道："臣妾实不知此事，望陛下明察！"高宗说："明明在你的床下，你还抵赖么？"王皇后战战兢兢地道："妾事陛下多年，陛下亦应知妾之为人，难道好好的无缘无故要谋害陛下么？"高宗不听她陈述，提起木人，来到武氏宫内。武氏瞧那木人，露出许多懊丧、痛恨的样子，几乎要咬碎银牙，及看到高宗怒不可遏，知已达到目的，又转来以好言相劝，请高宗息怒保身。

此事在宫廷里、朝堂上议论纷纷，大臣惊骇，小吏猜疑。是皇后真的要害皇上呢，还是别人阴谋要害皇后呢？若说是王皇后用魔法去害萧淑妃或是武媚娘，不是更合乎情理吗？整个这件事似乎都不可置信。王皇后绝不会做这样的事，人们怀疑一定是别人阴谋陷害的。那么，这陷害她的人又是谁呢？如果王皇后废了，谁最可能升成皇后呢？朝廷之中哗然一片。皇后就要废了，很多人若有其事地这么说。

这一控告原是想要置王皇后于死地。如果按律治罪，对于王皇后就意味着灭顶之灾，但是由于所用的材料简便，一块木头一张纸一块布都行，并且是后宫斗争中最常用的武器。汉武帝时有个皇后叫陈阿娇，她后来就因被指控实施巫术被废掉了后位，但没有处死。由于这事发生在武媚娘和王皇后斗争白热化的时候，武媚娘诬告的迹象过于明显，连撰写《唐实录》的史官都认为是武昭仪诬陷，目的在于进一步打击王皇后，好谋夺后位，民间更是议论纷纷，都觉得王皇后一向端庄正派，绝不是那种搞巫术害人的人。李治也看得出其中迹象，但因深爱媚娘，权衡利弊，结果雷声大，雨声小，不了了之，没照律按刑事案件处理，只是禁止后母魏国夫人柳氏入宫，复贬王皇后舅父柳奭为遂州刺史。柳奭很倒霉，永徽五年（654 年）六月，王皇后舅舅柳奭迫于压力自请罢相，现又因王皇后的牵连无辜降罪，在被贬的中途又以"漏泄禁中语"之罪再贬为更为遥远的荣州刺史。荣州在今四川省偏远落后角落，柳奭在此吃尽了冷落、孤寂之苦。路漫漫，水迢迢，王皇后两个亲人都远离她而去，她的境况更加艰难了。从此以后，王皇后与外廷的联系被彻底斩断了，她现在的处境犹如一只被囚禁的小鸟，受人摆布，孤立无援。在此情况下，外廷的大臣们报以何种态度，她茫然不知，只有对天惆怅，心中有无限说不出的苦楚和无奈。一切的一切都对王皇后不利，这时她方才后悔，自己做了天大的蠢事，赶走了一只蝎子，换来了一条致命的毒蛇，自遭其殃。这真是一失足成千古恨，再回头已百年身啊！对武媚娘来说，外廷形势已发生转变，强大的外廷势力出现缺口，柳奭外调，许敬宗、李义府等朝臣支持昭仪，形势在向有利于武昭仪的方向发展。

【批】

武媚娘为了谋夺后位，灭绝人性地亲手掐死自己亲生女儿小公主，古今中外，只此一例。不要谈她其他罄竹难书罪恶，就单论此事，她已是禽兽不如，该当凌迟处死、千刀万剐了。武媚娘残害亲生小女儿揭开了她一生大肆凶残屠杀万千无辜生命的序幕，她连自己心疼可爱的小公主都敢下毒手杀死，其他还有什么人不能杀呢？她的亲生儿子弘、贤和孙儿孙女重照、永泰郡主均被她残忍处死，其他许多李唐皇朝贵族和忠臣良将被她疯狂屠杀血洗的惨痛状况就不用说了。

【第五章】
废皇后正位居中宫

一、外廷突破

就在武媚娘深感进军后位进退两难的时候，有一个官员主动表态愿为她尽忠效力。他就是历史上小有名声的李义府，此时在中书令来济手下担任中书舍人，是个五品官。著名成语“笑里藏刀”指的就是他。他一表人才，待人接物彬彬有礼，但他惯于脚下使绊子，暗中算计人，你如果被他的笑容所打动，和他推心置腹交朋友，那就会遭他算计，吃他大亏。可以说他是“明里一盆火，暗里一把刀”、“当面是人，背后是鬼”、“当面笑呵呵，背后毒蛇窝”的那种人。因为他惯以笑脸迎人害人，所以人们送他个绰号“笑里藏刀”。又因为他外表温和，干起事来心狠手辣，所以又送他个外号叫“李猫”。他就像柔顺的小猫，平时很柔和乖巧，但是扑起耗子来非常凶狠，凶猛无情。令人无奈的是，他虽为人奸险，但却才华出众，《全唐诗》里留下他八首诗，首首清丽动人。他是李治当太子时的太子舍人，和太子司仪郎来济共享文名，时称“来李”，指他和来济都很令人欣赏，不啻初唐文坛一时典雅风范。但是不知什么原因，他却郁郁不得志，文才不在来济之下，职位却屈居下层，来济已是中书令，他还只是一个官小位卑的中书舍人，为此他深感内心郁闷。

李义府为什么要主动请缨为武媚娘效力呢？因为他很不得志，而人又很机灵，他看准机会来了，他到了该出手和出头之时了。李义府和武媚娘没有任何关系。他讨好武媚娘，完全是为了讨皇帝、昭仪喜欢，以利于自己飞黄腾达。人常说：“鱼靠鱼，虾靠虾，乌龟靠王八”，“苍蝇不叮无缝的蛋”。李义府这头苍蝇，看准武媚娘缺少外廷势力这个缝隙，及时而有效地钻进去了。

李义府本为中书舍人，五品官，长孙无忌等朝廷重臣根本不把他放在眼里。他因一件小事得罪了长孙无忌，长孙无忌一怒之下想要把他外放到偏远

荒凉的壁州（今四川通江）去担任司马。这可苦了。壁州司马也是五品官，属平级调动，但是古人重视在京为官，有前途，升迁快，好运多；地方官呢，山高皇帝远，升迁机会少。加上四川多山，古人说，蜀道难，难于上青天，携家带小爬山越岭也够要他的命。此去前途茫茫，回京无望，那真是倒了大霉了。因此，这次工作调动可以说是对他的致命打击。此时的他正命悬一线，李义府外调的任命诏书已由中书令起草，即将转门下省审批，一批下来他就得立刻走人。李义府担任中书舍人，职务之便，让他提前知道了这个任命信息。他急得如同热锅上的蚂蚁般团团转，急病乱投医，忙去求教于同样也是中书舍人的好朋友王德俭，不想他这一找却找对了头，迅速解脱了危机，并使大唐后宫与朝廷掀起层层惊涛巨浪，扭转了大唐历史。王德俭这个人狡诈多智，人称“智囊”。他听了李义府的诉说后，马上给李义府出主意，叫他赶快去找皇帝，皇帝正为昭仪为后的事遭大臣反对而一筹莫展，你快去表态支持立昭仪为后，得到皇帝和昭仪信任，你就不仅不会外调，而且说不定会很快升任高官呢。但是此时任命书已快送到门下省，皇帝已经退朝，情况危急，怎么办呢？正好当时王德俭值夜班，两个人一商量，决定由李义府代替王德俭值夜班，深夜叩阁上书，恳请废王皇后，立武昭仪为后，形势就会立即大变，转危为安。王德俭对李义府说的话，《资治通鉴》有如下记载：“上欲立武昭仪为后，犹豫未决者，直恐宰相异议耳。君能建策立之，则转祸为福矣。”而大唐史籍则是这样记载的：“武昭仪方有宠，上欲立为后，畏宰相议，未有以发也。君能建白，转祸为福也。”

李义府深夜设法向皇上和昭仪上书力主废王立武为后的主张，这可让皇上、昭仪大喜过望，他们终于在外廷找到支持者了！他们立即召见李义府，让他把想法说出来。李义府说：“现在天下百姓都拥戴武昭仪当皇后，你就顺了天下人的心吧！”高宗心想，天下百姓都拥护武昭仪当皇后，我怎么不知道啊，但是他已明白，朝廷官员不是铁板一块，李义府的陈词打开了他的眼界，他不由得心喜地勉励李义府再接再厉，加紧联络活动，形成一股支持武昭仪当皇后的力量，当场赐给他一斗珍珠。李义府乘机说：“陛下，我很想为您效劳，可惜恐怕没机会了，我就要被外调到壁州当司马去了。”高宗说：“这好办，马上让你留任原职。”此时此刻，时间决定一切。长孙无忌贬他出京的诏书已在中书省拟好；正要转送门下省，皇帝留任的圣旨已到了，诏书无法发出。第二天，武昭仪亲自派人登门慰问。不久就将他升职为中书侍郎，为仅次于中书令的副长官。这标志着，外廷中的拥武派开始崭露头角。这无论对李义府个人，还是对皇帝和武媚娘来说，都无疑是可庆幸的事，本来“山穷水尽疑无路”，而今“柳暗花明又一村”！

皇上和昭仪对李义府的赏赐和提拔明确地向朝廷大臣传递出一个信号：

支持武昭仪为后就意味着备受恩宠，不仅可保住官职，而且可升官发财，享受荣华富贵。这一信息具有巨大的吸引力，很快就有一批大臣集结在武昭仪周围，这当中包括卫尉卿许敬宗、中书舍人王德俭、御史大夫崔义玄、御史中丞袁公瑜等人。这样，武媚娘迅速在外廷构建了自己的势力圈和信息网。随着李义府人生之旅出现新的希望和良好转机，武媚娘向后位艰难冲击的黯淡局面终于出现了一丝曙光。

在这些人中，最引人瞩目的是礼部尚书兼国史编修许敬宗。在支武派中，许敬宗资历最深，官位最高，是支武派中举足轻重的领军人物，开始是大力支持武媚娘当皇后，之后在打击以朝廷重臣长孙无忌为首的反武派的血腥斗争中发挥了更大的作用。他是和长孙无忌资历不相上下的人物，可却几次宦海沉浮，屡受挫折。隋朝末年，他的父亲被叛军首领宇文化及所杀，许敬宗寡廉鲜耻，在杀父仇人宇文化及面前手舞足蹈，叩头献媚，请求饶命。可是当时有个著名的大书法家虞世南的气节就与他不同了，在他哥哥虞世基面临被处死的危急关头，他跪倒在哥哥旁边，要求刽子手杀掉他，以保全哥哥的性命。同样是跪地求饶，对比之下，虞世南就表现出高尚气节。当时民间就流传一句很有意思的话："虞世南匍匐请代，许敬宗蹈舞求生。"用生动对比的方法刻画出两个人的品质和气节一高一低的形象。这就充分显示出许敬宗道德品质极其低下，为人所不齿。虽然他人品很差，可在文才方面却出类拔萃、才华横溢，李世民看他是个出色人才，就予以重用，成为秦府十八学士之一，一度和著名宰相房玄龄、杜如晦等人共事。太宗即位后许敬宗当上中书舍人，成为进出朝廷的显要人物。谁知他一不小心又栽了跟头，滑到低谷去了。贞观十年（636 年），长孙皇后去世举行葬礼时，他见到大书法家欧阳询相貌长得丑当面哈哈大笑，太宗大怒，把他逐出朝廷贬到地方去了。随后几经艰难努力，才又在高宗初年混上了礼部尚书，不料又因他贪财卖女，把小女儿嫁给少数民族首领冯盎而获取大量钱财，遭人弹劾，又被贬到地方去了。他身为史官，向来就擅自篡改史实，把史家的职责看得很轻，有些人向他花钱，就可以在他写的历史上买一个比较重要的地位。战役胜负之记载，功过荣辱之所归，全无定论，都可以花钱买得称心如意。由于他史书写得很不严肃，华而不实，他死后遭人批评，又被重新改写。就因为他人格缺陷太多，所以他的仕途颠簸坎坷，一晃十几年过去，他至今只当了个卫尉卿的三品官，负责车马事务，没多大实权，心中一直郁郁难平。可现在他看到，机会来了，皇上欲立武昭仪为后，许多元老大臣都反对，这可是他难得大显身手的机会。他瞄准势头，决定站在皇帝和武昭仪这一方。李义府遭贬向好友王德俭求教，李义府深夜进宫向高宗表态支持立武氏为后，高宗和武媚娘立刻给予表彰和嘉奖、升官。李义府的人生之路出现重大转机，一大群迟疑不

决的官员也纷纷站出来支持立武为后，支武派力量抬头壮大。许敬宗看准苗头，决定投入拥武派而大显身手了。

许敬宗是给李义府出主意的王德俭的舅舅。前面写及高宗与昭仪亲临长孙无忌府第请舅父同意废王立武为后的努力失败，他曾亲自劝长孙无忌勉从皇上心意，长孙无忌不但不接受，反而责他助君为恶，他无奈怏怏而归。现在李义府上书进劝皇上晋封昭仪为后受到奖赏升迁，而给李义府出主意的正是许敬宗的外甥，无论政情和亲情都促使他坚定地站在皇上和昭仪一边，这种情况，武媚娘了如指掌。有一天，她特地召见许敬宗，赏赐他一颗上好夜明珠，勉励许敬宗说："许大人，本昭仪在朝中少有亲信，一切仰望尊驾帮扶，本宫定不会忘您的大德。"许敬宗恭敬地说："臣一定努力报效娘娘。臣知道长孙无忌狂妄至极，极力阻挡皇上废后再立，臣当联系忠直大臣，为皇上和娘娘分忧效劳。"他走出内宫，踌躇满志，昭仪的召见和赏赐、勉励，使他觉得前景光明，大有可为，他可以与长孙无忌、褚遂良等人抗衡，从而大显身手了。而武昭仪自召见许敬宗以后，心中也有了底，外廷已经初步形成和构建了为她所用的势力圈，她胸有成竹，成功在望。

二、殿廷对决

一日，长安县令裴行俭私下找到长孙无忌和褚遂良，凑巧中丞袁公瑜也在座。裴行俭忍耐不住，问道："皇上将废去皇后，改立武昭仪为后，这事可真么？"长孙无忌说："确有此事"。裴行俭说："武昭仪心术不正，若立为皇后，她必为国家大祸，太尉不可不争。"长孙无忌叹道："非不欲争，但恐争亦无效，奈何？"裴行俭又激动地说了一些话，就走了，袁公瑜也起身离去。袁公瑜一出长孙无忌大门，立即去通报武昭仪母亲杨氏，杨氏连夜入宫告知此事。消息迅速传到高宗李治耳里，他迅即作出愤怒反应，第二天就下旨将裴行俭贬为西州都督长史。西州在哪里？这地方地处西域边陲，就是今天新疆的吐鲁番，言行不慎的裴行俭从此远离了政治中心。此后不久，表态支持武昭仪的许敬宗升迁为礼部尚书。至此，朝廷大臣已明显发生分化，一派是以许敬宗、李义府为首的拥武派，一派是以长孙无忌、褚遂良为首的反武派。但由于长孙无忌、褚遂良是顾命大臣，资格很老，位高权重，连皇帝都有些无奈，所以反武派势力明显居于上风。

据《唐会要》记载，这日朝罢，皇帝宣召宰相入内殿议事。然而宰相有七人，只有四人被宣召，即太尉、同中书门下三品长孙无忌，司空、同中书门下三品李勣，左仆射、同中书门下三品于志宁，左仆射、同中书门下三品褚遂良。宰相有七人只召见四人，意味有特别重要的事情。四位宰相心里都明白，该来的事终于来了——今日之召，必为中宫。他们四个人商量对策，有人提议：“长孙无忌当先言之”。褚遂良略一考虑，说：“太尉，上之元舅，脱事有不如意，使上有怨舅之名，不可。”又有人提议说：“英公勣，上之所重，当先言之。”褚遂良又不同意，说：“司空，国之元勋，使上有罪功臣之名，不可。”这意见又被否定了。那么，这个不行，那个不行，究竟该由谁来出面向皇上表达意见呢？褚遂良心直口快，毛遂自荐，说：“遂良恭奉遗诏，若不尽其愚诚，何以下见先帝！”他坦诚表示既为顾命大臣，就要竭诚尽忠，以后到地下才有颜面面对先帝！他勇敢地承担了面对皇上直言谏劝的重担。有个未提建议的人，不是别人，乃是于志宁。他道德文章很好，但经历过政治风浪，曾辅佐过太子李承乾，李承乾被废后他因为人端正未受牵连，继续留任辅佐新太子李治，他已经被以前的经历弄胆寒了，所以这次很谨慎，不愿卷入政治风浪之中。李勣更聪明，他知道这次面对皇上谏争必然会出现僵局，触怒皇上，他干脆脱溜了，托言有病在身，现已支持不住，一会见到皇上怕有失礼仪，“请你们帮我请个假吧”。说完，也不等别人说话，就径自走掉了。留下的三个人面面相觑，一时都缓不过神来，正感到惶惑，想留住他又无法留住，只好眼睁睁看着他渐走渐远的背影。

其余三位宰相，步入内殿，静静站在皇帝面前。沉默了一会，皇帝发言了：“莫大之罪，绝嗣为重，皇后无嗣，昭仪有子，今欲立为皇后，公等以为何如？”长孙无忌没有说话，褚遂良朗声道：“陛下不记先帝遗命么？先帝弥留时，曾执陛下手，顾语臣等道：‘佳儿佳妇，今以付卿。’陛下言犹在耳，奈何忘怀？皇后未闻有过，岂可轻废？臣等不得屈从！”孝道的大帽子压下来，压得皇帝说不出话来，脸上愤然作色。长孙无忌见况不妙，忙转弯说：“遂良说得对，此事须从长计议，望陛下三思。”于是无忌等一齐退了出来，此次交谈可谓不欢而散。

次日上朝，长孙无忌看看左右，不见李勣人影。这次，他请病假不上朝，继续隐身。高宗旧事重提，征求大家意见。褚遂良这次干脆把武媚娘老底揭了出来，说：“陛下必欲立后，伏请妙择天下令族，何必要在武氏！且昭仪经事先帝，众所共知，陛下岂可蔽天下耳目？使万世之后，何以称传此事！”这一招可要命了，武氏原为先帝侍妾，这事实尽人皆知，但没人敢当面说出来，如今面临废立皇后生死关头，褚遂良鼓足勇气不顾一切当众说了出来，掀开武媚娘曾为先帝才人的老底和臭史，朝臣都深感吃惊，更大出高宗意外，一时不知说什么话是好。谁知褚遂良犹未住口，接着说：“陛下倘亏人子之道，自招不善之名，败乱之端，自此始也！”他直接骂到高宗脸上了，直斥皇上子夺父妾，大逆不孝，给先帝戴绿帽子，使自己留下千秋骂名，并从此给大唐皇朝带来败乱祸端。这话骂得多重啊，左右朝臣屏住呼吸，不敢出声。高宗

颇为吃惊。褚遂良态度傲慢，语言粗暴，使高宗无法回应。不料皇帝一口气还没喘过来，褚遂良又发起飙来，更使人意外的事又发生了。只见他把朝笏往阶上一摔，把官帽也摘了，拼命磕头，把额头都磕出血来，说："臣得罪陛下，罪该万死，可是只要能不负先帝，死也甘心！现还笏给陛下，乞放归田里。"高宗恼羞成怒，立即命殿前武士将褚遂良拖出殿外。此时突从朝堂珠帘后面传出一个尖利响亮的声音："何不扑杀此獠！"（《资治通鉴》卷一九九）"獠"本形容兽类露出嘴外的长牙，这里借以形容凶兽、恶人，意谓怎么不把这野蛮人给我狠狠打死！虽是女人声音，却无娇柔之气，朝廷之上都能听见。说这话的，正是武媚娘。她当时只是个普通的妃嫔，竟敢隐身帘后听君臣议论，而且大声公然要严惩托孤大臣，群臣极度震惊，一时还反应不过来，惊得瞠目结舌呆望着眼前境况。武媚娘此前从未这么失态过，应当是褚遂良先鄙薄她出身微贱，又揭出她本是先帝才人丧失人伦耻事二夫的丑事，让她太难堪、丢脸，一时激怒，终致发出这一声令人惊骇且千古难忘的怒吼！长孙无忌听此吼声，忙出班奏道："遂良系顾命大臣，就使有罪，不应加刑。"把褚遂良保下来了。高宗下命令："拉出去！"站在一旁亲眼目睹这一场龙争虎斗的左仆射于志宁吓得面容失色，连大气也不敢出。当然，这场廷争又是不欢而散。

消息逐渐传开，举朝震惊。第二天，与长孙无忌、褚遂良荣辱与共、交谊深厚的宰相韩瑗旋即入奏："皇后是陛下在藩府时先帝所娶，今无愆过，欲行废黜，四海之士，谁不惕然？"这话高宗哪里听得下去，未予采纳。次日韩瑗再度进谏，情态更加悲切，几度潸然泪下。高宗大怒，下令把他赶了出去。韩瑗仍不罢休，再次上疏，声称如果立武昭仪为后，可能成为亡国祸水，倾覆唐帝国。很快，另一位大臣中书令来济也上表声援反对立武昭仪为后。宰相集团如此态度坚决，气势汹汹，反对立武昭仪为后，这使高宗和昭仪深感郁闷。废立大事似乎陷入僵局，举步不前了。

三、陛下家事

正当高宗、昭仪为废王立武之事和宰相们发生激烈冲突、陷于进退两难境地的时候，他二人忽然想到宰相集团中还有一个人至今没有表态。这个人就是李勣。几次廷议，他都推三阻四，不是有病，就是告假，迟迟没有发表意见，他在想什么？这可是个谜啊。想到李勣这个人物，立刻像电光一样闪亮了他们的脑海，这可是个至关重要的关键人物，为什么不去了解一下他的心思和做做他的工作呢？武媚娘根据过去的印象，觉得李勣似乎对她态度很好，关切温和，从容大度，特立独行，从不与人拉帮结派，从他神态上似乎有袒护武媚娘之意。她便把这心思与高宗说了，高宗默然认可。这一日，高宗特地把李勣召来，和他商量易后事宜。高宗对李勣说："朕欲立武昭仪为后，遂良固执以为不可。遂良既顾命大臣，事当且已乎?"意谓我想立武昭仪为皇后，可遭到作为顾命大臣的褚遂良竭力反对，这事是不是就此停止啊?高宗说话时向李勣投去充满希望的眼光。李勣是个颇有心计、大有智慧的人，他听高宗说的话后微微一笑，笑容中有心照不宣的默契，他没有正面回答，神态自然地含笑说："此陛下家事，何必更问外人!"意谓陛下你立皇后属于家庭内部事务，完全可以自己做主，何必要去征求外人同意啊！这话听起来好像轻飘飘的，如同闲话家常，可是此时却像一个闪电一声春雷，照亮和震动了高宗的心，他猛然醒悟，是啊，这事儿成了，立后纯属家庭之事，我这皇帝完全可以自主，根本不须征询他人意见，我何必去找烦恼呢？李勣此话一出，高宗和昭仪在废立皇后问题上的被动局面顿时扭转了过来，形势急转直下，立即就可采取主动，放手行事了。

李勣作出这样的举动，是有他的考虑的。当时有震主之威的那几个声色俱厉、反对废后的托孤大臣，在他内心里早就有所反感、厌弃，他有心欲借皇后废立事件来开始巧妙地摆脱老臣的控制，以使今后自己能放手有所作为。同时，不过问皇家事，也是李勣坚守的准则。他和长孙无忌向来疏远也是他反对无忌、遂良等人干预皇家事的一个因素。他身为开国大将，堪称硕果仅存，为人虽好，却较为慎重，遇有缓急，不太表态。太宗驾崩前，曾把李勣贬谪在外，可谓惊人之举。太宗私下告诉太子说："李勣为我，赴汤蹈火，在所不辞，这是对我个人的效忠。你并无恩于他，现在把他远谪，以试其忠心。他若抗命，即予诛杀。但是他已遵命而去，将来你把他召回，封以高官，他必然效忠以报。"李勣被远谪时也知道太宗有测试其心的意思，所以接到外调贬谪令后第二天就动身赴任了。这赢得太宗、高宗对他的充分信任。所以高宗登基后就立即召回他任司空、同中书门下三品。他本人也因此想向高宗表示效忠之心。

值得一提的是，李勣还有一言九鼎的重要作用。这得要了解一下李勣是个什么人物。李勣就是隋唐时期鼎鼎有名的徐茂公，瓦岗寨的英雄，唐初的名将，大唐开国元勋之一。他原名徐世勣，字懋功，因辅佐李渊灭隋建立唐朝有功，唐朝就赐他姓李，取名世勣，后因避讳太宗李世民的"世"字，遂去掉"世"字，改名为李勣。特别引人注目的是，他是开国功臣中唯一留下来的军方代表人物。他说"此陛下家事，何必更问外人"等于我们军方已经表态了，不想参与宫廷斗争，谁败谁胜是皇室家事，与我们无关。这就如同给高宗吃了一颗定心丸。军方不插手皇室家务事，谁来插手都是白搭。文官资格再老、权力再大，没有军方武力支持决然很难成事。所以有了李勣这一句话，高宗的心就放下了一大半。在这时刻，高宗已胸展宏图，他已不再把长孙无忌、褚遂良等重臣的阻挠、威逼放在心上了。

李勣的话像春风一样迅速吹遍内宫、朝廷和所有重臣与京官中间，人心瞬忽发生很大变动，反武派感到气馁、势弱，拥武派大受鼓舞、精神奋发。许敬宗马上把这话作了淋漓尽致的发挥，公开在朝堂上说："田舍翁多收十斛麦，尚欲易妇，况天子欲立后，何豫诸人事而妄生异议乎！"意谓老农民多收了些麦子尚可换个老婆，何况皇帝为天下主，想换个皇后关谁屁事而妄加议论啊！这话虽有点粗俗，但话粗理不粗，这道理说得好啊。高宗、昭仪更指使、鼓励许敬宗、李义府等反武派的人到处游说，扩大影响，让所有的大臣都知道大唐军方首领李勣已表态了，不过问皇室内宫家事了，易后之事皇帝完全可以自主，任何人都无权干涉、说短道长。这么一来，大多数朝臣都倾向反武派或保持沉默，中间派力量壮大，明哲保身，成了大多数没有政治野心或怕惹是生非的人的选择。

在武昭仪的支持下，拥武派乘机发动攻势，积极进奏应立昭仪为后。在一次朝会上，许敬宗陈词说："臣以为王皇后罪过甚大，必须废为庶人。武昭仪深孚众望，万岁圣明，当立则立。"李义府跟着说："何人堪为皇后，圣上自有明见；武昭仪宽爱仁厚，众望所归，足可母仪天下。"御史大夫崔义玄也是拥武派，他奏言说："万岁英明天纵，立何人为后，是深思熟虑后的决断，自然合情入理。"高宗微笑点头表示赞许。

由于军方首领李勣的表态和许敬宗、李义府等人扩大宣传攻势，竭力奏请立昭仪为后，朝廷形势发生急转直下的剧烈变化。高宗和昭仪团结一心，上下其手，支持拥武派、团结中间派、打击反武派。拥武派大都出身低微，官卑职小，他们都想受人重视，往上升迁，李义府支持武媚娘大加奖赏，受到升迁就是明显的例证，"人为财死，鸟为食亡"，"重赏之下，必有勇夫"，哪个不想往上爬、升官发财呀，拥武派队伍迅速扩大了。中间派是沉默派，而沉默实际上就是默默支持。连手握重兵的军界头号人物李勣都不管皇家闲事表示支持了，其他人更无话可说了。李勣代表军方以不管闲事表示支持，这就使高宗、昭仪胜券在握，可以毫无顾忌、大胆放手行事了。于是，他们集中精力稳、准、狠孤立和打击反武派。没过多久，反武派中最激烈的以叩头、退笏威胁、责难高宗、昭仪的褚遂良就被一道圣旨贬黜外放为潭州都督，以示儆群臣。不识时务的侍中韩瑗诉褚遂良冤，说他体国忘家，损身循物，实是社稷重臣，不应骤加逐斥。但这有什么用呀，高宗根本不听。潭州在什么地方呀，潭州就是今天的湖南山中小县，距首都长安有千里之遥，这一贬逐明示褚遂良，你胡闹什么呀，到一边歇着去吧。可怜一片忠心的褚遂良，就此逐出京城，永远回不来了，他还不得不向皇上叩头谢恩。褚遂良赴任而去，良心清白，无愧于心，毫无怨尤。至于来日如何，仍在茫然不可知之数。这一招真厉害，反武派也变成哑然无语派了。从此武媚娘通往皇后的道路上已是一片坦途，无限光明。

四、篡夺后位

朝廷内外的障碍都已扫除，永徽六年（655 年）十月十二日，高宗下诏：“王皇后、萧淑妃谋行鸩毒，废为庶人，母及兄弟，并除名，流岭南。”什么“谋行鸩毒”呀，史无实据，这是血口喷人的诬陷之词，真是欲加之罪，何患无辞。“流岭南”，岭南在什么地方呀，在现今两广以南，当时是很荒野穷苦的地方，流放到岭南，又没生活出路，苦极了。从此开始，武氏为后以后还不断有流放岭南的，这些狠毒残忍的主意肯定是武媚娘出的，因为高宗生性仁懦，有仁爱之心，他不会如此残酷无情。王皇后此时后悔已迟，真是搬起石头砸自己的脚，她本想引进助手以利于自己与萧淑妃争宠，坐收渔利，没想到，自己挖下陷阱自己掉下去了。懊恨有什么用呢，自古没有后悔药吃，一切的一切都怪自己没见识，太糊涂。如今，她倒反和昔日的仇敌萧淑妃在一起成了同病相怜的难姐难妹。

王皇后和萧淑妃废为庶人后立即被打入冷宫，可怜她们当时按皇规还得叩头谢恩，萧淑妃是先被打进冷宫的。高宗一纸令下，曾为一国之母的王皇后落得了同萧淑妃一样的下场。冷落的宫门打开，王皇后被推了进去，身后的门“哐当”一声关上了。王皇后初到黑暗地方，眼睛还看不清楚冷宫中情况。“啊，正宫娘娘怎么也进来了，这不是做梦吧?”她听出这是萧淑妃的声音。“妹妹，都怪我呀。”她哽咽着说，“都怪我瞎了眼睛引狼入室，如今后悔已迟，请你原谅我吧！”萧淑妃说：“废话！武昭仪那个骚货是决不会放过我们的，她迟早会要我们的命，你等着吧！”王皇后说：“妹妹，皇上的心我是知道的，我们多年夫妻，他是心肠最软的人，我二人撕下半幅罗裙，写下一件血书，设法将血书传给皇上，他看了后定会生怜悯之心，我们就有望离开这冷宫。”萧淑妃听了，点头说：“也是，只能如此了。”

高宗下诏贬王、萧二人为庶人打入冷宫的当夜，李治和武媚娘亲密地手牵着手回到昭仪宫。当夜二人在红罗帐里，照旧热烈拥抱，颠鸾倒凤，强劲交欢，直弄得筋疲力尽才休兵而眠。皇上熟睡后已发出沉沉鼾声，武媚娘却思绪万千，难以入睡。她想，好了，王皇后已被废打入冷宫了，我即将进入中宫荣登皇后宝座，这是我花费很大精力吃尽千辛万苦才好不容易得来的啊。一想到自己亲生的骨肉小公主，她不禁有些轻微颤抖起来，她内心愧疚地说：“不要怪娘狠心，我掐死你是不得已的啊，我不下此毒手怎能扳倒王皇后，篡夺到皇后宝位呢？娘的女儿，我对不起你。我默默祷告你早日超生吧！请你原谅为娘，为了生存，也是为了更加体面地生存和开创更辉煌的前景，为娘不得不如此啊！”

皇后已废，朝廷无一人敢言，中宫不可一日无主，必须立即立后入主中宫。十月十八日，许敬宗联络朝臣上表请立昭仪为后入主中宫。许敬宗上表实际上是武媚娘通过她母亲魏国夫人上门，指使他这样做的。此事皇帝和昭仪早已商定好了。当日皇帝就颁布了武昭仪为后的诏书，武昭仪从此成为名正言顺的正宫皇后了。

五、诏书内秘

永徽六年十月十八日，高宗专为立媚娘为后而颁下诏书：“武氏门著勋庸，地华缨黻，往以才行选入后庭，誉重椒闱，德光兰掖。朕昔在储贰，特荷先慈，常得待从，弗离朝夕，宫壸之内，恒自饬躬，嫔嫱之间，未尝迕目，圣情鉴悉，每垂赏叹，遂以武氏赐朕，事同政君，可立为皇后。”

这道诏书是一通挟嫌含愤回击众宰相反对立武氏为后的口实的辩驳之词，字字句句都含义很深，隐晦深邃，有相当说服力。原先反武派反对武昭仪为后有三个理由，这当中都给一一驳斥了，并且驳斥得似乎很是合乎情理，名正言顺。首先，驳斥武媚娘出身低微，此诏书中强调她是功臣之后，本朝贵勋；其次，反武派说武媚娘不是先帝所娶儿媳，诏书说是先帝因为儿子孝顺而赐给他的；最后，反武派说武媚娘是侍奉过先帝的才人，诏书则称武媚娘可比汉朝宫女王政君。王政君本是汉宣帝的宫女，因太子刚死了心爱的良娣，宣帝就把她赏赐给太子以示安慰。后来这太子当了皇帝就是汉元帝，王政君经宠幸后生了个儿子成为太子，王政君顺理成章就成为皇后。诏书引用这个典故有两层用意，一是偷换身份，把武媚娘从先帝的才人变成先帝的宫女；二是子因母贵，母因子贵，王政君所以能成为皇后是因为汉元帝生了个儿子当了太子，而王皇后无子，武媚娘有子、有女，有子自然就是武媚娘可当皇后的资本。如此一说，反武派所叫嚷的反对武媚娘的三个问题就都不存在了，因而立她为后自然是合乎情理、无可指责的。因此这篇诏书实际上是一篇驳论文章，此文一出，就把武媚娘从尴尬境地解脱出来。此大作的作者就是武媚娘的心腹干将许敬宗，此诏书表明许敬宗非常善于诡辩。

其实这篇诏书也是有瑕疵的：一是“常得待从，弗离朝夕”，人们明知武媚娘是先帝才人，常不离先帝前后侍奉，而太子也在先帝病重不离朝夕地问候，这不是表明两人早就经常接触吗？二是“遂以武氏赐朕，事同政君”，武氏明明是先帝才人，却谎称她“事同政君”是个宫人出身，这不是“此地无银三百两，隔壁王二不曾偷”的欲盖弥彰的行为吗？这样一张扬，丑事更丑，贻笑世人、后人，太不高明了。原想掩耳盗铃，谁料盗铃不慎、响声大作、盗铃的手都被人捉住了。故文史家都称这是画虎不成反类犬的败笔！

不管怎么说，这道诏书可以说是皇上和昭仪回击众宰相反对立昭仪为后的理由的有力驳斥和胜利宣言书。诏书一出，大局已定，一切都毫无顾忌，可以任意而为和大肆张扬行事了。诏书颁下后随即大赦天下，普天同庆，上表庆贺者纷至沓来，普天之下欢腾同庆，可以说，在这场没有硝烟却意义重大的废立皇后的战争中，以长孙无忌、褚遂良为首的一批朝廷重臣太过自信，也太疏忽大意了。王皇后舅父柳奭已因此遭到罢相贬黜，却仍然不自警觉，严重低估了武昭仪的野心和能耐，从而在整个过程中处处处于被动地位，没有全面衡量作好应战准备，终致一败涂地。长孙无忌还有一个致命弱点，他位高权重，功高震主，树敌无数，却毫不自知自警，以致最终招致包括皇帝、许敬宗、李义府、李勣在内的一批对他平素骄横行为很有意见和反感的人无形联合起来给予有力回击，并在最后拼搏决战时以全面失败而告终。

但是人心的向背是很重要的。上述诏书一出，天下人便都议论纷纷。这桩败坏伦常的丑闻立即遍扬天下，轰动四方，士农工商议不绝口，都视为笑谈，道之津津有味：新皇后是先皇的侍姬，是破坏人伦的丑恶行为，尤其可笑的是，她竟是个尼姑，她在做尼姑时就又与皇帝勾搭上了，这分明是个淫妇烂母狗。国人的廉耻受到了刺激。朝廷的元老重臣为什么不阻止呢？其实，天下人不知道，他们已竭其所能了，褚遂良力谏之后，被贬谪远方，这是皇帝铸成的大错，老百姓都觉得出来。这种事情历史上也有过。皇帝如果犯了错误，并受制于阴险妇人之手，的确是不可救药。正直的大臣的感觉不次于百姓，都觉得朝廷蒙了灾难，是不祥，是祸患，但是无可避免。茶馆酒肆之中风言风语。全国掀起一阵阵嘲笑激怒的浪潮。而身为开国元老、托孤受命大臣的长孙无忌却闷居在家，愠怒难发。

【批】

篡夺中宫皇后宝座，是异常奸险狠毒的武媚娘此后平步登天、权倾天下的重要起点。她有资本，一是她善于妖媚惑主，高宗在她迷惑下已听她摆布；二是她生有儿子，而王皇后无子，皇家立太子、继帝位必须是皇后或有身份的妃嫔所生的男孩；三是她善于拉拢、利用权奸，许敬忠、李义府便是明证。

褚遂良几次奋勇死谏，虽无效果，忠勇可敬。他虽遭贬黜，不久抑郁病死贬所，但他精神高尚、不朽，万古流芳。

【第六章】
登后位残暴杀王萧

一、正位中宫

永徽五年（654 年）十一月一日，高宗正式册立三十一岁的武昭仪为皇后，隆重的立后大典在肃仪门举行。司空李勣和左仆射于志宁走到武媚娘面前呈上证明皇后身份的玺绶，向天下宣告正式册立她为皇后。武媚娘遂服袆衣，佩翟章，金冠珠履，装束似天神模样，更衬着一副杏脸桃腮，柳眉樱口，越觉得袅袅婷婷。当由众侍女簇拥登殿，行了受册礼。高宗也心花怒放，特为武媚娘开一特例，令她也乘重翟车，直抵肃仪门。命文武百官及四夷酋长，均在门下朝谒新后。俟武媚娘下车登楼，开轩俯瞩，只见门下无数官员，齐齐参谒，黑压压地跪了一地，不由得神情飞扬，笑貌扬辉。非但唐朝立后，从未有此盛举，就是皇帝登基亦未曾这般热闹。

武媚娘从贞观十一年进宫，一路坎坷，历经风霜，经过十八年挣扎、激奋，终于实现了自己的梦想和追求。十八年，对年华易逝、青春不再的女子来说，等于就是一生啊。此时她可以说："见天子庸知非福"并非妄想了，但这已非唐太宗而是其子唐高宗了。光阴似箭，日月如梭，这沧桑人世真是瞬息万变啊！这种当朝皇后在肃仪门楼接受文武百官和四夷酋长及万众百姓朝拜的礼仪，是历朝历代没有过的，是中国历史上的第一次。以往的皇后只能接受内外命妇的朝拜，也就是那些有职衔的妃嫔的朝拜。武媚娘不仅要接受她们的朝拜，还要接受所有朝廷、京城官员的朝拜。人们仰慕武后的威仪，极力不想她的出身。有些人注意到武后的嘴太大，表示出贪婪的个性；有的看出她那嘴唇上的纹，她那尖锐凶狠的眼光，表示出她一定是一个果决刚强的人，觉得未免可怕。但武媚娘向来不羞涩，欢喜出风头，欢喜见人、认识人，特别愿意受人阿谀奉承。在那一天，她就破坏了不少风俗习惯，特别显得出人头地。人们眼前只见她满身锦绣朝服、珠光宝气，威仪万千，却忽略了一个人——不知此时她的丈夫高宗皇帝在哪里。显然，新皇后不愿单做六宫之主，她是经过血雨腥风的洗礼才获得这个宝座的，她还要用她已经伸出宫墙能够翻云覆雨的手去扭转乾坤征服整个大唐王朝和天下。她不甘心屈首人下、好张扬、好显耀、好逞威的个性在今天浩大壮丽的场面上已经得到淋漓尽致的表露和发挥。

这宏大的场面，这无比的尊贵，令武媚娘感到说不出的振奋和高兴。她要在这众多男人的跪拜中享受一个女人难得享有的乐趣。她看到百官跪拜中的长孙无忌、韩瑗等人一脸沮丧、垂头丧气的样子，轻蔑地付之一笑。她回头望望精神有些萎靡的李治，一个更为大胆的想法倏忽跃上心头：皇帝难道只是男人能做吗？如果李治不在身边自己不也一样能自如地接受百官朝拜和从容处理国事吗？她已把李治掂量够了，在她心目中，李治不过是她手中玩弄的玩偶和影戏人，能随心所欲听任摆布。她有很大的野心，为实现野心可以不择手段，不择手段就是一切，就是胜利，再残忍凶暴的手段她都在所不计。看到眼前李治、长孙无忌的样子，她脑海中更大胆、无情的计谋正在酝酿着、形成着、翻腾着。而胸无谋略的高宗李治，只一味沉浸在他眼看武昭仪戴上凤冠成为皇后的无限风光与辉煌中，根本没有想到，这个自己最爱的女人，却正是李唐王朝的真正终结者，是李唐皇族最可怕的敌人。

二、高宗怜悯

被贬为庶人打入冷宫的王皇后、萧淑妃从最高的皇后、皇妃一下子被打入十八层地狱，冷宫中无床、无桌、无洗漱生活用物，阴暗潮湿，污臭熏人，饭食粗糙简单，三餐从洞口送入，难以下咽，不吃又饥饿难熬。这难耐的囚犯生活，真个是度日如年啊！王皇后被迫无奈，从裙上撕下一块白色绢布，和萧淑妃二人咬破手指，共同在白绢上写了血书，恳求禁婆交给一向待人厚道的侍奉高宗的孙公公，请他面呈给皇上。李治专心致志地在案头阅读史书、进入忘我境界的时候，忽然，一个声音叫道："万岁。"李治抬头一看，是孙公公，他问："有事吗?"孙公公说："万岁，你看这个。"李治问："什么东西?"孙公公说："是王皇后和萧淑妃的血书。""血书!"李治惊了一下，说，"我看看。"他接过来铺放在御桌案上，仔细看去，只见绢上血写的文字是："备受煎熬，度日如年。非人生活，求帝悯怜。"皇上问："这是从哪里来的?""万岁爷，这是皇后娘娘差人传出来的。"孙公公说。孙公公对王皇后很有好感，他接着说，"看了这血书让人难过啊，皇后和萧淑妃她们如今太悲惨了。万岁您救救她们吧。"李治看到这血书，心头也在滴血。他本不想把王、萧打入冷宫，只是因为昭仪坚持，拗不过她。她们以前养尊处贵，哪能吃得了冷宫那个苦啊。想起以前和她们恩爱的情形，不禁一声叹息，眼中滴下几滴泪水。孙公公说："万岁爷，去看看她们吧，也算是一种安慰。"皇上拿不定主意，略显犹豫，说："这合适吗？"孙公公说："这没什么，也不是放她们出来，只是看看啊。"皇上说："好，前头带路。"进得后宫一个偏僻角落，在一间低矮的房屋前停了下来，一股令人作呕的臭味袭面而来，皇上不禁后退了半步。禁婆见了，忙说："万岁，待老奴开门。"皇上望见旁边有个传送饮食的洞口，他对着洞喊道："皇后、淑妃安在？朕在此看你两人。"但听洞里传出王皇后凄凉的声音："妾等有罪被废，怎得还有尊称？"接着王皇后又带着哭声说："陛下若念旧情，令妾等死而复生，重见天日，请将此处改名为回心院。"皇上觉得她们很可怜，动了恻隐之心，说："朕自有处置，你们不必过度悲伤。"说完他就回去了，心中还有点顾虑，怕武媚娘知道。皇上到冷宫探望王、萧二人，《资治通鉴》有明确记载，说明他确实觉得把王、萧二人打入冷宫于心不忍，有些对不起她们，表明他不忘和王、萧二人旧日感情，所以特地去看望她们，并表示要设法放她们出来。"自有处置"语意含混，表明想放她们出来还拿不定主意。为什么拿不定主意？关键是怕难过武媚娘这一关。

三、残杀王萧

武媚娘自然不会同意放王、萧二人出来。她是一个颇有心计而又异常凶残狠毒的人。她从尼寺二度进宫本来就怀有勃勃野心。她进宫后处处卑躬屈膝、笑脸迎人就是想要有朝一日改变自己备受凄凉、冷落的命运。王皇后想利用她对付萧淑妃，而她的利剑则同时指向王皇后和萧淑妃。把她们废为庶人、打入冷宫并不是她的终结目的，她一定要把她们二人置于死地，让她们永远失去翻身的机会。王皇后是她的首要敌人，为了扳倒她，她心狠手毒地掐死了自己亲生的小女儿。萧淑妃有三个儿女很可能因子而贵入主中宫，也是自己主要对手，为了扳倒她，武媚娘血口喷人诬告她"谋行鸩毒"。在她恶毒陷害手段下，这两个曾经在后宫最高层、最风光的人物终于被她击垮了。既已被废为庶人、打入冷宫就不能再让她们活命或出来。李治虽答应向他求救能走出冷宫的王、萧二人说"朕自有处置"，能得到武媚娘的同意吗？根本不可能！不但不可能，还会加速把王、萧二人推上死路。

武媚娘原本在后宫情报网密布，现在入主中宫，当上皇后，情报更严密、快速。那边高宗刚去看望王、萧，她这里已得准确情报，她坐不住了，立即快速出击。她气得双眉倒竖，立即找到李治责问。李治见她气势汹汹地来了，已先自胆寒气馁，武媚娘诘问他为何到冷宫去看望王、萧，李治不敢正面回答，犹自抵赖，说：“哪有这事啊?”武媚娘气愤地说：“皇上别回避了，一切我已知道了。皇上，这事您做得不妥当啊！妾身刚当上皇后，她们刚刚被废，无论朝廷、后宫都还处于不稳定状态，随时可能再起波澜。您这样轻率地看望她们，贸然表态，太欠考虑了，这不但会引起宫廷里的议论，外廷的人也会乘机活动，这不是使事情复杂化了吗？万一发生不测和变故怎么办？我们辛辛苦苦获得的成果很可能毁于一旦。那样一来，事情就糟糕啦！请陛下三思!”高宗一听，愣住了，是啊，武媚娘现在已是皇后，这皇后是颇费周折才当上的，万一有风吹草动再惹出麻烦来怎么办？高宗这个人就是这样，他虽有一定才干，关注民情，政治开放，但软弱无能，不能自主，常听任自己所慑服的人摆布，朝三暮四，反复无常，这会儿这样说这样做，待会儿他能全推翻掉，翻脸不认人，并萌生杀机。正因为这样，他才被武媚娘所牢牢控制，常随着武媚娘的意志而行动。现在，他面对武媚娘的责问慌了神，没主张了，刚才去看望王、萧二人时所允诺的“朕自有处置”的话他一下子全都忘了。现在面对武媚娘，只能唯武媚娘意志是听。武媚娘一番话，使他意识到自己错了，他虽从心底里可怜这两个人，但这两个人一出来不可能善罢甘休，可能会掀起一场新的争斗，那就没得安稳日子过了。他问武媚娘：“你说怎样处置她们?”武媚娘眉头一扬，说：“没有别的办法，只有处死她们，才能免留后患。”高帝低头想了一下，说：“好，只能这样了，我不方便出面，你去处理吧。”武媚娘在皇上授意之下便去结束这两个人的性命了。武媚娘获准立即亲自去命手下将王、萧二人各打一百大板，王、萧二人平素娇生惯养，娇皮嫩肉，各一百大板早打得皮开肉绽，血肉模糊，晕厥了过去。武媚娘又下令将二人手足剁去，各投入一个酒瓮中，武媚娘说这叫“令二妪骨醉”，你们二人不是想反扑吗？我让你们酒浸骨髓尝尽醉骨滋味，也就是让她们在万分痛苦中备受煎熬。可怜二人婉转哀号了几天才断了气，史称“数日而死，又斩之”，这两个年方二十多岁的如花似玉、年轻貌美的女子的生命就这样悲惨血腥地结束了！但据《资治通鉴》卷二〇〇记载：“上曰：‘朕即有处置。’武后闻之，大怒，遣人杖王氏及萧氏各一百，断去手足，投酒瓮中”，并无高宗同意杀死王萧二人的话。

对于这样灭绝人性、惨绝人寰的屠杀，王、萧有何反应呢？据史书记载，两人表现截然不同。王皇后表现非常平静，她拜了两拜说：“愿大家万岁，昭仪承恩，死自吾分。”意谓祝愿皇帝万寿无疆，现昭仪正承恩受宠，所以死自然是我分内的事情。她虽坦然而死，但她死得尊贵，仍称武媚娘只是昭仪，而不承认她是什么皇后。萧淑妃就不同了，她性格比较刚烈，临死时对武氏切齿大骂：“阿武妖猾，乃至于此，愿后世我生为猫，阿武为鼠，时时扼阿武

喉！”她称此时已为皇后的武媚娘为“阿武妖猾”，饱含蔑视之意，这个妖淫狡猾的狐狸精把我残害到这地步，我来世变成一只猫，阿武变成一只鼠，我要活活把你这家伙掐死，以泄我愤！听到萧淑妃的话，武媚娘尤加气愤，一面戒宫中养猫，一面令将后世兄及萧淑妃家族充军到极边荒芜地区，后母柳氏原已削籍，至此又被流放岭外。许敬宗仰承中宫旨意，又上表奏称：“王庶人父仁祐，本无他功，徒因女贵致显，得列台阶，今庶人谋乱宗社，罪宜夷宗，仁佑宜劈棺枭尸。陛下不惩已死，且贷余生，尚为失刑”等语。高宗看到此表，意欲搁置不理，怎禁得武媚娘在旁，冷讥热嘲，逼得高宗不能罢手，只好再下手谕，追夺仁祐官爵，惟劈棺枭尸一节，总算免予执行。武媚娘又进一步玩文字游戏，改王皇后的王为“蟒”，改萧淑妃的萧为“枭”，王与蟒、萧与枭谐音，借以诅咒她们两个一个是毒蛇，一个是恶鸟，这就不仅从肉体上消灭了她们，又进一步从精神上侮辱她们。

武媚娘残杀王皇后、萧淑妃后，虽得一时快感，但总觉心里有亏，心里很觉不安，据史书记载，往往梦寐时见二人披发沥血，状甚可怖。后来疑上加疑，明明醒着，也觉二人站在身旁。因此情虚思避，特在京都东北隅另造一座蓬莱宫，建筑很是华丽，比旧宫宏壮数倍。武媚娘就此迁居，连高宗也移居过去，称故宫为西内，新宫为东内。在武媚娘心中，总觉迁地为好，免得冤鬼日夜前来缠扰。哪知武媚娘住入东内，仍觉二鬼紧紧随着，不肯相离，弄得武媚娘十分心惊不安。实在没法就召来术士巫祝，多方禳解灾难，以求安宁。有术士明崇严崇尚左道，劝武媚娘另幸东都，定免鬼祟，武媚娘就劝高宗东幸洛阳，高宗怎敢不依？及到东都，果然心神安静，厉鬼不侵。《资治通鉴》记载：“武后数见王萧为祟，披发沥血如死时状。后徙居蓬莱宫，复见之。故多在洛阳，终身不归长安。”其实这乃是武媚娘疑心生暗鬼，她干了丧心病狂的事，自然心神不安，怀疑是王、萧二人鬼魂常缠绕她令她心惊胆战了。

在武媚娘洪福齐天的生活里，有一件事不能让她安享快乐，那就是宫廷里的猫。因为萧淑妃临死前说过，她要托生为猫，咬断武媚娘的脖子。武媚娘很信巫术，很信来世，现在无论到哪里，都恐怕在夜里睡着的时候，有猫来咬自己的脖子，简直怕得厉害，时刻提心吊胆，这种事情也许随时发生。她宁愿看见千百个老鼠，也不愿看见一只猫。于是把猫也流配出皇宫之外。不知怎么个缘故，她总是做噩梦……。后来有一次武媚娘在朝堂把一只猫和一只鹦鹉放在一个笼子里，向大臣展示，说猫和鹦鹉可以共同生活在一起，谁知猫扑上去一口把鹦鹉咬死了，弄得武媚娘粉脸失色，惊恐万状，下令永远禁止在宫中养猫。这充分反映出武媚娘在残杀王、萧二人后长期惧怕王、萧二人鬼魂找她算账的失魂落魄的丑态。

四、改立太子

武媚娘是个很会翻脑盘肠的人。她被册立为皇后以后，一丝一毫没有停止前进的脚步，她有许多事情要做。第一步，是首先盘算改立太子。她急切要把长子弘扶上太子的宝座，这样自己的后位就更加巩固。永徽三年，武媚娘重返内宫不久受宠的势头刚刚显露的时候，王皇后快速行动，在舅父柳奭的帮助下收纳普通宫女刘氏所生的儿子李忠为养子，由于李忠是李治的长子，就册立他为太子了。永徽六年王皇后被废后，此时李忠已经十四岁了，已明白很多事情，王皇后被废打入冷宫，武昭仪进封为皇后，他知道自己太子之位难保，且十分危险，他就主动上疏，要求退出太子皇位。奏疏交到高宗手上，高宗考虑良久，觉得废立太子也是件大事，一时拿不定主意。虽然王皇后已被打入冷宫，但李忠是自己长子，虽是宫女所生，他还是比较喜爱和重视李忠的，此事他觉得要和许多人商议一下才行。

但武媚娘等不及了，上蹿下跳，忙得团团转。永徽六年十一月三日，她刚被立为皇后第三天，就暗中指使心腹许敬宗上疏，请求皇帝废弃李忠，改立武皇后长子李弘为太子。许敬宗说："太子忠本出寒微，前因无嫡可立，暂代储位。今国家已有正嫡，应乘此保名定分，共图保全。"什么意思呢？永徽初年正嫡还未出生，"权引彗星，越开明两"，暂时拉过一个彗星来把它放在明显位置代替太子。可是现在我们的国母已经生有自己的儿子，这可是皇上嫡长子啊，应当乘此时为嫡长子正名定分，立为正式太子，以图保持皇嗣延续和安全。这话明摆着就是要使非嫡嗣的太子换人，由武皇后的长子李弘做太子。此时武媚娘已是三个皇子的母亲，而皇后之子属皇嗣嫡子，依例应立嫡长子为太子。这一奏疏是完全符合中国封建王朝传统立皇太子的规范的，名正言顺，现在应当册立嫡长子、皇后的第一个儿子当太子。高宗接到此奏疏后立即召见许敬宗商议此事。许敬宗现在为武后效力是竭尽忠诚，肝脑涂地，他见到皇上后又说出一番理由："皇太子，国之本也，本犹未正，万国无所系心。且在东宫者，所出本微，今知国家已有正嫡，必不自安。窃位而怀自疑，恐非宗庙之福，愿陛下熟计之。"他这话包藏祸心，指太子忠"必不自安"，可能会滋生事端，犯上作乱。这就上纲上线，把废立太子的事关系到皇室和国家安全的问题上来了。高宗听了这番议论后觉得很有道理，就顺便告诉许敬宗说："忠已上表请求让位了。"许敬宗说："这好啊，太子人格很高尚，就成全他的这番雅意，顺了他的意思，让他退位吧。"于是当天就废掉太子李忠，改封他为梁王，出任梁州都督，并即日离京赴任。就在李忠凄凄惨惨离开京城的时候，武媚娘的长子、代王李弘被立为太子。改立太子，武媚

娘又松了一口气，她知王皇后失败的一个重要原因就是没有亲生儿子，如今自己的长子立为太子，子因母贵，同时母因子贵，她的皇后之位就更加稳固了。

为了庆祝李弘被立为太子，高宗大赦天下，改元“显庆”。他还特地在大慈恩寺宴请僧众举办无遮大会为新太子祈福。同时追赠武氏父士彟为司徒，赐爵周国公，谥“忠孝”，配食高祖庙，杨氏晋升为代国夫人。许敬宗拥武为后功劳特大，被提升为礼部尚书，成了朝廷中一位权势熏人的重臣。

综观永徽五年、六年这一两年内，在武媚娘一手操纵和高宗唯命是从配合下，大唐王朝从内宫到朝廷发生了惊天动地的变化。永徽五年（654 年）禁止王皇后母魏国夫人柳氏入宫，王皇后舅舅柳奭迫于压力自请罢相，旋即被贬为遂州刺史、荣州刺史。同年九月，直言进谏反对废后的顾命重臣褚遂良被贬为潭州刺史，到任不久又奉诏调迁桂州。十月，高宗下诏废王皇后、萧淑妃为庶人，打入冷宫。十一月一日，高宗颁诏册立武媚娘为皇后。年底，王、萧二人被处死，亲戚一概流放岭外。次年正月，武媚娘长子李弘被立为太子。短短一两年间，一连串重大而惊人的举措如闪电惊雷、疾风暴雨震撼整个大唐王朝，使大唐王朝发生惊人巨变。其中，最为惊人的是，武媚娘登台亮相并大权在握，可恣情兴风作浪、为非作恶，磨难和吞噬大唐皇朝了。

五、严惩对手

武媚娘当上皇后和立长子为太子后，为了牢牢掌握皇权，她有计划、有步骤地实施其新的战略部署。她面临的最重大的事是重组外廷。她虽然当上了皇后，但这皇后当得很艰难，那些曾反对她当皇后的元老重臣还盘踞在宰相的位置上，这对她仍是一个威胁。那些支持她当皇后的人，她需要继续鼓励，以使她获得更有力的支持。她要重组外廷，打击反对者，奖励支持者，使支持者的力量压倒反对者。她和高宗商议以后，决定逐步实施强化支持者、削弱反对者的计划。她操纵高宗提升李义府为中书令，许敬宗为礼部尚书，通过他们笼络朝中一大批支持者。武媚娘深知，在反对者黑名单中最激烈的是褚遂良、韩瑗和来济这三个人，褚遂良已被贬外放，剩下来只有韩瑗和来济了。武媚娘开始把目标转到这两个人身上。据《资治通鉴》记载。武媚娘当上皇后的第三天，她就要了个花招，以退为进要求高宗褒奖韩瑗和来济。她说：“陛下前以妾为宸妃，这既事之极难，岂非深情为国！乞加褒赏。”意谓韩瑗他们曾在朝廷上争执阻止我为宸妃，这事很不易啊，请皇上体察他们忠心为国而奖赏他们吧。这一招很厉害，表面看似乎表现出她宽宏大量，不究以往，实际上是借以麻痹韩、来二人，引蛇出洞，让他们有所表现，然后给予一网打尽。韩瑗果然上了她的当，受褒奖后飘飘然，得意忘形，蠢蠢欲动。显庆六年（661 年），韩瑗胆子又大起来，想为老战友褚遂良鸣不平，想把他从地方上调回京城重任旧职。他上奏疏说：“遂良社稷忠臣，为谗谀所毁。昔微子去而殷国以亡，张华存而纲纪不乱。陛下无故弃逐旧臣，恐非国家之福！”高宗看了此表，勃然大怒，褚遂良当初那么顶撞我，你还为他鸣冤叫屈，你竟敢把我比作拒纳臣谏的殷纣亡国之君，你如此癫狂冲撞我，我岂能容忍。于是他下令把褚遂良贬往更偏远的地方，贬为桂州（今广西桂林）都督。武媚娘见韩瑗迫不及待跳出来表演了，立即授意心腹许敬宗采取反击行动。许敬宗马上上书高宗说：“把褚遂良贬往桂林，是中书令韩瑗的一个阴谋，因桂州是古用兵之地，韩瑗把褚遂良调任都督，是想借褚遂良在桂州掌握兵权起事，到时候他二人里应外合。”这完全是胡扯，因为桂州距长安非常遥远，有四千六百七十里，中间万山阻隔，这是根本不可能的事。高宗虽心知肚明，但他知道这是皇后武媚娘的主意，立即下诏贬韩瑗为振州刺史，来济为台州刺史。振州就是今天海南省的三亚市，那时极其荒凉贫穷，真可说是贬到天涯海角去了。台州是现在的浙江省临海市，当时也很落后，贬这么远，注定永远回不来京师了。后突厥入寇，来济领兵拒敌，愤怒失望之余，冲入敌阵而死。桂林既是用武之地，褚遂良再继续贬，他在桂州还未站稳脚跟，又被再一次贬到爱州担任刺史。爱州是今天越南的清化市，被贬得更加遥远了，按照现今疆域，似已被驱逐出境了。上述三个朝廷重臣如此凄惨被贬逐，是武媚娘一手导演的打击反对派的最新的也是最凶险狠毒的一出戏。

面对越来越重的打击，褚遂良被贬到爱州后，身心俱已疲惫不堪。他是初唐四大家之一，有“唐楷第一人”之称，文才卓著，胆识超群，身居相位，受命托孤，是初唐功勋卓著的重臣，名彪史册。然而在当时异常沉重打击情况下，他的精神几乎已被击垮了，他实在受不了了。据《新唐书》记载显庆二年（657 年），褚遂良被谪爱州，自恐罹谗被祸，无术生还，因上表自陈说：“往者承乾废，岑文本、刘洎奏东宫不可少旷，宜遣濮王居之，臣引义固争。明日仗人，先帝留无忌、玄龄、勣及臣册立陛下。当受遗诏，独臣与无忌二人在，陛下方草土号恸，臣即奏请即位大行柩前。当时陛下手抱臣颈，臣及无忌请即还京，发哀大告，内外宁谧。臣力小任重，动贻伊戚，蝼蚁余齿，乞陛下哀怜。”这道奏章，明明是自述以前拥立李治为太子之功，谈及先帝逝世后他帮助高宗登基稳定政局的辛劳，恳请皇上因其往昔辅佐之功而对他网开一面。这是述及往昔对高宗诸多效力表功的陈情书，想以此打动高宗的心，撤销贬旨，让他返京效命，分明含有自述前功、乞怜求赦的意思。细想起来，也够可怜的，他对高宗确实有诸多效力和贡献，一代文才，年逾六旬，年老体衰，流放离京城、故乡数千里之地，人老思故乡，想魂归故土，

可是却得不到实现。此时的高宗，已被武媚娘所制伏，任凭褚遂良口吐莲花，也是无用，因此留中不报。褚遂良满怀愤懑，忧郁成疾，第二年就病逝于爱州，享年六十三岁，一代托孤重臣和杰出文人就此含恨撒手人寰。武媚娘听说褚遂良去世，还因没有来得及给他加诛而深感遗憾，蛇蝎般毒妇心肠，于此可见！王皇后的舅父柳奭也在远谪荒凉穷困地区后丧身异乡。这都是反对武媚娘册立为皇后的结果。这也正好表示出武氏一贯的手腕，反对她的人都不得善终。从此以后，武媚娘新添了一个凶残打击反对派或异己者的手段——贬黜至边远荒芜贫困地区，饱受折磨，忧愤惨死，其中有不少人是在贬所被赐死或暗杀而死的。汉吕后残杀戚夫人后及手而止，而武媚娘残杀王、萧二人只是她大开杀戒的开端，以后我们看到武媚娘数不尽的令人惊骇的凶残杀人事例，就会充分认识到她多么残忍恶毒了！

【批】

武媚娘残杀王皇后、萧淑妃的事令人发指。她们二人都毫无过错啊。汉吕后在高祖死后断戚夫人手足后扔到厕所里，已够残忍，为世人所唾弃，武媚娘继续这样干，而且是在丈夫在世时，残杀两个年轻女子，不仅太凶残，而且太疯狂，真乃冒天下之大不韪，泯灭人性，丧心病狂，达于极端，实为千秋万世最淫毒的恶妇！

李治也太窝囊、荒唐、无耻，刚去探望王、萧二人答应救她们出来，回宫见了武媚娘就变了卦，同意武媚娘立即去处死二人，如此丧尽天良、害怕老婆、反复无常、心肠歹毒，实在令人切齿痛恨。难怪有人说，没有李治的窝囊与纵容，就没有武媚娘的狂暴与血腥，更不用说她能篡唐立周了。在高宗王朝，李治应当算是一个为虎作伥、助纣为虐的首恶罪犯！

褚遂良一代名儒良相，尽忠为国，遭贬致死，可悲可敬。

【第七章】诛国舅株连众朝臣

一、诬告谋反

武媚娘成为正宫皇后，经历了重重阻挠，对此她铭记在心。她是一个心胸狭窄、报复心很强的女人，她决心报仇泄愤。她一当上皇后，就拟就了一张黑名单，要对曾阻挠她当皇后的大臣逐次打击报复。前面提到，在她与高宗合力下，黑名单上的一些显要人物褚遂良、韩瑗、来济等人都已一个个被贬逐到远离京城的落后贫穷地区去了，其中褚遂良已积忧成疾，病死异乡。但是当初反对派中的一个核心人物长孙无忌仍然未除。长孙无忌可不是一个好铲除的人物，他是高宗的亲舅舅，当了三十年宰相，又是托孤重臣，位高权重，连皇帝都对他敬畏三分，很难对他下手。但武媚娘可不把他放在眼里。现在，当初殿廷对决时四位反对立武为后的宰相如今已除去三个，只剩下一个领军人物长孙无忌。武媚娘心狠手辣，她决心要办到的事，不管采取什么手段，都一定要办到，不达目的，决不罢休。她召见许敬宗密谈，叫他尽力收集长孙无忌等人的罪状，以便有计划、有步骤地进行构陷、诛杀。韩瑗流配之后，许敬宗就升任了侍中之职。许敬宗是个为了升官发财而竭力向武媚娘阿谀逢迎、寡廉鲜耻的人，在唐书奸臣传中位列首奸，他受命后就处心竭虑想出各种阴谋诡计进行诬陷长孙无忌的罪恶勾当。

当武媚娘入主中宫为后和朝中三位重臣褚遂良、韩瑗、来济相继被贬逐后，原先四位宰相在朝廷上竭力阻挠武媚娘封为皇后的人如今只剩下一个长孙无忌了。他知道报复心重的武媚娘决不会放过他，不幸和灾祸随时会降临到他头上。他一人孤掌难鸣，看淡了一切，他想远离政治，不再涉入内廷纷争。古代政治家的立身处世宗旨是“达则兼善天下，穷则独善其身”。受重用时就关心天下大事，不受重用时就回家安心保养好身体。武媚娘既已被立为皇后，同朝好友、忠良纷纷遭受排挤打击，他能否保住自身还是个未知数，哪还能去惹是生非、自找麻烦呢？既然在政治上再难有所作为，倒不如退回到书斋中从读书、写作中寻求心灵上的安慰吧。他满腹经纶，学富五车，才华横溢，曾撰著不少大块文章、经典著作。此时，他又一头扎进书房去从著书立说中获取乐趣了。显庆四年（659 年）以前，他先后领衔完成了梁、陈、北周、北齐、隋五代的志三十卷、大唐武德和贞观两朝的史书共八十卷，当朝《显庆新礼》一百三十卷，可谓著作等身，名彪史册，为中国封建王朝的史书和志、记作出了杰出贡献。唐朝建有史馆，由宰相领衔编撰史书。整个唐朝共修八部正史，占二十四史的三分之一，这当中就包括长孙无忌的撰著和贡献。他作为中国史书的一大杰出史官，其在中国史书中的地位显著辉煌、功不可没。

从上述大量史书著作可看出长孙无忌一心想脱离政治，然而政治却离不开他。在长孙无忌的亲密老战友褚遂良、韩瑗、来济相继被扫出朝廷，都在武后的钢鞭之下被粉碎了。在武媚娘的主导下，打击的目标转移、集中到他身上了。打击他的方法是步步为营，由远而近，逐步进逼。先是向他的表弟太常卿高履行下手，被无故贬为益州刺史。由于长孙无忌兄妹年幼父亲去世，被同父异母的哥哥赶出家，多亏长孙无忌的舅舅高士廉收留他们，因此高士廉的儿子高履行虽名分上和他是表兄弟关系，实际是亲密胜过亲兄弟。接着，长孙无忌的堂兄、工部尚书长孙祥又被贬黜为荆州刺史。这都明摆着是在剪除长孙无忌的亲密伙伴和助手。这一来，只剩下他一个人了，对他下毒手的时刻到了。

要整治当朝首要重臣宰相长孙无忌必须有充分理由，以此为突破口采取行动才名正言顺。《资治通鉴》说：“武后既立，无忌内不自安，后令敬宗伺其隙而陷之。”现在刀刃儿向长孙无忌这位大唐帝国的开国元老、太宗皇帝的肱股之臣落了下来。武媚娘唆使许敬宗多方找空子，可一时找不到。偏巧此时（显庆四年四月）洛阳人李奉节举报太子洗马韦季方与监察御史李巢结交权贵、朋比为奸，应加重惩处。有诏令许敬宗讯问。这本来是个针对中下级官员的很小的案子，并无多大牵连，但是武媚娘发现这个案子有利用价值，可以尽量把这个案子做大，把长孙无忌牵连进去。她亲自找刚刚进位宰相的心腹爱将许敬宗面授机宜，如此这般，这般如此，把这小案做成谋反大案，再把长孙无忌牵入其中，要他百口莫辩。许敬宗接受懿旨，他这个人表面斯文，实际极其奸险狡诈，无恶不作，武媚娘是充分估量到他的能量才放心大胆去让他做这件将长孙无忌牵扯进来的谋逆大案。

许敬宗别无他法，就大搞逼供信。他动用大刑，拷打韦季方和李巢，逼迫他们交出结交的权贵后台是谁，同时暗示他们只要供出长孙无忌，就保他们无事。韦季方不愿牵连长孙无忌，他知道长孙无忌是当朝首席宰相，为人刚正不阿，是个好人，而且自己从未和他亲近过，怎能去无故牵连长孙无忌呢。许敬宗见不行，又加紧用重刑逼供。韦季方为人善良、老实，不管怎样逼他，他下决心不诬陷无辜好人。最后，他被逼急了，就去撞墙自杀，宁死不愿招供与无忌谋反。可是撞墙只是撞破了头，流了血，昏死过去又被救活了。许敬宗绝了，诬称韦季方撞墙寻死就是有罪的证据，如果没犯罪，为什么要自杀呀？许敬宗立即向高宗面奏韦季方勾通无忌，合谋叛逆，上下勾结，陷害忠良，妄图谋反。而今韦季方见阴谋败露，畏罪自杀未遂。自杀就是罪证，妄图掩盖谋反事实真相，不然一个好好的人为什么要撞墙啊。

据《资治通鉴》记载，高宗听了许敬宗面奏，惊愕地说："哪有此事？舅为小人构陷，稍生疑阻，或尚未免，怎么谋反呢？"他是知道舅父的，觉得舅父谋反是不可能的事，只不过是被小人利用挑拨离间罢了，他心里对我有猜疑是可能的，但决不会到谋反这一步。许敬宗马上说："臣反复推究，叛迹已彰，陛下尚以为疑，恐非社稷之福。"意思是说长孙无忌反叛迹象已十分明显，皇上您怎么还要怀疑呢？这谋反大案不严惩，恐怕不是国家的幸福！高宗听了以后一声长叹，流下眼泪说："我家不幸，亲戚间屡有异图。往年高阳公主与房遗爱谋反，今元舅复有此事，如果属实，如何处置？"意思是说我们皇家真是不幸，亲戚多有谋反意思，过去高阳公主谋反，今天我舅舅又谋反，此事果真属实，该怎么办啊？高宗的话已定下调子，这是谋反行为，剩下的是如何定罪的问题。许敬宗见高宗已同意长孙无忌犯有和当年高阳公主一样的谋反罪，于是进一步构陷说："遗爱乳臭小儿，与一女子谋反，怎能成事？无忌与先帝同取天下，天下共服彼智，身为宰相三十年，天下共惮彼威，若一旦窃发，攘臂一呼，同恶云集，陛下将遣何人抵制呢？今幸皇天疾恶，宗庙有灵，为了区区小案，得发大奸，尚可先事防患哩！"许敬宗这段话特别指出长孙无忌与高阳公主谋反案不同，无忌为相三十年，权倾天下，人人都怕他，他如聚众谋反，谁能来抵御他呀，幸亏及早发现，还可有法子对付他哩！高宗听了许敬宗这段火上加油的话，心中有了谱，就说："且等待审讯确实，再行定夺吧。"许敬宗就退了出来。经过许敬宗这番巧舌如簧的进谗，长孙无忌谋反大案已基本上被定下来了，"再行定夺"，只是如何处理的问题，而高宗已把长孙无忌谋反案与当年高阳公主谋反案联系等同起来，等于是显示了长孙无忌谋反案的处理依据与意向。

二、高阳反案

高阳公主谋反案是长孙无忌审理的，牵连甚大，诛杀颇多，震惊朝野。如今风水轮流转，一报还一报，谋反案的大帽子又凭空毫无根据地扣到长孙无忌头上来了，处理方法完全可能以对高阳公主谋反案的处理为蓝本。果真如此，那长孙无忌及其家族的下场就惨了。这就有必要了解一下当年长孙无忌处理的高阳公主谋反案究竟是怎么回事。

高阳公主是唐太宗的女儿，人长得千娇百媚，人见人爱，又聪明活泼，因贵为公主而非常任性。年幼时，很得唐太宗宠爱。宰相房玄龄的二儿子房遗爱成为高阳公主驸马，特别得到太宗恩宠眷顾。然而惯常儿女情态，往往恃宠成骄，积骄生悍，渐渐地纵欲无度，恣意横行，做出一些不法的事情来。房玄龄长子遗直，早拜银青光禄大夫。遗直为人和顺，因胞弟是驸马，愿将官职让给遗爱，太宗不同意。房玄龄去世后，刁钻好胜的高阳公主唆使遗爱与遗直分家，闹到太宗那里，太宗狠狠骂了公主一通。一天遗爱与公主出猎时入憩佛寺，和尚辩机貌颇伟岸，更善于逢迎，请公主在僧舍留宿，公主竟舍身布施，和他通奸了。从此公主包养了这个俊秀强壮的和尚。遗爱忍气吞声，自甘戴了绿帽子。公主也知趣，特地购买两个少女陪侍遗爱，遗爱得了二妾，左拥右抱，其乐融融，也就不问公主包养和尚辩机肆意淫乐的事了。

高阳公主与辩机不顾羞耻，纵淫无度，出入无忌，公然如同夫妻一般。不料事机不密，此事不久就公开暴露并宣扬开了。贞观年间，因为追究一起盗窃案，御史搜查辩机寺院时搜出一个宫里的金宝神枕，于是审问辩机，辩机无从抵赖，实言此为喜欢他的高阳公主所赐。此事传扬开来，太宗很觉惭愧丢脸，他也不问明案情，直令将辩机腰斩处死。同时密召公主身旁的奴婢，责备他们导主为非，杀死了十几个人。公主不自知罪，反怪父皇多管闲事，拆散露水夫妻，因此恨透了这个严厉的爸爸。贞观二十三年太宗去世，公主脸上毫无哀痛神色。从此以后，她更加肆无忌惮，尽情招引青壮男子纵淫欢乐，和尚智勖、惠弘和方士李晃等都借念经求仙为名出入公主府邸，还有高医托词诊脉也得亲近芳泽，作了公主的面首，秽声远扬，宫廷尽知。

这还不算，谁知她胆子越来越大，闹过了头，竟致暗嘱掖庭令陈元运侦察朝廷的机密动态，伺机谋变。这可是不得了的大事啊。这究竟是怎么回事呢？原来，高阳公主的丈夫房遗爱原先和魏王李泰亲近，魏王李泰因和太子李承乾争位双双被废，旋即李治被立为太子。到高宗时期，房遗爱因曾和魏王李泰关系亲密而被疏远，被贬为房州刺史。他心怀不满，与荆王李元景、巴陵公主驸马柴令武、丹阳公主驸马薛万彻以及一群失意受贬的皇亲、政客搅在一起，发泄对朝廷的不满，经常相聚胡言乱语，矛头直指朝廷、高宗。巴陵公主驸马柴令武是当年同属魏王阵营的人，与房遗爱同属一党。丹阳公主驸马薛万彻因事遭贬，经常牢骚满腹。这些人都与高宗不甚相协，所以都很和房遗爱谈得来。他们闲谈中也吹捧荆王李元景位高德重，堪为天子，李元景见有人吹捧，随声附和，既有帝位可居，何乐而不为呢？其实他们说归说，并未采取什么真正的行动。高阳公主指使陈元运探听朝廷动向，也不过是了解情况，并无真正谋反行动。但此事被房遗爱的哥哥房遗直知道了，他因前次高阳公主挑动房遗爱与他分家未果，近又因公主挑动房遗爱向他争夺父亲房玄龄的封爵，而对高阳公主和房遗爱很反感。按皇规上辈勋爵应当归长子继承，争夺应由长子继承的勋爵属无理取闹，房遗直十分气愤。同时，他很担心高阳公主和房遗爱窥伺朝廷动向的事闹过了头会波及房氏一门，自己无法脱清干系。于是，遗直自恐受累，暗中通报无忌，长孙无忌立即密报高宗，高宗即命长孙无忌审查此案。高阳公主闻听消息，忙着诬告遗直有谋反情节，经长孙无忌彻底查清，水落石出，遗直未尝谋反，而房遗爱与公主及薛万彻、柴令武等实有异图，于是密谋已泄，大狱遽兴，经逐一查核，反状确凿。当由长孙无忌报知高宗，高宗也顾不得手足私情，即令捕房遗爱入狱，再下令复讯。房遗爱一经刑驱势迫，便把那串通谋反的李元景、柴令武、薛万彻等人和盘说出。偏长孙无忌冷笑道："我想与你同谋，尚不止此数人呢！"房遗爱答道："没有"。长孙无忌说："荆王元景，地位疏远，尚想为帝，难道吴王恪等独置身事外么？我劝你老实招供，你罪可减轻，何苦同别人同死呢？"房遗爱听了此言，还以为长孙无忌替他帮忙，教他牵入吴王恪，便可免死，因此随口承认，竟把吴王恪诬扳在内，谁知恰恰中了长孙无忌的诡计。吴王恪是太宗的儿子，他母亲是隋炀帝的女儿，血统非常高贵，为人英武果断，有乃父之风，太宗很喜欢他，曾一度要立他为太子，因遭长孙无忌反对才未实现。吴王恪有文武才，素孚众望，高宗任他为司空，兼任梁州都督。无忌恐恪得势，不免报复前嫌，一直把他视为李治和自己的潜在威胁，现房遗爱谋反案虽与他无关，但长孙无忌还是硬把他拉扯进来。当下呈奏皇上，房遗爱、薛万彻、柴令武及荆王元景、吴王恪等，都坐罪当斩，高阳公主、巴陵公主亦当赐死，只有丹阳公主已经去世无容议及。高宗看完奏状，对群臣说："房遗爱等应坐死罪，但吾叔及兄似应免一死。"兵部尚书崔敦礼上奏道："陛下虽欲开恩，究竟不可枉法，倘使谋反不诛，如何惩后？"高宗长叹数声，即下诏遗爱、令武、万彻皆斩首，元景、恪及高阳、巴陵两公主均赐令自尽。据《资治通鉴》记载，李恪一向人望很高，又小心谨慎，万万想不到遭到长孙无忌诬扳构陷，他临死前大呼道："长孙无忌窃弄威仪，构害忠良，宗社有灵，应当族灭，勿谓福可长享呢！"长孙无忌还不肯罢休，又穷其余党，把江夏王道宗、执失思力、宇文节等均牵入房遗爱案内，流戍岭南。罢房玄龄配享，其长子贬为铜陵尉，还因是纪念元勋才免他一死。其他凡是对李治统治构成威胁或是与长孙无忌不睦的高官贵族，也纷纷被牵扯进高阳公主谋反案中而遭一一贬黜。这就是当年牵扯甚大、受害甚众、震惊一时的高阳公主谋反案。

高宗已把长孙无忌案与高阳公主案联系起来，这就为长孙无忌案定了性。当晚并未复讯。到了次日入朝，许敬宗又妄奏道：“昨日已讯过季方，供与长孙无忌谋反是实，臣却加诘问道：‘长孙无忌是皇家至亲，累朝充任，为何嫌而谋反？’季方答言：‘长孙无忌曾劝立梁王为太子。韩瑗、褚遂良等一并与议，今韩褚等俱已得罪，梁王又复见废，长孙无忌内不自安，所以与季方谋反。事出有因，并未诬扳，请陛下收捕正法，幸勿迟疑。’高宗流下眼泪说：“舅舅如果有此意，朕亦不忍加诛。若杀之，天下人将会怎样议论我，后世的人将会怎样议论我！”许敬宗又道：“薄昭系汉文帝母舅，文帝从代邸入立，昭亦有功，后来止坐杀人罪，文帝遣百官往哭，令他自裁，后世仍称文帝为贤主。今长孙无忌负国大恩，谋移社稷，罪加薄昭数倍，幸亏奸伏自发，逆徒引服，陛下尚有可疑，不早处决，古人有言：‘当断不断，反受其乱。’臣恐陛下迁延时日，将来变生肘腋，悔无及了！”高宗不觉点头，也不再问长孙无忌，竟下诏夺其官封，出为扬州都督，安置黔州（今重庆的彭水县）。韦季方立即处斩。

三、血洗重臣

事情远未结束。高宗的言行表态，实际上全是由武媚娘操纵的。高宗有才无智，昏庸无能，由于武媚娘颇有心计，处处称心如意，又因自己多病，常卧床不起，赖武媚娘临朝听政，颇为得体，加上有恋母情结，把媚娘既当妻子，又当姐姐、母亲看待，很觉舒心适意，所以他对武媚娘的依赖性、信任度越来越大。对长孙无忌谋反案的定性和处理，无一不是武媚娘在背后操纵和指挥下进行的。现在虽把长孙无忌、褚遂良、韩瑗、来济这四位手握重权的宰相都扳倒了，但武媚娘犹感未适，她要乘胜追击，扩大战果，务求把反对派和一切不可靠的人扫除干净。

在武媚娘的指使下，许敬宗上奏说：“长孙无忌谋逆，由褚遂良、柳奭、韩瑗等构成，奭仍潜通宫掖，谋行鸩毒，于志宁亦与同党，乞一并加罪。”这样一来，当年反对和未攀附武媚娘的元老重臣都无一漏网惨遭沉重打击。于是高宗依奏追褫褚遂良官爵，除柳奭、韩瑗名，免于志宁官。于志宁可不是反对派呀，他怎么也丢了官呢？原来前时易后时他未谏阻，也未赞成，因此也遭武媚娘嫉恨，嘱咐许敬宗给予一并铲除。中立派原想观望取巧，不料也遭陷害、打击，可见武媚娘打击面之大了。不久高宗诏令李勣、许敬宗进一步追查长孙无忌谋反案。许敬宗派中书舍人袁公瑜到黔州去录长孙无忌口供。袁公瑜到黔州后见到长孙无忌后根本未录口供，而是逼令长孙无忌自杀，他对长孙无忌说：“你自我了断吧，省得我再费劲。”长孙无忌被迫无奈，一声长叹后自杀了。然后袁公瑜在捏造的供状中牵连多人，回奏高宗，高宗发怒，把长孙无忌兄弟子侄无论亲疏一律处死。长孙无忌的两个儿子长孙冲和长孙诠，都是驸马，一个尚长乐公主，一个尚新城公主，两位公主都是太宗和长孙皇后的女儿。他们虽贵为驸马也被一齐杖杀。只有长孙无忌长子冲的妻子长乐公主加恩免死，谪戍岭南。又流放褚遂良两个儿子彦甫、彦冲至爱州，都在半路上被杀死。又敕旨将柳奭、韩瑗斩决。柳奭已累谪到象州，由朝使宣旨受刑。韩瑗已死，掘棺验尸戮尸。所有三家财产，一并籍没，家族都受灭族之灾，成年儿子都被处死，其他人和远宗近戚全部流放岭南。连高士谦子高履行，本任益州刺史，也指责他党同长孙无忌，贬为永州刺史。于志宁则坐贬为荣州刺史。长孙无忌族弟、驸马都尉长孙铨流巂州，“至流所，县令希旨杖杀之”。常州刺史长孙祥“坐与长孙无忌通书，处绞”。凉州刺史赵持满从母为韩瑗妻，许敬宗诬与长孙无忌同反，下狱“诛之，尸于城西，亲戚莫敢视。”友人王方翼仗义收而葬之。至此，凡武媚娘平日未见趋承逢迎的人都被一网打尽。司马光评述长孙无忌等人遭到毁灭性打击时说：“至是政归中宫矣。”又由于长孙无忌谋反案是由于前太子忠被废引起的，梁王李忠也被牵扯进来，坐徙房州刺史。忠整日惊惧，生命危险，怕被人暗算，常穿女人衣服，防备刺客；夜间梦寐不安，多次请人占梦，求卜吉凶。许敬宗捕风捉影，在武媚娘指使下，又诬称忠有逆谋，被废为庶人，安置在黔州原废太子李承乾的旧宅。

从永徽六年到显庆四年，短短四五年间李唐王朝从后宫到外廷出现了翻天覆地的变化。曾经气焰熏天的长孙无忌、褚遂良、柳奭、韩瑗、来济等朝廷重臣被打击得落花流水，全面败北。贵族势力逐步丧失了权力，不少人一命归天，贵族集团受到重创。一批中下层官员在清除以长孙无忌为首的贵族官僚集团中大显身手，崭露头角。由于这样，皇权得到空前的提高和巩固。皇权的伸张得到空前发挥的余地，皇帝、皇后在许多重大问题上不再受制于元老大臣，一切都可以由皇帝、皇后说了算。而这场大动荡、大变动的中心就是位居中宫的皇后武媚娘，听命于皇后懿旨冲锋陷阵、大显身手的是唐书中称作第一奸臣的许敬宗。所有高宗皇帝所做的一切，不过是起了个皇后手中牵线的木偶人的作用。试问，长孙无忌是他的嫡亲舅父，身为开国元勋、朝廷重臣，说他们谋反毫无确切证据，韦季方撞墙绝不能作为罪证，高宗怎么能轻信长孙无忌谋反呢？柳奭、韩瑗、来济等人更是与此所谓谋反案毫无牵连，高宗怎么会轻信他们谋反而将他们处斩呢？唯一的解释是武媚娘一手操纵此事，害怕老婆、软弱无能、智商很低的高宗不过是听她任意摆布罢了。在武媚娘主导下，朝廷上忠直刚正之士都已肃清。在位的都心怀畏惧，知道非在武后面前奴颜婢膝，不足以苟活。武后的亲信小人许敬宗、李义府都飞

黄腾达，对武后一味谄谀奉承，毕恭毕敬。武媚娘已经把大唐的天下牢牢地控制住，肆意而为。

【批】

说长孙无忌谋反，毫无切实证据，明显是冤案。李治了解舅父为人，明知他不会谋反，却同意以谋反罪论处，这表明他已完全丧失人伦与人性。这样的人做皇帝，纵容武媚娘横行霸道，行凶作恶，终致血洗李唐王朝，造成许多惊心动魄血淋淋惨案，实在是大唐王朝一大不幸与浩劫。

武媚娘喜欢奉承，奉承她就能得奖赏、升迁，不奉承、遇事不表态支持她就要遭殃。于志宁老实怕事，不敢就废王立武事发表意见，结果在清洗反武派时遭到连锅端。

【第八章】
显权威媚娘频出场

一、显耀地位

显庆四年武媚娘指使许敬宗炮制长孙无忌谋反案，把当初阻碍她当皇后的元老重臣经过血腥清洗、一网打尽。“破”的工作基本完成，阻碍她的旧势力已一扫而光，同时也为寒门新贵打开了掌权和晋升的大门。她现在主要的工作就是“立”了。立什么呢？她首先考虑的是提高娘家家族地位。武媚娘有很大的虚荣心，她长期为自己寒微出身所烦恼。她出身小姓、寒门，不受贵族显贵重视，这一直是她心中一个未解的结。现在，她已贵为皇后，决不能容忍自己的姓氏再受人轻视和诟病。她必须大力提高娘家姓氏地位，使娘家人成为显贵人物，光耀门庭，煊赫朝野，以凸出和显耀自己的皇后地位，以利于在今后能有更大的作为。

武媚娘怎样才能改变自家的小姓地位呢？她推动高宗颁行一本名为《姓氏录》的书，以当朝皇族和官位等级作为衡量社会地位高低的标准。这事说起来容易做起来可不容易。因为几百年的贵族社会世族传统观念已在人们头脑中根深蒂固了。一个人是否出身世族，或是哪一级的世族，对其一生至关重要，它决定人生的婚姻和仕途两件大事，就是什么样的世族或是哪一级的世族，就决定了可以和什么样的人结婚和当什么样的官。魏晋南北朝时期选拔官僚有所谓九品中正制，依据人的品级授予什么样的官。世族子弟依靠九品中正制历代担任高官，寒门子弟上位无期，以致形成“上品无寒门，下品无士族”的局面。当时评定人物品级的标准就是家世背景。这是一种很不公平的典型血统论，类似“龙生龙，凤生凤，老鼠的儿子会打洞”、“老子英雄儿好汉”的观念。一个人生平际遇如何，应当靠本人努力去实现，靠家世来享受荣华富贵只会滋长庸人懒汉坐享其成、无所作为。当时婚姻就讲门当户对，世族只能和世族结婚，哪一个级别的世族只能和同等级别的人结婚，否则就是有失身份，为世人所鄙夷。这种世族内通婚制度，代代相传，把世族制牢牢稳定了下来，成为朝廷和社会上颇有优越感的特殊群体。虽然许多人看不惯、有意见，但是没有办法，因为这已成了历朝传统社会观念，要想把这观念扳倒、消除，非常困难。但随着时间的推移，到了隋唐时期，社会已发生变化，世族制度逐步走向衰落。朝廷选用、提拔官员开始重人品、才干，而不是偏重世族制了。此时废除了九品中正制，开始实行科举制，从科举中选拔人才，不再重视家族出身了。这可是一大社会变革，影响甚巨，科举制一直沿袭到清朝末年都盛行不衰。但在当时，社会风气一时还改变不过来，旧贵族在现实政治和社会中的威望依然存在。唐太宗为了打击旧世族的气焰，下令修订《氏族志》。推崇当朝冠冕重臣、皇朝帝王将相放到氏族的高等级中去，李唐皇族为第一等，外戚后族放为第二等，原先的山东高门崔氏放为第三等。可是，以长孙无忌的舅舅高士谦为首的关陇集团依然有很大的影响力，在此情况下，原有的旧贵族和唐朝的新门阀密切结合，互相扶持，产生一种新的势力，阻碍寒门子弟上升之路，并压制当朝皇权，太宗打击旧世族、扶持新贵族的目的并没有真正实现，永徽年间出身关陇贵族的元老重臣把持朝政就是有力的证明。现在到了显庆年间，高宗、武媚娘为了抬高皇朝权威，提高后族外戚地位，鼓励寒门出身的新官僚，决定重修《氏族志》，并将《氏族志》改名为《姓氏录》，突出强调尊重当朝皇族、后族及寒门出身的官僚的地位和声望。

这里需要特别指出寒门出身的官员对世族制度改革的迫切愿望。通过废立皇后、排除长孙无忌，武媚娘身边已团结起一批以许敬宗、李义府、袁公瑜等为代表的中下层官员。他们大多出身寒门，长期郁郁不得志，之所以奋勇当先扳倒长孙无忌等世族文官，主要是期望能从中获益，上升官位，同时能够提高自身社会地位。而要改变社会地位，必须从世族制度改革上入手。许敬宗上表要求重修《氏族志》。当初太宗修订《氏族志》就是为了打击地方豪强世族势力，但由于旧的世族势力根深蒂固，既得利益者的开国功臣与旧的世族门阀相结合，又形成新的把持朝政的势力，阻碍了出身寒微的官员的升迁与发展。武媚娘是力主破除旧的世族门阀制度以利于拥护出身低微的官员得以大力提拔升迁的，所以许敬宗很可能就是奉武后旨意而上表的。这既是个人欲望的产物，也是政治斗争的需要。从根本上来说，这次重修《氏族志》，不是小打小敲，修修补补，而是彻底进行大变革。在武媚娘主导编写的《姓氏录》中，以皇族和后族为第一等，其余的都按当时的官阶高下排等级，总共分成九等，五等以上统统归入世族。这样一来，即使你原来是一介平民，只要做了五品以上的官，就能名列《姓氏录》，成为显贵的氏族中的一员。而以前的旧贵族，如果没人当到五品官，就不再算是世族了。这无疑是对旧门阀、旧贵族极其沉重的打击。当时有人把这《姓氏录》称作“勋格”，即功勋谱，特别得到寒门子弟和寒门出身的官员的热忱拥护。与《氏族志》相比，《姓氏录》多了一百卷，但所列士族少了四十八姓，一千三百六十四家，其中还有很多是《氏族志》修订后涌现出新旧门阀结合产生的新兴门第。这一千多家士族特权的丧失为广大寒门子弟跻身仕途和飞黄腾达开辟了道路，巩固了皇朝统治的政治基础。原先寒门出身的文人武士和官员被旧世族挡住了晋升之路、剥夺了门楣荣耀，现在不同了，不管出身如何，只要有才干、立功劳，就可以跻身仕途、光耀门庭。因此说，《姓氏录》的问世加快了士庶合流，新旧交融，激励了寒士奋进，强化了皇朝声威。从武媚娘本人来说，通过《姓氏录》的编订，提高了她作为皇后的权威、声望，武氏一直被人鄙薄的商人家庭，现在鲤鱼跳龙门，从此以后她家乡文水武门成了天下第一等级高门，可以为自己也为武氏家族扬眉吐气了。她又追封亡父为周国公，母亲杨氏为代国夫人，后又改封为荣国夫人，品级第一，位在主公母妻之上。荣国夫人的封号极其高贵，位在周国公之上，由此可凸显出母因女贵，因她女儿是当朝皇后才获此最高级封号的。总之，武媚娘主导编写《姓氏录》主要是为了充分显现自己的高贵皇后身份和家庭无上荣耀，进一步削弱、打击以长孙无忌为代表的旧贵族势力，并使拥护自己的新进的出身低下、官卑职小的官员有升迁、显贵的机会，借以壮大和加强以她为中心的强权统治的力量。一句话，她编写《姓氏录》完全是为强化她的皇权、威望和统治服务的。

二、亲蚕之礼

武媚娘为了提高自己的权位和声望，一刻也没有停止忙碌。她在修订了《姓氏录》以后，又忙于出场以提高曝光率，扩大自身的威仪和名望，让广大黎民知道，她是最有资格和能力做大唐王朝女主人的人。她要努力提高自身的出镜率，让天下臣民都增加对她的认识和崇敬，真正做到母仪天下。为此她进行了两大礼仪活动。

首先是躬行亲蚕之礼。中国古代以农业立国，讲究男耕女织，天子是天下农夫的表率，国家典礼中有皇帝亲耕之礼，以示国家对农业的重视。皇后也有亲蚕之礼，做天下妇女的表率，以示国家对纺织业的重视。但这套仪式极其隆重、烦琐，在举行大礼之前须提前五天斋戒，后殿三日斋戒称为散斋，正殿二日斋戒称为致斋。举行亲蚕之礼须提前三日预设先蚕坛，凡内外命妇均须出动随行，迎送皇后车驾出宫。因这个仪式太复杂、累人，故很少有皇后躬亲举行。太宗时长孙皇后曾行此礼两次，高宗的王皇后在六年皇后任内从未举行过一次。高宗认为亲蚕之礼不可废，永徽三年（652 年）下制举行，王皇后没有去，就派官员去祭祀。武媚娘不放过任何一次出场的机会，想尽量出风头，多曝光。从显庆元年开始，武媚娘共举行过五次亲蚕之礼，是唐代行亲蚕之礼次数最多的皇后。举行礼仪的当天，皇后要天不亮就起床，一切准备好后，朝服加身，钗钿环佩停当，侍卫开道，朝臣拜迎，内命妇如天子妃嫔、太子嫔妾，外命妇如大长公主、长公主、公主、王妃、各位诰命夫人，浩浩荡荡出宫亲蚕、行礼。武媚娘每次行亲蚕之礼都极其认真，借此机会亲近内外命妇，混个脸熟，增进彼此感情。这样勤出场、曝光，有利于显示她在公众中的形象，并提高其知名度、好感度。最后一次亲蚕之礼武媚娘索性把文武百官和外邦各国使臣都带了去，史书称“天后祀先蚕于邙山之阳，百官及朝集使皆陪位”，场面之壮观、声势之浩大、威仪之显赫和曝光之有效，是过去从未见过的，简直比皇帝祭天的礼仪还隆重，一切的一切都无一不在提醒和告知大唐王朝天下臣民——她是大唐最尊贵、最有威仪的皇后。而她的丈夫高宗李治，人们却无甚印象，甚至不知他在哪里，在做什么，她用特殊的方法告诉人们，她是唯一可与皇帝比肩的一位很有胆识、能量和作为的皇后，她不愧为一位出色的国母，可以无比荣耀地母仪天下。

其次是衣锦还乡。她衣锦还乡，大有收获。显庆五年二月，在处理完长孙无忌案件之后，武媚娘与高宗同往东都洛阳后北上游幸并州。当年李渊就是从这里起兵一路到长安当了皇帝的，现在李治来到此地，自然要缅怀一下史迹和先烈。但对于武媚娘来说就另有意义了。这里是她的故乡，父亲死后葬在这里，她在这里度过了暗淡、艰辛的童年岁月，而今时来运转，她当了大唐皇后，可以在此大显威风了。武媚娘极尽对乡亲亲切拉拢之能事，大摆酒宴，欢会亲邻。李治给她大加风光，特下诏并州全境八十岁以上的妇女一律授封五品郡君，这可是个了不起的赐封待遇和荣誉头衔啊。两个人在并州到处活动、游玩了两个月时间，真正尽兴、风光到了极点。武媚娘走后，她的亲民形象大放异彩，大大提高了她的身价，她又一次在广大人民面前成功显示了她体恤下情、温和可亲的国母形象。

三、稳定家庭

武媚娘是大唐高宗皇帝李治的正妻、皇子的嫡母，同时是本家的媳妇和武家的女儿。她需要同时处理好自身家庭的多种复杂关系。她需要当好皇后，母仪天下，不确立自己在家庭中的地位，是不行的。她现在虽然还没有篡唐立周、君临天下的想法，但她经常与高宗共上朝堂或受命临朝听政，直接发号施令，威仪与皇权等同君王。在此情况下，没有家庭的安定和顺，她怎能

安心从容面对群臣、处理国事呢？她是个很会动头脑的人，她在努力打造面对外廷大臣端庄有度、气宇非凡的公众形象的同时，也颇费心思地理顺和处理好多方面纷繁复杂的家庭内部关系，首先是要处理好亲子和庶子的关系，其次是要处理好婆家和娘家的关系。先说在亲子和庶子关系方面。武媚娘现有三个亲生儿子：李弘、李贤、李显（后改名为哲）。武媚娘从三个方面给予他们体贴照顾。一是加官晋爵，身居高位。长子李弘被立为太子，次子李贤封为雍州牧，李显封为洛州牧，雍、洛二州均为当时离京城不远的战略要地，拱卫京城，无上光荣、显贵。二是关爱孩子，当好母亲。显庆四年高宗与武后巡幸东都洛阳把八岁的长子李弘留在长安监国，李弘因年幼啼哭思念父母，正在途中的高宗和武后立即停止前进，把小儿接到身边同往东都。武媚娘信佛，生下李显时难产，为保佑其平安，刚满月就请高僧玄奘收为徒弟，法号“佛光王”，可见出于母亲对儿子的殷切期望。同时还在洛阳龙门给多病的李显凿造佛像，为他祈福消灾。此时的武媚娘对自己的孩子关怀备至，温情无限。她日后狠毒贬杀亲儿，是她因争权夺位而人性扭曲泯灭的凶残表现。这是后话。三是严于管教，助其成人成材。她除了教孩子饱读《礼记》、《尚书》、《春秋》、《论语》等儒家经典，还让他们阅读由她组织文人编写的教材如《少阳政范》、《青宫纪要》、《孝子传》等教材，为他们将来发展作长远打算。庶子呢，武媚娘采取严加防范的态度，让他们循规蹈矩，不得乱说乱动。显庆初年，遵照武媚娘的主张，高宗把所有庶子都贬往地方担任刺史。武媚娘对废太子忠和萧淑妃的儿子李素节尤为严厉防范。李忠受不住继母的沉重打击，每天生活在恐惧之中，前面已写他常男扮女装以防刺客，又常噩梦不断，胡言乱语，神态失常。有个武媚娘安插在李忠身边的侍女向朝廷谎报李忠有种种不当行为，依律罪在不赦，应处死刑。武媚娘假惺惺恳求高宗饶李忠一命，高宗当即把李忠废为庶人。诏书中表彰了武媚娘的关爱，以显示她“慈母”形象，而人们都知道纯属矫揉造作，欲盖弥彰。实际上这事充分暴露了武媚娘对待庶子冷酷无情的蛇蝎心肠。武媚娘为了强化和彰显自己的权威，她是什么丑事恶事都做得出来的。

再说婆家和娘家关系方面。在婆家方面，武媚娘对太宗妃子纪国太妃韦氏、越国太妃燕氏等都很亲近，纪国太妃韦氏的女儿临川公主因喜欢书法、崇尚佛学而成了武媚娘的密友。这样武媚娘得到太宗妃嫔与姑子的赞许，婆媳、姑嫂关系融和，她在李氏王朝内廷的地位就很牢靠了。在娘家方面，武媚娘既亲近又严厉。武媚娘亲自编写了《外戚传》，意在抑制外戚势力。随后又对娘家兄弟施行打压，由于武媚娘当上皇后，她的两个同父异母哥哥武元庆、武元爽都曾被分别封为司宗少卿和内府少监，两个堂兄弟武惟良、武怀远都被分别封为司卫少卿和淄州刺史。一个意外事件惹怒了武媚娘。一天，封为一品夫人的杨氏举行家宴时问武元庆等人："颇忆畴昔之事乎？今日之事复何如？"意思是说你们还记得从前亏待我们母女的事吗？今天的荣华富贵是我们母女赏赐给你们的，你们心中有什么感觉？"往事早已过去，这话问得太刺耳了。据《资治通鉴》记载，武惟良在几个哥哥中最年长，他很不买账地说："惟良等幸以功臣子弟，早登宦籍，揣分量才，不求贵达。岂意以皇后之故，曲荷朝恩，夙夜忧惧，不为荣也！"他说自己是因为是功臣子弟才当官的，并不想求取富贵显达，没想到皇后提拔我们，反使我们内心不安，日夜忧惧，我们并不以此为荣啊！他这话很不客气地把杨氏的话给顶回去了。这可惹了祸了。杨夫人勃然大怒，进宫向武媚娘数说武惟良等几个哥哥很无礼貌，不识抬举，要女儿"谦让无私，裁抑外戚。"武媚娘依照母亲的计谋行事，立刻把几个哥哥贬放到边远穷乡僻壤地区，武元庆、武元爽不久就死了。武媚娘此举很毒，一报小时候受虐之仇，二可借此树立抑制外戚、公正无私的形象，就连高宗也被蒙在鼓里甚感欣慰。

经过上述这一番努力，武媚娘建立了较稳定的家庭关系，确定自己在家族中的地位，她的一切言行都可以获得巩固的大后方的拥护和支持。她在这当中有亲有疏、有拉有打，亲近、拉拢的是自己亲生儿子、婆婆级别的太宗妃嫔与公主，疏远、打击的是庶子、同父异母的哥哥与堂哥。这实际上反映了她工于心计、圆滑世故、善于应变、八面玲珑的心性，而通过这一切，她把高宗哄得服服帖帖，对她一切言听计从，深得李治宠爱、信任。这样稳定驯服的家庭关系，极有利于她在政治上有所作为，大展宏图。

【批】

曝光、出场、作秀，都是现代出现的名词和事情。谁也没想到，1400 多年前，古代中国就有一位显赫人物痴迷于此了，而且到了癫狂的地步，此人就是武媚娘。抛出《姓氏录》，显示自己皇后身份是当朝最显贵身份，借亲蚕之礼、衣锦还乡频频出场、曝光，出足了风头。这和她追逐权位、觊觎帝位的灵魂是一脉相通的。

【第九章】干朝政折翼李义府

一、代帝临朝

一个有政治野心的人，是不甘心于在后宫当一辈子安稳皇后的，武媚娘登上皇后宝座以后，政治野心越来越大，她无时无刻不想亲临、过问朝政。但在表面上，她不露声色，在高宗面前非常柔顺、听话，有时向高宗建议些什么，高宗听了觉得颇有道理、谋略，很为赞赏。因此，她成了高宗最亲近、信任的人，不仅是双宿双飞、欢爱无限，而且常常同朝聆政，过问国事，或高宗身体不适时让武媚娘独赴朝堂问政，武媚娘每次回到后宫都向皇上汇报朝廷动态、朝臣情况，遇大事难以决断者，都在与高宗商议后再作定夺。这样，她一步步获得了高宗更大的信任。

“天有不测风云，人有旦夕祸福”。显庆五年（660 年）十月，高宗病了，染上了风疾，相当于现行医学上所说的各种心脑血管疾病的综合征。这种病曾经夺走了他母亲长孙皇后年轻的生命。当年唐太宗也因得了这种病才搬到翠微宫养病，最后死于翠微宫的。得了风疾的李治经常头痛难忍，目不能视，无法上朝理政。于是在太子年幼、朝臣又难于信任的情况下，高宗把国事交给了看来有相当行政能力、主动裁抑外戚、大公无私的武媚娘处理。《资治通鉴》卷二〇〇记载：“（显庆）五年冬，十月，上初苦风眩头重，目不能视，百司奏事，上或使皇后决之。后性明敏，涉猎文史，处事皆称旨。由是始委以政事，权与人主侔矣。”这就是说，皇上病重，无法处理朝政，只好请聪明能干、又有文史素养的武媚娘皇后在高宗患病期间协理朝政。武媚娘处理政事有板有眼、出手不凡，从此她逐步锻炼成具有同国君一样的威仪和风范了。“上或使皇后决之”、“由是始委以政事”这两句话表明皇上对武媚娘代他执政的信任、放手和满意。从此开始，武媚娘获得机会可以部分代行君权，这为她今后正式参政议政以及最后君临天下揭开了序幕。

风疾，按一些学者观点是指高血压及相关心脑血管疾病。轻的头晕目眩、视力下降，重的瘫痪在床、言语不清，死亡率很高。这似乎是李唐皇室的家族遗传病。史籍上明确记载患此病的有七位帝王。即高祖、太宗、高宗、顺宗、穆宗、文宗与宣宗。唐高祖得风疾，《资治通鉴》贞观九年（635年）五月记载："太上皇去秋得风疾，庚子，崩于垂拱殿，享年七十一岁。"太宗患风疾有"上得风疾，苦京师盛暑"的记载。时大臣高季辅也"以风疾废于家"，一个"废"字，表明风疾可使人半身不遂而成残废。后来的唐顺宗因得风疾而导致四肢瘫痪，"太子始得风疾，不能言"，导致继位后朝政落入权臣王叔文之手。穆宗"因得风疾，不能履地，自是人不闻上起居。"文宗"始得风疾，不能言。于是王守澄荐昭义行军司马郑注善医；上征注至京师，饮其药，颇有验，遂有宠。"有人认为，唐朝多位帝王患风疾可能与他们沉湎于金丹服饵有关。但一个皇朝女性长孙皇后也因患风疾而早死，这就叫人难以理解这种病是家族遗传病或与金丹服饵有关了。

高宗面前并不是没有可以委以重任的人才。裴行俭、刘仁轨都是文武双全的盖世人才，高宗对他们赞赏有加，可都从未达到委以腹心朝政的程度。高宗虽对许敬宗很信任，但也只停留在废王立武和打击长孙无忌等国老级权臣方面的褒奖与回报，完全未达到推心置腹的地步。对李勣，高宗倒是因他比较正直而相当信任的，可李勣从来不过问朝政，这使李治很难把朝政重担推到他身上去。有人认为高宗生性多疑，以致难以委以腹心与重任。因此，在身患重病的情况下，高宗只好把朝政交给有相当政治才能的爱妻武媚娘皇后处理。既包含无奈，也合乎情理，因为除此别无选择。可以这样说，自从李治在不得已情况下把朝政交付武媚娘之后，他实际上已一手把武媚娘推上了政治舞台。

然而，武媚娘向来不是个安分女子。她的野心无止境，她代理朝政后如鱼得水，在品尝到升贬决断，掌握他人生杀予夺大权的滋味之后，她的野心和权欲狂更加高涨，她也无法停止内心的野心和向皇家最高权位冲击的步伐了。

高宗自显庆五年风疾发作，后病情一直不见好转，同时可能还染上了肺病，史书称"久婴风瘵，疾与年侵。近者以来，忽焉大渐，翼日之瘳难冀，赐年之福罕邀。"这是说高宗除了风疾又多了个瘵疾，"瘵"多指痨病或肺病，那时几乎无药可治，只能服药调养。可高宗患病仍经常过问朝政，大臣上书劝他保重身体："天皇昔尝服饵，近更躬亲，睿情勤苦，天仪憔悴，若何以万能乘之重，四海之尊，暴露而行，旰日而食者也？"是说皇上常因病服药，还要勤政，更加憔悴，实在不该顶着烈日酷暑在外面长途跋涉劳累不堪啊。由

于重病缠身，高宗虽仍勤于朝政，但心有余而力不足，常需他人出面协助，武媚娘的权势便随着高宗病情日益加重而不断扩大、增长。高宗对此也有所觉察，皇后的权力与威望扶摇直上，已达到自己难以控制的地步。

二、帝后争锋

自古道：“天无二日，国无二主。”在有关国家、帝王权力的问题上，历来冲突和斗争是十分尖锐的，纵然是亲如父子、夫妻、兄弟也不例外。李唐王朝为争夺帝位而不断出现的血亲厮杀的残酷格局和历史人所共知。高宗李治作为大唐帝国一代君主，非常清楚父皇太宗在争夺和维护皇权决断时刻了无亲情的狠辣凶残面目与手段，他自然也时刻将保持帝王权位与威严萦系于心。他虽为妇人媚惑，为人优柔寡断，软弱无能，反复无常，多疑多愁，然而他并非白痴，在维护保持帝王权威上，始终心明如镜，他凡事以自我为中心，以切身利益当头和权势为上的心思与前代帝王并无二致。

高宗虽患不治之症，暂时将部分权力交给爱妻武媚娘代理，武媚娘的聪颖才干和处理政事能力得到他的认可与欣赏，但他还是念念不忘皇权和国家大事，每天都要听取武媚娘的汇报并作出指示，无时无刻不展示大唐王朝一切权力的中心都集中在他一个人身上。每当病情稍轻，能够下床行动的时候，他就要亲临朝堂处理朝政，甚至还不辞辛劳，到各地巡视、督察，了解政情、民情，处理重大、棘手政事，就是前面所说的他还不时顶着烈日酷暑到处忙碌奔波以致弄得精神体力疲惫不堪。对他来讲，他是一国之君，他不能不问国事，无任何人可以代替。虽然辛劳，他也心甘情愿。向爱妻委以重任，代理朝政，乃是他实在病重、卧床不起时才这样做的，即使这样他还经常垂询、过问，作出训示，并非全权托付，更非禅让君位。可以这样说，在武媚娘多次代理朝政时，无处不在的皇帝意志仍然充盈在整个大唐朝廷皇天后土和臣民中间。

让武媚娘代理朝政、代行君权虽是高宗自己的主意，可当他发现武媚娘过度张扬有喧宾夺主之势的时候，他心里就不舒服了。夫妻归夫妻，君臣归君臣，你武媚娘任何时候都是在大唐皇帝统御之下臣服的女子，怎么能够得意忘形忘了自己的身份呢？怀着这一心态，李治心中对武媚娘隐含不快，针锋相对，他要出手对决了。当然，对决是软的，不露声色的。这方面唯一突出的表现就是只要身体稍好，他就亲临朝政，力图独揽大权。同时也意味着武媚娘代理朝政只是暂时的，浮光掠影的，绝非他抛弃皇权，转移朝政。这种情况让武媚娘显得有些尴尬、难堪。这种帝后冲突、争锋几乎到了白热化的程度，只是没有公开化，也无法公开化。

由于天时、地利、人和，高宗在病愈亲临朝政时各方都十分顺手。他在军事上屡次出兵，节节获胜，特别是在隋末唐初的屡屡受挫的高丽战场，自庆显五年后也频频告捷，西域战场也是连连取胜，薛仁贵三箭定天山传为佳话，唐朝的疆域空前扩大，整个皇朝呈现一片欢腾喜庆气氛。李治作为大唐帝国的当家人，自然深感心得意满。

咸亨四年（673 年）三月，春暖花开，阳光明媚，高宗皇帝大宴群臣和外邦使臣，席间高奏起高宗亲自谱写的《一戎大定乐》，一百四十位舞者披甲持槊，同歌八弦同轨乐，象征天下一统，四海归心，八荒六合，共同臣服于大唐的皇命之下。恰在此时，四方频传祥瑞征兆，更增添了一统天下喜庆气氛。有些自由浪漫的苏定方将军向高宗报告，自己在于百济灭亡之时登上山嵩试图钓捕池中飞龙，池中果然有龙飞出，冲天而逝，可惜自己捕获失败等语。高宗听了大为高兴，池龙飞天，龙出太平，天降祥瑞，更令人无限喜悦、振奋。常言道："上有所好，下必甚焉"，既然皇帝喜欢祥瑞，那天下就到处祥瑞出现和频传了。很快益州、绵州等地都传来白日见飞龙的信息，至于是真是假，无从查考。但皇帝听了特别高兴，于是竟大事张扬，宣扬太平盛世与皇朝圣恩，亲自下令改元"龙朔"，大赦天下，举国同庆。

高宗还将皇帝的意志凸现在对宰相意志的主宰上，以显示他拥有无上权威的皇权。按照大唐制度，官吏的任命和升迁大多由宰相掌握，圣旨诏令皆出自中书，只需上报皇帝批准即可。因此往往宰相令出如山，皇命自选直接任命提拔的屈指可数。高宗一反常态，他竟以宰相推荐的官员不合己意为由一口气提升了十几位官员，把一个个宰相弄得不知所措。当高宗把提升的名单拿给宰相们看时，宰相个个俯首同意，不敢有任何异议，还连连高呼天子圣明。在高宗提拔的官员中，有司刑太常伯刘祥通、西台侍郎上官仪和太子左中护郝处俊，他们日后都成为反对武后揽权的强硬代表。这至少可以说明，这些被提升的并非武媚娘心腹，并未征求她意见，在高宗心目中经他亲手破格提拔的这些大臣都是忠于李唐皇室的，这就够了，至于是否合乎武媚娘心意，不在他考虑之中。从这一侧面也表明，他和武媚娘之间已无形拉开了距离，出现了政治上的裂痕。

武媚娘在此期间内心存在矛盾和阵痛。她本以为在后宫无人敢与她争宠的情况下，自己可以直接控制皇帝，而宰相许敬宗、李义府掌握外廷，这样她就十拿九稳大权在握。高宗病重时她受命代理朝政，事事按高宗的意见，顺旨而行，得到高宗的嘉许和信任。她的地位和掌握的皇权又能上升许多倍。她真正尝到君权在握的甜头，她的权欲一发不可收。她一旦亲临朝堂，过问朝政，在她眼前展现了崭新旷达的天地，天空如此高远，帝王权威如此显赫，她怎能甘心再去局促于后宫金丝鸟笼中、甘居臣妾之位任人主宰自己的命运呢？权力是强者的罂粟，杀伐决断一任于心的称心快意，一旦接触、感受，便如幼狮嗜血，从此狂追吞噬，再难回头。权力一经尝试，就像鸦片一样，再也难以戒掉、丢开。武媚娘生性就是一个权欲很强的人，她当然更加嗜权如命了，对于已经尝试、到手的无尚皇权，她怎会甘心丢弃呢！她对高宗一旦病情好转就亲临朝政和巡视各地，对高宗听说飞龙升天祥瑞和改元“龙朔”(龙是男性帝王的象征)、大赦天下，尤其对高宗连连直接任命、提拔她不中意的大臣也不向她征询意见，感到不满和不安。高宗无上权威的皇帝形象时时闪晃在她的头顶，活跃在她的脑海，她真有些说不出的滋味。帝后之间一场无言无形的明争暗斗在悄悄展开着、进行着。

三、心腹嚣张

对于高宗病愈频频临朝执政、多次外出巡视、推行祥瑞改元、独自选拔大臣等等加强帝王权威的举措，朝臣与百姓衷心拥护，只有一个人内心不以为然，用一种轻蔑、鄙夷的目光打量着身边高高在上的高宗皇帝。这个狂妄任性的家伙就是皇后武媚娘的亲信李义府。他气焰嚣张、逞强作恶、霸占人妻、容纳囚妇、肆意欺压臣民甚至不把皇帝看在眼里的种种不法反常行为，终于让高宗怒不可遏。这不仅给李义府带来了灭顶之灾，也令帝后之间的矛盾浮上了水面，这是帝后之间矛盾公开化的明显表现。

大家知道，李义府是第一个站出来到皇帝和武昭仪面前支持立武氏为后的，由此受到帝后的另眼相看和升迁，视为最信得过的称心如意的心腹。他恃宠生骄、横行不法，干出许多坏事、恶事，引致官民激愤。他嚣张得无法无天，任性而为，曾因垂涎女囚淳于氏的美色而逼令大理寺丞放人让他金屋藏娇，供其淫乐，又在被人告发后逼死该大理寺丞以灭口。此事曾轰动一时，使他臭名远扬。

一天，李义府在路上与大理寺丞毕正义相遇，一同去视察监狱。在狱中，李义府看到一个女犯，十分年轻貌美，艳如桃李，怦然心动，要收为已有。他问：“老毕，她身犯何罪？”毕正义看出了李义府想占为已有的心意，说：“女犯淳于氏，年方二十一岁，因通奸杀人入狱。据说野汉子有数十人之多。你是想要她吧？你不嫌脏？”李义府轻轻一笑说：“本官很喜欢此女，想要她日日相伴，夜夜作陪。她脏什么？青楼名妓哪个不是千人骑万人压的，达官贵人还不是趋之若鹜吗？”毕正义说：“李大人既然这样喜欢她，下官一定成全。”当晚，毕正义将淳于氏蒙上眼睛用架子车偷偷运出监狱。经过大理寺侧门，书办问车上躺的什么人，毕正义说“一个女犯病殁，你记录在案。”书办不好多问，就任毕正义叫人把架子车推走，一直送入李义府府邸。李义府感谢毕正义，送他十两黄金，答应帮助他提升官职。毕正义走后，李义府把淳于氏带入房里，热烈拥抱上床，成其好事。淳于氏原来淫荡，别有一种让男人快意销魂的媚态与媚功，她知道，李义府是当朝宰相，特别奉承，这一夜拿出浑身床笫功夫，与李义府颠鸾倒凤，使劲狂颠搅动，迎送凑合，浪声不断，使李义府丢了几次还不肯收兵，从与此妇交媾中，获得从未有过的快感和欢畅。谁知事机不密，书办把情况向上一报，大理寺的长官大理卿段宝玄知情后立即上报。朝廷立即着手调查，李义府怕事情败露，竟然逼令毕正义自杀，妄图杀人灭口，使此案无法查办。高宗知道事情是李义府干的，本想原谅他，不予追究。有个叫王义方的御史，对此气愤难平，他回去禀报母亲，说我是一个监察官员，对此案不管，严重失职；管呢，又怕万岁怪罪，连累母亲。他母亲深明大义，说你此事应当管，自古忠孝难两全，你舍孝全忠吧，你万一因此获罪，我虽死无憾！王义方受到母亲鼓舞、支持，立即上书朝廷，请求严惩李义府。当时高宗正对朝廷大臣重新优化组合，不能拆自己台，不但未惩办李义府，反倒怪王义方毁辱大臣，贬黜他为莱州司户。

此后李义府更加骄横，他身居中书令，掌握官吏的升迁任免。他不但自己收受贿赂，卖官鬻爵，他的母亲、妻子、儿子、女婿也都忙着收钱卖官，其门如市、倾动朝野，臭名昭著。另一名宰相杜正伦实在看不下去了，他资格比李义府老，看不惯李义府轻狂骄横的样子，他大义凛然，采取行动。他先和中书侍郎李友益商量，想尽办法查清李义府各方面的违法犯罪活动，然后下手除掉他。可事机不密，被李义府知道了，李义府来个恶人先告状，告杜正伦贬渎大臣，应予查办。高宗找来杜正伦和李义府，当面质询原委，二人争辩不休，各说各的理，都说对方不好。这两个人都是高宗提拔起来的，他有些左右为难。当时高宗本想偏袒李义府，为杜正伦开脱，但李义府平日骄横跋扈，不得人心，高宗才不得不作出“两责之”的处罚。怎样两责之呢，就是来个折中主义，各打五十大板，都贬到地方上反省去了。杜正伦被贬为横州（今广西横县南）刺史，李义府被贬为普州（今四川安岳县）刺史，另一个关系人李友益则被流放峰州（今越南河西省西北）。李义府虽被贬，仍受到武媚娘的庇护，不到一年，他又在武媚娘保护下回到京师，官复原职。而杜正伦就惨了，他一直被贬在偏远荒凉地区，久郁成疾，死在了被贬的地方。

李义府回到朝廷后，恶习未改，气焰更加嚣张，不久又出了个人命案。李义府本出身寒门，当了宰相后和赵郡李氏攀亲戚，找到赵郡李氏的李崇德称自己出身名门，要求把他写到赵郡李氏的家谱上去。李崇德是个谄媚之徒，想要沾宰相的光，就把他写入他家家谱上了。李义府一被贬官，势利的李崇德就把他从家谱中除了名。李义府官复原职后给李崇德安个罪名抓起来，李崇德一气，在狱中撞墙死了。李崇德和毕正义一样也是个五品官，这是李义府逼死的第二条五品官的人命了。可在李治、武媚娘庇护下，还是没有给他治罪。

当时崇尚贵族联姻。李义府自己与贵族联姻不成，就想给儿子找个贵族媳妇，不料当时“五姓七望”的贵族豪门全不给他面子，都轻视他，拒绝把女儿嫁入他家做儿媳妇。这又让李义府生了一肚子气。正好当时李治和武媚娘正在修订《姓氏录》，要压制旧贵族，抬高当朝权贵地位，李义府乘机报复，要求皇帝下诏严禁“五姓七望”互通婚姻。这样强行禁止招致旧贵族很大反感，互相明不联姻，暗中联姻，或以其他方式进行抵抗。由此可见，社会风气的改变不是一纸命令就能做到的。对李义府这样心地狭窄的小人来讲，皇帝、皇后对他信任有加，言听计从，也可算作安慰性地帮他出了一口恶气。

但是此时，李义府的思想和地位已经发生了微妙的变化。李义府心中有数，他是靠拥立武后才站稳脚跟的，现在又靠武的支持再度入相。因此他对武媚娘特别感激涕零，在他心目中，只有武媚娘才是他真正的主子，是他唯一的恩人，李治虽贵为一国之君，但并不占重要地位。再度入相的李义府，行事越发张狂无忌，几番挫折沉沦之后他更加认定皇后是自己的保护神，他自恃有拥立功，不管怎样都会有皇后庇护。他从此更加大胆猖狂了，继续卖官鬻爵、排除异己、强占民产、夺人妻女、无恶不作、骂声四起，搞得民怨沸腾，天怒人怨。《资治通鉴》说：“义府贪得无厌，母、妻及诸子、女婿，卖官鬻爵，其门如市，多树朋党，倾动朝野。”这一切，高宗都微有所闻，内心甚感不安。这就是说，此时李义府心中只崇拜武媚娘，不把李治放在心上，而李治对李义府也已有反感，政治天平不再倾向李义府了。李义府是有头脑的，但他聪明反被聪明误，时间、环境、气候变了，他还照老皇历老办法办事，怎能不栽跟头呢。他一心只想到自己是拥立功臣，无论出多大的娄子都有皇帝和皇后护着，因此他放心大胆胡作非为，无所忌惮。可他不明白，当年皇帝重用他是因为可以借他打击元老重臣，推行皇帝意志。他也不明白，皇帝几次纵容他，是由于皇帝和皇后站在同一条战线上，两人亲密无间。但从显庆五年，武媚娘协理朝政后就出现了微妙变化，皇帝的人和皇后的人不是同一班人马了，李治新任命的官员都未和武媚娘商量，是自己信得过的人，而都是武媚娘所不赞同的，这就是明证。在这一微妙变化中，李义府被划入武媚娘一党。皇帝觉得李义府很不像话，问题太多，罪行累累，几次偏护他似乎都偏护过了头，他已不想再偏护他了。皇帝已决定在有关李义府的问题上和武媚娘分道扬镳了。

四、折翼之痛

李义府倚仗自己是武媚娘坚硬丰满的羽翼，他被胜利冲昏了头脑，总觉自己受到武媚娘有力保护，无论出多大乱子，他这羽翼永远不会折断。当阴影和厄运向他迫进时，他仍趾高气扬、毫不自知。这是他的愚蠢与悲剧。

龙朔三年（662 年），李义府改葬祖父，大肆张扬，他下令在高陵、栎阳、富平、云间等七个县征集民工，参加义务劳动，修建宽大豪华墓室和建立高大雄伟墓碑。高陵县令是个厚道人，不敢得罪李义府，又不愿给百姓带来苦难，就亲自上阵操劳了，没料到劳累过度，竟累死在工地上。这又闹出一条官员人命来了，人们议论纷纷，都说宰相修祖坟把县令给逼死了。这事使李义府名声更坏更臭，可他仗着有皇后武媚娘撑腰，一点不怕。迁葬那天，送葬车马浩浩荡荡足足摆了七十多里，被讥为大唐开国以来“人臣送葬之盛典无与比者”。他借机索取贿赂的钱财礼物，更是不计其数。同年他又主持铨选，就是选官，这又是个肥差，他从中大捞特捞，公开收受贿赂，搞得乌烟瘴气，民怨沸腾。高宗见他闹得太不像话，就找他来谈心，语气很诚恳地说：“闻卿儿子、女婿皆不谨慎，多作罪过，我亦为卿掩覆，未即公言，卿可诫勖，勿令如此。”说你家儿子、女婿太不像话，犯了很多罪过，我在为你遮掩，你可要警告他们不要再这样了。高宗因他在立武为后和覆灭长孙集团中有功，没有直接怪罪他，是想给他点面子。不料李义府不识抬举，骄横得忘了东南西北，他听了不但不认错，反而勃然变色，恶狠狠地问：“谁向陛下道此？”胆子好大，直接质问起皇上来了，是谁告诉皇上的，看我来修理死他！高宗本来是好意，话也说得婉转，听他竟大胆质问自己，气焰如此嚣张，不禁也动了怒说：“但我言如是，何须问我所从得耶！”意思是我说的是不是事实，你不必问是谁告诉我的。一般朝臣这时一定会赶紧谢罪，可李义府被惯坏了，他眼睛长到头顶上了，不知道他面前是当朝至尊皇帝，他站在那儿一句话没有，也许是无法说出话来，却没有半点认错的意思。他轻轻吸了一口气，唇边浮起一丝微笑，摆出不屑与谈的蔑视架势，高宗一怔，还没回过神来，他已长身而起，转身扬长而去，竟然就这么走了，把高宗给晾在那儿了。他走得并不快，步履平稳，袍袖飘飘，举止从容，但从那阴冷的背影中所表露出来的傲慢与不屑，直把高宗气得指尖冰凉，七窍生烟，龙颜变色，心都冷透、颤抖了，哪个大臣敢如此狂妄、傲慢对待当朝最权威的皇帝啊！“上由是不悦”，表明皇上对此事的反应十分愤怒，他明知李义府倚仗武媚娘是他的保护伞，根本不把皇帝放在心上。他深受皇帝宠爱，认为这样做没有什么不对，或者他就是想用这种方式来表示对皇后的忠诚。至于至尊无上的皇帝，

他似乎只是一个摆设和戏谑。高宗暂时还隐忍着，没有遽然发作，他是在等待时机，一举将李义府扳倒、消除。

俗话说："江山易改，本性难移。"李义府为非作恶的本性是断难改变的。不久，李义府又出事了。李义府请了个阴阳术士为自己望气，看自己还能享受多少荣华富贵。术士看了宅第之后说李义府宅第之上有不祥之气，屋主必有大狱。必须积财二十万缗才能压得住。李义府信以为真，因此他越发贪得无厌，肆意敛财。到哪儿去敛财呢？他想到长孙无忌的家虽说树倒猢狲散，但拔根寒毛还是比一般人的腿还粗，他家财产肯定多着呢。长孙无忌的孙子长孙延原本流放岭南，后回到了洛阳，只是一个平民，没任何官职。李义府让儿子把长孙延找了来，说是可以为他谋一个官职，要价竟是七十万。长孙延给了钱，果然谋得了从六品的司津监的官职。李义府嚣张跋扈，仇人、政敌一大堆，此事立刻被人弹劾了。本来五品以下的官职不必报知皇帝，帮犯罪的子弟交往也没什么大不了，但此时皇帝的心已变了，李治正等待机会以发泄李义府不买他的账拂袖而去的心头之恨呢。高宗立即把此案交给刚提拔起来的司刑太常伯刘正道，命令刘正道与御史审理，司空李勣监审，摆出了三堂会审大案的威严架势。这一次没有派身为首相的许敬宗上场，从这一安排来看，皇上李治已下决心严惩李义府，他已注定在劫难逃。立案之后，武媚娘本想插手救护她的得力助手、爱将李义府，毕竟李义府劣迹斑斑，树敌甚多，在官在民，对他的愤怒都达到极点。武媚娘知道已经无能为力，觉得李义府罪行累累，罪大恶极，如果再为他力保，可能还会祸延自身，因此她为保自己，也就撒手不管了。审讯结果下来，数罪并罚，每一条罪状都证据确凿。这年夏天，李义府被除名，流放嶲州（今四川省西昌市），几个儿子和女婿要么流放到振州（今海南省三亚市），要么流放到庭州（今新疆奇台县），从此天南海北，各自一方，一家人再想相见，只能等来世了。李义府不久即死于流放地，凄惨冷落，落得可耻结局。

一脚把李义府踢到偏远的嶲州，高宗总算出了一口恶气，心里很是舒坦。高宗明知，李义府的张狂和武媚娘对他的偏护、纵容不无关系，高宗心中自然对她有些看法。李义府的倒台对初涉政坛的武媚娘来说是一个重大打击，李义府原是她的羽翼，帮她上台为后，助她击垮反对派长孙无忌集团，现在李义府倒台被贬，她深感有折翼之痛。原本她居于深宫之中，许敬宗、李义府左右二相可就近掌控，一旦李治发病还可代行部分君权。李义府掌握中书出旨权，许敬宗掌握门下封驳权，旨意便可畅通无阻地顺利发布。现在随着李义府的倒台，便缺失了重要一环，这个双簧戏就再难演下去了。

李义府事件是唐高宗和武媚娘为争夺权力而进行的斗争第一回合较量，这一回合武媚娘输了，输得很惨，说不出口，只能忍在心头隐隐作痛。可是，更大的打击还在后面呢。

【批】

李义府是武媚娘豢养的一条恶狗。没有李义府的效力，武媚娘上不了台。没有李义府的诬陷，长孙无忌等元老重臣不会遭冤受害，拥武派不会获得很大权势，武媚娘不会放肆张狂、在获得无上权威时杀害了许多忠臣良将。这正所谓乌龟靠王八，苍蝇靠烂腿，同恶相济，狼狈为奸。李义府恃宠而骄，横行不法，被流放而死，也算是恶有恶报吧！

【第十章】保后位冤杀上官仪

一、笼络敬宗

李义府被贬逐对野心勃勃、权欲狂极强的武媚娘是个沉重打击。她知道，高宗是在借此削弱她的势力。然而争强好胜的武媚娘并不就此罢休，停止前进的脚步，这反而激起她不屈的斗志，骄傲不驯、永不服输的强烈个性促使她继续走下去，一点一点地费尽心机重新构筑起自己新的城堡。她身居后宫，和外廷直接交往机会不多，她需要多方建立自己的营垒，以防不测，同时有利于她问鼎朝政。她看清楚了李治和她之间已经出现了不明显的裂痕，改元龙朔、选拔新人、审处李义府等许多大事都未和她商量，而贬黜李义府可以说是直接冲她而来的。现在朝廷涌现一大批担任要职的官员，都是李治亲自点选的，他们都是李治的心腹。环顾左右，自己的有力助手、心腹李义府被撵走了，唯一可以依靠的只有许敬宗了。许敬宗也是高宗所信赖的人，他年岁大、资格老、从政经验丰富，六十八岁才拜相，曾是李治做太子时的老师，因而他得以知西台事（即中书省）掌握门下封驳权，并以太子少师的身份监控东宫。为了凝聚力量，掌控朝政，以利今后向政坛发展，武媚娘频频召见许敬宗，视为心腹，商谈朝廷与国家大事。许敬宗是个聪明人，他看出皇上体弱多病，虽然时而临朝听政、发布训示、巡视各方、运筹方略，但看得出皇上多种疾病缠身，日趋恶化，他心里明白，皇上恐来日无多了。他窥知武媚娘的政治野心，一旦皇上驾崩，太子年幼，武媚娘必然独揽皇权，掌控朝政，自己的前程将取决于武媚娘。他何不乘此时皇上和皇后都对他非常信任的时候多多与武媚娘拉近距离呢。对武媚娘来讲，许敬宗是她最放心得下、完全可以依靠的人，不管怎么说，许敬宗总比以前到处惹事给她找麻烦的李义府强过许多倍。而今许敬宗身为两朝重臣，位高权重，一言九鼎，朝臣谁

敢不尊。在武媚娘的操控下，许敬宗成了她在李义府离朝后最得力的助手和心腹。她对许敬宗的收买取得了良好效果。后面提到的高帝接受宰相上官仪废黜皇后的建议，而命上官仪写下废后诏书，被武媚娘及时发觉，在责问、威逼高宗后，把上官仪交由许敬宗从严审处、诛杀上官仪的事，就是麟德年间许敬宗竭力为武媚娘效命的一个典型事例。

二、抚悯儿女

武媚娘安排好外廷，又忙料理家中儿女的事。龙朔二年（662 年），武媚娘生下小儿子李旦，年底即封为殷王。武媚娘此时已是四个孩子的母亲。她想把自己几个孩子都安排妥当，有较高官职、封号，这才有利于她的后位的巩固。高宗也很喜爱这几个孩子，自然没有什么异议，长子代王弘已是太子，次子沛王贤封为扬州大都督，周王显封为并州大都督，就连襁褓中的殷王也遥领冀州大都督。隔了两年，麟德元年，又把三岁的旦封为单于大都督。由此可见，武媚娘当时非常关爱自己几个孩子，和日后女煞星的形象截然不同。武媚娘通过关怀几个孩子的怀柔办法，无形中拉近了她和几个孩子与李治之间的距离。此时她已四十一岁了，从二十三岁她在侍奉先帝药膳时暗中勾引太子李治成奸算起，十八年过去了。韶光易逝，华年不再，当年卑微轻贱的小才人，已成为大唐帝国最尊贵的皇后。她是温柔可亲的，但在历练中她变得冷酷无情，谁想阻挡她的去路都没有好下场，不是惨遭贬逐，就是横遭残杀，甚至灭门灭族。读者千万不要以为，她嗜杀成性的心性已有所改变、收敛了。不，她丝毫没有退步、敛性，只是未到时机，没有选中目标，她时刻处于待机而发的神经质状态。

此时她精神恍惚，想起了十年前被她掐死的小公主。多么天真、活泼、可爱的小公主啊，你是否知道，你的母亲已因你付出了沉痛、血腥代价而赢得了入主后宫、母仪天下的辉煌胜利。可能是出自她内心的愧痛、自疚吧，武媚娘觉得自己需要在这方面做作一番，掩人耳目，以凸显她的慈祥与母爱。这年三月，她为小公主举行了隆重的迁葬仪式，由禁中的德业寺迁葬至朱雀门东的崇敬寺，并正式追封为安定公主，谥为思。《旧唐书》说："丁卯，长女追封为安定公主，谥曰思，其卤薄鼓吹及供葬所须，并如亲王之制，于德业寺迁于崇敬寺。"这个谥号"思"字是颇耐人寻味的。按照谥法，追悔前过曰思。这个谥号，寄托了母亲怎样的心情，外人无从得知，但从所用礼仪之尊可见她思女之深。她深思什么？这个灭绝人性、无比凶残的母亲史书有记，生性残忍，以后还要继续残忍杀害和虐待几个儿子，她根本就是一个披着人皮的吃人的母狼！她装模作样移葬、祭奠、封谥，世人都知是惺惺作态、欲盖弥彰，她为争夺后位、攀登权贵而亲手掐死亲生女儿小公主的人性泯灭的凶残恶母名声，是永远洗刷不掉的！实际上她对残杀小公主毫无忏悔之心，她多高兴啊，小公主之死助她登上了至高无上的后位，小小婴儿之死已在她内心中定格为完美，她并且将在这条完美的道路上走下去，以后又继续将亲生儿子杀戮打压不断，以利她攀登上和永恒地占据皇权宝座中最至尊的帝王之位。

史书中提到小公主是长女，可能当时已有次女，就是当朝和历史上大名鼎鼎的太平公主。史书未写明太平公主出身年月，按她永隆二年（681 年）嫁给薛绍时计算，当时她至少已是十四五岁年纪。武媚娘龙朔二年生旦，那么一两年后的麟德元年可能就是太平公主出生之时。后面写太平公主时将有所提及和专门叙写。

三、厌胜事件

人常说：“世事无常。”武媚娘安葬小公主并经高宗赐号安定公主，原想今后可以安定，但事实却并非如此。因为残杀王后萧妃后，武媚娘疑心生暗鬼，老觉宫中闹鬼，有时在睡梦中，有时白天一人独坐时，仿佛经常看见王后萧妃披发沥血狰狞恐怖地出现在眼前。为避免鬼祟，便在内宫东面建了一座蓬莱宫居住。工程浩大，是由京师附近十五省征来的十五万民工建筑的，耗资巨万，文武百官奉令捐献一月的俸饷，补足建筑的经费。新宫之兴建，是好让武媚娘离开旧宫，因为旧宫闹鬼，但旧宫的冤魂似乎随武媚娘来到了新宫，因为新宫与旧宫连接着，鬼到新宫来还不容易吗。武媚娘便与一个叫郭行真的道士密切交往，让他频繁出入宫禁，设坛作法，求神避鬼。这种令人怀疑的举动数夜相连。高宗经常卧病，头晕目眩，不知武媚娘在干什么。武媚娘与郭行真夜间在一起活动是何取意，谁也无法知道。据说，除去武媚娘，任谁也不能走近，否则冤鬼便不肯离去，非得断绝人迹、万籁无声才行。武媚娘连夜和道士密居室内，由太监王伏胜奏明高宗。高宗一听大怒。与道士连夜相聚就不像话，求男巫和术士在宫中作法就是大罪，何况王伏胜告称是行厌胜之术呢。厌胜这个罪名很重，属十恶不赦的重罪，任谁有再高的权位和后台，沾上这个罪名都必死无疑。大家很熟悉的当年武媚娘扳倒王皇后就曾给安过这个罪，不料风水轮流转，而今轮到她品尝被人告发厌胜的滋味了。这一告发使她很难堪，即或是别人诬告，把一个道士招进宫里作法请神弄鬼也太不像话啊。武媚娘生性刚强，意志坚定，如果不是遇到用现实手段无法解决的事，她是决不会出此下策，乞灵于神鬼之助的。

说来这个道士的名字人们并不陌生。显庆元年初，就是他奉唐高宗和武皇后之命，代表皇帝皇后赴泰山祭祀，为帝后二人行道祈福，并在泰山上立了一块双石并立如鸳鸯并栖的异形石碑，后人都称之为泰山鸳鸯碑。他有功于朝廷，出入宫廷，唐高宗和武媚娘都和他有正常交往，并没有什么奇怪。而且麟德元年他还挂着散朝大夫骑都尉的官衔供职于东宫，时常为体弱多病的太子弘诊病医治，因此他出入禁中纯属正常。不过世异时移，高宗因李义府事件对武媚娘很是不满，又加上有新欢贺兰氏在侧，于是与武媚娘有了隔膜，他在接到王伏胜的密报后，勃然大怒，立刻要对此事严加查处。

厌胜肯定是事实，不然王伏胜不敢贸然上报，高宗也不会因此发怒。那么，人们就奇怪了，武媚娘为什么要厌胜？厌胜的对象是谁呢？这问题史料中无记载，人们对它有三种猜测：一、厌胜对象是高宗。认为武媚娘已滋生更大野心，因此想诅咒高宗早死，以利其提前接班。但现实是高宗是她的依靠和幸福所在，她不可能咒死丈夫。且朝中大臣都是高宗亲自提拔的人，这些人不可能拥护武媚娘提前接班。二、厌胜对象是武媚娘小外甥女贺兰氏，高宗对贺兰氏特别宠爱，武媚娘心生嫉妒，因此诅咒她早死。武媚娘是妒恨贺兰氏，但她觉得还没有到下手的时候，这事到后面就一目了然了。三、厌胜的对象是王皇后和萧淑妃的鬼魂，因为她们阴魂常搅得武媚娘心神不安，但武媚娘心知自己冤孽太重，王萧冤魂是难以用法术驱走的。

这个事情的真相，应该从举报人王伏胜身上去找。因为这事太反常了，武媚娘在后宫密布情报网，如今自己却被人监视了，这可不寻常呀。进一步想，在后宫，谁敢派人监视皇后并进行举报呢？只有皇帝，所谓武媚娘和道士厌胜纯属捏造，策划人就是皇上唐高宗。这事让人想起来有些不寒而栗，恩爱夫妻之间怎么会搞说谎欺诈的事呢？对此，历来多认为是武媚娘揽权过甚引致高宗不满而发。据《资治通鉴》记载：“（武氏）及得志，专作威福，上欲有所为，动为后所制，上不胜其忿。有道士郭行真，出入禁中，尝为厌胜之术，宦者王伏胜发之。”史书都认真记下武媚娘请道士行厌胜之术了，这事就绝对是真的了。武媚娘揽权过多，皇上处处受节制，必然有所反应。于是高宗借助宦官，给武媚娘安了这样一个罪名。高宗认为自己处处受控制，夫妻间摩擦日深，已到难以调和的地步，于是产生愤怒和废后的念头，王伏胜的告发不过是一个导火线而已。

四、冤杀上官

麟德元年（664 年）高宗接到王伏胜的密报之后，究竟怎么处理，心里还拿不定主意。要在以前，他肯定去咨询皇后，可这次被告对象就是皇后，当然不好去找她。他只好找到新任的宰相上官仪，请他来商量此事。上官仪是进士出身，太宗朝时，上官仪就是太宗近臣，资历较老，文才出众，是刚刚上任不久的宰相。上官仪奉诏进入御书房，见皇上愁眉苦脸，不住唉声叹气，就说：“万岁，召微臣入宫有何旨意？”高宗叹口气说：“上官大人哪，朕活得太难了。”上官仪说：“万岁一国之君，富有四海，怎会如此忧愁？”高宗叹口气说：“宦官王伏胜举报，武皇后与道士郭行真搞厌胜，这还了得，朕甚愤怒。皇后平时骄横专恣，为所欲为，全不把朕放在眼里，因此十分气闷！”上官仪说：“既如此，皇上总不能听皇后胡作非为，她对万岁不恭，万岁可以废了她！”这话振聋发聩，如在皇上面前拨亮了一盏明灯，高宗立即说：“对，废了她，爱卿，代朕拟旨。”上官仪本是文章高手，书写这样的圣旨，还不是易如反掌，转眼间就已将圣旨拟好，呈送到皇上面前：“万岁，请御览。”高宗看后，文笔生动有力，用词精确得体，将武皇后种种劣迹及厌胜罪行，尽行公诸天下，废后之说，论说雄辩有力，当即赞称道：“写得好，果是大手笔。待明日早晨，朕即颁旨诏告天下。”

武媚娘宫中密布眼线，这事她很快就知道了。这里上官仪前脚刚走，武媚娘后脚就跟进来了。她不声不响地问：“皇上，一个人在欣赏何人大作呀？”高宗吓了一跳：“不，没什么。”回头见武媚娘死死盯着御案上的圣旨，他赶紧遮盖。但已来不及了，武媚娘打开他的手，说：“万岁，不要藏了，妾妃已全然收入眼中。”李治只得说：“爱妃既已看见，也就不瞒你了。明日朝堂之上，朕要诏告天下。”武媚娘咄咄逼人地问：“要废我的皇后？”高宗说：“正是。”武媚娘杏眼圆睁地说：“有何理由？臣妾有何失德之事？有何非礼之举？这旨不能发。”高宗说：“你身为皇后，有失后德，暗搞厌胜，诅咒朕身，藐视皇上，擅自妄为！”武媚娘发起媚惑攻势，说：“想圣上与妾身自先帝时一见钟情，妾妃在感业寺为圣上守节，得蒙万岁召还入宫，你我夫妻何等恩爱，妾妃为陛下诞有几多龙种，怎么说废就废呢？若废了这一大批小孩怎么办呀？”高宗听到这里，怔了一下，废了武皇后，五个皇儿皇女怎么办呀？武媚娘见皇上开始迟疑了，便又说：“妾妃明白，万岁是受了别人的蛊惑，方出此下策的。”李治为了推卸责任，吐出了一句话：“我初无此心，皆上官仪教我。”这话说得也太丧良心了。好汉做事好汉当。明明是你李治把上官仪找来商量废后的事的，怎能拿他人当替罪羊呢，这未免太卑鄙了！这事史书上有记载：“帝乃悔，又恐后怨恚，乃曰：‘上官仪教我。’后由是深恶仪。”武媚娘气呼呼离去，李治一个人站在那里半天回不过神来。

废后一事，《新唐书》和《资治通鉴》都明载是上官仪主动提出废后的。“上大怒，诏与西台侍郎、同东西台三品上官仪议之。仪因言：‘皇后专恣，海内所不与，请废之。’上意亦以为然。”此为《资治通鉴》麟德元年（664年）条，《新唐书》记载与此相似，此说源于唐人笔记《大唐新语》，被普遍认为可信度极高。但二者皆未谈及高宗召上官仪入宫即有废后之意。而厌胜之说颇为悬疑，按武媚娘当时皇后的地位实在没有必要诅咒哪个人，王后萧妃已死，更无诅咒必要，可能只是疑惑之说。但“上大怒”、“皇后专恣”的文字也的确表明李治对武媚娘的专横为非行为是很反感的，皇上“大怒”、皇后“专恣”触发李治产生废后之念也合乎常情。但李治见了武媚娘却把责任推卸到上官仪身上，如此没心没肝，狡猾善变，昧心出卖忠良，做得太露骨、太令人切齿痛恨了！但从这一方面也表明，李治确实是个拿不定主张、见了老婆就惊慌无主、牢牢受武媚娘控制的人。他以前去冷宫探望被废的王皇后、萧淑妃当面答应设法放她们二人出去，转身回宫见武媚娘匆匆赶来，就马上改口下诏处死王、萧二人，如此反复无常、翻脸比翻书还快，实在令人深恶痛绝。这次翻脸出卖上官仪不过是前次一转身就食言、翻脸狠心害死王、萧二人的丑恶表演的翻版而已。

这里有必要了解一下上官仪的出身和为人。上官仪何许人也？他就是武媚娘日后赏识、恩宠的著名才女、名满天下上官婉儿的父亲。上官仪名门出身，文才出众，名噪一时，是初唐建立科举制度后通过科举考试选拔出来的精英人才，也是唐朝培养出来的第一代科举出身的宰相，这一点非常具有典型性、重要性。他是唐代宰相中颇值得一提的人物。唐朝从上官仪开始，宰相温文尔雅的士大夫气质开始形成，贞观时期只重实效的实干型逐渐淡出历史舞台。在宰相群中他的文才、诗名出类拔萃，比起许敬宗有过之无不及。从日后倾倒朝野的才女上官婉儿身上，我们也可窥见上官仪当年的文才与风采。上官仪名如其人，仪态风雅，文采斐然，五言诗绮丽婉约，时称“上官体”，在中国文学史上居有一席之地。有一首他的诗流传很广，叫作《入朝洛堤步月》：“脉脉广山流，驱马历长洲。雀飞三月曙，蝉噪野风秋。”从这首诗中人们仿佛亲眼见到仙风道骨的上官仪昂然骑在高头大马上袍袖飘飘地疾驰在辽阔山川原野上的生动感人形象。这形象太帅、太令人神往，真叫人灵动叫绝啊。李治是一位儒雅风流皇帝，文学艺术造诣很深，特别喜欢收揽出众人才，上官仪奇特高尚的文风诗韵对李治太有吸引力了。因受到李治特别赏识，上官仪仕途一帆风顺，青云直上。高宗对亲近重用这样的人物没有丝毫犹豫，在他仕途升迁上一路大开绿灯，顺畅无阻，先是任命他为西台侍郎，然后使他一路青云直上而官至宰相，权倾朝野，信任有加，并被特许可以随意进出宫禁，专掌诰命，成为继许敬宗之后唯一一位享受此殊荣的大臣。

上官仪是典型的文人丞相。他的特性是心地单纯，恃才傲物，并对某些原则有点死心眼。他是读书人出身，对儒家经典学说很是认可，对女人参政颇为反感，认为牝鸡司晨，家国不祥。正因为心地单纯，对皇廷内部情况及皇帝夫妻关系不甚了然，故不知在帝后发生矛盾时该如何表态；同时正因为恃才傲物，觉得自己什么都懂，不知事情轻重利害，故易于轻率发表意见，而不去考虑后果。这样的心性就使得上官仪像炮筒子一样，容易直率发表意见，因此他就直统统把废后的主张提出来了。这当中还有一个内在因素，即上官仪深受皇帝倚重，视为心腹，他不把别人（譬如许敬宗等人）找来，偏把他找来谈皇后的事，隐有厌恶、排斥皇后之意，他对皇帝特别看重、与他倾谈心中烦恼之事，心中有一种荣幸、感戴之感，因而就迎合皇帝心意说出自己的主张，把皇帝说不出口的主张摆到桌面上来了。还有一点，即他既为官宦，已荣任皇帝最亲信的宰相，颇受高宗器重，引为亲信，他更“恃才任势”，想“独持国政”，并想有进一步升迁重用的机会，百尺竿头，更进一步。而唯一可阻他前进的乃是他所鄙夷、看不惯的老臣、同朝宰相许敬宗，而许敬宗的强硬后台就是武后。他当时提出废后意见是否有趁机拆许敬宗后台的念头，就不得而知了。不过，按实来说，如果皇帝李治话语中不含有废后之意，他上官仪纵然有天大的胆也不敢正式向皇帝提出废后的主张来。高宗当时正对武媚娘满怀怨气，没有办法，心情沉重，经上官仪这么一提，他的火和冲动劲就激起来了。是呀，武媚娘飞扬跋扈、无法无天，不把他放在眼里，只有除掉她才是唯一办法啊。所以，上官仪这么一说，高宗本来没有明确目标的心，一下子坚定起来了，立刻命令上官仪草拟废后诏书。在封建王朝皇帝说的话是金口玉言，自古说“天子无戏言”，高宗命拟废后诏书的话既已出口，上官仪哪有不遵从的啊，所以，上官仪草拟废后诏书是当面接受皇帝的口谕而写的，皇帝的口谕等同圣旨，任何人都必须遵奉执行。因此，上官仪当面接受高宗皇帝口头旨意而立即挥毫写就废后诏书，就写诏书本身来说没有丝毫过错，君命如山，谁敢不遵，他完全是被动的，奉旨行事的，责任完全不在他身上，而完全在当今皇帝高宗身上。高宗受不住皇后责诘忙撂挑子把责任全推到上官仪身上的行为是非常卑鄙可耻的。但多数学者认为，文质彬彬的高宗，性格本有冲动的一面，身体虚弱却要亲征高丽就是明证。他对武媚娘的骄横行为有所反感也是事实，天长日久，积怨太深，突然爆发出来，便有废后之意，加上上官仪附和上意，高宗心意愈益坚定，才令上官仪草诏废后。没有皇上的旨意，上官仪是断然不敢在皇上面前写此废后诏书的。以武后召道士入宫厌胜作为废后突破口，绝对是高宗的主意，上官仪再恃才傲物、任性而为也没有这个胆量做出这么大的诬陷皇后的事情。

武媚娘接到情报后，心急火燎急速来到高宗面前，看到的是一张木然的有些惊慌失措的面孔时，她心中平静了。武媚娘展开媚态柔情攻势，一下子就把高宗满腔怒火冲得烟消云散。是啊，废掉她理由不足，她又是几个孩子的母亲，太子和还在牙牙学语的几个小儿女没有母亲照应那怎么办啊。一旦任性废后，随之而来的就是太子之位不保，国本动摇，牵涉太大。于是，出

现了戏剧性的一幕："帝乃悔，又恐后怨恚。乃曰：'上官仪教我'。后由是深恶仪。"高宗软弱无用，反复无常，背着老婆发狠，见了老婆就怕，废后本是他的主意，如今却推到上官仪身上，把上官仪作为平息娇妻怒气的替罪羊，这太窝囊、缺德了。当上官仪察知武媚娘已气呼呼找皇上论理时，已料到，厄运正向他大步迫近。

武媚娘离开高宗后立即找到许敬宗，面授机宜，要他立即行动诬告上官仪、王伏胜串通废太子忠谋反，除掉上官仪。许敬宗与上官仪不和，觉得以文才杰出著称的上官仪有碍自己在朝威望，早就想扳倒他。这下机会来了，立即上表以上官仪、王伏胜曾事废太子忠为由，指责他们勾结谋叛作乱，应按律处斩。结果是很悲惨的：谋反案定下来以后，上官仪与宦官王伏胜即下狱论斩，可怜仪子庭芝，也随父处死，又复株连了好几十人。女儿婉儿尚在襁褓之中随母入宫为婢。还有几个朝臣也倒霉被牵连进去受灾，一个是曾做过宰相中书令的因拍李义府马屁而被贬黜的薛元超，为了想尽办法回朝又猛拍上官仪的马屁，这回又因此遭灾再次被贬往嵩州；另一些人则是竭力逢迎上官仪的刘祥道等人均因此纷纷落马。史书说："右相刘祥道坐与仪善，罢政事，为司礼太伯，左肃机郑钦泰等朝士流贬者甚众，皆坐与仪交通故也。"郭行真长流爱州（今越南清化），家产充公，一众门生弟子也受到牵连。高宗怕得罪武媚娘，也不管什么父子恩情，一道旨意，将废太子忠赐死。

五、太子赐死

废太子李忠被赐死，十分悲惨可怜。他至死都不知道自己怎么会被赐死的。废后风波和宰相上官仪以谋反罪被处死，这都与他无关啊。说上官仪与王伏胜串通废太子忠阴谋为逆，这根本是风马牛不相及的事。上官仪曾在太子忠府内为咨议参军，宦官王伏胜与他曾共同服侍太子忠。但自李忠被废为庶人后，囚居在黔州，上官仪、王伏胜早已离开他并永远割断了联系。在这种情况下，上官仪、王伏胜怎么可能与远在黔州的废太子忠共同谋反呢？这不明摆着是欲加之罪，何患无辞吗？

说起来废太子忠的身世和遭遇堪可怜悯。他本是李治与刘宫人生的儿子，刘宫人没有身份，只能独自抚养，李治也难于处置。李忠生于贞观十七年（643年），是高宗李治的长子。他的生母出身很低，王皇后无子，便收养他为养子，以利于今后稳定自己的后位。他成为皇后养子，就被封为太子。到永徽六年，李忠已十四岁了，十四岁的孩子已经明白很多事情，由于生在帝王家，政治方面更容易早熟。他见养母王皇后被废，随后又惨死，很惶恐，主动上疏要求辞职，正好此时许敬宗秉承武媚娘旨意，上疏要求废掉太子忠，立武媚娘长子弘为太子。于是当天就废掉太子李忠，改封他为梁王，派他出任梁州都督。显庆四年(659年)四月，在武媚娘指使下许敬宗构陷长孙无忌、褚遂良、韩瑗等朝廷重臣阴谋勾串梁王忠谋反，长孙无忌等均遭贬黜残杀，梁王李忠顺带被牵连出来，于当年七月被废为庶人，安置监禁于黔州贞观朝废太子承乾病故的地方，也是长孙无忌被赐死自缢的处所，先后惨死两个皇朝重要人物，房屋处处显得阴气森森，令人恐怖，再加上终日因防人刺杀精神恍惚，惊惶不安，这就简直不是人过的日子了，比坐牢房的日子还难受。这样的日子他度日如年地熬过了数年，现在因上官仪事件被赐死，总算得到了安息、解脱。不过，他死得实在冤枉、不明不白啊！这个可怜虫本来就昼夜恐怖，经常求巫向卜，祈求平安，终于得到了平安。身为王子，不能当众处死，奉旨自缢而亡。死时才二十二岁。

在李忠被贬废期间还有个插曲。显庆五年（660年）高宗和武媚娘游山玩水回来后不久，有个叫阿刘的服侍李忠的妇人专程到京城告密，说李忠行为不轨，经调查属实，于是梁王被废为庶人，监禁于黔州。阿刘这个人，怎么看都像是专门派去监视梁王的人。但《黜梁王忠为庶人诏》中有这样的话："朕初见此言，疑生怨谤，故遣御史大夫及中书官属相监推鞫，证见非虚。然其地则人臣，亲则人子，怀奸匿怨，一至于斯。擢论罪，良非所喻，考之大义，应从极罚。皇后情在哀矜，兴言垂涕，再三陈情，特希全宥。朕戚属之中，频亏国典，缅维前载，匪往兹子，属怀于此，犹生愧叹，特宜屈法，降为庶人。"可从中看出那时武媚娘还是曾为李忠求情免予惩处的，但既派阿刘随身监视，此种怜悯不过是惺惺作态、以掩人耳目罢了。说来也是讽刺，当年起草《黜梁王忠为庶人诏》的正是上官仪。现在两个人倒莫名其妙地成了同党的冤死鬼，他们若地下相会，真不知说什么好。在这件冤杀案当中，最可恶的倒不是武媚娘与许敬宗，他们本来是狐群狗党、狼狈为奸的同一路货色，空口无凭、毫无根据地诬陷上官仪、王伏胜与李忠阴谋叛逆，目的是推行他们的一箭双雕之举：一方面除掉了妄图废后的上官仪，另一方面又除了废太子李忠可能待机而发的潜在威胁。最可恨可恼的是高宗李治，出尔反尔，翻脸无情，出卖、陷害忠良，并非常残忍地以赐死为名逼杀自己的亲生长子废太子李忠！我们到此已看清楚，李治和武媚娘、许敬宗一样，也不是人，他们为了共同利益和权欲，都是凶残无比的吃人不吐骨头的野兽！于此我们也可看出，显庆五年武媚娘在高宗面前为李忠求情纯属矫揉造作，不是别人，正是她是一心一意欲置李忠于死地而后快的心肠歹毒无比的女人！

【批】

这部分突出写了一代文杰、名相上官仪被冤杀的事。厌胜、废后均是高宗的主意，召见上官仪商议并令写废后诏书，都属高宗主动行为。然而武媚娘一来，他就慌了神没主张了，立即昧着良心出卖了上官仪。他作为皇帝如此窝囊、怕老婆、反复无常，是历代皇朝所少见的。上官仪、王伏胜与废太子忠谋反案毫无事实根据，明显是诬陷，高宗竟然同意此案成立，下诏赐死亲生儿子忠，冤杀上官仪父子，足见他丧失人性，翻脸无情已到极点。完全可以说，没有李治的软弱畏妻、昏庸无能与无耻善变，便没有武媚娘的恣意疯狂、专横嚣张以至日后篡夺帝位的情事发生。

唐书酷吏传中未列入许敬宗，然而他实际上是酷吏元老，在唐朝历史上第一个运用酷刑肆行罗织谋反罪名，诬陷谋杀忠良，长孙无忌谋反案、上官仪谋反案和冤杀废太子忠案都是明显例证。也可以这么说，没有许敬宗丧尽天良、无耻专横为武媚娘效力，便不会出现武氏日后扩张权势、临朝听政以至篡唐立周的荒唐闹剧。以后的著名酷吏侯思止、周兴、来俊臣等人不过是许敬忠的徒子徒孙而已。

【第十一章】成二圣泰山大封禅

一、全权掌控

高宗现在已无能为力，羽翼都被剪除了。武媚娘并不是把大权抢去的，大权是从高宗手里轻轻滑落的。在朝议的时候，高宗遇事不能决断，甚至于弄得茫然摸不着边际，这时武媚娘对当行当断之事表示明确的意见，这算是她的过错吗？她渐渐参加朝政，与群臣议事，意见表得条理清楚，结论下得坚定不移。在这种情况下，高宗知道群臣和她的意见日趋一致，对她的指示都遵命办理。现在再没有长孙无忌、褚遂良、韩瑗、来济遇事劝阻、坚持己见的人，朝政自然进行得很顺利，不过是过于顺利了。朝廷上“联合一致”，没有提出异议的声音，无须制伏不肯妥协的人，没有一个人向武后说声“不”，她实际上已成全权掌控的一朝之主了。

黑暗腐败的政治是互相交融的。武媚娘之所以能大权独揽、恣意而为，是因为她有一批走狗为她效忠，上梁不正下梁歪，这帮走狗也自得其乐。许敬宗、李义府、袁公瑜，还有另外一些人，共同结成死党，通力合作。这一狐群狗党贪污腐败、唯利是图、抢人田户、夺人妻子，只是不直接犯上作乱而已。而李义府的巧取豪夺，尤为远近闻名。他母亲死后，出丧时送殡的行列竟达数十里之长。这样又有什么关系呢？皇后要对她唯命是从的人有权有势、富贵荣华。

高宗三十二岁时，越发衰弱多病，朝廷情形也越发不可收拾。从高宗永徽五年，他就时患头晕，并有风湿关节炎，不断地头疼、背疼、腿疼。两年之后，又两臂麻木、时病时愈。常常不能在朝廷接见群臣，即使坐朝，精神也不能专注。皇帝的精力日亏，皇后之势日壮。可以说，没有高宗的懦弱多病，便没有武媚娘的大权独揽，权势熏天。

不仅朝廷上是这样，家庭生活也是如此。在家庭里，高宗身为皇帝，拥有众多后宫佳丽妃嫔，却抑郁寡欢，日子过得非常寂寞。有的人是生而贤德，有的人是被迫之下，勉强过着贤德的生活。高宗虽有四妃、九昭仪、九婕妤、四美人、五才人、八十一御妻，在武氏嫉妒之下，有这些女人又有什么用处？只要是记得以前王皇后和萧淑妃的悲惨命运的，谁肯冒生命之险去亲近皇帝或与皇帝同榻呢？这就是为什么武媚娘一得权之后，高宗的孩子都是武媚娘所生的原因。这种情形对帝王来说的确是异乎常情。太宗有十四个皇子，由十个母亲所生，另外有二十一个公主；高祖有二十二个皇子，十九个公主。由此可以看出，高宗的婚姻生活也被武媚娘全权掌控，仿佛被武媚娘洗涤得干干净净，纯属规规矩矩的一夫一妻制，就如同他不是皇帝一样。武媚娘认为女人太多会损害皇帝的健康。这种制度必须改革，于是就改革了。皇妃、昭仪、婕妤、才人、美人都取消了。但是帝王之尊，后宫之内必须有不少的妇女；帝王的生活不能像一个和尚，不能像一个叫花子，否则要被王公笑话。武媚娘挖空心思，对妃嫔职务上另予规定，成为辅佐圣德的女官。为了提高武媚娘所谓的道德，她创立了一个新制度，嫔妃的数目当然是削减，将皇妃改为一人，名收“襄德”，官居一品；二品者四人，名叫“劝义”。官名堂皇而雅正，而这几个女官，都要劝导皇帝，要使皇帝居德及义，不要越轨为非。其他各宫女也各有所司。卧房婢女的任务，是照顾衣橱、登记礼品、传达命令、跑零碎差事等等。这样一来，宫廷之中，仁义道德之风为之一振，而皇帝享乐的私生活却荡涤得一干二净。高宗在皇族弟兄、亲王眼中，成了一个可怜虫。

武媚娘时时在活动，没有片刻稍停，真是把高宗折磨得厉害。在高宗龙朔二年二月四日，武媚娘把文武百官的官衔多有更改，其实并无明显之理由。过了八年，又改回旧名。这样，至少她自己觉得是在有所作为。她经常改动高宗的年号。例如新宫中的朝议大厅含元殿落成的时候，她又把高宗的年号改了一次。据说孔圣人降生的时候，曾有灵兽麒麟出现。这次有人看见了御膳房抛弃的一个鹿趾，奏称大概是麟趾。武媚娘相信那一定是麟趾，于是把高宗时的龙朔年号又改成麟德。把皇帝的年号一改再改，令人计算年代非常不便。可是这种情形竟然愈演愈烈。这是因为武媚娘喜欢发号施令，一时心血来潮，便颁布旨意。有时在一年之中，她把皇帝的年号改变两次，所以那一年就有三个年号。比如说，武后甲申年就是。综观她一生所更改的年号，总计有三十三个之多，真是皇朝女人中反复无常轻举妄动的奇闻。

二、垂帘听政

人人都知道清代的慈禧曾垂帘听政多年，把小皇帝搁在一边，独揽朝政，弄得清朝政权混乱腐败不堪。但很少人知道，唐高宗时的武媚娘也搞过垂帘听政。麟德元年（664 年），武媚娘在诛杀上官仪、坐稳皇后宝座以后，便开始垂帘听政，从幕后走到前台。与慈禧不同的是，她垂帘听政的旁边坐的不是小皇帝，而是她的丈夫高宗。她为什么要垂帘听政，又是怎样垂帘听政的呢？

这得从前面所讲的上官仪事件谈起。武媚娘在显庆五年（660 年）以后因常代患病的高宗临朝听政，权力增长，恣意行事，引起高宗不满。高宗因此和宰相上官仪商议对策，最后君臣决定废掉武后。此事虽经武媚娘反应迅速果断而流产了，但武媚娘内心却受到极大震撼：纵然贵为皇后，荣辱废立仍然系于君王手中。她费劲思量：怎样才能使自己的生命和权位更有保障呢？按照平常人的想法，既然皇帝掌控生杀予夺大权，那就奉承讨好皇帝吧；既然皇帝不喜欢皇后参政，那就退回后宫不过问朝政吧。可武媚娘不是一个驯服、安分的人，她已尝到皇权的甜头，她决不愿放弃已经掌握的权力，退缩不是她的性格，她已在皇权争夺中屡战屡胜，贪欲和权欲已使她无法停止她奋勇向前攫取胜利果实的脚步。她认为，皇帝对她有些看法和矛盾，那是正常现象，从整个家庭和大局来看，皇帝还是很喜欢、信任她，并且离不开她的。废后风波的发生，那不怪皇帝，是不是宰相的问题呢？那也不是。宰相受儒家教育，对于女人干政是很敏感和不满的。可是仔细想想，宰相对她再有意见甚至有反感，要是没有皇帝的支持，单凭宰相能把她武媚娘皇后推翻吗？那绝不可能！那么，问题的症结在哪里呢？武媚娘搜索枯肠，觉得废后问题是宰相和皇帝互相交往上产生的问题，宰相的不满再加上皇帝的权威，酿成大祸，差点把她从皇后这个位置上赶下去。找到了病源，再对症下药就容易了。她必须利用自己已经掌握的权威，努力制止皇帝和大臣间的单独联系，一句话，就是必须严密控制高宗！那么，怎样才能做到这一点呢？她想到一个唯一有效的办法：垂帘听政，二圣临朝，把皇帝随时随地掌控在自己视线之内，不让任何大臣有单独与皇帝联系的机会。这是她从废后事件中得到的深刻教训和宝贵经验，也是她今后阔步走入政坛大显身手、大展宏图的前进阶梯和良好契机。

麟德元年（664 年），高宗的废后念头刚打消，废太子忠和耿直大臣上官仪刚被处死，他心里还没有平静下来，武媚娘就找他谈话了。她说：“圣上是个明君，但您有个弱点：耳软心活，拿不定主意，容易受人撺掇。您哪是想真正废掉我呀，但是经不起上官仪一调唆，心就活动了，差点把我废掉。这事若真的发生了，那该造成多大伤害啊！为了不再发生这样的不测事件，今后我陪着您上朝，大臣无论对您说什么，妾身都能帮您分析，这样就不会有失误了。”她这话是直截了当明确提出了和高宗一起临朝听政，确保帝后和睦，朝政顺行，倒是有些说服力的。高宗是个糊涂蛋，他哪知道武媚娘的心机啊，听了觉得有道理，自己此刻心里正懊恼废后事件，虽说把责任都推到上官仪身上去，但也洗不干净自己，因为自己已经下旨要上官仪草拟废后诏书了啊，这不明摆是自己同意废后吗？他心里正充满悔恨和不安，不知怎样向爱妻赔罪才好呢。高宗软弱无能，常在重大问题上不辨是非，听人摆布，随波逐流。经过这次事件的处理，他没有看清武媚娘巧言令色、残杀无辜，反而错误地把武媚娘视为自己最贤德的妻子、最亲切的姐姐、最能干的参谋，他很驯服地接受了武媚娘的要求，同意了她提出的建议。据《资治通鉴》记载："自是上每视事，则后垂帘于后，政无大小，皆与闻之。天下大权，悉归中宫。黜陟杀生，决于其口，天子拱手而已，中外谓之'二圣'。"垂帘听政，二圣临朝，这真是奇闻怪事，太背悖皇朝政纲了。唐朝人本来称天子为圣人，现在又冒出一个皇后圣人，"黜陟杀生，决于其口，天子拱手而已"，贬升生杀大权完全取决于皇后，天子虽在面前只是个木偶、摆设，听任武媚娘摆布，这真是李唐皇朝怪事。李治真是个无用的东西，原先找借口要废皇后的是他，现在受皇后控制的也是他，古今中外，找不到如此昏庸、无用的皇帝！从此以后，朝廷的一举一动、一言一行，都在武则天的严密掌握之中，高宗王朝变成武媚娘王朝了。武媚娘由母仪天下变成君临天下的梦想成真了。这"二圣"的称呼，完全是武媚娘指使亲信、宠臣、高宗王朝最大的奸臣许敬宗谄媚制造出来的。这是大唐皇朝历史上最污垢、羞耻的一笔。

武媚娘垂帘听政、二圣临朝，直接获得了四个明显好处：一、监视皇帝、朝臣，使任何大臣都无法在皇帝面前对她说三道四；二、武媚娘临朝听政训政已成制度化，无论皇帝生病与否，她都可堂而皇之临朝执政；三、无论政局怎样，任何人都不能也不敢忽视身居后位的武媚娘的权威与作用；四、朝臣已惯于对她这个雄强的女人俯首称臣，尊称她为圣主，这为她扩张权力野心、向皇权巅峰冲击、最终成为女皇和灭唐立周做好了充分演练和准备。

三、泰山封禅

麟德二年（665 年），武媚娘历经垂帘听政、二圣临朝，已在朝臣面前确立了和高宗并尊并事事由她决断的最高皇权地位，但她是个贪欲无限、永不满足的人，她又动了心思，想大出风头，要进一步在天下臣民面前彰显自己无上权威。她以前已经从亲蚕之礼、衣锦还乡与礼遇父老乡亲中尝到了公开进行礼仪活动的甜头，这次她野心更大了，她要把以前主要是针对内外命妇和父老乡亲的权力彰显进一步扩大到全天下臣民面前。她想干什么？她要去泰山举行封禅大典。高宗是她的驯服工具，自然言听计从，同意赴泰山封禅。

武媚娘在上表中引经据典说按照礼仪后妃应该参与封禅大典，言辞委婉，有理有据，很得高宗赞赏，同意带后妃到泰山封禅。当即下诏令许敬宗订定奠献仪制，计划举行封禅大典时皇上初献，皇后亚献，越国太后燕氏终献。废稿秸陶匏，用茵褥罍爵，文舞用功成庆善乐，武舞用神功破阵乐。仪制已定，即下诏东禅，定洛阳宫为东都，先偕太妃皇后等赴洛阳，再休息数天，方由东都启程。

到底泰山封禅是怎么回事呢？封泰山是一个帝王最为浮夸的举动。其庄严炫耀之盛，宗教含义之深，远出其他典礼之上，仪式隆重，耗费甚巨，但为帝王对神明最虔诚之举，历代明主贤君多遵行此种典礼。其中具有神秘之义、圣灵之旨，借此使凡世之君与宇宙之神祇，得以相接、相通。再进一步说，皇帝的封泰山，也可以表示皇帝盛德之隆，配得上尊崇上天之神。在祭典中，皇帝以四海清平，万民安乐，敬告上苍，并对上苍嘉祐，恭致谢忱。

封禅是一种古代帝王祭祀天地神祇的最隆重的仪式，封为祭天，禅为祭地。这个礼仪是先秦时代齐鲁地区的方士和儒生开始举行的，目的是祈求天地神祇保佑国泰民安。但那时规模较小，仪式简单，影响不大。自从秦始皇统一天下后，秦始皇为显示自己天下一统、国泰民安、功垂千秋的辉煌业绩，特地举行泰山封禅，并将它列为国家第一级的典礼，因而秦始皇也就成了第一位到泰山封禅的皇帝。古代人们认为泰山是天下最高的山，在泰山之巅天子祭祀天地时可与神灵对话，祈求庇佑，从而充分显示皇权的威严、天子的威风，能起到宣扬太平盛世功业、慑服天下臣民的作用。秦始皇到泰山封禅，曾命丞相李斯书写小篆体字颂扬秦始皇统一天下的伟大功业，刻石立碑以作纪念。自秦始皇泰山封禅之后，西汉武帝、东汉光武帝也举行过泰山封禅大典。为什么封禅大典的帝王如此之少呢，因为到泰山举行封禅大典必须在国家统一、天下太平、万民安居乐业且有雄厚国力之时举行，并非可以轻易举行的。唐太宗取得贞观之治的成就后，曾有过封禅之议，终因国力不足和局势有变而未能举行。李治此时疆域辽阔，经济繁荣，物阜民丰，具备封禅条件。据史书记载："是时频岁丰稔，米斗至五钱，豆麦不列于市。议者以为古者帝王封禅，未有若斯之盛者也。"加上武媚娘要借封禅在全国人面前大显风光，彰显自己的地位和威望，以利今后进一步扩大、强化其勃勃野心，蒙在鼓里、唯命是从的高宗就同意爱妻主张举行泰山封禅大典了。而刘祥道、刘仁轨等当朝新贵也想借此弘扬皇威，巩固自己在皇朝中的地位。于是，泰山封禅热火朝天地进行准备和举行了。

但携带后妃泰山封禅却有一个难题摆在面前，封禅作为国家最高级典礼，本没有皇后的事，就是参加顶多是随行人员，难以正式参与典礼。本来封禅分为两部分内容：一是祭天，一是祭地，祭天是祭祀昊天上帝的封礼，祭地

是祭祀皇地祇的禅礼，都是由皇帝首先献上祭品，称为初献，然后再由公卿接着祭献，称作亚献。这是历朝历代的传统。可是武媚娘要改造这个传统，推陈出新。据《大唐新语》记载，她向高宗说，禅礼为祭地之仪，由太后配享，彰显后土之德，也就是后妃的坤德，这样的典礼让公卿亚献非常不妥，皇太后是先皇贤内助，男女、内外有别，怎么能让外朝大臣来祭祀呢？我现备位后宫，祭祀婆婆是我的本分啊。武媚娘为了坚持她作为皇后应当参加泰山封禅祭地之礼，曾特地给高宗写了一个奏折，说："登山拜祭之礼，由来已久，于古有征。惟揆其祭仪，尚未臻于尽善。伏惟祭地之义，所以祭先代之皇后，而以男子大臣行其礼，臣妾愚见，实先代之虑而未周也。尊崇天地之理，实源于男女之别；如以经典为归，当严内外之首。祭地之坛其形方，献纳之职宜为女。男子在前，则先后之灵却步，神不宠临，则圣祭之义何托？臣妾荣居后位，进膳祭以待先人，愚衷拳拳，调美味于鼎鼎。孝养之心，无忘乎方寸，敬祖之诚，当于见祭典。鸣呼！不克承欢笑于生时，何敢忽祭祀于亡后？是以居常夜不成寐，五内难安，望天默祷，先灵见宥。伏望封禅之礼中，允妾率领宫妃，参与献祭，以敬以诚，恪尽妇道。庶乎臣妾孝行，树楷模于来兹，灯烛微火，增光辉于日月。"武媚娘在这里摆出了一副"恪尽妇道"以恭"祭先代之皇后"的孝妇姿态，振振有词，理由充分，且她此时早已制伏了高宗，高宗早已处处听她摆布，自然只得遵从她的意见，同意让她参加祭地之礼了。这里把她这段奏文陈述出来，也是为了为后文备个案，武媚娘在此文中口口声声要当李唐皇朝"孝养之心，无意乎方寸"的孝妇，可她后来为争夺皇权帝位决定废去唐朝的宗庙、断绝唐室祖先的血食，并把李唐王朝祖先的后代诛杀殆尽，充分暴露出她无比凶残的恶妇面貌，与此文相对照，岂不是绝大讽刺么？

武后身材高大，高宗瘦小枯干。在五月，许敬宗和司空李勣奉旨筹备封禅大典。高宗知道武媚娘喜爱张扬、夸耀、热闹，喜爱辉煌的游行和隆重的仪礼，而这些在封禅大典里则无不具备，可是从心底说，高宗自己却怕这次迢迢长途至为劳人的旅行、典礼，要离家六个月，在这漫漫悠长的半年当中，他再享受不到公暇闲居的宁静。若按他本心，他宁愿安居在家，和美丽快乐的小情人魏国夫人共同消磨恬静的甜蜜时光呢。

武媚娘建议，在她作为皇后参加祭祀大典时，可让宫人手牵扯锦绣大帷遮盖，以示回避。高宗认为这个建议可行，就以刘祥道代表公卿，武媚娘代表后妃，参与泰山封禅大典。武媚娘为感谢自己的表姐、越国太妃燕氏对自己进宫多方帮助、照顾，经征得高宗同意也让燕氏参与终献。这样一来，这次泰山封禅一改向来不允许女人参与封禅大典的旧制。因武媚娘参与封禅大典改变旧制，在皇帝首献后由皇后亚献，最后由燕氏代表诸王太妃终献，从而使武媚娘的皇后权威得以充分彰显、扩大。据史载，对武媚娘入宫后各方面起直接影响的，是她的表姐、十三岁即进入秦王府后庭累升至德妃的燕氏。燕氏的母亲和武则天的母亲是堂姐妹，因此她们的关系要亲密得多。这是她在宫中除巢王妃杨氏外最亲近的外戚，可以经常见面、商谈各种事情。传说这位燕妃自小就是一位过目不忘的天才神童，因才慧而被召入宫中，十三岁即开始的宫廷生活练就的城府、智慧和风范对于武媚娘自然会有不小的影响。当然，武媚娘的手段、心计和作风更多的是在宫廷阅历和斗争中自己磨炼出来的，但近亲燕氏与她经常磋商、研讨无疑会对她在宫中磨炼、成长和超越产生不小的作用。得到过燕氏不少支持和帮助，所以武媚娘对她极为尊敬。所以，此次泰山封禅，武媚娘坚持要让自己在内宫中的贴心外戚和得力助手，当时已是越国太妃的燕氏与她共同主持终献，参与这个国家最高级别的异常宏大隆重的祭祀大典，这对燕氏可谓荣宠已极。燕氏去世之后，武媚娘极为哀痛，令寺观为她度二十七良人，更为她造佛陀像两尊，亲笔制铭绣于座下，给予这位表姐极高的礼遇和敬意。

麟德二年（665年）十二月十二日，一切仪式都已安排妥当后，高宗和武媚娘率领大队人马从东都洛阳浩浩荡荡向泰山出发了。随从皇帝车驾的文臣武将、六宫妃嫔、护卫士兵和仪仗队伍，还有北方的突厥、西域的于阗、中亚的波斯（今伊朗）、南亚的天竺（今印度）、东邻倭国（今日本）和今朝鲜半岛上的高丽、新罗、百济等地区和国家首领与他们的随从，几万人的队伍，加上无数的帐篷帷幕和马牛羊驼，绵延几百里路，沿途休息整顿，一直走了两个月，才到达泰山脚下。大唐帝国的赫赫声威得到充分体现。

据《旧唐书》记载，李治和武媚娘等大队人马于腊月下旬到达齐州（今山东省济南市），在此处住了十天，于除夕那天，从齐州到泰山，中途经过佛教圣地灵岩寺，于次年正月初二开始封禅祭祀活动。唐高宗车驾过寿张县时，听说当地张公艺九世同居，历朝都有旌表褒扬，李治、武媚娘亲往访问。李治问他为何能九世同居？张公艺当即书写一百个“忍”字呈上。李治称赞不已，赐给缣帛百匹。旋即进抵社首山下，驻驾过年。到了元旦这一天，登泰山封禅，由高宗祭祀昊天上帝。次日祭泰山，又次日禅社首，祭祀地祇。仪式所有的歌舞人员都由后宫组成，一片轻歌曼舞，整个泰山花团锦簇。祭祀皇地祇特别热闹。高宗初献完毕之后，执事尽行退下，宦官在山路旁设立锦绣制成的帷帐，辉煌灿烂，武媚娘率领后宫登坛亚献。此时一些大臣站在帷幕外面，窃窃私议，不断嘲笑，意思是说从古至今还没见过皇后也来参加封禅祭典呢。可武媚娘不在乎，她觉得自己是有史以来唯一主持亚献的皇后，尽显皇后的威风，在全天下树立了和皇帝并尊的地位，有谁能做得到啊，她对此十分自信自豪。最后太妃燕氏终献，又换了一种帷帘，便没有武媚娘刚

才的威风。从来不允许女人参与的泰山封禅大典，从此一改旧制，以皇后为亚献，诸王妃为终献，皇后的地位得到进一步的巩固和提高。各处祭祀完毕，就将祭文封入玉牒，藏入石匣。同时，在山顶建立了高宗封禅纪念碑。为了笼络人心，武媚娘又建议高宗给文武百官晋爵加阶，即对三品以上官员赐爵，四品以下官员加阶，大大提升官员的官位和俸禄。成千上百官员因此受惠，他们自然对武媚娘感恩戴德，实际上是拿皇朝官阶俸禄为她收买人心，是她参加泰山封禅树立自己权威声望，扩大自己权力影响的一个有机组成部分。

高宗李治在泰山封禅后举行了盛大的国宴，并亲自在国宴上发表炫耀自己功业的演说。宴会结束以后，高宗下令改元年号为乾封，大赦天下，并在泰山附近建立三所僧寺，三所道观。僧寺分别名为封恋、非烟、重轮；道观分别名为紫去、仙鹤、万岁。他还命令山上山下三处祭坛分别命名为舞鹤台、万岁台、景云台。各事完毕，李治及武媚娘一行于乾封元年（666 年）正月二十日离开泰山。返经曲阜，谒孔子家祠，赠官太师。再经亳州，谒老君庙（即老子），尊老君为“太上元元皇帝”。好容易到了初夏，方回到京城。

当然，李治、武媚娘在泰山封禅期间常去参观显庆年间道士郭行真代表皇帝皇后赴泰山祭祀，为帝后二人行道祈福，并刻的一块双石并立、如鸳鸯并栖的异形石碑，即流传至今的泰山鸳鸯碑。虽然当初立碑人郭行真已因厌胜案遭贬，但这碑还是很有纪念价值的。双碑并束，亲密结合，是李治和武媚娘永不分离、亲密相处的爱情的象征，多看看它，会有无限柔情蜜意的快慰之感。她想将来登上皇帝宝座，需要天下臣民知道有这座标志她与李治亲密爱情的鸳鸯碑作为她向帝位进军的有力支撑。

这里需要谈一下太宗与武媚娘对泰山封禅的看法，从中可看出两人思想品质的迥然不同。太宗贞观五年和六年，群臣以华夏一统、四海升平，曾先后两度请太宗封禅，太宗不肯。太宗对众臣说：“照我看来，如果百姓安居乐业，衣食丰足，虽不封泰山，也不失为一个有道明君。设若天下混乱，百姓遭受战乱之苦，贫困无以为生，虽然举行封禅大典，也不足以粉饰太平。晋武帝统一中国后，自己心满意足，趾高气扬，曾举行封禅大典，但在人心目之中，他仍是一个无道昏君。汉文帝不肯行封禅之礼，也不失为贤明之主。《礼记》上曾说过：扫净庭院，即可祷告，此心虔诚，何须供坛？我何必登高山祷告，封数尺之土呢?”太宗的话的确寓有至理。武媚娘比起太宗来，相差十万八千里。武媚娘要争夺皇权，要夸张、炫耀，不顾国计民生，她扼死亲生女儿、残杀王后萧妃，信用权奸许敬宗、李义府，铲除刚正忠臣长孙无忌、褚遂良、韩瑗、来济、柳奭、上官仪，后面还要叙及她屠杀许多骨肉至亲和大批忠臣良将、王公贵族，品质极其凶残恶劣。她鼓动高宗去泰山封禅，她能虔诚禀告上苍什么？像她这样恶毒心肠之妇女，有什么资格告祭皇天后土?

若论伟大，二人都有，太宗之伟大具有道德之崇高价值，而武媚娘罪恶之伟大，却不比寻常，令人切齿痛恨。

四、妒杀情敌

封禅让武媚娘在天下臣民面前出尽了风头，赢得了皇朝最尊贵显赫的权威，为她下一步争夺皇权、帝位打下了坚实基础。令人想象不到的是，这次封禅还给她带来另一个重大收获——一石二鸟，一举消灭了她的小情敌、她姐姐的女儿贺兰氏魏国夫人和两个昔日曾欺侮过她母女的堂哥武惟良和武怀远。这是怎么回事呢？

武媚娘有个姐姐，生得十分美丽温柔，嫁给出身“鼎门贵族”的贺兰越石为妻。贺兰越石早死，给俏丽风流的寡妇留下一对漂亮得出奇的儿女。儿子贺兰敏之成为长安出名的美少年，女儿贺兰氏也有倾国倾城貌，史载她很“有国色”。武媚娘当了皇后以后，把姐姐接到身边，封其为韩国夫人，后来风流的姐姐不守规矩，和李治勾搭上了。次数多了，李治又喜欢上了她身边的亭亭玉立的少女贺兰氏，并封为魏国夫人。这天生国色、娇小风流的魏国夫人，素秉家传，不管什么老小，但蒙君王宠爱，也乐得移花接木，抱衾承恩。武媚娘明明知道，也许她不愿让人说自己是个妒妇，她未予干涉、吵闹。不过，韩国夫人不久就消失了，史书上查不到具体记载，民间一直流传是被武媚娘毒死的，但无确切证据。据蔡东藩《唐史演义》讲：“（武氏）暗地放下毒药，竟将韩国夫人鸩死”；林语堂《武则天传》说：“高宗的新宠魏国夫人突然中毒而死，症状如当年她母亲韩国夫人死时一样”，不知何所依据。武媚娘凶残成性，这是有可能的。她鸩死外甥女贺兰氏魏国夫人一事便有史料可证。原来，魏国夫人自恃年轻貌美，不知天高地厚，她觉得自己十几岁的花季少女的娇容媚态，不比武媚娘那张老脸好看？她认为有本事把高宗俘虏到自己的石榴裙下。高宗对这个小美人也很动心，打算正式纳她为妃，但碍于武媚娘的威严，一直没好意思开口，而武媚娘看不惯贺兰氏也不是一天两天的了，正在暗中设法除掉她呢。

高宗、武媚娘泰山封禅，许多远近酋长、外国元首与友人也来参与此盛事。武媚娘的两个堂兄弟武惟良和武怀远也来了，因前次家宴时武媚娘的哥哥武惟良说话顶撞了已经是一品夫人的杨夫人，而被贬为始州刺史，兄弟武怀远被贬为淄州刺史，此时高宗正迷恋着娇滴滴的魏国夫人，小外甥女魏国夫人依仗自己年轻漂亮，正与武媚娘争宠呢。武媚娘早就要除掉魏国夫人这个小情敌了，只是一时找不到机会下手。现今武惟良、武怀远也奉诏到泰山来了，封禅完毕，又和高宗一起回到京师。武氏兄弟二人为了缓和与武媚娘

的关系，特地带点土特产送给武媚娘。武媚娘一想机会来了。接到献食之后，灵机一动，立刻派人邀请魏国夫人贺兰氏。她暗中在食品中下了毒，然后对外甥女说："这是咱们娘家送来的东西，一块儿吃吧。"说罢先自咬了一口自己手上的食品，这食品没有下毒，贺兰氏才十几岁，她哪知道亲姨娘会玩心计害她啊，就张开嘴吃了几口。谁知道，才一会儿，就喊肚痛，脸色大变，七窍流血，倒地而亡。史书称：惟良、怀远"从至京师，惟良等献食，后密置毒醢中，使魏国食之，暴卒。"武媚娘早把手中的食物扔掉了。魏国夫人暴毙而亡，高宗闻讯赶忙跑来，抱着尸体痛哭。高宗忙追查原因，武媚娘说是吃了武惟良和武怀远送来的食物死的。可怜武惟良、武怀远两个人浑身是嘴也说不清，这食物的确是他们送的，何况以前又和皇后有过不愉快的事，原想杀皇后结果却误杀了魏国夫人是完全可能的。只要稍有头脑就可分析，武惟良、武怀远这两个小人物哪有胆子害皇后啊，但是武媚娘急于寻找替罪羊，立刻将武惟良、武怀远抓来，摆出满怀气愤的样子，大骂一通，未经审讯就立即将二人处死。在消灭了这两个亲属的肉体之后，武媚娘觉得还不解恨，说武惟良、武怀远不配姓武，你们是蛇蝎心肠，就把你们改姓蝮蛇的蝮，从精神上再给予侮辱。他们的妻女被征入宫中为奴。其中，武惟良的大嫂善氏下场最惨。这个女人虽然姓善，可是并不善良，当年对待杨夫人母女最坏。这次她也被没入掖庭，落入杨夫人母女手中，杨夫人念及当年在她手中过活的艰难，不禁怒从心上起，怂恿女儿武媚娘命人将她打得皮开肉绽而死，史称"荣国令后以他事束棘鞭之，肉尽见骨而死"。尽情发泄了心头之恨！这真可谓一箭双雕，既除去了心中妒恨的小情敌，又彻底报了昔日被虐之仇。武媚娘的两个异母兄弟元庆和元爽，前已被贬外放，元庆到任不久就死了，元爽虽活着这次也遭了殃，也被牵连被贬到更远的振州（今海南省），不久就因经不起折磨而死在当地。

高宗李治有才无智，昏头昏脑，一直不知道他心爱的韩国夫人、魏国夫人是如何死去的。经过宫里宫外的一番努力，武媚娘进一步站稳了脚跟。现在，宫里面已经没有了情敌，高宗身边已经再没有妨碍武媚娘的女人，后宫完完全全在她掌控之中，高宗今后只能一心贯彻一夫一妻制、服服帖帖亲近和依靠自己了。时至今日，她已基本上把本家人调教得差不多了，不把她放在眼里、敢与她较量的亲戚们都已不在人世，剩下的小辈已不足为虑，没有人可对她构成障碍与威胁。外廷大臣经过垂帘听政、二圣临朝和泰山封禅，都已敬畏武媚娘的权威，对她参政不敢公开表示异议或反对。特别是经过这次泰山封禅，已在全国臣民中树立了崇高形象，威风八面，任何人不敢侵犯。长孙无忌、上官仪等人前车可鉴。如果有人胆敢侵犯她，绝对没有好下场！此刻她的政治地位真可谓巍峨挺立、稳如泰山了。

五、避位闹剧

自古道："水满则溢，月盈则亏。"咸亨元年（670年）高宗王朝和武媚娘同时出现了一些危机。这一年，高宗派常胜将军薛仁贵讨伐吐蕃，招致全军覆没。吐蕃乘胜派兵东进，领土扩张到今天的青海，威胁京都和大唐帝国安全。东北部朝鲜半岛的军事形势也很不利，宿敌高丽和百济原已被派兵征服，但因行政失误，激起当地百姓不满，叛乱不断，原来归顺唐朝的新罗趁机扩张势力范围，已显现出即将统一朝鲜半岛的态势。隋唐两朝皇帝忙了几十年连连东征，好不容易获取的胜利果实即将毁于一旦，这是在疆域和外交方面的失落。在内政方面，也再现危机，是年天下大旱，关中饥馑，朝廷不得不下诏让百姓到处逃荒谋食，因关中无粮，朝廷也准备东迁洛阳以解决吃饭问题。俗话说："民以食为天。"老百姓没饭吃，这问题可太大了。

恰在此时，武媚娘个人也遇到了麻烦。首先，在朝廷里，她的得力助手、心腹大臣许敬宗退休了。许敬宗是为武媚娘效力最得心应手的干将，多亏他以莫须有的谋反罪诛灭了以长孙无忌为首的元老重臣，又多亏他诬蔑陷害上官仪、王伏胜与废太子忠谋反致死，使武媚娘稳坐皇后宝座而无后顾之忧。在朝廷上，他是首席宰辅大臣，一切皇帝诏书都必经他手，权倾朝野，一言九鼎，朝臣个个胆寒敬畏。武媚娘之所以能如此威风，在垂帘听政、二圣临朝、泰山封禅中频频出场显威，一切的一切都离不开奸佞大臣许敬宗的拥护和支持。可以说，没有许敬宗，就没有武媚娘辉煌威严的今天，更没有武媚娘以后正式临朝听政和废唐立周、窃踞帝位十多年施行酷虐政治的凶蛮荒唐情况发生。和武媚娘一样，许敬宗是真真正正、实实在在的千古罪人啊！可是，武媚娘感到很可悲的是，许敬宗七十多岁，年老体衰，干不动了，必须退休。他这一退休，武媚娘对宰相集团的控制能力就下降了许多，这是继李义府贬死之后对武则天的又一重大打击。过去许敬宗、李义府为左右二相、一个掌草诏出旨，一个掌批转下达，牢牢控制皇权行政中枢。如今一贬一退，对野心勃勃的武媚娘来讲，这打击有多大啊！新提拔的宰相大都是皇帝自己选定提升的，他们无疑都倾向皇帝。许敬宗一走，武媚娘一下子面临朝中无人的困境。随着许敬宗的退休，朝廷中的气氛发生了微妙变化，长孙无忌的父亲长孙晟的庙被整修一新，朝廷未予干预，显示出原来在废王立武问题上反武派势力重新抬头的趋势。俗话说："屋漏更遭连夜雨，船迟偏遇顶头风。"偏在这时，她家庭又出了问题，武媚娘在亲情上遭遇了人生的痛楚，她的母亲杨夫人去世了。杨夫人活了九十二岁，人生难免一死，她活到这岁数算不错了。可是，这让武媚娘失去了一个有力的臂膀。从武媚娘入宫以来的经历

中可以看出，杨夫人是她的重要支持者。在废王立武的关键时刻，她住在外宅，经常向武媚娘传递情报，出谋划策，在二圣临朝时她也费尽心机沟通许敬宗力挺武媚娘垂帘听政。她的能量和手腕，让李治都很欣赏，武媚娘则更受惠良多，铭感五内。现在，左膀右臂都失了，武媚娘有一种沉重的忧思和失落感，加上国家面临困境，李治烦躁不安，无法与她倾心交谈，更使武媚娘陷入了迷茫境地。中国古代有天人感应的传统思想，国家发生水旱、地震等自然灾害，就意味着统治者失德，皇帝往往会通过休兵、免役、减膳、撤乐等方式表示自责。现在军事失利、天下大旱，皇朝统治者自然应当有所反应。原本对武媚娘心怀不满的政治势力开始蠢蠢欲动，新提拔的大臣冷静观察。不少人攻击武媚娘，说国家不幸和灾难是因为皇后专权造成的，外廷议论纷纷。面对各种压力，武媚娘经过深思，做出一个惊人之举——要求避位，以答天谴！

这是个不得了的事情，武媚娘一辈子都在拼搏、厮杀、争取前进，并且无往而不胜，她怎么会突然向后退、畏缩不前呢？避位的意思就是不当皇后。她真的有所忏悔、退位不当皇后以避天谴人怨，为大唐王朝消灾祈福吗？不，这不是真的，这是她的阴谋诡计，以图进一步巩固自己的地位。这叫做瞒天过海、掩耳盗铃！她又一次向不中用的糊涂皇帝李治施展温柔与强悍并举的政治政势了。

为什么这么说呢？这表现在下列三方面：一、武媚娘已经荣登皇家权位高峰，垂帘听政，成为临朝听政的二圣之一，满朝皆知，天下尽晓，又经过泰山朝圣，全朝大臣、后宫妃嫔、各地长官、番邦首领及随行人员展开几百里长的浩荡壮观的行进队伍，惊动沿途州县百姓以至天下臣民，跋涉两个月才登临泰山之巅举行旷古未有的有皇后参与亚献的泰山封禅祭祀大典，其中最为闪光耀眼的威权无限的人物表面上是高宗李治，实际上人人心里都明白是突出尽显了二圣之一的皇后武媚娘的无尚威仪。这么一个顶尖显要的大唐皇后，已上告天地，名播四海，能说下台就下台吗？果真下台岂不是天大笑话吗？这是现实明摆着绝不可能做到的事。二、从表面看，她对李治表示，虽然我和您合称二圣，但您是皇帝，我在您领导之下，如果您觉得我不好，您就惩罚我吧，摆出一副柔情万态、小鸟依人的样子。同时，这也摆出了武媚娘的威权态势。什么态势？武媚娘这一退位等于诏告天下她武媚娘是作为国家领导人的身份而承受天谴、引咎退位的。这无异向天下人宣示，我是国家领导人，这个国家是在我领导之下，兵败、天谴应由我这个国家领导人承担责任，这不是一下子把高宗李治搁到一边去了吗？这种要求使李治陷入非常难堪、尴尬的局面，因为一旦接受武媚娘请辞皇后位的申请，就等于肯定武媚娘是国家最高领导人，肯定国家是在她领导之下，我这高宗皇帝还成什么皇帝呢？武媚娘知道，通过这样柔情与强权相结合的进攻，她稳操胜券，李治绝对不会接受她的申请。三、政治权势惯性和内宫生活状况绝不可能让武媚娘退位。此时，二圣临朝已经持续了六年，如果从显庆年高宗生病、武媚娘协理朝政算起，武媚娘参政已有十年之久。高宗已经习惯她为自己操劳干政、出谋划策，他现在已离不开这个亲姐姐似的好军师、好妻子为他协力辅政了。再说，自己经常患病，宫中再无旁人可亲可靠，一旦病倒，一帮儿女要人照应，皇后要是撂了挑子那该怎么办啊。因此，此退位申请绝对不能接受。

武媚娘正是充分考虑到以上三方面因素，所以才大胆提出退位请求的。实际上她是以退为进，试验一下李治，看他表现如何。她大权在握，不怕他李治能翻过自己手掌心。果然，引退辞呈一送上去，就迅即遭到李治拒绝。不仅如此，他还安慰武媚娘，把杨夫人的葬礼办得风风光光，让天下人看看，我们团结一心，有信心、有决心战胜一切困难，迎接光明的明天。高宗还辍朝三日，以显示对杨夫人逝世的悲痛。他还亲手给杨夫人书写墓碑并让文武百官和内外命妇到杨夫人的宅子里去吊丧，而且亲自把杨夫人的灵柩一直送到墓地。接着，又封杨夫人为鲁国太夫人，谥号忠烈。忠烈这个谥号通常是给对皇朝尽忠效命的男性大臣的，给杨夫人谥号忠烈是皇朝对杨夫人的最高褒奖，这相当于把杨夫人视同股肱大臣了，这荣耀多显赫、高尚啊！

就这样，武媚娘以退为进，演出一场退位闹剧，化解了危机，成功地站稳了阵脚，提升了自身威望，为她进一步向前发展、攫取更大皇权开拓了宽畅、光明的大道。这个权欲心无止境、野心无限大的阴险凶恶女人，又在谋划她的新花招了。

【批】

本章以垂帘听政、泰山封禅为中心，凸显武媚娘在攫取皇权、张扬威仪方面的丑恶表演。武媚娘虽在奏章中宣称要对李唐王朝祖先克尽孝妇之职，但内心已在谋算如何彻底消灭李唐王朝了，她有心机、有耐性，正在一步步向她要篡夺大唐最高皇权的目标迈进。在昏庸、怯懦的高宗纵容下，没有任何人可以阻止她前进的脚步。

【第十二章】
升天后媚娘施心计

一、培植亲信

武媚娘虽掌控高宗，高宗处处唯命是从，但她深知，在男权社会，皇帝的意志是至高无上、决定一切的。因此她必须小心谨慎，委曲求全，处处仿效高宗心愿、意图行事。辅政初期，武媚娘事事以高宗为重，实行紧跟政策。高宗主张以孝治天下，武媚娘便促使僧尼、道士都须参拜父母。李唐王朝崇尚道教，以老子李聃为李唐王朝祖先，武后便手抄《道德经》，以示虔诚道教。这些作为都给足高宗面子，使他很感心情舒坦，觉得皇后真是他情投意合、志同道合的好伴侣、好帮手，深感心满意足。

高宗后期，世风日渐奢靡，尤其是女服，花样经常翻新，追求靡丽、豪华，女裙至少得用六幅布，讲究的则要七八幅，更注意色彩鲜艳，极一时新潮服装风行之盛。对此，高宗亲自下诏，倡导节俭，减少奢靡。武媚娘立刻响应，特地制作和穿着七破间裙以推行节俭之风。破是指褶皱，褶皱越多越费布，武媚娘为表示支持高宗穿着俭朴之风，把按规定皇后应穿十三褶的裙子改成只有七个褶的裙子。她这一带头，民间女服崇尚靡丽之风逐渐冷淡。高宗见此特予褒奖，在一道诏书中说："天后我之匹敌，常著七破间裙，岂不知更有靡丽服饰、务遵节俭也。"这显示李治对武媚娘带头响应他的号召的欣喜与满意。

但以上做法只是武媚娘的权宜之计，她实际上是以委曲求全、讨皇上欢心的方法来寻求自己的权力扩张的天地。武媚娘绝不是一个一味向皇帝讨好献媚的角色，她是在借机窥测方向寻找自己更大的发展空间。当时唐朝在和吐蕃的战争中失利，国土缩小，边防危急，促使高宗不得不把注意力放到对外事务方面。裴行俭、刘仁轨等大臣先后受诏出征。此时朝中众宰相无一人是她亲信。如果没有高官支持，她纵有“二圣”之名和参政议政之权，也难以全盘掌控政局。昔日六位重要亲信，许敬宗老病退休，李义府、崔义玄等亡故，当日构陷裴行检、逼杀长孙无忌的袁公瑜又落入裴行俭手下当差。同时，她此时又没有一名外戚掌握朝中实权，因此她深感势孤力单，一切权力均来自皇帝。于是她瞅准皇帝正一心对外和裴行俭等大臣出征之际，加紧进行活动，以壮大自己在朝廷上的势力。她趁皇上专注外事不上朝堂，凭借“二圣”之名发号施令，打破官员须凭考试进阶的制度，“文武官三品以上赐爵一等，四品官以下加阶”，开创了泛阶局面。泛阶一开，高级官员人数增加，整个官僚队伍中补充进来大批寒门之士，改变了先前高门勋爵结构。此举对武媚娘而言有百利而无一害。成百上千的人因这一政策而受惠，得以享受高官厚禄，他们自然对武后感恩戴德。在培植亲信、收买人心方面，武媚娘赢得了漂亮的一仗。

二、自尊天后

在中国古代，按常规一个男人能得到的最高名号是皇帝，一个女人能得到的最高名号是皇后。可是，野心勃勃的武媚娘竟然想出别的办法来使自己获得一个更高贵的尊号，让皇帝在改称自己为天皇的同时也让她尊称为天后。这可是古今从未有过的事。这是她自作主张想出来的一个自尊自贵的名号。

麟德六年（664年）武媚娘与李治并称二圣共同临朝听政后，武媚娘对朝中一切大小事情都有了过问权。李治虽在她前面，但一切朝政都听凭武媚娘决断，“天下大权、悉归中宫”就有力证明了这一点。武媚娘是个权欲极大的女人，一旦尝到帝王权威的甜头决不放弃，她哪有心思甘做二圣之一啊，她要向更高皇家权位冲击。前面说她要退让皇后之位吗？那纯是做作、骗人的，只有昏庸的李治会上她的当，以为她真要退位，竭力劝留她，让她消除退位之念。其实她根本不想退位，而是一心睥睨皇位，想攀上皇位高峰。李治自从泰山封禅回朝以后，由于旅途、登山、封禅疲劳过度，身体状况每况愈下，经常卧床不起，不能上朝听政，许多国家大事只得交付武媚娘统筹处理。武媚机灵过人，也阴险过人，她趁李治病重时聚敛皇权，积累自己的政治力量。此时的二圣，由于李治常卧床不起不能听政，朝堂上实际只剩下一圣，那就是独圣武媚娘。由于二圣临朝已有多年，大小朝政悉由武媚娘决断，朝臣已习惯向她俯伏称臣、听其宣旨，虽有些大臣不是她的亲信，但也听她指挥，晓得这个女人阴险、厉害，一般不敢公然拂逆她的旨意。此时，武媚娘的威望已经相当高，但从来不满现状、循规蹈规的武媚娘又玩出新花样来了。

上元元年（674年），武媚娘撺掇高宗以孝顺的名义把祖宗封个遍。她对高宗说："我们是以孝治天下，可我们对祖宗的孝顺还远远不够，祖宗建立那么多丰功伟绩，都没有在他们的名号中显现出来。这可不够孝敬的啊。妾臣建议要给列位祖宗足以符合他们功业的尊号。我们可以追尊唐高祖为神尧皇帝，他的皇后窦氏为太穆神皇后；追尊唐太宗为文武圣皇帝，长孙皇后为文德圣皇后；我们不能和祖宗使用同样的称呼，我们得避讳！圣上您可以改称天皇，我可以改称天后，你看如何？"这哪里是尊奉祖宗啊，分明是借尊敬祖宗为名，把自己无限拔高嘛。天后的"天"对武媚娘意味深长，她是很会玩弄文字游戏的，这个"天"字现在就意味着天命，还意味着武媚娘是天的配偶，是天命所归、比德于天、受命于天、与天相齐。世界上谁能比德于天、与天相齐啊？只有帝王！可见她的政治野心又膨胀了，她想当皇上了，只是没有说出口而已。武媚娘与高宗合称二圣已有十年，距离当皇后将近二十年，二十年来，她步步高升，上了三个台阶，现在，台阶的顶端已隐约可见，那就是皇帝的至尊宝座了。原来，她杀戮无数，包括她的亲生女儿小公主、托孤重臣长孙无忌、新任宰相上官仪等人，她的最终目的就是为了要登上皇帝至尊宝座啊！她就是有着这样野蛮、疯狂、血腥心性追逐最高皇位的女人，一个世上罕见的残暴透顶、每个细胞都浸透权欲狂和杀人狂的恶妇！在这里，武媚娘利用高宗妄自尊大、喜欢张扬的心理，先把他推到天皇的位置，让他无限陶醉、痴迷，根本无暇去窥测武媚娘的潜在野心，她的主张很快获得了高宗的赞许与同意，立即颁诏称李治为天皇、武媚娘为天后，进一步提升了武媚娘在皇朝中的地位，扩张了她的政治野心！由于天后的尊号是武媚娘提出来征得李治同意而下诏宣布的，并且由于李治从此病重不能视朝而常由武媚娘独自亲政，所以天后这个尊号乃是武媚娘自编自导、自尊自贵加在自己身上的自我褒扬的极度狂妄自大的尊号。从天后这个尊号上，我们可以窥见武媚娘在饱尝权力的滋味后的兴奋与疯狂！她要等同于天，与天相齐了。

三、牵制朝臣

武媚娘广读经书，文笔流畅，喜欢吟诗作文。前面提到她在感业寺中削发为尼时写的那首调情、相思诗《如意娘》，把一个失恋女子柔肠寸断、情意缠绵的心情写得栩栩如生、十分生动感人，便是她诗意才情的生动流露。她再次入宫后还在做昭仪的时候写过一篇《女诫》，延揽北门学士后，又写了八九本书，有《古今内苑》一百卷、《青宫纪要》三十卷、《少阳政范》三十卷、《凤楼新城》三十卷、《孝子传》二十卷、《孝女传》二十卷、《烈女传》一百卷、《保傅乳母传》一卷等。这些书大部分着眼于家庭伦理，教导妻子怎么服从丈夫，子女怎样服从父母。现在她是掌握辅政的天后，编写的便是《臣轨》、《百僚新诫》等着眼于训诫臣子的书籍了，显示武后的调教对象已经从儿子、媳妇上升到了朝臣。如果说，她以前曾经想做贤妻良母和想教育子女健康成长的话，那么，她此刻写书则主要指教臣子如何服从君王旨意、命令、训示，以利朝廷政令畅行、有效治理天下。由于她此时已是天后，正在继续向最高皇家权位高峰冲击，她的野心是她一朝君临天下，所有臣民都必须臣服于她，听从她的旨意，利于她统治天下。所以，她现在写书的性质、目的变了，变的关键是她的政治野心更大更强烈，更加一往无前、令人无法阻挡了。写书是一种借口，虽然写书确有教化臣民的作用，但醉翁之意不在酒，武媚娘的主要目的是以此延揽、发现人才，为己所用，成为自己今后在朝廷中的有力支柱，为推行她所掌握的皇权、政令效力，有利于把自己推向皇朝的最高权位——天子的宝座。

北门学士为武后编纂了一千多卷书籍，落名都是“大圣天后亲撰”。是不是都是她亲撰的呢？实际大都是北门学士编写的，署上她的大名罢了。其中最著名的是《臣轨》一书，教导臣子该如何效忠于君主，常常跟李世民写给李治看的《帝范》一书合出，称为《帝范臣轨》。武媚娘命学士们编著《臣轨》，司马昭之心，路人皆知，是教训臣民必须无条件服从她这个现今已经登上朝堂训政、将来将会君临天下的拥有至高无上帝王权威的人。

武媚娘组织学士编书不过是一个幌子，其直接目的是发现和延揽人才，选取心腹，为已效命。以官职和声望而论，这些学士对朝政是没有什么发言权的，武媚娘以召他们入内编书为名，实际却密令他们参议朝廷奏议和百官表书，以分割宰相之权。因为朝臣上朝是从南门进入，这些学士在武氏特许下可以从北门，也就是玄武门进入，故被称为“北门学士”。他们虽无官名、职权，但在武媚娘授意下拥有和宰相一样议论朝政的机会和权力，其中有些人后来被提拔为宰辅大臣，成为在朝廷中支持武媚娘执政、可与原宰相集团较量的得力亲信和干将，为她夺取大唐王朝的天下建立大周王朝冲锋陷阵、建功立业。就是说，北门学士已成武媚娘私人内阁，她已经在这里面建立了一套效忠于她的不公开的内阁人马和领导班子，为她即将正式君临天下做好充分准备。

北门学士在武媚娘精心培植下，逐渐成为朝廷新贵，主要有刘祎之兄弟、周思茂、元万顷、范履冰等人。这些人因为掌握武媚娘私密太多，在武周交替前后被武媚娘假酷吏之手一一诛杀：元万顷在武媚娘掌政时迁凤阁侍郎、坐诛；范履冰、载初中坐举逆人被杀；周思茂、垂拱中下狱死；刘祎之以宰相之尊，垂拱三年（687 年）被赐死于家。一个个都落得“狡兔死，走狗烹”的可悲下场！然而不管怎样，这些人都是曾在武媚娘废子自立、篡唐立周过

程中叱咤风云、权倾一时的为武媚娘竭力效命拼搏的重要角色与显贵人物。武媚娘掌政后期有个特点，凡是为她拼死效命立过汗马功劳的大臣，只要她认为知道她机密太多或已觉得无用、碍眼的人，无论职位多高，功劳多大，一律格杀勿论！她的凶恶残暴本性，也于此可见一斑。

当她笑吟吟迎接北门学士入馆编写各类书籍时，她已暗中磨刀霍霍准备为夺取最高贵的君主权位而进行一场空前残酷无情的拼死搏杀了。

四、笼络臣民

上元元年（674 年）八月，李治依武媚娘建议进号天皇、天后，九月高宗下诏令长孙无忌归葬昭陵。这是高宗心怀愧疚，对不起舅父，为他平反，也隐含废王立武时确有冤案。这可是武媚娘不愿看到的事。她感到至尊皇帝在向她显示威力。武媚娘迅速作出反击，将了高宗一军，上书高宗十二条革新政策，表明她不屑为长孙无忌平反的那些鸡毛蒜皮的小事，她非常关心国家大事，让天下人都信服她是最关心国家大事的人，把注意力集中到她身上来。同时，这也有力表明了她的政治奋斗目标，她的目标已经不是皇后、圣后、天后，这已经达到了，她的终结目标是要做天下主，即皇家至尊至贵、权力无限的皇帝。史书中把这十二条改革措施称作《建言十二事》。内容如下：一、劝农桑，薄赋徭；二、给复三辅地，即免除京畿三辅地区的徭役；三、息兵，以道德化天下；四、禁止生产奢浮淫巧之物；五、省工费力役，即要求俭省各项工程的费用和百姓的劳役负担；六、广言路；七、远小人，杜谗口；八、王公及各级官员皆习《老子》；九、父亲在世时为去世母亲服丧三年；十、上元以前已发给官员的勋官凭证（告身）不再审查核实；十一、京官八品以上益禀人，即增加俸禄；十二、百官任事久、材高位下者可进阶升职。上述上书《建言十二事》涉及政治、经济、军事等诸多方面，是一份比较全面的施政纲领。高宗觉得这个政治纲领不错，既高屋建瓴，又有政治远见，有利建国立业、国泰民安，他就立刻下诏赞扬武媚娘的远见卓识，切实实施上述十二条施政纲领。

这个《建言十二事》的施政纲领，大致可概括为三个部分：一是尊崇老子，强调老子无为而治的理念，息兵免役，轻徭减赋，安定民生；二是移风易俗，提倡节俭，改善政治空气和社会风气；三是顾照中下级官员和百姓的利益，以笼络人心。其中，第一条重视农业，第六条广开言路，第七条疏远小人、杜绝谗言，其实都是老生常谈，是许多统治者上台都要鼓吹的口号，第四条禁断浮巧，意在迎合高宗提倡节俭，第八条要求大臣都学习《老子》，是迎合李唐王朝以老子为先祖的心意，都是为了讨好、取悦皇帝，是一种政治作秀，赢得高宗的欢心与放心。

仔细推敲这一份政治纲领，透过现象看本质，是包藏武媚娘诸多玄机与祸心的。第一，贬斥军事行动，是刺向李唐王朝军方势力的温柔一刀。就当时政局看，战场屡屡失利，疆域缩小，国力受损，高宗有心东征西伐，伸张壮大皇朝权威和国力，一心想拓展疆土成为一代雄主，武媚娘却要罢战息兵，是与高宗强兵强国宗旨背道而驰的，无异给高宗建立军事强国的雄心迎头泼了一盆冷水。这当中，有武媚娘的叵测之心，因为她见高宗新任命的两位儒将裴行俭和刘仁轨都是反武干将，是她的政治死敌。她要掌握政权，接班称帝，不培植自己的军方势力是不行的，所以她必须先下手清除掉这两个身居军方统帅位置的政敌。至于伸张国力、扩大疆域，她就不管了。第二，以提倡孝道掩盖自己灭伦兽行。第九条要求父亲在世而母亲去世的应该服丧三年。武媚娘在表章中论述母亲对子女的生养之恩，如天高海深，为人子者不尊重孝顺母亲，未免禽兽不如。“窃谓子之于母，慈养特深，生养劳瘁，恩斯极矣，所以禽兽之情，犹如其母。”这段话是在曲折地表示对太子李弘“数佛旨”的不满。她日后以《孝子传》赐次子李贤也明显包含儿女必须孝顺母亲，不可悖违母亲的意思。现代女权主义对这一条颇多褒赏，认为武媚娘是中国女权主义的前躯。可是他们忘了，正是这个中国女权主义前驱，宣扬“禽兽之情，犹如其母”的家伙，却干出了禽兽不如、灭绝人性、亲手掐死娇滴可爱的亲生女儿小公主的事，这怎么解释呢？难道女权只强调子应孝母，不强调母应爱子吗？可怜小公主还未看清人世，就悲惨地被母亲杀害了。这是多大的人间惨剧啊！难道为了夺取后位、皇权，就应该这样吗？武媚娘这个最残忍凶恶的母亲，不仅掐死小公主，以后又相继毒死有碍她登上帝位的两个太子，此外还逼死一个庶子废太子忠和两个嫡亲孙儿孙女，她的母性都到哪里去了？第三，尊崇老子，“王公以降皆习《老子》”是装模作样，政治作秀，目的是取悦高宗，表示她效忠李唐王朝，以维持她的圣后、天后地位，是她的一种政治妥协。后来等到她地位巩固以后，她就不再要求大臣学习《老子》，改学她写的《臣轨》了。老子的无为而治思想明显与她的强权统治、杀戮不断格格不入。第四，“杜谗言”是禁止朝臣说她坏话。这样一来，像王伏胜举报厌胜、上官仪主张废后这类情事就再也不会发生了。不过这杜谗言也和广言路有矛盾，广言路是让人畅所欲言，杜谗言却把人嘴给堵住了。而且，她后来登上帝位后又大兴告密之风，鼓励检举揭发，主要是为保护她自己的权位而防范谋反者，推行血腥残酷的酷吏政治，和此前的杜谗言又大相径庭了。此真所谓此一时，彼一时也。第五，收买人心。第二条请求免除京畿地区的徭役，第五条要求减轻百姓的劳役负担，当然都对百姓有利，但从武媚娘来说，她是借此笼络、收买人心，以利于她扩张权力、荣登帝位，

得到百姓的拥护。她兴建蓬莱宫、奉天宫耗资巨万，加重百姓劳役负担，这显示她体恤百姓纯属谎言。第六，培植亲信。第十一条给八品以上京官增加俸禄，第十二条让长期任职的有才能的官升级，都是明显博取官员好感，有利于她培植、扩大自己的势力。尤其是第十二条内容是继泛阶之后第二次扩充官僚队伍的大手笔，可让长期任职的官员升级和得到提拔。她正愁自己朝中无亲信，这些官僚提拔以后都对她感恩戴德，俯首听命，这样，她的亲信队伍和得力助手就可大大增强和优化了。

高宗明知《建言十二事》处处有玄机，可是他看不懂、猜不透。他既不好反对，又不完全同意。最后他下诏“略施行之”，也就是表面上同意，实际上有保留意见。这个“略”字，隐隐透露出高宗尴尬而无奈的心情。他开始意识到，这个表面柔情无限的枕边人，已经强大到权力无限的地步，分明是应由皇帝提出来的施政纲领，竟然由她提出来颁行天下，使其权威达到极致，他已无力控制这个女人了。

五、扶植外戚

武媚娘以前曾有两个同父异母的哥哥和两个堂哥在京为官，都因武媚娘报复小时受他们欺侮之仇而相继死去。她现在名列二圣，敕号天后，因高宗常患重病而由她上朝执掌朝政，朝堂上满眼看不到一个亲人，她深引为憾。而今想要进一步掌权，必须有亲人在朝执掌大权才行。有亲人成为朝廷大臣或重臣，就能成为她的眼线和得力亲信、助手，就能更有效地操控和左右朝政。如今武媚娘见高宗病势越来越重，随着时间的推移，她贪得帝位的野心也随之越来越强烈，她安排外戚成为朝廷重臣的心情也就越来越迫切了。

武则天出身小姓，家里人口本来就不多，而今哥哥、堂哥、姐妹都已死去，已没有平辈的外戚。晚辈呢，只有侄子、外甥。侄子虽比外甥更亲，但武媚娘还未从小时受哥哥、堂哥虐待的阴影中解脱出来，比较起来，小时候共同生活、共同患难的还是姐姐。姐姐虽做过对不起她的事情，可她已经死去，她有个儿子倒是可以培养的。姐姐的儿子叫贺兰敏之，和他母亲韩国夫人一样，生得美貌而轻佻，在京城是个出了名的花花公子。本来他和武媚娘的关系还好，但是自从武媚娘毒死了贺兰敏之的妹妹魏国夫人，两人的关系就变得微妙了。《资治通鉴》记载，魏国夫人死后，高宗伤心地问贺兰敏之：“朕上朝时魏国夫人还好好的，下朝就听说她去世了，怎么这么快?”贺兰敏之只是痛哭，一句话也不说。他心知是武媚娘害死他妹妹的，可他哪敢说啊，所以一直恨恨地哭，一言不发。不说话也是一种表态。颇有心机的武媚娘听说后，只说了一句：“这孩子怀疑我了。”但武媚娘并没有亏待贺兰敏之。由于哥哥们都已死了，武士彟的爵位没人继承，她就让贺兰敏之改姓武，继承了外祖周国公的爵位，并提升他为三品官，期望他日后能成为自己的帮手。谁知武敏之虽聪明英俊，但自小娇生惯养、横行不法，不但不能对武媚娘有所帮助，反而平添了许多麻烦。当时太子李弘已长大成人，准备纳司卫少卿即杨思俭的女儿为太子妃，即将举行婚礼。武敏之却先下手为强，强行奸污了杨小姐。这事把武媚娘气坏了，除了训斥武敏之几句，又别无他法，只得另选裴居道之女为妃。武敏之竟色胆包天，对年龄幼小、不懂人事的太平公主动了邪念，趁她来外婆家玩的时候诱奸了她。太平公主是武媚娘钟爱的唯一的女儿，武敏之竟胆敢诱奸，胆子有多大啊。还有一件令人唾弃、诅咒的乱伦的事，他竟充当了他外祖母的男宠、面首。《新唐书·外戚传》说：“敏之韶秀自喜，烝于荣国。”就是说，八九十岁的荣国夫人和二十来岁的外孙乱伦。这可是中外古今少有的事。苦于荣国夫人罩着武敏之，武媚娘没有立即处理家丑。然而，荣国夫人毕竟行将就木，无论是武媚娘还是武敏之，都清楚她的庇护维持不了多久。荣国夫人一死，武敏之失去了保护伞，可他不知天高地厚，还晕了头胡来，对荣国夫人的死不但没有一丝一毫的悲伤，反而脱去丧服，穿红着绿，欢乐无比，在家里跟歌伎调笑取乐。这回可没人再保护他了，武媚娘把心中对武敏之的怒气一并发泄出来，上表给高宗历数武敏之五大罪状，其中第三条罪状竟然明白写出和外祖母荣国夫人杨氏通奸。这可真是成了当时的头条新闻，令人大跌眼镜！因为武敏之干的许多直接冲她而来的坏事使她忍无可忍，她决心对武敏之严惩不贷了。既然武媚娘把这些事全抖出来，武敏之的下场就可想而知了，他立即被逐出武家，恢复原姓，发配雷州，行至韶州，被武媚娘派来的人用马绳勒死了。

处决了贺兰敏之，新问题又摆在武媚娘面前，她的外戚里还是无朝中人。在经过一番思虑、权衡以后，她决定不计前嫌，召回被流放到岭南的几个侄子。就在武媚娘号称天后的前几个月，她的几个侄子被召回长安了，其中一个是异母哥哥武元爽的儿子武承嗣，他在几个侄子中年纪最大，袭爵周国公，从五品官起家，很快就被任命为三品的宗正卿。另一个是武三思，拜为右卫将军。武媚娘有武承嗣、武三思在朝，成为她的外戚支柱，她想荣登帝位的劲头更足更大了。

六、煊赫威仪

武媚娘在《建言十二事》中宣称要厉行节俭，其实她一点也不节俭，大肆铺张浪费，极尽奢靡。她好张扬的个性和要显威于世的心性决定她要大搞各种庞大、华丽的建筑与装饰、雕塑。武媚娘号称天后时，曾撺掇高宗，遍封五岳，命在嵩山南麓特建奉天宫，作为天皇天后的行宫，以彰显皇家威仪。建奉天宫要求高大华丽，所费甚巨，当时天灾不断，民众困苦，国力不足，实难施建。监察御史李善感上疏谏止，称：“陛下前封泰山，告太平，致祥瑞，已足与三皇五帝比隆。近来年谷不登，饿殍载道，四夷交侵，兵车屡出，还请陛下恭默思道，修德禳灾。若再广营宫室，劳役不休，恐天下失望，反为不美。”高宗虽也有三分明白，广建宫室耗费巨大，在饥馑多兵之年尤其不宜耗资广建宫室，但他为武媚娘所制，不能自主，只好听任武媚娘安排建宫事。自褚遂良、韩瑗死后，各方都不敢进谏，差不多有二十年。现李善感直言进谏，很受人称颂，时人称为“丹凤朝阳”。但可恨武媚娘拒绝谏阻，终归无用。武媚娘为什么要在国家和民众处于艰困时期不惜耗费巨资在远离京城的嵩山建这个豪华的奉天宫呢？主要目的就是借以炫耀皇家威仪，人们都知道高宗为她所制，皇家大事都由天后做主，因而这自然就是用来显示天后威仪了。

上元二年（675 年），高宗为父亲太宗皇帝追福的大奉先寺建成。当时高宗因病在身无法亲临，天后武媚娘便代表高宗率领群臣前往，参加寺内佛像的开光仪式。这个佛像就是名扬中外的中国佛教史辉煌巨制的龙门石窟卢舍那大佛。高宗登基后以孝治天下，先是在长安为母亲长孙皇后建造大慈恩寺，麟德年间又在龙门为父亲建造大奉先寺。咸亨三年（672 年）武媚娘捐助了两万贯脂粉钱营建寺中佛像，整个工程整整花了三年时间才得以建成，可见建造之艰巨、庞大、精细与完美。可能是由于武媚娘的暗示，或者是建造者的逢迎，寺中巨大佛像的面容宛如武媚娘的面容，传说当初雕刻佛像时就是按照武媚娘的容貌雕刻的。武媚娘捐钱造像，加上多次亲临现场观察建造雕刻进展情况，自然容易引起逢迎者的注意和效命，使卢舍那大佛的面容很容易按照她的容貌进行雕塑。此时她已号称天后，由于高宗多病，经常是她临朝执政，习惯泰然接受百官朝拜，在她身上已显现出至高无上的皇朝权威，在这样的政治背景下，卢舍那大佛显现出她的面容是可以理解、不足为奇的事。武媚娘一贯好张扬，喜欢突出自己，她心怀叵测，不但要荣登帝位，而且要名扬四海和后世，在她谋划授意下使高大宏伟、金光闪闪的卢舍那大佛容颜酷似自己，能永久向世人煊赫她的威仪，完全是合乎她一贯的个性、心态和作风的事，一点儿也不奇怪。一面扮演权倾天下的高宗贤妻、千古独有的天后角色，一面不放过任何突出自己的机会，盛盖当世，光耀千秋，这是武媚娘的拿手好戏，一切都合乎情理，倒是不这样反是奇怪的了。卢舍那大佛呈现出佛像中从未见过的女性形象，且形象特征与史书中记载的武媚娘的“方额广颐”的特征相符，自然会引发人们浮想联翩和神思遐迩。卢舍那梵文意为光明普照，金光面容既像武媚娘，就蕴含有圣恩普及之意，武媚娘废唐立周以自造的字“曌”为名，自上尊号为日月当空、光明普照的“金轮圣神皇帝”，正与卢舍那梵文意义光明普照相吻合，这绝非偶然，表明她早有玄机了。武媚娘曾自称弥勒转世，这与卢舍那大佛形象像她如出一辙，就更容易理解广为传扬的卢舍那大佛是武媚娘的化身的说法了。通过这一做法和张扬，武媚娘形象更伟大，威仪更显赫了。

【批】

拉拢、培植寒门出身、官小位卑的人，把他们推到重要位置上去，使他们成为自己的助手、亲信，一直是武媚娘的惯用伎俩。“北门学士”中有些人后来便被推到宰相位置上去，尽力为武媚娘效力，是这方面又一个突出例子。

卢舍那大佛像谋夺权位、心肠无比狠毒的武媚娘面容，是中国佛教的不幸与悲哀！

【第十三章】为帝位谋杀两太子

一、仁柔李弘

武媚娘晋升天后之后，权势越来越大，威望越来越高，所向披靡，无往不胜，她知道病情日益严重的皇帝李治已经来日无多，辉煌的皇帝宝座令她垂涎欲滴，她日思夜想的就是谋夺帝位，不是临时而是长久登上皇帝宝座。她是个异常疯狂而险恶的女人，她想得到的东西，任何人都无法阻止。随着权势的日益增强，她心目中的目标也越来越明确，皇冠已在眼前闪耀，帝位触手可及，她正倾心企盼理想早日实现，摆在她面前的障碍不是朝廷官员，而是作为丈夫的皇帝高宗李治和作为帝位接班人的太子李弘，李治显然因病重将不久于世，剩下的问题和阻碍乃是自己的亲子李弘。她猖狂的政治野心决定了她在权力搏斗面前，只能前进，不能后退。纵然是面对最亲近的骨肉之亲也冷酷无情，毫不手软。问题明摆在武媚娘面前，就是对太子李弘怎么办的问题。

我们有必要了解一下李弘的为人。作为大唐帝国的储君，从小就受到高宗和武媚娘的宠爱和重视，李弘的姓名是道教的一个谶语，是太上老君的化身，为使他成为继承君位的太子，武媚娘经历了一场血腥残酷战斗，夺取后位、虐杀王萧、废太子忠，终致立他为太子。武媚娘与李弘二人子以母贵、母以子贵，互相依存，关系很是温馨、亲密。他八岁便离开父母，住进东宫，由专门的老臣名儒教导辅佐，高宗对他寄予殷切期望，对他早期教育抓得很紧，当然首先要他学习儒家经典，希望他将来能成为一代明君，特赐《政典》给他阅读，以利于他将来接替政权。又多次令他监国听政，积累治国经验，锻炼他的才干，提高他的威望。李弘天姿聪颖，但他在儒家经典之外，对文学也很感兴趣，并在这方面相当早慧。龙朔元年（661 年）李弘刚十岁时，就命太子府的下属官员许敬宗、上官仪等文人博采古今文集，摘抄其中清辞丽句，编成一部大部头的名叫《瑶山玉彩》的文集，献给高宗，深得高宗赞许，赐给他三万段丝绸以示奖赏。少年李弘由于深受儒家经典熏陶，有很强的正义感和正统观念，有一件事颇可说明他刚正不阿的思想性格。他童年读《春秋》读到楚世子商臣弑其君，大吃一惊："圣人垂训，怎么会把这样的事情写上去？"老师告诉他："孔子作《春秋》，善恶必书，正是为了扬善惩恶啊。"李弘听了仍然不愿接受，坚持要换书，于是把教材换成了只讲正面道理的《礼记》。太子弘研求治国之道时，祖父太宗仁厚爱民的特性早就在他身上显露出来。当时士卒生活很苦，他心里非常难过。他为太子时最大的善政，就是奏请高宗废除将逃兵的妻子没官为奴的条例，由于太子弘的仁爱，很多士兵的妻子得以免除耻辱、奴役。咸亨二年大旱，冬季大饥，西北地区人民不断死于饥馑。太子弘看见兵卒的粮食里有榆皮和草籽，立刻吩咐把自己仓库里的米分发给兵卒。他又关心民众疾苦，奏请皇上把同州沙苑的闲地给贫民耕种。太子聪明能干，有判断是非能力，敢抒己见，因此高宗和武媚娘一直对他寄予厚望。尤其是显庆四年（660 年）高宗得病以后，对培育他成为接班人的心情更加迫切。因此，李弘一生虽然只活了二十四年，却有七次监国经历。据《资治通鉴》记载："太子弘仁孝谦谨，上甚爱之；礼接士大夫，中外属心。"李弘除熟读儒家经典，对文学也很爱好，充分表现出他在文学方面的天分。

尽管高宗努力把儿子当皇帝培养，但是儿子李弘无论是性格还是身体，都不能适应当皇帝。先说性格，李弘性格十分敏感纤弱，八岁时，高宗和武媚娘巡游东都洛阳，把李弘留在长安监国，以锻炼他的执政能力。谁知他一点不中用，已经是八岁的孩子，该懂得一些世事人情了，他却离不开父母，非常思念，整天痛哭不已，把朝臣哭得无法可施，只好禀报高宗和武媚娘，立即把他接到身边。他性格中也有仁孝和刚正的一面。麟德元年（664 年）废太子忠因上官仪的案子的牵连被杀，尸体暴露荒野，无人敢收尸。李弘听说后很不忍心，上表请求收葬这个异母哥哥。他的性格就是这样仁爱、刚强，近乎透明。他的性格与母后武氏的性格相冲突，乃是必然的事。再谈身体，可能是遗传的缘故吧，李弘的身体比李治还差。李治是在成年之后才得风疾的，李弘从小体弱多病，据《旧唐书·孝敬皇帝传》说，是患了"痨瘵"，传统说法叫痨病，现今叫肺病，这是一种难以治愈的病，无药可医。据李弘一次对大臣讲，这病是因他小时候学习用功过度造成的。其实不然，用功过度决不会引致痨病，很可能和他家祖上遗传基因有关。因为多病，他很少接触太子府属下官员，有时他监国都不能到朝廷里来而委政于宰相。这样柔弱的性格和多病的身体，还能登临帝位执掌朝政吗？本来，他的仁爱、刚强个性和纤弱多病身体，原和他母亲武媚娘无多大矛盾和冲突，但最终矛盾和冲突还是发生了。

二、母子冲突

武媚娘原来对李弘这个儿子抚爱有加，她为李弘谋夺太子之位不知耗费了多少心血，希望他能够一朝成为天子，君临天下。她编写的“武媚娘系列丛书”都赐给太子李弘阅读，教导他怎么做个孝子仁君。然而日子一天天过去，太子李弘渐渐长大，有了主见，能够判断是非曲直了，他和母亲之间的分歧日渐显露出来。他同情废太子忠悲惨地抛尸荒野就是一个明显例证，这与他母亲的主见和凶残个性是格格不入的。他对母亲牝鸡司晨、干预朝政、张扬铺张、号称天后、独揽大权、横行霸道等行为也颇看不入眼，他和母亲之间的分歧、矛盾和冲突已日益公开化、表面化，几乎已到一触即发的地步。李弘早习政治，极有主见，他的儒雅正派储君身份和形象让他赢得大批支持者。他已在太子宫的辅佐大臣中笼络和团结了一批支持自己的亲信，他的声誉日隆，羽翼日益丰满，他就要展翅高飞了。然而，这却引起了一个人的不安，这就是他的母亲，武媚娘深感向权力中枢渗透的过程中，漫长而又痛苦。横在她面前的太子李弘，就是一堵难以越过的墙。她暗中窥测李弘的一举一动，同时不失时机地采取极端和果断行动。

武媚娘采取的一个恶作剧的行动令李弘十分寒心。太子李弘原聘京城美貌闻名的杨思俭的女儿为太子妃，不料大婚前夕杨家女儿被武敏之奸污，只得另聘右卫将军裴居道的女儿为太子妃。当武媚娘上表控诉武敏之罪状时，第一条罪状就说武敏之奸污太子李弘的未婚妻杨氏，公开揭开了李弘的隐私和伤疤，这令李弘十分难受。对于野心勃勃的武媚娘来说，李弘的存在是她执掌天下的最大障碍。高宗晚年频频外出游幸修养，武媚娘无不陪随在侧，太子李弘因而经常监国掌政，太子的权势迅速增长，多位宰相兼任太子宫署官，成为太子亲信，有些宰相还是坚定的反武派人物。母子二人在如此角逐形势下，武媚娘和李弘的矛盾顿时尖锐起来。武媚娘把武家家族中的武承嗣、武三思找来在朝中担任要职，就是要培植她的外戚作为她的权力支柱，以与团结在太子李弘周围的宰辅们相抗衡，说白了就是和即将继承帝位的太子李弘一较高低。

太子李弘和武媚娘之间冲突的表面化是在咸亨二年，起因于萧淑妃留下的两个女儿的婚姻问题。当时太子李弘监国，因病不能上朝，在宫里休养。他一次在内宫到处走动时，见到了长期幽禁在掖庭的两个同父异母的姐姐，即萧淑妃的两个女儿，一个是义阳公主，一个是宜城公主，她们已被关了十

几年了，从无人过问。看到李弘，吓得瑟瑟发抖。李弘是个心怀仁慈的人，他见两个姐姐如此受虐，于心不忍，见姐姐年纪这么大了还没有出嫁，立即奏请让两位姐姐出嫁，过上正常人的生活。武媚娘是个凶悍的女人，她恨这个长子太不识相，管什么闲事，当年不是我整倒萧淑妃，你小子早被别人害死了。好啊，你现在羽翼丰满了，强大有力了，居然跟老娘来叫板，这不是拆我的台吗？事实也确是如此，李弘对二位姐姐同情，就是揭露母亲的残酷无情。他这种对母亲反感的心情恐怕不是一天两天了，只不过是现在爆发出来而已。盛怒之下的武媚娘说：“这样吧，既然太子说她们两个人该嫁人了，那就嫁吧，择日不如撞日，就今天嫁，这儿有两个值班卫士，就让他们娶公主吧，一个娶义阳公主，一个娶宣城公主。”于是，两位公主与这两个卫士当即草草完婚。《资治通鉴》说：“义阳、宣城二公主，萧淑妃之女也，坐母得罪，幽于掖庭，年逾三十未嫁。太子见之惊恻，遽奏请出嫁，上许之。天后怒，即日以公主配翊卫权毅、王遂古。”这件事被史家渲染为太子仁慈而武媚娘残酷的标志性事件。据史书说，李弘就因此而“失爱于天后”。这里有两个问题需要说清楚：一是两位公主年龄，二是驸马身份。两位公主年龄，没有三十多岁，只有二十多岁，按高宗咸亨二年只有四十三岁，萧淑妃是在他当太子时入宫的，算下来孩子的年龄不可能超过二十七岁。再就是保留下来的宣城公主的墓碑的碑文记载，宣城公主死于唐玄宗开元二年（714 年），享年六十六岁，倒推到咸亨二年，当时的宣城公主是二十三岁。所以说，两位公主的年龄应在二十三岁到二十七岁之间。两位驸马出身没有那么卑微。据《资治通鉴》记载，这两位驸马并非普通卫士，而是翊卫，翊卫是皇帝身边的亲近侍卫，祖上是需要有身份的，至少是父亲或爷爷当了大官，孩子才能有当翊卫的资格。义阳公主驸马权毅的祖父是唐太宗秦王府嫡系，封卢国公。宣城公主驸马王遂古的祖父官至监门将军，封平舒公。可以说，虽然武媚娘有任意指配下等人士的意图，但这两位匹配公主的卫士的出身还不算是低的。婚后两位驸马都升了官，一个是袁州刺史，一个是颍州刺史，都位列四品官等级。这事可真亏李弘太子见义勇为救了两位姐姐。

还有一件事也让李弘和武媚娘冲突表面化。一个月之后，皇宫里发生一件谋杀案，周王显之妃赵氏被关在一所房子里活活饿死了。赵氏之母是太宗之女长乐公主，长乐公主常到宫中去和高宗在一起，相处得很好。武媚娘心里不高兴，把长乐公主和她丈夫派遣到外省为官。同时把赵妃监禁在一个房子里，只送生菜进去，过了几天，人们看不见房上烟囱冒出烟来，打开门一看，她已经饿死了。太子弘怒不可遏，他容不了这种阴谋诡诈，这种施于无辜者的残忍。他为这个和顺的弟媳鸣不平，对武媚娘说：“儿臣记得母后写过一部《烈女传》，现在一个贤德的儿媳被你禁闭饿死，会惹人说话的。”武媚娘说："不要忘记你的礼貌，不要大胆越礼来教训我！你退下去吧！"声音冷酷得恐怖，脸绷得狰狞凶险，两眼眯成了一条缝。

这件事使武媚娘觉得自己的母亲和天后的权威受到了挑战，她估计太子李弘不喜欢她的事恐怕不只是这两件事。

使武媚娘震撼于心的是这些事虽是太子李弘一个人出面，实际上是代表着一个权力集团。因为随着太子年龄的增长和监国次数的增多，太子身边已凝聚了一批有实力的势力。这批追随太子的势力是太子的属下，又是唐朝的宰相。高宗时期，因为太子频频监国，为了协调朝廷和太子府的关系，太子府的重要官员就由朝廷的宰相兼职。宰相既是皇帝的下属，又是太子的下属，无形中宰相就成了太子的保护者。这想起来让武媚娘害怕，一旦高宗去世，她还能控制政权吗？她是这样一个疯狂凶残的女人，为了夺取政权，她杀了很多人，她能就此住手吗？她在《建言十二事》中特别提出儿女要孝敬、尊重母亲，可能就是冲着李弘对她的不尊重、桀骜不驯而发的。但是，这能起到约束、驯服太子李弘的作用吗？武媚娘没把握，她为此煞费苦心，紧张盘算！

三、太子暴毙

上元二年（675 年），高宗王朝忽然传出噩耗，太子李弘随父母巡幸洛阳，不久即死于洛阳行宫，年仅二十四岁。这噩耗顿时震惊天下，人们知道，武媚娘的一生是为权力斗争的一生，为了争夺后位，她曾将自己的亲生女儿小公主下狠心掐死，那么，武媚娘现在身为天后，正在谋夺帝位的时候，她会不会像残杀小公主一样害死李弘呢？历史真相究竟如何，颇值得人们深思探讨。一个重要的信息和问题是，在李弘死亡之前，高宗因信任他刚刚向他口头承诺过要禅位给他，而恰在此时李弘突然死了，人们一下子把目标集中到武媚娘身上。那么，李弘究竟是怎么死的？他的死与武媚娘有没有关系呢？

李弘本来身体不好，经常有病，这是事实。《旧唐书·邢文伟传》中有太子答复邢文伟的信，其中说："顾以庸虚，早尚坟典，每欲研精政术，极意书林。但往在幼年，未闲将卫，竭诚耽诵，因即损心。"意思是说他幼年学习刻苦，未注意保护身体，因用功过度，伤了身体。高宗十分钟爱他，对他期望很大，小小年纪就让他监国执政，以致劳累过度，得了肺病。史书说他"自琰圭在手，沉瘵婴身"，"瘵"指肺病，那时很难救治。咸亨三年（672 年）李弘受命监国，高宗怕他带病理政有伤身体，特下旨"不许重劳"。

史书中对李弘的死有两种记载，一种说李弘是因病去世，一种说是武媚娘毒死的，因为李弘去世的时间实在太巧了，正好是高宗当众允诺太子一旦

病愈就逊位于他之后。认为李弘是病死的，是李弘死后高宗发布的制书《赐谥皇太子弘孝敬皇帝制》：“皇太子弘，生知诞质，惟几毓性。肃敬著于三朝，仁孝闻于四海。若使负荷宗庙，宁济邦家，必能永保昌图，克延景历。岂谓既婴雾露，遂至弥留。顾惟辉掌之珍，特切钟心之念，庶其痊复，以禅鸿名，及腠理微和，将逊于位。而弘天资仁厚，孝心纯确，既承朕命，掩欷不言，因兹感结，旧疾增甚。亿兆攸系，方崇下武之基；五福无徵，俄速上宾之驾。”此制书赐皇太子李弘一个谥号，谥称：“孝敬皇帝”。高宗在制书里说，我这儿子以仁孝闻名天下，协理朝政，礼敬大臣，若能登基必定能够成为一代明君。可惜天不假年，重病缠身，我亲口许诺，他一旦病好就会传位于他。谁知他太孝顺了，一听到这话就感动泪下，以致病情加重，不幸去世。高宗另外还为他亲笔撰写《孝敬皇帝睿德记》，盛赞弘有“至纯”、“至孝”、“至仁”、“至俭”、“至正”等美德。依上述记载，李弘乃是因病重医治无效而死的，属自然死亡。而认为李弘是被武媚娘毒死的最早记载出现在唐朝中期。唐肃宗时柳芳写的《唐历》这样写道：“弘仁孝英果，深为上所钟爱，自升为太子，敬礼大臣鸿儒之士，未尝居有过之地。以请嫁二公主，失爱于天后，不以寿终。”说李弘太子是个好人，深得皇帝和大臣的喜爱，但因请求让两公主出嫁，天后很不高兴，以致他没得好死。“不以寿终”明显指他母亲使他不得寿终。同样是肃宗时的大臣李泌也认为是武媚娘把李弘毒死的。此后的《唐会要》、《新唐书》都持这种看法。太子妃裴氏痛失亲夫，又受武媚娘虐待，悲惧交加，异常痛楚。自古道“忧能致疾”，妇女更加如此，弘死后才一年多，这裴氏就恹恹成病，变成了一个痨损症，久病不愈，也含悲带恨进了鬼门关。就在手著《烈女传》、《女诫》的这位女作家的手下，一个仁慧儿子、两个贤慧儿媳（显妃赵氏、弘妃裴氏）悲惨死去了。还有两个儿媳，在两年之后遭杀，一个亲子、两个庶子、两个亲孙子孙女都被她迫害而死。历史上没有一个皇后，世界上也没有一个母亲，把自己家骨肉害死得这么多。谋杀成了习惯，凶手对谋杀就失去了恐怖，而武媚娘之害人性命，一定有一种独揽生杀大权的快乐。我们现在所说的是一个超群出众的非常凶手，在她心里，屠杀就是伟大，就是权威。从历史可以看出来，暴虐之主共有一个特点，就是自我陶醉，进一步而成为自我崇拜。

高宗晚年病情日趋严重，药石无效，此时武媚娘作为天后常单独上朝理政，权势在迅速增长，先是广封诸武，外戚登场，接着又来一个上书建言十二事，收买人心，高宗不可能没有顾忌。高宗提议天后摄政是在李弘去世之后，这表明，在太子弘和武媚娘的争斗中，高宗明显对儿子弘的支持和倚重在天后之上。在自己身体虚弱、无能为力的情况下想逊位太子，纯属正常。太子弘固然身体不好，不过高宗病了多年都还挺着，可传位于他的话一说出口便魂归地府，实在叫人不能不心生疑虑。联想到武媚娘为人一贯阴险狠毒，亲生女儿竟能亲手掐死，对嫡亲外甥女鸩毒致死，姐姐韩国夫人也被害死，残忍凶杀亲人事连续不断，人们怀疑武媚娘暗下毒手害死太子李弘是有道理的。高宗写的《赐谥皇太子弘孝敬皇帝制》、《孝敬皇帝睿德记》都是武媚娘的监视之下写的，高宗即或心有疑惑但毫无根据当然不好写死因有疑惑的话，他怕老婆怕得要命，哪敢写这些话啊，武媚娘一瞪眼、一断喝便要把他吓死了。何况，自己危在旦夕，后事需她料理，得罪她也不好办。所以，他不在制书、记书中写太子弘死因有疑，自有他的难处。他是个重病缠身的人，武媚娘身手强健灵活，暗地里干的丧尽天良的事他哪里会知道啊。素来为尊者讳的史书虽无记载，然而民间却广为流传，太子李弘是他的生母武媚娘暗中害死的。一个身患肺病多年又已病情沉重的人，想要他死是很容易的。如果太子弘确系病死，实录照理应会言明病亡，却特地用“暴卒”这样的字眼，颇让人玩味。各种记载都显示出李弘去世颇为突然令人生疑。《唐历》称李弘因“失爱于天后，不以寿终”，宰相李泌和肃宗谈话说得更明显：“天后方图临朝，乃鸩杀孝敬。”李泌生性谨慎，除非此事有一定真实性，否则这类皇家隐私他绝对不敢当众对皇帝说出来。《新唐书》据此言李弘为天后鸩杀，不大可能是空穴来风。《资治通鉴》说得更明白：“太子薨于合璧宫，时人以为天后鸩之也。”最近出土的《太子家令阎庄墓志铭》加深了人们的疑惑。从太子率更令李俨为东宫同僚写的墓志铭来看，阎庄深受太子弘信任，他正值仕途亨通之际，忽然于李弘下葬一个月“遇疾终于河南县宜风里地”。阎庄的死因写得颇为隐讳，墓志铭中说他长期为主人担忧成病，现在爆发，随主人而逝。而且，墓志铭中有意将李弘之死与阎庄之死联系起来，在铭文结尾，李俨还说，剑斧在坟中，将永埋地下，意指阎庄是为剑、斧逼害致死的。可能阎庄随侍太子弘，知道太子死因，因避祸而离去，终被追杀致死。

四、摄政受阻

太子李弘死后，弟弟李贤接替了太子的位置。上元二年（675 年）六月，雍王李贤被立为太子，大赦天下。太子李弘的去世，让武媚娘体会到铲除潜在威胁的乐趣，同时让她背上了杀害亲生儿子的舆论包袱。但她还有三个儿子，他们中将有人坐上太子的宝座，成为她必须对付的敌人。其中次子李贤让她最费脑筋，李贤体魄强健，文武双全，有反抗性，对武媚娘谋夺帝位构成新的潜在威胁。

有一首据说是李贤写的诗，叫做《黄瓜台辞》，在民间流传很广。诗云：“种豆黄瓜下，瓜熟子离离。一摘使瓜好，再摘使瓜稀。三摘犹自可，摘绝抱蔓归!”诗里把母亲比喻成瓜农，把自己和几个兄弟比喻成瓜。诗意明显表明对母亲的怨恨，也表现做儿子的无奈与困境，希望母亲施恩不要一再摘瓜，迫害自己的儿子。诗的真伪虽有争议，但广为流传是真，诗中所反映出的忧虑很能打动人心。李贤的担心是否有道理呢？武媚娘还要继续狠心对她的儿子下毒手吗？

李弘的死，是对李唐王朝的沉重打击。但出于皇朝需要和礼制，新太子很快就册立了。李贤和他多病的哥哥不同，他无病健康，睿智过人，举止端雅，才华绝伦，且文武双全，体强力健，比李弘更具备年轻人的朝气、活力与胆识。李贤为人爽快活泼，既喜爱苍鹰骏马，也喜爱琴棋书画。自幼聪明不凡，七岁能读《书经》，能诵《诗经》。他比起哥哥李弘来，为人更实际，个性方面也更多样化。高宗曾称赞他“夙成聪敏，出自天性”，很感满意。但在政治方面，他却缺乏经验，李弘的威望和人脉是从八岁起就开始奉诏监国积累起来的，而李贤初做太子，政治不够成熟。原本已逐渐淡出政治舞台，习惯让太后代理朝政的高宗，无法阻止野心勃勃的妻子，武后的势力迅速发展到不受控制的地步。在这种情况下，李贤的太子之路注定不会走得平稳。事实上他做上新太子没几个月，不测的事便发生了。高宗心血来潮，不知是出于对从未理政的儿子不放心，还是出于存心试探，他忽然放话说要让太后摄政，即欲把帝位逊位于天后，据《旧唐书·郝处俊传》记载，上元三年(676)年，高宗病情严重，疼痛难忍，有意逊位于天后，但为宰相郝处俊谏阻。唐人写的《唐会要》也提及此事，称“上以风疹，欲下诏令天后摄理国政”，其中郝处俊进谏说“天下者高祖太宗之天下，陛下正合慎守宗庙，传之子孙，诚不可持与人，有私于后”。《册府元龟》、《资治通鉴》的记录与此类似。

为什么高宗会有逊位的想法，众说纷纭。很可能的情况大概是，高宗因病重早已有心放下政事，让儿子早日即位，没料到李弘突然去世，打乱了高宗的计划，新太子虽然聪明能干但无从政经验，一时又无有力亲信助手，若一旦委以重任，高宗有点不放心，一时思绪纷繁的情况他放出了这个试探气球。试探什么呢？至亲莫如夫妻，武媚娘的权力欲很强李治是有所察觉的。以前他努力培养太子李弘多次监国，众宰相与李弘投契相知，高宗有足够理由放手。现在不同，李弘不在了，得培养新太子，可培养新太子岂是一朝一夕之功啊，群臣是否能像对李弘那样衷心拥戴支持新太子，是否能有效遏制武后，李治心里没把握。所以召集众宰辅商议是否天后正式摄政，或许有存心试探群臣的意向吧！

摄政是什么意思呢？摄政就是临朝称制，这可是一项非凡的权力。如果这个动议通过，武媚娘得以摄政，她就会独自面对朝臣，处理国政，一切政事任由她自主决断，而不必再去请示高宗。这等于就是做上了皇帝，而高宗则会退居二线，一心养病，不问朝政，这可比二圣临朝或高宗病重时由她临朝代理执政大不相同，因为在二圣临朝的状态下，即使武媚娘已经号称天后，她仍然没有直接发号施令的权力，遇有大事必须和高宗商议或上表奏事，例如《建言十二事》就是这样。她的建议能否施行还要由高宗决定。而如果一旦摄政，她的权力、地位将等同于皇帝，一切生杀大权全凭自己意志行事，不必再去向高宗请示，所差的就是没有皇帝的头衔罢了。面对高宗这样一个提议，宰相们怎样表态呢？此事立即遭到宰相郝处俊的反对，他说："天子理外，后理内，天之道也。昔魏文著令，虽有幼主，不许皇后临朝，所以杜祸乱之萌也。陛下奈何以高祖、太宗之天下，不传之子孙，而委之天后乎！"（《资治通鉴》卷二〇二）这个表态包括三层意思：一、皇后只能处理内宫事务，如果临朝，就是乱政；二、天下是高祖太宗的天下，高宗无权把它传给天后；三、皇帝病重难支时应传位给太子而不是其他任何人。这些理由理直气壮，无可反驳，代表受儒家思想熏陶的大臣的共识，高宗无话可说，只好取消了这个动议。需要注意的是，当时除中书令郝处俊同三品中书侍郎李义琰表示反对外，其他宰相的发言虽未记载，并不见得就附和此议，这表明高层官员对武媚娘不认可的不在少数。《新唐书·郝处俊传》述及此事时对郝处俊备加赞颂："赞曰：方高宗举天下将以禅后，处俊固争，不使妻乘夫，阴反阳，至奸人衔怨，仇嗇以逞，盖所谓谊形于主耶？"武媚娘因此非常痛恨郝处俊。后来郝处俊子孙即遭其残杀、灭族，处俊墓亦遭掘墓毁尸。

太子李弘死后，东宫的署官作了调整。署官宰相原班人员不变，全部转为太子贤的僚属，仍然保持故太子弘东宫班底与天后的紧张关系。其中左仆射刘仁轨为李义府的政敌，一直反对武媚娘临朝；右仆射戴至德与侍中张文瓘长期为太子僚属，与武媚娘不谐，为武媚娘所忌恨；郝处俊明言反对武后执政，算是铁杆反武派。众宰相中只有李敬玄与其他宰相有所不同，因他的升迁多得许敬宗之力，故他必然跟着许敬宗走。后来仪凤三年（678 年）刘仁轨奏请高宗派李敬玄去边疆带兵打仗，结果兵败回来丢官罢相，被逐出政治舞台。

我们无法从史实中判断这次摄政动议最初是否是由武媚娘向高宗提出来的，但无疑权欲狂极强的武媚娘不会拒绝任何权力。现在许多大臣反对她摄政，她意识到两个问题：一是她虽拥有威严皇权，但高层官员不买她的账，要改变现状，现在的宰相就成为她重要障碍；二是在高宗病体难支情况下宰相们宁愿拥护太子成为他们下一任的主人。因此，在武媚娘看来，宰相和太子就成了她最重要的敌人！对付宰相武媚娘早有准备，前面提到她延揽"北门学士"为她编书，实际是让这些人参决朝政，暗中分割宰相的权力。武媚

娘还有一个办法，就是逐步给宰相换血，哪一个人退休了，她就塞进一个自己信得过的人去递补，一般是拿低级官员去换那些高级官员，资历浅的人当宰相，自然会对她感激效力，成为她的忠实亲信。

五、母子较量

太子李贤聪明能干而又精力充沛，自幼即为高宗喜欢。小的时候他读《论语》读到“贤贤易色”这句话，大为感慨，反复吟诵，因为“贤贤易色”就是说为人要重视贤德，轻视美色，他深为古人这种高尚美德所感动。高宗得知他小小年纪就已懂得这高深的道理，大加赞赏。李贤知道母亲是个权欲心很重的人，可能对他不利，他也非泛泛之辈，立即出手不凡。刚被立为太子，他便广泛搜罗人才，迅速有太子左庶子张大安、洗马刘纳言、学士许淑牙等齐集东宫，为范晔《后汉书》做注。这可是一项不简单的史书批注工程啊。他深知自己刚被立为太子，声望和人脉均不足与其兄相比，自古有“立功、立德、立言”之说，他想借注书来展示自己的才华，求得公众的认同。同时他也仿照母亲招北门学士网罗人才的办法，借编注之名广聚贤才为自己壮大人才实力和培育私人班底。注书虽带有政治目的，但工作并不马虎，清代学者王先谦说：“章怀之注范，不亚于颜监之注疏。”章怀是李贤的谥号，他赞李贤注范晔的《后汉书》不亚于唐代秘书少监颜师古所注班固的《汉书》，这是对《后汉书注》的相当高的评价。仪凤元年（676 年）十二月，李贤将此书上表献于高宗，高宗大喜，赏赐给他三万绸缎。新太子的才华也随着此书的颁行天下而得到了人们的广泛认可，树立起了良好的个人形象。李贤再接再厉，受诏监国处决明审，甚为时人称道。高宗亲书褒奖之词：“皇太子贤，自顷监国，留心政要……加以听览余暇，专精坟典……家国之寄，深副所怀。可赐物五百段。”对李贤的监国能力与成就大加赞赏。《资治通鉴》称：“命太子监国，太子处事明审，时人称之。”

对于权力欲极强的母亲，李贤心存反感，但并不当众流露。他监国处政时，时时处处表现得与母亲不同，淡定从容，宽宏大度，别具一种风采与魅力。太子像一颗冉冉升起的政治新星，而武媚娘的权力仍在进一步增长之中。仪凤三年正月，因为高宗病重，武媚娘作为天后单独登上光顺门，接受百官及四夷酋长的朝拜，面对着俯伏跪拜的官员，对皇权的渴望在她的心中一再升腾。她对权力的贪欲没有止境，她渴望自己有朝一日能够正式堂而皇之君临天下，这对她来讲是久萦于心、几乎达到癫狂程度的梦寐以求的事啊。武媚娘感觉李贤的所作所为有意是冲着自己而来的，面对这个不驯服的儿子一波又一波的攻势，她昂然而上，见招拆招，半步不退。对于高宗，她继续采取孤立政策，不容许任何危险人物接近高宗，对其施加影响。对于李贤，她办法就多了，先是让北门学士送了两本《少阳正范》和《孝子传》，教导他做个听话的孩子，又亲自写了一些信，指责李贤的不孝。李贤知道母亲和他较量上了，他不予理会，接到《少阳正范》和《孝子传》就顺手扔到一边去；借着注《后汉书》的机会指桑骂槐，历数后汉太后临朝、外戚横行导致国势倾颓，暗讽武氏辅政及重用诸武不当。武媚娘原想教育儿子听话，不料一不留神反被儿子给教育了，她怎么能咽得下这口气啊！武媚娘一看此种情形，非常害怕，等四五年之后，章怀太子李贤的发展太成功，太圆满，名望已经牢不可拔，深入人心。李贤当时已二十七岁，并不是软弱无能之辈。若用章怀之名，武媚娘行统治之实，势必无望。武后的伟大计划大受威胁，一旦高宗驾崩，武媚娘前途渺茫。矛盾已经激化，冲突一触即发。她于是采取行动了。她立即指示东宫官员告发太子失德，醉心声色犬马。李贤生性风流，颇好男宠，宠爱一个叫赵道生的男子，同寝共处，亲密如情侣。李贤明白这是母亲在搞小动作，和他过不去，他反过来借助宰相之力，上书历陈中宫权势太大，威慑皇权，于国不利。双方就这样直接较量上了，各施手段，各逞心机，母子矛盾很快从幕后转到了台前。李贤的叛逆性格和激进态势，一直不把母亲放在眼里。他监国掌政依旧我行我素，直接裁决，不像哥哥遇大事要请示二圣。他一如既往走马飞鹰，调笑吟唱，照旧宠着他的同性恋人。他就是想以这样的形式尽快建立起自己的形象，摆脱母后的阴影，不断挑战母亲的权威。从不服输、所向无敌的武媚娘不由肝火渐渐升起，越发加紧对儿子的调教，有关太子失德的奏章也雪片般地往宫里送。可是压力越大，李贤的反抗力越大。皇后和太子之间的不和与紧张，已经成为长安城内街谈巷议的热门话题。

就在这个时候，宫廷里开始流传这么一个小道消息，说李贤不是武媚娘的亲生儿子，他的母亲乃是武媚娘的姐姐韩国夫人。韩国夫人和她子女的神秘死亡，和武媚娘有密切关系。这样一捣乎，李贤就变成不是皇帝嫡子，而只是皇帝的私生子、武媚娘的情敌姐姐韩国夫人的孽种而已。这传言是从何而来的，不得而知，但显然是冲着李贤而来的，以损毁他的太子形象和威仪。没有人能查出谣言从何而来，但也没有人能否定谣言的杀伤力。

恰在这时，一件谋杀案的发生，把武媚娘和李贤的关系推到了新的高潮。一个术士神秘地出现在武媚娘和高宗身边，他叫明崇严。高宗在病情恶化的情况下，公开下诏广征合炼方士膏丹丸药，在这种情况下，方士明崇严以其远近闻名的医术和膏丹被召入长安宫廷，成为高宗的御医。同时武媚娘也经常请他来驱魔降鬼。不过明崇严虽是神道中人，却特别“忧国忧民”，他经常借神仙之口来议论政治，高宗也很信任他。就在李贤和武媚娘矛盾越来越激烈的时候，明崇严借治病的机会向高宗进言说：“我昨天和神仙聊天，说到太子，大家摇头叹息，说太子无用，不堪造就啊，倒是英王李哲（即李显）颇似已故的太宗皇帝，有人君之相。”停了一会，他又说：“论起相貌来，诸位皇子之中还是最年幼的相王最为尊贵啊。”

过了两天，明大师又发高论：“至于太子，唉，不谈也罢，实在不堪继承大统。”这样肆无忌惮攻击当朝太子的话，竟出自一个江湖术士之口，颇令人犯疑其政治背景。明崇严与武媚娘来往亲密是众所周知的。如果没有人撑腰，一个江湖术士绝不敢如此狂言乱语。李贤见父皇面前包围着一群对自己说三道四的小人，心中闷闷不乐。仪凤三年（678 年）太子的两位得力助手宰相戴至德、张文瓘先后辞世，从此由反武人士组成的宰相班子出现缺口，这种不妙的情势发展下去，看来李贤的命运已注定是个悲剧。面对母亲的挑衅，李贤毕竟政治经验不足，他越来越乱了方寸了。有时情绪消沉，有时又非常暴躁。他谱了一个曲子，叫《宝庆乐》，本来应该是欢乐的曲调，可是让人听了十分难受。当时一位大音乐家听了，也不由地连连叹息，说这个曲子含有杀声，音调又悲哀，恐怕太子会有难吧。

六、贬杀李贤

令人想不到的是，意外的事情发生了，调露元年（679 年），洛阳爆出了一个人命大案，深受高宗和武媚娘宠信的术士明崇严遇刺身亡！洛阳城一下子轰动了。武媚娘敏感地察觉到是谁在搞鬼，是谁胆敢公然在京师杀害天皇与天后的宠臣，于是她派出探子四处搜寻，洛阳城几乎被翻了过来，把此案当做头号要案来查办。在武媚娘的大力催促之下，大批人被捕入狱，日夜严刑拷打，常常有人被屈打成招，但凶手始终不见踪影。身处深宫的李治也被惊动了，他揣测到武媚娘如此大张旗鼓是针对谁，立即下诏让太子监国。可惜已经迟了，武媚娘此时已把怀疑重点对准太子宫。眼看自己优秀的儿子即将遭受灭顶之灾，高宗再也坐不住了，亲自到嵩山拜访当时著名的隐士田游岩，希望他能保住太子。田游岩倒很爽快地答应出山做太子客，然而对武媚娘这样无所畏惧的人来说，一个久居山林不问世事的隐士岂能挡住她的脚步？

当时有位东宫官员，上书劝谏太子不要纵情声色。具体地说就是他和一个叫赵道生的奴隶搞同性恋的事，为了讨好小情人，李贤赏给他大量金银财宝。武媚娘看到了这份上书，虽然表面看不过是一个风化问题，但是她还是立即上报给高宗，说这涉及太子的道德形象，要求立案调查，她要从这方面打开打击太子贤的缺口。承办涉及太子的案子，级别低的人当然不行，必须由宰相进行。当时宰相有八个，有四个是武媚娘新提拔上来的，其中一个叫裴炎的拜相前仅仅是个四品官。这些人能够拜相全是托武媚娘的福，他们自然对武媚娘感恩戴德，都是武媚娘的得力助手和同盟军。两位新提拔的宰相裴炎、薛元超和一位御史大夫高智周，组成审理太子风化案的最高法庭。既然事关风化，李贤的情人赵道生首先被提审，一阵大刑之后，赵道生受不住了，不仅招供了和太子之间的非法关系，还供出一个天大的秘密：他就是刺杀明崇严的刺客！这样一来，案子的性质就变了，从风化案上升到了谋杀案！既然是谋杀案，就要找到作案工具。

好，那就赶紧找凶器吧。武媚娘立刻派人搜查太子府，结果从东宫马厩里搜出了数百具甲胄。武媚娘感到震惊，她这才意识到太子对她的不满和厌恶已经到了什么程度，他竟准备到必要时不惜用武力与她一战！事已至此，这个儿子是不能留了。武媚娘果敢决定，把这桩谋杀案定性为谋反案，顺势把李贤拉下马。于是，在武媚娘精心策划下，由三位宰相组成的“重案组”宣告成立，三司会审大唐太子是否犯有谋反罪。太子府本有十帅府等军事机构和武装护卫，存有一定数量的甲胄当属正常，可以作多种解释。太子是帝位的接班人，帝位接班人怎么会谋反呢？这明显是武媚娘借题发挥，栽赃陷害。现在，关键就在审案的人选。前面已提过，新任宰相裴炎、薛元超都是由武媚娘从低级官提拔上来的，自然唯武媚娘马首是瞻。陪审的高智周是由薛元超引荐入仕的，官小位卑，无能左右局势。他在审案过程中不表示意见，只是一个劲儿地请求辞职，受到高宗的赞扬。高智周的表现，让我们从侧面看清了当时黑云压城城欲摧的态势，他不愿参与定罪太子，唯有辞职以表清白。他的人格受到高宗的赞美，也反映出高宗偏爱太子的态度。尽管高宗立场如此鲜明，他还是不能保护太子，反而表现出大权旁落的疲态。最后，在裴炎坚持、薛元超附议、高智周弃权的情况下，太子贤的谋逆罪名被判成立，天后、太子之争就此分出了胜负。高宗无法接受这样的结果，史书称，“上素爱太子，迟回欲宥之”，太子怎么会谋反？他向武媚求情了，天下早晚是他的，他反什么？但武媚娘断然拒绝他的求情，怒眉瞪目地对高宗说：“为人子怀谋逆，天地所不容，大义灭亲，何可赦也！”面对武媚娘咄咄逼人的气势和大义凛然的说辞，高宗招架不住，无言以对。这实际上反映出他早已被武媚娘的淫威所制服，没有他的纵容、放任，武媚娘决不会如此猖狂和凶悍！

武媚娘趁机发动大清洗运动，所有曾和她不合的宰相无不波及。太子心腹张大安被罢相，反对过她摄政的郝处俊次年被罢相，李义琰不久托病退休。而竭力为她效命的裴炎和薛元超则分别被升为侍中和中书令。经此一劫，太子贤的势力基本被肃清，宰相集团被武媚娘牢牢控制，武媚娘的无尚权威牢不可破地树立起来。废李贤的第二天，英王李显被立为皇太子（中宗初封周王，后改封英王），改调露二年（680 年）为永隆元年，同时大赦天下。

在所有被牵连的人当中，最可怜、凄惨的是李贤的下属太子典膳丞高政。高政是长孙无忌的舅舅高士廉的孙子，因长孙无忌的事高家已受了不少牵连，心有余悸。现高政又牵连入太子谋反案，如何处理啊？武媚娘冷淡地说：“得了，他是国家旧勋，祖先有过功劳，让他家里人教育教育他吧。”吓得魂飞魄散的高家为了表示效忠朝廷，决定残杀掉高政以示和他划清界限。高政一脚跨进门，他父亲左卫将军高真行就用佩刀刺进他的喉咙，伯父户部侍郎高审行跟上来又是一刀捅进他的小腹，高政鲜血淋漓倒在地上，他的堂兄弟高璇又上前挥刀砍下他的头颅，然后把他无头尸体扔到了大街上。人性的懦弱、卑微和扭曲在高家表现得淋漓尽致。对高家人如此残忍对待高政，高宗很反感，立即将高真行贬为陆州刺史、高审行贬为渝州刺史；而武媚娘心里却笑了：这样懦弱、卑鄙、毫无血性的臣子，还不好对付吗？李贤被废为庶人，押送到长安囚禁起来。据《资治通鉴》记载：“废太子贤为庶人，遣右监门中郎将令狐智通等送贤诣京师，幽于别所，党与皆伏诛，仍焚其甲于天津桥南以示士民。”第二年被流放到巴州，子女仍被幽禁宫中，不能随行。因为长久的囚禁，贤衣衫破烂，形容枯槁。新太子李显和这位哥哥的感情一直很好，不顾母后的反对，坚持为哥哥送行，事后又上表求为哥哥改善待遇。高宗去世后不久，心肠狠毒的武媚娘就派专人去巴州杀死了废太子贤，后文将有详细叙述。

【批】

李弘太子和李贤太子，都是武媚娘的亲生儿子，都遭她凶残毒杀致死，这真令人万分愤怒！为了夺取皇权，贪婪帝位，她竟相继向自己两个亲生儿子下了毒手。其中李贤最为杰出，德才超群，堪负重位，然而这恰成了母亲嫉恨的心病，必欲除之而后快。悲哉！恨哉！

太子谋反？天大笑话！天下迟早是自己的，要谋什么反？明眼人一看就知是阴谋陷害。可恨他老爸毫无用处，软弱无能，慑服雌威，明知他受冤，也不敢解救。

武媚娘心肠歹毒，动辄以谋反诬陷杀人，长孙无忌谋反案、上官仪谋反案、太子贤谋反案都毫无谋反事实根据，明显都是冤案。此后她还会以谋反罪残酷屠杀大批皇亲贵族、忠臣良将以及她不喜欢的人，几乎把李唐王朝的子孙后代都杀光了，朝臣大都不敢直言，畏之如虎，噤若寒蝉，整个大唐皇朝和封建王朝，莫此为甚，此诚为中华民族历史上一大悲惨沉痛之事！

【第十四章】换太子如同走马灯

一、庸碌李显

被权欲迷了窍的武媚娘心机算尽，使太子李弘暴毙，继任太子李贤以莫须有的谋反罪名被废为庶人，流放巴州，不久即被武媚娘派人杀死，这个丧失人性和亲情的女人深感心满意足。两位太子的不幸与悲惨遭遇引起许多大臣的同情，但畏惧武媚娘的凶残和报复无人敢表露心声，以免招惹被贬废和杀身之祸。现在朝廷已成了这样的格局：一切均由武媚娘做主敲定，高宗唯命是从，不敢违拗。这李唐天下，已基本为专横跋扈的武媚娘所掌控了。

武媚娘有四个儿子，她不可能都清除掉，那样高宗不会答应，也会失去高官们的支持。她要除去对她的存在和发展有威胁的儿子，而留下对她可能有用的儿子。她动作敏捷、凶狠，令人眼花缭乱。结果是，两个比较出色的儿子除掉了，留下了两个比较软弱庸碌的儿子，可以任她摆布，她心中略许安定了一些。她最了解几个儿子的天赋和特征，李弘聪慧，李贤果敢，李显庸碌，李旦懦弱，她的方针是除强留弱，以利自己发展和升腾。现在，她心狠手辣地淘汰精英、保留庸人、削弱基础以强化自身基业的目标实现了。

“淘汰精英”，就是消灭掉有才华、有胆识的儿子；“保留庸人”，就是留下庸碌无用的儿子；“削弱基础”，就是让太子像走马灯一样换来换去，使太子身边无法聚集起一批支持、拥护者，削弱其统治基础。这样一来，她就可始终大权在掌、左右逢源，控制和执掌朝政，以致君临天下。她的计划不但周密，而且稳操胜算，不用说满朝文武，就连最了解她的高宗也不知她下一步棋会怎么走。

新册立的太子是武媚娘的第三子李显，没头脑，智商低，昏庸无用，难成大器。立他为太子一方面是顺理成章，他两个哥哥一死一废，他是武媚娘

第三子，自然轮到他了；另一方面，武媚娘内心很了解这个儿子，是个无用的东西，是个扶不起的阿斗，这样的儿子当太子还不是笃定听自己摆布吗？太子显是他的原名，曾改名为哲，后又恢复原名。他这年二十五岁，年龄不大，却经历不少坎坷，当初武媚娘生他的时候难产，疼痛难忍、呼号，忧心如焚的高宗为此恳求高僧玄奘：“中宫有难，情愿皈依三宝，愿佛祖庇佑！”玄奘大师微笑说：“圣体必安和无苦，然所怀者是男，平安之后，愿听出家。”经玄奘祈祷，武媚娘果然平安产下一子，满月后被玄奘收为弟子，列入僧籍，故李显在佛教史上有佛光王之号。之后又在龙门石窟为李显开窟造像，祈福驱邪。可见当时武媚娘像天下母亲一样，是非常关心爱护这个难产后降生受佛门庇护的儿子的。他心地善良软弱，在母后大棒政策下，仍敢去为流亡的二哥贤送行并请求改善哥哥待遇，就是一例。但他却智力平庸，不像两个哥哥那样善书属文，遇事随意马虎，无所作为，任人摆布。正因为如此，所以父母对他期望不大。现在让他为太子是顺应皇朝制度不得已而为之之举。鉴于他缺乏才智，高宗特地委任资深望重的老臣刘仁轨、中书令薛元超、侍中裴炎辅佐他。刘仁轨惯受新贵裴炎排挤，又年老体衰，起不了多大作用。薛元超虽兢兢业业，尽力辅佐，但李显的表现实在让人失望，他竟不知自己已身为太子，应有所自尊自重，仍然像做小皇子时那么整天奔逐贪玩。裴炎似乎也很着意辅佐，但李显不听他的话，两人关系并不融洽。李显既没本事，脾气又坏又臭很是任性，人们都对他没有好感，这越发让李显不思上进、玩乐放任了。武媚娘明知这些，因鉴于他是一个狗屎扶不上墙的货色，不让自己担心和头疼，倒觉心情有些安定和舒畅了。

前面提到，太子弘曾因周王显妃赵氏被无故囚禁屋中活活饿死而去责问武媚娘，遭武媚娘斥退，终致不得好死。李显昏庸、胆小，在赵妃被囚禁时他连走进他的妻子看一看都不敢，赵妃饿死后他也不敢哼一声，可见他多么软弱无用，对凶残的母亲多么害怕了。武媚娘看准了他就是这个料，成不了气候，可以听她摆布，很是放心。开耀元年（681 年），也就是李显册立为太子的第二年，武媚娘为他再娶韦玄贞之女为继妃。韦氏虽出身名门望族，但不在朝为官，无李显前妻赵氏系高祖之女常乐公主的女儿这样显赫的政治背景，政治上已无影响力，这样的背景最符合武媚娘之意。新太子纳妃时，正逢太平公主出阁下嫁薛绍。太子纳妃、公主出嫁，双喜临门，应该说是李唐皇室近年少有的喜庆事，两场婚礼都办得十分铺张，极尽奢华之能事。然而奢华与热闹的背后，却是李唐皇族日益凋落、江河日下的严酷现实，令任何有识之士都忧心忡忡。当时始平县令李嗣真的看法就较有代表性，他说：“皇帝病日侵，事皆决中宫，持权与人，收之不易。宗室虽众，居中制外，势且不敌。诸王殆为后所蹂践，吾见难作不久矣。”身为小小县令的李嗣真能够把政局危机看得这样深透，作为大唐天子的李治自然也心里明白，他自然忘记不了自己应负的责任。他佩服武媚娘的才华卓识和施政能力，但他担心武媚娘权欲心太强，做事太心狠手辣，太子李弘死后，为防重蹈覆辙，他在李贤做太子时很少给李贤监国掌政、树立威望的机会，为的是避免引起武媚娘的猜忌和磨擦，但最终李贤还是惨遭不幸。他知道新任太子李显不成器，想让李显有所作为，开耀元年（681 年）即命太子显监国，第二年他去东都，便命太子显留守京师处理朝政，有一年多时间。可是，李显是个不中用的货，二十多岁了还是贪玩嬉乐，眼见大唐帝国后继无人，李治的焦虑和担忧可想而知。

开耀二年（682 年）似乎略现曙光。这年正月李显的儿子出世，高宗十分高兴，亲自命名为重照，并在婴儿满月那天改元永淳，大赦天下。从婴儿的取名和新改的年号，可看出高宗对这个婴儿寄多么大的希望，渴望这个婴儿能继承大业，光照天下，以保持李唐皇室长治久安。不久又下令把皇孙重照立为皇太孙，并想为这个刚满月的婴儿皇太孙开府置官署。这表明他对不学无术、顽皮成性的太子李显失去信心，而把希望寄托在皇太孙身上了。这是一个极不正常的举动，历史上从来没有皇太子健在就立皇太孙的先例，何况皇太孙只是个刚满月的婴儿，臣下提醒他此事从无先例，他不以为然地说："没有先例，就从我开始吧！"他显然希望将来皇位不致败落在成不了气候的李显手上，而终能后继有人，平稳地由李显传给皇太孙重照——重新照耀大唐光辉天下。对李治这些小动作，武媚娘心中有数，她对身边的李治的绝望与挣扎报以平静的不露声色的淡然一笑。

二、掌控宰相

两个太子接连出事，对李治刺激和打击很大。自己虽费尽心思，但新太子李显终不成器，让他气急难忍。由于忧心、难过，病情每况愈下。开耀元年（681 年）高宗病痛难忍开始服丹。他心情矛盾极了，一面说"生死有命，人力难为"，一面又广征方士炼丹。丹药炼好后他又迟疑不服，只是看看摸摸，不敢吞服下肚。此次大概因病痛得实在受不了，没有办法，只好服丹了。不幸的是，丹药不但不见效果，反而使他病情更加恶化了。不久，关中大旱，粮食匮乏，一斗米涨到三百文钱，但这对只为个人权位打算的武媚娘来说，她认为机会来了，她正想找个理由去洛阳。为什么？因为高宗病重，身体越来越差，随时都可能一病不起，她不能不在这个时候深谋远虑，为自己将来权位转接作周密安排。

她忧心积虑的是现在还不能完全控制宰相集团而烦恼，正渴望摆脱长安城旧势力的掣肘，到洛阳去大显身手。关中饥馑，她觉得是天赐良机，可借此劝李治东巡洛阳了。洛阳水陆交通便利，库存了大批粮食，可以解决政府官员的吃饭问题。武媚娘还对高宗说，我们到洛阳去，可以就近去封嵩山。您已经封过泰山了，我们再去封嵩山，把五岳封个遍。这样一可向神灵宣告我们统治很成功，二可祈求神灵保佑我们。高宗因久病缠身，真希望有神灵保佑他，所以他就同意去东都了。二圣一声令下，一万多人马就浩浩荡荡离开长安，前往洛阳了。皇帝东巡，得有军队护驾啊。当年废王立武时反对武媚娘的裴行俭现在朝掌握重兵，武媚娘到洛阳去是要办自己的大事的，如果到时候军队横生枝节，岂不遭了？因此她不愿大批军队去，特地找来新提拔上来的监察御史魏元忠，要他设法负责沿途的保安工作。魏元忠想出一个点子，在监狱中找出一个犯人，生得与众不同，目光炯炯，面露威容，举止间有黑帮老大气度，命他在天皇天后东巡洛阳时帮忙管束沿途盗贼。这个犯人欣然接受了这个任务，魏元忠发给他官服袍带，配给他一匹高头大马，一路骑马跟随圣驾到洛阳，沿途盗贼果然不敢来犯，一万多人马一路平平安安到达东都。这合了武媚娘的心计，她把可能对她不利的军队留在了长安，安全地抵达到了洛阳，她的目的达到了。

主要的宰相和军队都留在长安，这样武媚娘到洛阳后便可放手改组政府，速度越快越好。因为高宗已经病入膏肓，可能撑不了几天了。4 月 20 日刚到洛阳，她就非常神速地采取一项重大政治行动，一口气任命了四位宰相，吏部侍郎魏玄同、黄门侍郎郭待举、兵部侍郎岑长倩、检校中书侍郎郭正一。由于这几个人资历都很浅，既要他们参与朝政，又不好授予“同中书门下三品”的官衔，武媚娘便想出一个新官衔——“同中书门下平章事”。高宗本已病情垂危，此时经长途跋涉已上气不接下气，一点精神也没有了，只好听任她折腾、摆布。主要宰相又都在长安，当然无人反对，诏书被畅通无阻地颁布天下，四位年轻资浅的四品官员顿时平步登天跻身宰相行列。这几个新宰相当然对武媚娘感恩戴德、竭诚效忠，经过这一“优化组合”，武媚娘一下子就牢牢掌握了整个宰相集团的情况和走向。

这是武媚娘为实现自己的阴谋而进行的唐朝宰相制度史上的一次重大变革。按照大唐制度，只有三品以上的官员才能拜相，武媚娘打破了对任命宰相论资排辈的限制，“同中书门下平章事”从此成为低品级官员拜相的常用头衔，到后来甚至成为唐代宰相的唯一头衔。这绝不是武媚娘对宰制改革的贡献，而是出于她实现其政治野心的需要。此后大批科举出身的年轻官员也可以迅速被提拔为宰相，掌握政治中枢，与之相对应的则是资深高门贵族官吏的失势。从此，武媚娘可以随心所欲地提拔听话的年轻官员为宰相，而不必再看那些资深老臣的脸色。她很狡猾，采取迅雷不及掩耳的手段，趁高宗还在世的时候，借高宗名义进行这一重大宰制变革，取得了成功，她在宰相集团中壮大了自己的力量，可以称心如意左右朝政局势了。恰在此时，几位年老的宰相相继去世，如资深望众的中书令崔知温、铁杆反武派郝处俊等。曾谏阻武媚娘摄政的宰相李义琰因改葬父母有越礼行为而请求退休。可以说，至此宰相集团中反武派大势已去，武媚娘把自己的亲信、助手大肆补充进宰相集团，宰相集团几乎已完全为她所操控了。

在宰相集团发生翻天覆地变化的时候，李显一直在长安监国，由刘仁轨、裴炎、薛元超辅政。这当然是高宗有意培养他熟悉朝政以利接班的安排，但刘仁轨年已衰老，裴炎、薛元超分掌中书、门下二省，且都倾向于支持武媚娘，她因此也就颇为放心了。

令人忧烦的是，李显还是老样子，无论薛元超等人怎样耐心教他、辅佐他，他都漫不经心，一概置之不理。他几乎不知道什么叫作朝政、国事。如此不可救药、堕落沉沦，表明大唐王朝似乎气数将尽，一蹶不振，薛元超索性自行禀告东都，他写的《谏皇太子书》字字尽显臣相一片忠诚、苦口婆心，劝太子收心，勤理国政，不要辜负天后期望，一字没提天皇什么事，可见在群臣心目中已无病危的天皇位置，顺乎自然地认为裁决国事大任概归天后了。

次年夏天，即弘道元年（683 年），武媚娘以高宗名义飞诏命皇太子急赴东都，时高宗已经病危，含有交代后事的意味。整个宰相集团，除刘仁轨年老体弱留在长安以外，都集中到了洛阳，武媚娘组建新的皇朝政府计划宣告完成。

裴炎到达东都，在他的牵引下，程务挺和张虔勖投靠了武媚娘，分别出任左、右羽林军首领。至此，武媚娘不但掌握了整个政权，也掌握了军权，实现了她长久期望的同时掌控政权和军权的梦想。她威严地感到，此时此刻，她的权威无比强大，堪称无敌于天下。

三、病笃嵩山

武媚娘劝高宗到洛阳的第二个理由是封禅嵩山，驾幸奉天宫。到洛阳没几天，她促请高宗不顾鞍马折腾出封嵩山。这实在是武媚娘存心恶作剧，明明高宗已病情恶化，危在旦夕，还要去到嵩山封禅，这不是要高宗的命吗？她此刻已控制整个宰相集团，投靠她的程务挺、张虔勖牢牢掌握御前羽林军，军政大权在握，高宗一旦驾崩她便可以完全掌控新的政府班子，这时候带着病危的高宗去嵩山封禅，分明是在催促高宗赶快离开人世。果然，走了一段路，车驾幸奉天宫，忽然高宗病情危急，发生了武媚娘和高宗关系史上一桩公案。《资治通鉴》记载："上苦头重，不能视，召御医秦鸣鹤诊之。鸣鹤请刺头出血，可愈。天后在帘中，不欲上疾愈，怒曰：'此可斩也，乃欲于天子头刺血！'"原来，已经病重不堪的高宗经过沿路颠动折腾，引发了非常严重的风疾，头痛难忍，眼睛也看不见东西，估计是脑血管堵塞到视神经造成的。此时传统的丸散膏丹已无济于事，于是急忙召来御医秦鸣鹤诊治。秦鸣鹤是一个来自大秦也就是东罗马帝国的景教徒。景教是早期基督教的一个分支，唐初开始在中国传播。随着大批景教徒的到来，西方的医术也在中国广泛流传。现在皇帝头疼失明，就让大秦的医生试一试吧。秦鸣鹤诊断后称：“皇上的失明是由于风热之毒上侵头部造成的，若用针刺头部出血即可痊愈。”他的话音刚落，坐在珠帘后面的武媚娘就一声断喝：“此人当斩，敢用针在天子头上刺血！”秦鸣鹤吓得跪下来请求饶命。还好高宗发话了，大概是他被疾病折磨得痛苦不堪，权且死马当作活马医吧，说：“医人议病，理不加罪，头疼实在难受，出血未必不佳，我意已决，先生尽管放胆一试。”于是，秦鸣鹤战战兢兢地针刺“百会”和“脑户”二穴出血，一再加刺，应手奏效。高宗高兴地说：“好啊，好像能看见东西了。”话还未说完，武媚娘以手加额作如释重负状说：“太好了，多亏老天保佑！”为了表示对神医的感谢，她急忙跑去亲自背了一百匹丝帛赏赐给秦鸣鹤。司马光在《资治通鉴》里记这件事时提到武媚娘吓阻秦鸣鹤给高宗扎针治病是“不欲上疾愈”，就是不希望高宗病愈，盼望他早点死，有一定道理。因为她此时已把宰相集团调整控制好了，羽林军首领也是自己亲信，只待高宗死了就可以接掌君国大权，她盼望这一天的到来已经等了许多年，她已失去耐心了。司马光是对武媚娘心计了解和研究很透彻的文史学家，可以说是古代研究武媚娘的专家，他是不会轻率作此评断的。

秦鸣鹤这一针使高宗病情有所好转，眼睛能清楚看到人和东西了，高宗当然很高兴。高宗自觉精神爽快多了，觉得还有些力气。于是他回到洛阳城，兴冲冲地召百官觐见，改元弘道，大赦天下。他把自己病情转愈当作特大喜庆事来办了。他本来还想登上则天门城楼亲自宣布大赦令，但稍一动静，气血上冲，怎么都上不了马背。他无法亲自宣赦，就把百姓召到殿前，由侍臣代为宣读。李治神情恍惚地又回到病榻上，只听得外面人群欢呼如惊涛骇浪般震响，他略感心情舒畅，躺下来后闭目养神休息。停了一下，他睁眼问左右：“百姓很高兴吧？”侍臣恭敬回答：“大赦天下，百姓都很高兴啊！”李治感叹地说：“苍生虽喜，我命危笃，奈何？愿天地神祇有灵，延我一两月之命，得还长安，死亦无恨！”这是史书所记载的他所说的最后一句话。弥留之际的高宗是多么想念生活、执政了多年的长安，再看看那一片哺育他的热土啊！然而，上天没有给他这个机会，他永远不可能再回长安去了。高宗经秦鸣鹤针刺，头眩目迷病情好转后，过了些时候，病情复发，仍然头眩目迷，高宗乃召御医再行诊治，武媚娘劝止说：“可一不可再，针刺终非良策呢。”武媚娘先是不准针刺，后来又阻止继续针刺，这分明不是真心爱高宗，而是希望他早死。其实，高宗这次针刺后病情转愈，乃是俗话所说的病人临死前的回光返照。对此，武媚娘心里非常清楚，她认定高宗回不了长安了，已经急召太子李显和宰相裴炎等人火速赶到洛阳，准备接班。

四、遗诏疑团

武媚娘此次与高宗东巡洛阳和欲去嵩山封禅，表面是为使高宗心情愉快，病情早愈，其实是心存歹毒之念，一心只想高宗早死以便她抢班夺权，由代理朝政、摄政转至正式临朝听政和君临天下。她种种言行，都是为自己考虑。她看高宗年已半百，精力已衰，又重病缠身，形容枯槁，武媚娘年龄比高宗大四岁，偏她生得丰采异常，望去尚是半老佳人，风韵犹存，并不像五六十岁的样子。就是枕席风光，不减情兴，把高宗身体精血都掏空了。她因高宗没用，已看作眼中钉，表面上祝愿高宗早愈，背地里却咒诅高宗速死。老天有意天从人愿，高宗的风疾头痛病日甚一日，自返东都改元后，经常卧床不起。武媚娘仍坚持不请医诊治，以致病情日益沉重，回天无术。高宗自觉甚危，乃夜召太子显、裴炎等人受遗诏。

太医已知会武后，说是皇上大限已到。武媚娘即与太子李显、宰相裴炎等重要人物都围在了李治身边。李治抬头看着李显，对武媚娘说："朕就要走了，走后让太子即位，可否？"武媚娘说："万岁放心，妾妃一定遵旨照办。"皇上目光又落在裴炎身上，说："裴宰相，朕委你为顾命大臣，你要尽心尽力辅佐太子。"裴炎恭谨地说："臣遵旨。"李治又拉住武后的手，说："爱妃，显儿不似他的两个兄长，为人任性率为，少有临政经验，处理国事难免有疏忽。他继位后，你少不得还要多操心，军国大事当由爱妃决断。"武媚娘点头说："万岁放心，皇儿的事，就是国家的事，我会帮助过问的。"李治最后又拉住太子的手，说："显儿，你有点随心任性而为，少有治国之道，诸事要听母后的指导；初时，可让你母后帘后听政。"李显不高兴地说："父皇，臣儿已不是小孩子了，既将皇位传儿，就当放手让儿当政。"李治心里明白，朕何曾不想让你放手执政，可皇儿你怎知母后的厉害，你两个兄长都被她除掉了，而今朝政大权尽在她手中，你敌不过她啊，你自己要有本事，就积蓄力量逐渐将权力夺回来，若不慎或操之过急，恐怕要重蹈你两个兄长的覆辙！当然，这些话他不便明说，只是叮嘱说："皇儿，你母后果决有智，处理国事是离不开她的。一定要牢记，凡事请母后决断。"说毕，就闭上眼睛。

窗外，大雪纷飞，天地混沌一片，李治撒手离开了他的大唐王朝。当夜高宗李治病逝于洛阳贞观殿，遗命裴炎辅政，皇太子李显接皇帝位，时为弘道元年（683年）十二月四日。高宗五十六岁，在位三十四年，这一年，武媚娘六十岁。

按照唐制，二十八岁的皇太子李显即位，正式受册嗣位则于七日之后，就是《唐史》上所称的中宗皇帝，尊天后武氏为皇太后。此时，武媚娘称为圣后、天后听政处理国事已经有二十多年了，天下尽在她掌控之中，她是个权欲狂，从杀亲生子女到杀皇后大臣不知已肆意屠杀了多少人，一心就是一个权字，她会轻易把权力交给太子显吗？这时太子已经成年，完全可以立即亲政，怎样解决这一矛盾呢？人们拭目以待。这时，一份文件颁布了，这就是高宗临死之前，遗命裴炎辅政，同时留下一份遗诏，叫作《大帝遗诏》。《大帝遗诏》说："天下至大，宗社至重，执契承祧，不可轻旷。皇太子可于柩前即皇帝位，其服纪轻重，宜依汉制。以日易月，于事为宜。园陵制度，务从节俭，军国大事有不决者，兼取天后进止。"除了例行说辞，其中最值得我们注意的就是"军国大事有不决者，兼取天后进止"一句。这样的做法极为罕见。这个遗嘱包含三层意思：一、皇太子可于灵柩前就帝位；二、依汉制服丧，鉴于皇帝政务繁忙，汉制是一天代替一个月，三年服丧共三十六个月，那就是以三十六天代替三十六个月；三、"军国大事有不决者，兼取天后进止"，军国大事要是有皇帝决定不了的，得听取天后意见。这可太不同寻常了。此前，无论是唐高祖还是唐太宗的遗诏，都有这么一句："军国大事，不得停阙，寻常闲务，任之有司。"表示大丧期间军国大事、事关君权，必须由皇帝处理，只有平常事务才可由百官自行处理。那么，高宗为什么要在最后写上这么一句很重要的话呢？这有两种可能：一是高宗对李显相当不放心，李显监国期间表现不佳，高宗担心他控制不住局面，而他母亲富有多年执政经验，可以委以重任；二是此遗嘱可能是在武媚娘的控制下制定的。哪种情况可能接近事实呢？我认为这两种情况都可能存在。人都说父子天性，高宗是最了解三儿子李显的，他从小不用功学习，不研读经书诗文，好玩成性，不懂事理，才智很差，监国期间表现不佳，身边辅佐他的大臣的劝谏他也不听，虽已二十八岁，仍是个少不更事的儿子。对这样的儿子，高宗怎么能放得下心让他胡乱处理国事呢？他母亲天后执政多年，经验丰富，遇有军国大事难以决断的请母后做主，这是不得已而为之的办法。高宗知道武媚娘政治野心很大，也知道她想君临天下，但是遇到这个不中用的儿子有什么办法呢？只有采取这个办法来解决。这当中有四个字很重要："有不决者"，是指儿皇帝在不能决断的时候才去请示母后，并不是事事如此，高宗想，这大概就可限制武媚娘滥施权威、任意而为。至于这个遗诏是不是在武媚娘控制下写的，明白人了解武媚娘的为人，她心机很深，多谋善断，对于这样一个非常重要的遗诏，她怎能轻易忽略呢？完全有可能是她在场时亲眼监视之下写的。皇帝写遗诏是不让别人参与的，李治和武媚娘是多年夫妻，人说"至亲莫如夫妻"，李治写遗诏时武媚娘就在身边纯属正常的事。李治也知道武媚娘厉害，所以刻意加了“有不决者”四个字以限制她任意行事。李治很无奈，大限难逃，儿子李显明摆着无用，不成气候，武媚娘是那样权欲强盛、气势凌人，他没法，只好写下这两相照顾的遗诏。谁知机关算尽，还是算不过机警灵敏、雄心勃勃的武媚娘。

前面多次提到，武媚娘很有心计，她这会儿心计全开窍了。裴炎不是托孤大臣吗？裴炎和她关系密切，她就把裴炎找来，面授机宜，裴炎心领神会，就依计行事了。在高宗死后第三天，裴炎上奏，以嗣皇帝尚未受册为帝，也未听政，故请求在这样的非常时期，宰相有什么事应该禀报天后，由天后诏令门下省施行。裴炎的提议顺利通过，此后宰相的上奏完全绕过了嗣皇帝，突破了遗诏中“军国大事中有不决者”的“不决”的限制，一切事都向天后上奏，由天后全面主持工作，这样一来，把皇帝给晾到一边去了！这也不能全怪裴炎不尊重嗣皇帝李显，因为李显确实缺才少能，挑不起国家重任。他宁愿在和他合作愉快的天后手下做事，也不愿意侍候脾气又臭又硬又没本事的李显。裴炎在宰相中的位置比较重要，可谓一言九鼎。李显虽然不高兴，但他还没有正式即位，大臣们都不买他的账，他只能任人摆布。事情的发展尤其对他不利，原先说新皇帝还未受册封，一切应由天后发布命令。可是几天后，李显正式受册为帝，武媚娘和裴炎又说，新皇帝守丧还需要一段时间，在这段时间里仍应由武媚娘以皇后的身份发布命令。前面提到，皇帝守丧以日代月，需要三十六天时间。这守丧三十六天期间新皇帝又没权过问一切了。

五、架空皇帝

武媚娘的长期战略是独揽朝政、登临帝位。对此她早有谋划。按照皇朝体制帝位是传给儿子，因此对武媚娘构成威胁的是她的几个儿子。她在有步骤、有计划地推行她对付几个儿子的夺权战略：淘汰精英，保留庸人，削弱基础。她已经把卓有才华的大儿子李弘、二儿子李贤先后给收拾掉了，剩下来的三儿子李显、四儿子李旦都是庸碌无用的人，她根本不屑把这两个儿子放在眼里。她现在面对的是李显。中宗在正式受册前四天宣天后令，受册后而守丧期未满则宣太后令，但也只能拖延一时，守丧期满李显就要正式行使皇帝职权了。武媚娘成竹在胸，她有的是办法：推行削弱基础战略，即把皇帝架空，使他无所依靠。时间很紧，在剩下来的短短的十几天时间里，她需要稳住中间派，钳制反对派，拉拢观望者，从上到下、从里到外保证没有任何空档可供李显利用。她有条不紊、毫不慌乱地作了一系列人事安排：

第一，安抚李唐宗室。十二月十七日，武媚娘下令给李唐宗室中辈份高、有一定威望的高祖、太宗诸子统统加封。例如，高祖的儿子加封为太尉、司徒、司空，这是所谓的三公，太宗的儿子加封为太师、太傅、太保，这是所谓的三师。这些都是朝廷的一品大员。这在当时都是非常显赫的官职和荣衔。武媚娘下诏加授韩王元嘉为太尉、霍王元轨为司徒，舒王元名为司空，滕王元婴为三府仪同三司，鲁王灵夔为太子太师，五人皆高祖庶子；越王贞为太子太傅，纪王慎为太子太保，二人皆太宗庶子。这是为了安抚李唐宗室，让他们放心，虽然高宗去世，太后临朝，但太后还是愿意照顾他们的利益，尊重并提高他们的皇室身份。这样既可安抚其心，以免生变；又可堵住李唐宗室的嘴，也就等于堵住了反对派的嘴，稳定大局。

第二，调整宰相班子。当时她把宰相分为三个部分。第一部分只有一个人，即德高望重的刘仁轨，升为品级最高的尚书左仆射，仍留守长安，实际让他闲置了，意思是洛阳这边的事您老就别过问了。第二部分是几位刚提拔的宰相，把他们从“同中书门下平章事”升为“同中书门下三品”，进岑长倩为兵部尚书，郑玄同为黄门侍郎，刘景先为侍中，希望他们能对她感恩效力。第三部分是裴炎这个极重要的托孤大臣，根据裴炎要求，把他从门下侍中改为中书令，并把宰相集体议政的机构政事堂迁移到中书省，以强化裴炎的权力。而同一批提上来的不合心意的郭正一则被罢相，转为国子祭酒。这样一来，宰相的任免大权就完全掌握在武媚娘手中了，绝大多数人都得到提升，当然都会为她竭力效命了。

第三，控制中央禁军和地方重镇。羽林军是皇朝亲自控制亲兵队伍。武媚娘要想夺权必须首先取得亲兵队伍的支持。她诏令大将程务挺和张虔勖分掌左右羽林军，奔赴洛阳，稳定东都政局，以备不测。同时，派遣军中心腹左威卫将军王果、左监门将军令狐智通、右金吾将军杨玄俭、右千牵牛将军郭齐宗前往并州、益州、荆州、扬州四大都督府，与当地官府共同镇守。加强防卫。她如此派心腹大将出镇地方军事经济重镇，对稳定全国政局极为重要，这是嗣皇帝守丧期满前一日的事。

在短短的十几天中，武媚娘马不停蹄一口气接连办完这么多大事，这注定了她向儿子李显夺权定能成功。以后的事实也证明了她的眼光和魄力，她走的每一步棋都在关键时刻发挥了作用。她现在已经把皇帝李显完全架空，并且成为可以任她摆弄的囊中物。武媚娘就是这样为了权力而拼命把儿子当作死敌，前面李弘、李贤已被无情消灭，现在面临厄运的是她第三个亲生儿子李显。

六、李显被废

正月初一，已经憋了快一个月的李显终于亲政做了皇帝。李显改元嗣圣，本想大张旗鼓地干点事情，但他快乐不起来，环顾四周，顿时傻眼了。从中央到地方，从文官到武将，没有一个不是母亲的支持者，上上下下，铁桶一般，把他包围得严严实实，几乎透不过一口气来。他虽然贵为皇帝，但是却四面受制，无人能为他所用，没有人买他的账。他这个皇帝也真是当得荒唐、窝囊，他从小缺乏帝王的培养教育和实际锻炼，智力低下，不学无术，专喜斗鸡走狗，骑马打猎，这样的纨绔子弟，根本不是当皇帝的料。他根本没有斗争水平和策略，他和他老爸相比相差十万八千里。当年高宗受制于宰相，还懂得忍耐顺从，慢慢寻找突破口，李显压根儿就没有这个水平和胆量。他的处境较章怀太子更为不利，章怀太子当时上面还有个维护他的父皇，还有一批忠于东宫的僚属，而他什么也没有。面对如狼似虎的母后，他心里只觉得可怜和心酸。

李显刚刚亲政，马上立太子妃韦氏为皇后，封原为小官的韦后父亲韦玄贞为豫州刺史。过了几天，他又把韦后的一个远亲提拔为同中书门下三品，直接当上了宰相。他有个很简单的盘算，既然大臣都是皇太后的人，我也得有自己的人啊。在洛阳的贵族已经没落了，只有几个低级别的官员，都不好提拔。想来想去，只好先提拔岳父。他没头没脑，刚提拔岳父为豫州刺史，又要把他岳父提拔为侍中，还准备让乳母的儿子当一下五品官。他岳父刺史的位置还没有坐暖，就又要提拔为侍中，这样太露骨的任人唯亲，怎么能叫人服呢？这一主张立刻遭到了顾命大臣裴炎的反对，坚持认为不可。裴炎此时是中书令执政事笔的首席宰相，如果皇后的父亲做了侍中，掌控门下省，裴炎的地位必然大受威胁。李显再三催逼，裴炎坚决不肯受命，不愿起草诏书。李显本来就没修养，耐不住性子，竟大发起火来："就算我把天下交给韦玄贞有何不可！他怎么就做不得侍中啊！"裴炎为人骄狂，且不把李显放在眼中，高宗死后，他绕过嗣皇帝把权力交给太后就是明证，他估计中宗可能会因此而对他不满和报复。现听说李显要把天下交给岳父，立刻告诉了太后。武媚娘正在踌躇以何种方式收回权柄，听此禀报立刻认为机会到了，就此可以收回李显的帝位了，而此时中宗的皇帝宝座还未坐满一个月，灾祸就降临头上了。他何曾想到，险恶无比的母后正日夕虎视眈眈窥视他的帝王宝座呢！

从来说："同气相投，同恶相济。"武媚娘和裴炎一碰头商量，结果不谋而合：既然李显如此轻狂、不识相，那就干脆废了他，另立豫王旦为太子。裴炎为此和刘祎之商量了一下，刘祎之是北门学士之首，既是武媚娘的心腹，又是豫王李旦的老师，曾两度出任李旦的王府司马，李旦对他极为尊敬，视之如师如父，双方关系密切。他也赞成废中宗，让自己的学生李旦上台。文臣搞定了，还有武将，武媚娘在李显亲政之前就调来两位羽林军将领，经过沟通，这两个人已经归心于她、为她所用了。

准备工作做完，就立即采取行动。嗣圣元年（684 年）二月六日，这一天是双日，武媚娘打破高宗以来双日不上朝的惯例，召集文武百官到洛阳宫的正殿乾元殿上朝，决定强行废除中宗李显的皇位。大臣们聚拢来，有点丈二和尚摸不着头脑，连皇帝李显也是一头雾水。为了避免李显任性逞强，闹出不可收拾的局面，武后亲自坐镇乾元殿帘后。文武百官一见这架势就知必有要事发生，朝堂一片寂静无声。中宗察觉到了形势异常，寒冬的空气里流动着一股诡异与不安。大臣们到殿上后发现朝堂上少了几个人，特别是顾命大臣裴炎怎么没有来啊？正在这时，殿外忽然传来一阵急促的脚步声，一下子冲进了四个人：中书令裴炎、中书侍郎刘祎之和两位羽林将军程务挺、张虔勖，他们身后是刀剑光闪动的羽林军士兵，裴炎抢前一步，大声宣布：“皇帝无道，奉太后令，废皇帝为庐陵王。”话音刚落，两名羽林军立即扑上去，一左一右将皇帝架下了宝座。可怜李显莫名其妙边挣扎边喊叫：“我何罪？”薄薄的帘子后传来武媚娘严厉的声音：“汝欲以天下与韦玄贞，何得无罪！”

这句话终结了一切，在羽林军刀剑的映衬下显得分外铿锵有力。刚做了三十六天皇帝、位子还没暖热的中宗，就这样被武媚娘一句话废为庐陵王，立刻囚于宫中别院。同年四月流放房州，后又改为均州，关押在贞观后期魏王李泰因为争权被黜的旧院里。同时流韦玄贞至钦州。

这场兵不刃血的宫廷政变，从表面看，武媚娘似乎是有道理的，大唐高祖太宗闯下的天下，怎么可以随便送给外姓啊。实际上，这是武媚娘的一个阴谋诡计，她把朝廷中的文武大臣都收拢到她麾下，听她指挥、摆布，弄得中宗上台没有一个亲信和可倚靠的人，他智商低，不冷静思考和深谋远虑，急于求成，一不当心在母后亲信面前说出了错话，给母后及其亲信抓住把柄，一下子搞下台了。其实这是武媚娘早已布下的天罗地网，只等儿子李显不当心掉进陷阱被逮个正着。武媚娘就是想通过这个办法，笼络人心，收买亲信，铲除对手，包括她的几个亲子，她都一概毫无人性地残忍对待，以利于她独掌朝政和攀登上人世上最尊贵权威的皇帝宝座。废黜中宗只不过是她小试牛刀，接下来李旦也不会有好下场，很快就会被幽禁，贪婪残暴的本性决定了她必定要在这条登临权力顶峰的道路上一路厮杀过去，纵然是骨肉亲人也毫不顾惜，哪怕血流成河、尸积如山！

七、李旦被囚

李显被废的第二天，连太子也没做过的豫王李旦，稀里糊涂就被扶上大殿，直接继位为皇帝，嫡妃刘氏为皇后，所生的6岁嫡子成器为皇太子，改元文明，天下大赦。为争取臣民的支持，特赐文武官五品以上晋爵一等、九品以上勋官连升两级。在普天同庆的欢呼声中，一夜江山易主，一个新的王朝悄然诞生了。

李旦是武媚娘和高宗的第四个儿子，原名旭轮，时年二十二岁，旦或旭轮都是太阳的意思。可以看出当初武媚娘对他同样寄予厚望。李旦刚出生就被封为殷王，三岁即拜单于大都护，都是极为少见的恩遇。因为是最小的儿子，李旦备受疼爱一直没有离开父母身边。这样的环境养成了他文静柔顺的性格，并且伶俐乖巧，很会撒娇。李旦为人谦逊和蔼，好学工书，有学者气质而无政治家的风范，在武则天的孩子里最具文人禀性。由于是武媚娘四个男孩中最小的孩子，自幼娇生惯养，谁也没有把他当皇储来培养，倒是平易近人，很具亲和力。当时宰相集团对他都有好感，人前人后打的都是“废昏立明”旗号，可以相信这也许的确是裴炎、刘祎之等人行废立之事的动机，是他们用来说服自己是为国家社稷考虑而不是出于个人私心的自我安慰。

李旦性格较李显更具依赖性，易于掌控，以当时的情形看，朝臣们希望看到的并不是一个强有力的新皇帝。初唐时代的儒家思想尚未变异成对道统的执着维护以至压制和束缚自己的思想，当时儒家文人“但为李氏子孙便北面而事之”的思想较为浓厚。对于刘祎之来说，李旦本来是他的学生，存有一份私心；对于裴炎来说，中宗如此不给面子，不如换个年纪小的皇帝试试，都明显有着忠于李唐王朝的倾向。他们认为效忠小皇帝李旦就是效忠李唐王朝，也就是效忠太后武媚娘。他们别无他求，只是期待由皇太后出面而可以名正言顺地更换一位既于国家有利也于自己有利的皇帝。但是，他们都错了，潘多拉的匣子一打开，局势已非任何人所控制，他们错误地以为冉冉升起的政治新星是大唐皇朝正统天子，却丝毫不觉是神州大地有史以来从未有过并集万千罪恶于一身的权欲熏心的女魔。

满朝百官都以为，皇太后很英明，贬黜李显，李旦登基，这小朝廷可以平安无事了。不料节外生枝，弄得大臣都十分吃惊。就在李旦被立为皇帝的第二天，朝臣上朝时忽然皇帝宝座上的皇帝不见了，武媚娘面对大臣说：“鉴于李显的前车之鉴，李旦没有监国经历，为避免朝政紊乱，哀家决定临朝听政，待到李旦能够独立处理国事，哀家再还政与他。”百官一下子都蒙了，不知所措。朝臣都知武媚娘十分厉害，没一个敢反抗的，全都跪下来，叩头三呼：“太后英明！天后陛下万寿无疆！”至此，武媚娘以走马灯般地更换皇帝的方式，终于正式登上了她期盼已久的皇帝的宝座，并显露了改朝换代的种种明显迹象。冷静观察和控制时局变化的淫毒恶妇此时狰狞面貌毕露，不再装模做样而赤裸裸地凶神恶煞地赫然登场了。第三天，高宗生前所册立的皇太孙李重照被废为庶人，其府作废，李重照随中宗迁嫡房州。第四天，太后派心腹左金吾将军丘神勣赴巴州逼杀李贤，又三日后，武后亲临武成殿，嗣皇帝李旦率文武百官重上尊号给太后，正式确定皇太后临朝称制的合法地位，这是文明元年二月十二日的事。二月十五日，太后临朝，完成嗣皇帝李旦的册封仪式，让人震惊的是主持大典的竟是武媚娘的侄子武承嗣！更令人不解、困惑和震惊的是，新皇帝一直被囚于别殿，不得预闻政事。裴炎没有回过神来，他们口口声声的“废昏立明”竟然会是如此令人揪心的情况吗？有些人以为这是非常时期，大概武后需要集中精力解决善后问题吧？岂料，十二日皇太后正式临朝称制，人们才恍然大悟，原来一切的一切都是武媚娘一手导演的一场丑恶无比的抢班夺权、借机独揽朝政并企图改朝换代的罪恶剧！时间一天又一天地过去，武媚娘欲亲自临朝执政的脚步丝毫没有停下来的迹象。十五日，新皇帝正式受册，依然居于别殿且禁止百官觐见，偌大的朝堂上龙椅空空人影全无，紫宸殿却赫然升起一袭淡紫色的纱帐，宣告着太后临朝总摄国政的开始。裴炎怎么也没想到，自己机关算尽劳心劳力换来的竟然是这样的结果！万里江山现在全部掌握在那袭纱帐后的女人手里，而那至高无上的权柄，正是自己双手奉送给她的。螳螂捕蝉，黄雀在后，裴炎几乎可以想见太后唇边那丝讥讽的微笑。

睿宗旦得幸苟全，只得对一切不听、不看、不说。他现在被监禁在皇宫里，比被流放远处反倒更安全，因此他处处逆来顺受，知道自己活着是供给母后大权独揽的一个合法根据而已。武媚娘无须解释何以睿宗身遭幽禁，何以不在朝执政。几个大臣曾窃议此事，立遭贬谪出京，这件事武媚娘不愿再听到有人提起，众大臣也心惊胆战不敢再提了。

【批】

本章是武媚娘处心积虑耍尽阴谋地正式临朝摄政并开始改朝换代的罪恶表演概况。她主要做了些什么呢？一、折腾丈夫高宗致死。李治已病入膏肓，命悬一线，她居然把李治颠簸到东都洛阳封禅嵩山，如此病情沉重、朝不保夕的人能经得起这样折腾吗？所以说是武媚娘存心折磨李治致死，以便她粉墨登场，抢班夺权。二、运筹帷幄，收买宰相集团，安抚李唐宗室，执掌军权，远离旧贵族势力较强的首都长安，来到东都以利她发动蓄谋已久的宫廷政变，登临帝位。三、走马灯似的更换太子，废李显、囚李旦并派人杀死李贤，如闪电惊雷一般的骇人动作，她都处理得十分自然、快速、干净、利落。四、改朝换代开始锣鼓登场。太后临朝，诸武用事，随后又是东都改名，改换旗色，官职变易，改元年号，追封武氏，建立祠庙等等，都是她早有预谋的事，而今一旦付诸实施罢了。这一重大政变和改朝换代阴谋很可能从她入主中宫、垂帘听政、二圣临朝、晋升天后时就已开始在内心酝酿了。

【第十五章】违良策兵败高邮湖

一、改朝换代

李显被废黜之后，武媚娘改立幼子李旦为帝。李旦是个温顺平和的孩子，一贯很听母亲的话，对母亲千依百顺。他知道自己没有从政经验和政治资本，做不了皇帝，但既然要他做，他就做吧。令他想象不到的是，他才登上帝位，就立即变成囚徒，从被选定为皇帝的那一天起就已被软禁起来了。他也很乖巧，原没有做皇帝的欲望和准备，软禁就软禁吧，他不愿意、也不敢和母亲斗，他知道母亲很厉害，三个哥哥都没好下场。他在高压下只有顺从，从不乱跑，乖顺得很。有时母亲叫他出来露露面或做点什么事，他都遵照执行，执行完了又回到被软禁的内宫去。武媚娘知道李旦很乖、很听话，所以对他很放心。现在虽是太后临朝执政，但遇有大事还是要让他出来露面、活动。例如文明元年二月十二日，武媚娘亲临武成殿，嗣皇帝李旦率文武百官给她上尊号，正式确定她临朝称制的合法地位。二月十五日，太后临朝，正式册立李旦为皇帝，随后就立即被送进一个偏殿被软禁起来。与此同时，紫宸殿的龙椅上空无人影，龙椅后面则垂下一幅浅紫色纱帘，武媚娘端坐中央，接受百官朝拜、奏议，宣告了她已正式临朝称制，成了大唐帝国的最高统治者。理由令人搞笑，说是皇帝死了父亲，内心十分悲痛，缺乏执政经验，暂时无法理政，需要太后来代理朝政。明白人都很清楚，她武媚娘已很阴险、狡猾而有策略地夺取了大唐江山！

武媚娘临朝称制，目的是要改朝换代。这一年她六十一岁，要想当皇帝，这个年龄已经不小了。太宗、高宗都在五十几岁便已去世，武媚娘六十多岁还想称帝作威。只因她权欲心太强，她一路厮杀过来，顺我者昌，逆我者亡，亲生儿女概不例外，花再大的代价也要登上皇帝宝座，不达目的，决不罢休。

她虽急于想改朝换代、登临帝位，但心急吃不得热粥，有些事她还必须要做。这一年，她做了五件大事：

第一件是逼杀废太子李贤。二月二十日，即她紫纱帐听政的第五天，废太子李贤被武媚娘派的特使丘神勣逼杀于巴州。丘神勣是受命去“严密监视”李贤的，他领会武后的心意，到了巴州，就假称受太后之命逼令李贤自杀身死。李贤是高宗诸子中最有才干、胆量的人物，杀了李贤，可永除武媚娘后患。丘神勣于三月回到东都洛阳，向武后报告李贤自杀经过。武媚娘假意以误解太后旨意、逼迫李贤自杀的罪名将丘神勣贬为叠州刺史，但这纯属做样子掩人耳目，丘神勣没多久就又被召回任左金吾将军。武媚娘又假惺惺追封李贤为雍王，率文武百官于显福门举行“举哀”仪式。司马光对武媚娘残忍杀死亲生儿子太子贤又假惺惺推脱罪责和为贤举哀、封王深感不齿，在《资治通鉴》中有详细记载：“太后命左金吾将军丘神勣诣巴州，检校故太子贤故宅以备外虞，其实风使杀之。”“丘神勣至巴州，幽故太子贤于别室，逼令自杀。太后乃归罪于神勣，戊戌，举哀于显福门，贬神勣为叠州刺史。己亥，追封贤为雍王。神勣寻复入为左金吾将军。”从上述史料可以看出，丘神勣只是奉武后逼杀李贤之命行事，他并没有什么过错。逼杀亲子，武媚娘心肠多么狠毒啊！武媚娘这么做，就是昭告天下，李贤已死，你们别指望他了。后来李敬业扬州之乱果然冒章怀太子之名造反，但因已将李贤的死昭告天下，叛乱就失去了号召力，终遭失败。贤既杀死，又猜忌庐陵王显，初贬房州，又徙至均州（公元 684 年 2 月，继位才两个月的中宗被武则天废为庐陵王，贬出长安）。

第二件是改革各种名号。首先是改年号。这年九月，改元光宅，这已是这一年里第三次改年号了，由嗣圣改为文明，又由文明改为光宅。其次是改旗帜。把所有旗帜由红色改为金色。

第三件是改都名。称东都为神都。洛阳宫也改做太初宫，这表明，这是武媚娘早已谋划好的把洛阳当作她改朝换代的都城了。

第四件是改官名。把原先朝廷衙门及官职名称全都改掉，如尚书省改叫文昌台，中书省改叫凤阁，门下省改叫鸾台，吏、户、礼、兵、刑、工六部改成天、地、春、夏、秋、冬六官，侍中为纳言，中书令为内吏，左右仆射为左右相，御史台为左右肃政台。

第五件是追尊武氏先人，提拔武氏家人。武媚娘追封自己五代以内为王，尊五代祖武克己为鲁国公，妣为夫人，高祖居常为北平郡王，曾祖俭为金城郡王，祖华为太原郡王，父士彟为魏王，祖妣皆为妃。在洛阳建立七庙，岁时致祭。古时只有天子七庙，建七庙就等同天子礼法了。把异母哥哥武元爽的儿子武承嗣正式拜相，堂哥武元庆的儿子武三思被提升为右卫将军、夏官

（兵部）尚书。将武攸暨、武攸宁、武攸归、武攸望等俱累升高官。有这班武氏在朝担任要职，武媚娘想干什么事就都很顺畅了。改年号、改旗帜、改都号、改官名、建七庙等都是改朝换代的标志，武媚娘想干什么，狼子野心，已昭然若揭了。

武媚娘真的忙坏了，高宗去世后，短短数月里，她废中宗，囚睿宗，杀章怀太子，又进行了一系列改朝换代的重大改革，改年号、旗帜、都名、官府名、官名，建武祖七庙、封五代祖先为王，并重用诸武，突出武承嗣在朝廷的重要地位等等，高强度快节奏的举措和行动忙得她几乎喘不过气来，整天都把手中的朝政大权的弦绷得紧紧的，日子紧张得每天都像在打仗。她乐于这样做，她为此已准备了好多年，从二十多年前代理朝政、并称二圣、晋升天后开始，她就有此谋算了，高宗重病缠身，将不久于人世，她早就决定迟早有一天要总揽朝政、登临帝位，不管是谁，都无法阻挡她要篡夺大唐政权的野心和欲望的实现。虽然此刻她还没有登临帝位，龙椅就在她前面，上面空无一人，皇帝被软禁，她稳坐在龙椅后紫纱帐后，目光炯炯地注视着朝堂上的群臣，群臣都战战兢兢、惟命是从，那她还不等于登临帝位、行使帝王的权威吗？俗话说："利欲熏心"，她这么忙，却独忘了一件大事：高宗的灵柩停在洛阳已整整五个月了还未安葬，恐怕尸体已腐烂了，这在几千年封建皇朝历史上是极为罕见的。实际上并不是她忘了，而是忙于抢班夺权、改朝换代整日整夜都不亦乐乎，而忽略了这件在她看来是很轻微的小事了。

人都说，叶落归根，长安是李唐王朝夺取天下生根立足的地方，李唐历代祖先安葬的地方，于情于理都应将高宗送回长安安葬，入土为安。可武媚娘怕回长安，长安是李唐王朝贵族势力集中的地方，她正想篡唐夺权、改朝换代呢，她敢回去吗？她连与长安那帮贵族和老臣见面都不愿意，更不用说回长安了。怎么办呢？命令她小儿子嗣皇帝李旦去完成这个任务。她不怕李旦跑了造反吗？她算定李旦温顺、听话得很，他不敢怎么样，他的妻子儿女都控制在自己手里，他的身边密布监督他的外戚、亲信，还有武媚娘掌控的羽林军。因此，他绝对无所作为。何况，让他以嗣皇帝身份送父皇灵柩回长安安葬，气势宏大、威武，还可以大大风光一下呢。于是，在武媚娘精心安排布置下，睿宗李旦便奉命护送高宗灵柩西返长安，正式下葬于乾陵。李旦办完事又回到洛阳内宫过安闲的幽禁生活。除此而外，他别无办法，不能有所作为，母后太厉害了，前车可鉴，三个哥哥李弘、李贤、李显下场都很悲惨，他只能听天由命，知足常乐，安安稳稳做个驯服工具。对此，武媚娘深表满意。李旦这个嗣皇帝已经完全成了操纵在武媚娘手中的木偶，武媚娘现在需要的就是这样很驯服、听摆布的木偶兼囚徒式的嗣皇帝。她以李旦缺乏执政经验、暂时无法理政为名，实际上已独揽朝政、君临天下了。而与此同时，她仍在加快早已谋算好的改朝换代的步伐。

二、臣民抗争

鉴于满朝文武都在太后的铁腕下噤若寒蝉，裴炎坐不住了。他内心深处不知有多少次后悔当初的愚蠢，把一个只说了一句错话的皇帝在武后盛怒下拉下帝座，刚换上的皇帝旦又被搁在一旁软禁起来形同虚设，武媚娘改朝换代的步伐如此之快，使他都惊讶得不知所措。他对武媚娘追封武氏五代以内的祖先为王、建武氏七庙和重用家人深为不满，他向武后奏谏说：“太后母临天下，当示至公，不应自私所亲，汉吕后崇封产禄，因以致败，太后难道未闻么？”他说您太后身为国母，应当以至公之心示天下，不可偏私于私亲，汉吕后因滥封外戚俱获富贵显爵，结果招致失败，您太后难道不知道吗？武媚娘锐利的目光射向裴炎，她以威严的口吻对裴炎说：“吕氏滥封母族，原足致亡，我是追崇亡亲，有何妨碍？”他说吕后是因为大肆分封在世的亲戚而败亡，我只是追尊已故的祖先而已，有何不可？她明显是强词夺理，把武承嗣、武王思等晋封为朝廷重臣，难道不是滥封母族吗？把武氏祖庙建成如同天子礼仪的七庙，这叫一般的追尊已故的祖先吗？裴炎坚持抗争说：“凡事当防微杜渐，不应自开端绪，还乞太后明鉴！”话中隐含武后封武承嗣为相，以天子礼建武氏七庙都是“自开端绪”，这不是小事，您太后应当考虑考虑啊。武媚娘听不下去，不听从裴炎劝告，并且已怀有怨恨裴炎的心意。《资治通鉴》记载：“太后不从”，“裴炎由是得罪”。事实上，对于本家的尊崇并不像武媚娘所说的只限于过世的祖先，早在册封嗣皇帝的仪式上侄子武承嗣就已大显威仪，主持册封大典的本应是首席宰相裴炎，万万想不到竟是武后的侄子武承嗣，把首席宰相裴炎搁在了一边，也不是已明明爬到一人之下、万人之上的宰相裴炎的头上去了吗？堂哥武元庆的儿子武三思也由右卫将军升为夏官（兵部）尚书，完全掌握兵权。如此独揽军政大权，不是篡夺皇权、改朝换代是什么？

对上述这种种情况，不单是裴炎深感不快，就是参与嗣圣元年二月政变把李显赶下台的刘袆之也同样感觉悔不当初，本来有心将心爱的弟子旦扶上皇位掌控天下，却没想到旦竟从此失去自由，沦为囚徒，做了傀儡。武承嗣主持正式册封大典，已表明朝廷大权已落入武氏家族之手，改朝换代、江山易姓只是早晚的事。朝臣们和新皇帝旦都回不过神来，一夜之间，李旦由亲王变成皇帝，又从皇帝变成囚徒，他们都想不通，但又无可奈何。李旦只能乖乖地接受现实，现在他和他妻儿的生命完全掌握在母亲的一念之间。他要做的不是反抗，而是要绝对服从母亲。他的愿望很卑微，就是活下去。于是

人们只能在高压、恐怖的现状下看到一个淡漠谦恭的皇帝和他沉静而温和的微笑，他是大唐帝国最高贵的皇帝也是最恭顺的囚徒。

有一个老臣对武媚娘想改朝换代的作为很是反感。他就是矢忠李唐王朝的刘仁轨。武媚娘为了稳定、安抚刘仁轨，向留守京师的老臣刘仁轨写了封亲笔信，任命他专知西京留守事。刘仁轨知道武媚娘不肯回长安阴谋在洛阳改朝换代，他特地上书回复武媚娘，自称年老体衰不堪当此大任，并援引汉朝吕后专政而最终败亡之事规劝武后，史书说他“因陈吕后祸败事以申规戒”，“吕氏见嗤于后代，禄产贻祸于汉朝”，希望皇太后引以为戒。话说得如此直率坦诚，可谓直言劝谏武媚娘及时悔悟，改变种种改朝换代的想法和做法。武媚娘心知他对自己不满、反感，但念他年已衰老，无能力和精力与自己公开对抗，于是派武承嗣到长安传达自己的意见，大大夸奖了刘仁轨一番，称“公忠贞之操，终始不渝，劲直之风，古今罕比。初闻此语，能不罔然；静而思之，是为龟镜”，起到了安抚刘仁轨的作用。没多久，刘仁轨病殁，武媚娘念他是先朝重臣，留守长安有功，诏令百官赴丧，追赠开封仪同三司。因高祖安葬乾陵，遂命以仁轨灵榇陪葬。

三、扬州起兵

武媚娘幽禁李旦谋夺天下，准备改朝换代。正当紧锣密鼓之时，忽然传来令人震惊消息：扬州举起反武义旗，拥兵十多万，讨伐阴谋篡夺君权、改朝换代的武媚娘。

武媚娘重用诸武，内官多受排挤，外官多遭贬斥。李勣（原名徐懋功）的孙子李敬业，袭爵英国公，本任眉州刺史，被贬为柳州司马。他弟弟李敬猷为盩厔令，也被免官。给事中唐之奇贬为括苍令，詹事府司直杜求仁贬为黟令，长安主簿骆宾王贬为临海丞，御史魏思温贬为盩厔尉。这些人俱作客扬州，同病相怜，遂协谋起兵，借匡复庐陵王之名，推李敬业为统帅，魏思温为谋主，悄悄地合谋举事，共同讨伐武媚娘。

发生扬州反叛的原因，并非李敬业等人受贬不得志，而是武媚娘改朝换代的步伐加快了。她把李显撵下帝位，扶李旦为帝，却没让李旦一天亲政，而是把他软禁起来，只是在需要他露面的时候才让他出场，出场以后继续软禁，所谓嗣皇帝完全是一句空话，“废昏立明”也完全是骗人的花招。龙椅背后紫纱帐中威仪尽显的武媚娘才是当今皇朝最高统治者，以太后之名，行帝王之实。杀废太子李贤是处心积虑要办的一件事，因为李贤才华出众，有反抗性和号召力，一日不根除，武媚娘一日不安。但高宗在世时，她不好杀死李贤，高宗是绝不会同意杀李贤的。高宗一死，武媚娘就可任意而为，杀死李贤了。李贤被杀死后，也就扫除了夺取李唐皇朝最高统治权的最大障碍。她改革众多名号，完全是为改朝换代作准备。追尊武氏先人，尊自己五代祖先为王，为自己祖先建只有天子才可建的七庙，也都是改朝换代的重要步骤。重用诸武，使武承嗣主持册封大典，意味着主掌宰府大权的已非裴炎，而是归武氏家族了。武媚娘牢牢控制了所有宰相，一切生杀升贬大权尽在掌握之中。迹象如此明显，武媚娘已完成了改朝换代所有准备工作，只待正式宣布改朝换代名称，就是头脑简单一些的人也都已明白武媚娘一切举动都包藏祸心。古代人很重视忠臣孝子，忠孝仁爱的“忠”是放在第一位的，忠于李唐王朝是当时天下臣民的一致心愿。现在谣言兴起，百姓寝食不安，武媚娘显然正谋推翻唐室，百姓念念不忘太宗，一定得有人起来中兴大唐天下。唐室王公子弟和矢忠唐朝的臣民，心中惴惴不安，武媚娘已经太荒淫专横，应当有人起兵造反，此乃众望所归，人心所向。武媚娘要改朝换代，是违背民心的。因此，反对她改朝换代，乃是正义之举。

扬州反叛的第二个原因是当时扬州汇聚了一批被贬官员和失意文人政客。前面提到李敬业兄弟、唐之奇、杜求仁、骆宾王、魏思温等人均因遭贬黜而游玩会聚扬州，因反对武媚娘揽权专政、企图改朝换代而共议举兵讨伐。这里介绍其中三个主要人物：李敬业、骆宾王、魏思温。

李敬业的祖父原名徐懋功，是开国元勋之一，因开国有功赐姓李，名世勣，后又因避太宗讳去掉世字，单名李勣。李勣一句“此陛下家事，何必更问外人”四两拨千斤，一下子扭转武媚娘在废王立武时的被动局面，因而成为武媚娘最敬重的大臣。但李勣从不过问宫廷斗争的事，比较直率，遇事不轻易表态，和武媚娘关系并不是最亲密的。李勣的儿子早死，他死后爵位英国公就传给了孙子李敬业。他们兄弟俩一肚子怨气，就到处游玩，玩到扬州来了。正好与一群失意文人政客在一起，在酒楼聚会，大发牢骚，针砭时局，一致对武媚娘谋权篡政不满，遂有了扬州起兵伐武之举。

骆宾王是唐朝的大才子，初唐四杰之一。他在文学上才华横溢，然而为人、做官就差劲了。他在任职长安主簿时因贪污被贬为临海丞，也来到扬州。

魏思温原任监察御史，后因犯罪被贬为县尉，县尉又没干好，致被削职为民，此时也滞留扬州。这些失意文人政客相聚在扬州，在一座酒楼喝酒，几杯酒下肚，彼此话就多了，一个个牢骚满腹的话都掏了出来，都对上司表示不满，不该不识人才贬他们的官。谈到朝政，都指责太后野心勃勃，小皇帝前途莫测，谈到最后，大家得出一个共同结论，说现在太后临朝，人神共愤，我们打出匡扶唐室的旗号，一定会有人响应，得胜之后，天下就是我们的，我们就可有福同享了。这些失意文人政客，谈起来可能头头是道，但干起事来却不管用。他们想造反，矛头直指武媚娘，是对的，因为武媚娘确实想改朝换代，这是大唐臣民所不愿接受的，但是如何具体有效操作，却心中没底。所谓“秀才造反，三年不成”，结果只一个多月，就以彻底失败而告终了。

起兵的过程是这样的：在哪里起兵？几个人一商量，就选定在扬州。扬州处于运河与长江的交汇处，交通便利，财源丰厚，又远离政治中心，朝廷驻军有限，可谓天时地利人和。军师魏思温联系了一个过去的同僚、监察御史薛仲璋，以检察工作为名，来到扬州，把扬州长史以谋反罪抓了起来，李敬业走马上任，说是扬州新任长官。他以讨伐南方反叛势力为名，打开府库，释放囚犯，并征集一些在衙门里干活的工匠，分发武器，就这样组织起几百人的队伍，一下子就把扬州给占领了。李敬业这才打出匡扶皇室的旗号，说武后专权，天地不容，我们要拥立被废的皇帝李显。这口号很有号召力，十几天内便聚集了十多万人，周围十几个州县都投降了，一时烽火四起，人心浮动。开始比较顺利，招兵买马，一帆风顺，所向无敌。李敬业见开端如此顺当，信心大增，自称匡复府上将，领扬州大都督，以唐之奇、杜求仁为左右长史，李宗臣、薛仲璋为左、右司马，骆宾王为记室（书记），并找了一个貌似章怀太子的人冒充废太子贤，奉以号令，传檄四方，俨然有能推翻武氏窃踞君位、恢复唐室天下之势。

四、讨武檄文

既然起兵，匡复唐室，名正言顺，当然要扩大宣传，以激起更多人群起响应。于是由记室（相当于秘书、师爷）骆宾王写了讨武檄文，他是失意文人，文才盖世，长久失意，此刻有用武之地了，全檄文写得义正词严，铿锵有力，文辞优美，可谓千古绝唱。此文迅速传到各州县，文名与声势大振。武媚娘闻警，正拟遣将征讨，忽接到檄文一纸，即随手展开观看。这篇檄文名叫《代李敬业传檄天下文》，后来收到《古文观止》里，改叫《讨武曌檄》。此檄文传檄州县，之后已成中国散文名作，必会万古不朽。檄文传至京都，轰动一时，有些名句，深入人心，人人争相传诵。除去文章的声调铿锵、掷地有声之外，其内容正道出国内百姓的真正心思，表达出儒生、官员平日只敢在家窃窃私语的话。意思表达得痛快淋漓，文字秀拔刚劲，历述武后人神共愤之罪过，对武后名誉的损害，远胜过十万大军。奇特的是，这是一篇讨伐武媚娘的檄文，谁知武媚娘看着看着竟然又是谈笑风生又是欣赏赞美。

她看此文开头写：

“伪临朝武氏者，性非和顺，地实寒微。昔充太宗下陈，曾以更衣入侍。洎乎晚节，秽乱春宫。潜隐先帝之私，阴图后廷之嬖。入宫见嫉，娥眉不肯让人；掩袖工谗，狐媚偏能惑主。践元后于翚翟，陷吾君于聚麀。加以虺蜴为心，豺狼成性，近狎邪僻，残害忠良，杀姊屠兄，弑君鸩母。”

武媚娘看到“弑君鸩母”句，微笑道：“我何尝有此事？含血喷人，有哪个相信呢？”又览将下去，见是：

“人神之所同疾，天地之所不容。犹复包藏祸心，窥窃神器。君之爱子，幽之于别宫；贼之宗盟，委之以重任。呜呼！霍子孟之不作，朱虚侯之已亡。燕啄皇孙，知汉祚之将尽；龙漦帝后，识夏廷之遽衰。”

武媚娘又自言自语道：“话虽未确，对仗却是很工整呢”。再看下去：

“敬业皇唐旧臣，公侯冢子，奉先帝之成业，荷本朝之厚恩，宋微子之兴悲，良有以也；袁君山之流涕，岂徒然哉！是用气愤风云，志安社稷，因天下之失望，顺宇内之推心，爰举义旗，以清妖孽。南连百越，北尽山河，铁骑成群，玉轴相接。海陵红粟，仓储之积靡穷，江浦黄旗，匡复之功何远？班声动而北风起，剑气冲而南斗平，喑呜则山岳崩颓，叱咤则风云变色，以此制敌，何敌不摧？以此图功，何功不克？”

“公等或家传汉爵，或地协周亲，或膺重寄于爪牙，或受顾命于宣室。言犹在耳，忠岂忘心？一抔之土未干，六尺之孤何托？”

武媚娘又赞叹道：“好笔仗！”转顾左右道：“这篇檄文，不知是何人所作？”有一人接口道：“闻是骆宾王手笔。”武媚娘叹道：“有此文才，反令他流落不偶，这岂非宰相的过失么？”

再看下去，就是末段文字，辞云：

“倘能转祸为福，送往事居，共立勤王之勋，无废旧君之命，凡诸爵赏，同指山河。若其眷念穷城，徘徊歧路，坐昧先机之兆，必贻后至之诛。请看今日之城中，竟是谁家之天下！移檄州郡，咸使知闻。”

阅毕，武媚娘又赞道：“奇才奇才，但有文事还要有武备，宾王原是能文，敬业未必能武呢。”

这篇讨曌檄文，原是直接严厉讨伐武媚娘的，她却看得连连赞不绝口，也是少见。从她看檄文时的情态来看，她觉得文中指责她的事情和罪恶大都是很真实的，她无法辩驳反击。但她最后一句话很重要：“敬业未必能武”，李敬业从监狱里放出的囚犯以及临时凑起来的乌合之众根本不是打仗的料，李敬业又不懂指挥打仗，而武媚娘手下有几十万久经沙场能征善战的将士，敬业的那点散兵游勇一经正面交锋必败无疑。

整体说来，讨武檄文共分三个部分：第一部分主要揭露武媚娘的罪恶。文中共举出她三大罪状。第一大罪状是“践元后于翚翟，陷吾君于聚麀”，是指责武媚娘以狐媚的手段让高宗父子乱伦，并害死高宗的王皇后。这是铁一般的事实，媚娘无话可说。第二大罪状是“杀姊屠兄，弑君鸩母”，这里屠杀

姊兄都是事实，只是杀姊无史实记录。弑君很难下定论，她把病重垂危的高宗颠簸到洛阳，后又到嵩山，这不是要高宗的命吗？鸩母一说，则毫无根据。第三罪状是“包藏祸心，窥窃神器”，这是说武媚娘连杀二子，贬黜一子，最小的儿子李旦当了皇帝又被囚禁起来，又大力提拔、重用自己娘家人，竭力想要自己当皇帝并改朝换代，这都是无可辩驳的事实。既然有这三大罪状，那就罪大恶极，人神共愤，人人得而诛之。总的说这一部分是写得义正词严，是非常有说服力、震撼力的。第二部分是介绍起义领袖李敬业。文中说他是“皇唐旧臣，公侯冢子”，出身既好，又会打仗，称他的军队是威武、仁义之师，所向无敌，“喑呜则山岳崩颓，叱咤则风云变色”，保准能打赢这场正义战争。第三部分是对天下人、主要是对官员的期望。其中说你们当中或者受过国家的官爵，或者是皇室的亲戚，或者是掌政的文臣，或者是带兵的武将，你们可千万不能忘记皇帝的恩惠啊。你们当中如果能迷途知返，弃暗投明，参加起义，以后可以加官进爵，有美好前程；如果执迷不悟，不知悔改，日后必遭诛戮。最后一句话更是铿锵有力，掷地有声：“请看今日之城中，竟是谁家之天下！”武媚娘读到这里忍不住连呼“奇才”，拍案叫绝，真可谓令人叹服的千古绝唱！

这篇讨武檄文写得洋洋洒洒，雄浑有力，极有感染力、号召力，所以发布之后天下争相传颂，影响极其广泛而深远。后人评论武媚娘常引用此文以显示武媚娘确实罪恶滔天、罪大恶极，肯定她是个不容宽恕的千古罪人。请注意，这篇讨武檄文只声讨了武媚娘在改朝换代前的种种重大罪行，而未写也不能写她借举行祝贺祥瑞盛典而大开杀戒疯狂屠杀李唐皇室后代和朝廷大臣的令人发指的罪行，而这之后的残暴罪行是比前面种种罪行有过之无不及的。

五、兵败高邮

扬州是唐代除长安、洛阳之外的第三大城市，是经济、军事、交通中心之一，地位重要，物阜民丰，当时号称富甲天下。扬州又远离政治中心长安、洛阳。武媚娘此时正忙于改朝换代，处于敏感时期，天下人正在观察她的一举一动，加之武媚娘缺乏打仗经验，处理此事颇感棘手。李敬业此时此地在扬州发动起义，可谓天时地利人和，具有许多优厚条件。同时，他还拥有一些重要人物，如唐之奇、杜求仁乃是羽林将军程处挺的亲密好友，右司马薛仲璋则是当朝权相裴炎的嫡亲外甥，而程务挺、裴炎都是武氏朝廷中炙手可热的重要军政大臣，使武媚娘难以应对。

不幸的是，起义大军的领袖都是书生，其中没有一个有战阵的经验。如果战略运用得宜，起义大军可以像讨武檄文上所说，大军之势可以如火燎原，把武媚娘在迎仙院里活活烧死。可是秀才造反，三年不成，众人议论纷纷，莫衷一是。如果依照几个才智过人的谋士行事，只要大军直取京都，即可获胜，一举即可定大局。那时朝廷兵也措手不及，地方军队中很多都忠心于大唐，他们都心怀唐室，闻风响应，于是声讨武氏的力量自然声势浩大起来，势不可挡，所向无敌，一举可灭武兴唐，安定天下。

因为打的是匡扶李唐、讨伐武逆的旗号，一开始便吸引许多人参加起义，打下扬州后，附近十几个州县纷纷投降响应，势力大增。接下来就是进军方向的问题。在这个问题上，有两种主张。第一个主张是军师魏思温提出来的，他力主北上攻取神都洛阳，这是匡复李唐的大义所向，是打天下的路子。他对李敬业说："明公以匡复为名，宜率大众鼓行而进，直指洛阳，天下义士，知公有志勤王，自然云集响应了。"他的主张明显是对的，既打出匡复李唐旗号，就应直接挥师进攻洛阳，打个措手不及，这样可稳操胜算。但是薛仲璋不同意直取洛阳，他要进兵江南，可以在那里割地称王，好与武氏隔江对抗。他建议说："金陵有王气，且长江天险，足以自固，不若先取常润二州，倚为根据，然后北向以图中原，进无不利，退有所归，乃为良策。"他这进兵江南割地称王明显与义师宗旨背道而驰，不是匡扶李唐，而是另怀政治野心了。魏思温坚持义军的大方向不可改变，他抗争说："不可！山东豪杰，都因武氏专制，愤闷不平，闻公举义，皆蒸麦为粮，伸锄为兵，以待公至，不乘此锐意北图，乃徒自营巢穴，远近闻此消息，哪个不解体呢？"很显然，以上两种思路一种是积极进取，一种是苟且偷安。李敬业结果终于听取薛仲璋意见，不采用魏思温的主张，就命令长史唐之奇驻守江都，亲自率领军队攻陷润州（今镇江），抓住刺史李思文。李思文本是李敬业叔父，听说李敬业起兵，曾派使者到洛阳上报，并在李敬业兵临城下时拒守了好几天，终因势孤力弱，润州城被攻陷。李思文被捉，魏思温请斩首示众，李敬业不同意，但令他改姓为武（意为武媚娘的奴才），囚系狱中。魏思温对杜求仁说："兵势合则强，分则弱，敬业不并力渡淮，收山东之众以取洛阳，败在眼中矣！"又愤然叹息道："不顾大义，专循私图，恐败亡即在目前，我辈无死所了。"

李敬业不听魏思温的劝告，挥师直取洛阳，以实现昭告天下的匡扶李唐大业的政治目的，却偏听薛仲璋贪图私利的主张，进军江南以图金陵王气，是他最严重的政治失策。这样一来，就改变了匡复李唐、辅佐小皇帝登基的大方向，变成蝇营狗苟的贪图私利的行为了。这一下子就失去了人心所向，加上他们虽打着匡扶李唐的旗号，却找了个冒牌章怀太子压阵，令人颇多疑窦，自己的阵脚就不稳固。他们向往金陵王气去经营自己的地盘，顿时让天下看清了他们是假勤王、真谋私，待到他们攻占润州，听说李孝逸军队已逼

近淮府，乃匆忙回军抵御，因军队来回疲劳奔忙，精疲力竭，又失去了民心，待到军队聚集到高邮湖区阿溪地区准备决一死战时，已回天无力、注定必败了。

武媚娘获知扬州起兵后，她并不慌张，沉着应对。她挑选唐宗室淮安王李神通之子左玉钤卫大将军李孝逸为统帅，新近升为侍御史的魏元忠为将军，抗蕃名将黑齿常之为江南大都督，发精兵三十万。李敬业的十万大军不过临时招募，怎经得起与久涉沙场能征会战的三十万官兵匹敌。天然劣势已经如此，不知集中兵力火速进攻洛阳，却分兵两路汲汲于江南，图什么虚无缥缈的京陵王气，显然自取其祸。

李孝逸派遣偏将雷仁智，攻打李敬业兵营，吃了败仗，不敢再进。监军侍御史魏元忠对李孝逸说："天下安危，在此一举。今大军逗留不进，远近失望，倘朝廷更命他将来代将军，将军将何辞自免呢？"李孝逸还在迟疑不决，忽然听说左鹰杨大将军黑齿常之受命为江南道大总管率兵由东都前来支援。魏元忠又向李孝逸进言说："黑齿来援，朝廷已有疑心，为将军计宜率轻骑往击淮阴，或都梁山，除他倚角，敬业自然无能为力了。"诸将尚有不同看法，说往击淮阴、都梁，敬业必定派兵去援救，我们两面受敌，怎么能自我保全呢？魏元忠说："避坚攻弱，是兵家大计，敬业精锐，尽在下阿溪。我们应当速战速决。我们如果打了败仗，就大事不妙了。但敬业本不务正业，韦超等人也不是会打仗的人，兵士无战斗力，容易被我们打败。敬业虽欲前往援救，但已来不及了。这样我们就乘胜追击，即使有韩信白起这样的名将，也恐怕无法抵挡了。"李孝逸听从他的避坚攻弱计策，派兵攻打都梁，在攻打中杀死尉迟昭，韦超带夜逃走。后来，又进军攻打淮阴，李敬猷也脱身逃跑了。这两仗取胜后，剪除了李敬业的北部羽翼，再集中兵力攻打李敬业，就好办了。十一月，双方主动决战于高邮阿溪（今安徽白塔河）。李敬业临溪列阵，拥众固守。李孝逸派偏将苏孝祥带兵五千人，用小船渡溪进攻。才渡了一半，已被李敬业发觉，指挥军队奋勇阻击，苏孝祥来不及整顿军队，只好拼死挥刀血战，毕竟势孤力单，支持不住，自身多处受伤后堕水而亡，其余的士兵也大半落水溺死。李孝逸抵挡不住，率军后退，在半路上又交战失利，准备退守石梁，再作计较。探马来报，李敬业兵营上空有乌鸦聚集噪叫，魏元忠对李孝逸说："这是贼势将败的预兆。乌鸦噪集，必是空营。今李敬业未退，乌已先集，岂不是将要覆灭么？今有一策可以破贼。"孝逸问是何策，元忠说："风吹苇干，利在火攻。李敬业驻扎在芦苇中，这是火攻的好时候啊！"孝逸极口称善，就命军士各持火具，越溪再战。李敬业正在整顿军队准备出击，不料对面敌兵却射来火箭，顺风放火，溪中芦苇甚多，西北风正紧，芦苇已枯萎了，风大火猛，一霎时四面都延烧起来，大火卷入阵中，各军都立足不住，纷纷倒退，溃不成军，七千人被斩首，渡河逃走被水淹死的不计其数。李敬业尚欲防御，指挥部下，令骁勇者居前，老弱者居后，经不住对方猛烈厮杀，弄得阵势更乱。李孝逸乘势督军疾进，一阵勇猛厮杀，杀得溪流皆赤，岸草齐红。李敬业抵挡不住，只得率领残部退回扬州。料知不能再守，乃焚图籍，带妻子，奔往润州。到了蒜山附近，见有追兵到来，忙乘船入江，意欲顺流出海，东奔高丽。航行至海陵界，为风所阻，哪知部将王那相，心生变志，哄动兵士，杀死敬业敬猷及其妻子，持首级投降李孝逸。其余魏思温、唐之奇、韦超、薛仲璋诸人，也被孝逸捕住，都遭斩首。只有骆宾王逃走，不知所终（依《唐书本传》）。及至黑齿常之兵至，已是全胜收兵，不须劳师动众了。

扬州兵败，传首东都，从起事到兵败，前后不过四十四天。只有思文被释出狱，免致连坐，召拜司仆少卿，后又加授春官尚书。武媚娘面喻思文说："敬业改卿姓武，卿可便姓武吧。"义军二十五个将领的首级，高高悬在洛阳的城门之上。武媚娘是个唐朝的反叛者，但她深恨对她的反叛。不但李敬业灭族，还殃及李敬业的祖父司空李勣。纵然这位位极人臣的开国元老，太宗皇帝凌烟阁上二十四位功臣之一，在她进位为后之时曾亲奉冠冕，使她入主中宫、独揽大权，曾经身为元帅，征服高丽，而今他在九泉之下，也无法安宁，武媚娘下令将英国公李勣削除官爵开棺戮尸；而剿灭义军的两位将领李孝逸、黑齿长之也在数年之后为武媚娘所杀。

【批】

武媚娘在高宗死后迅速篡夺皇帝权力，加快改朝换代步伐，使全国臣民深感不安和愤懑。这表明人心向唐，她的倒行逆施是不得人心的，注定了她最终必然遭致失败和灭亡的命运。

扬州起义，讨伐武媚娘，阻止她改朝换代、扶助李显复位这一大方向是正确的，山东豪杰，群起响应，若挥师直取洛阳，必能取胜。可惜李敬业犯了策略上的错误，以致迅速败亡，殊可慨叹。

【第十六章】为帝位媚娘诛裴炎

一、裴炎逼宫

正在扬州起义、洛阳惊乱之际，高宗临终前指定的托孤顾命大臣裴炎却被武媚娘绑赴都亭处斩并诛及另一位名将程务挺。对于他们的死，人们历来争论不一，有人说裴炎私通扬州、串通谋反，有人说裴炎是遭莫须有的杀害。这样的重要军政要员，说诛杀就诛杀了，究竟是怎么回事呢？

特别是裴炎这个人，对武媚娘太重要了。他是宰相集团中的领头人，一切诏令政事都通过他向外发布。这主要是因为，裴炎虽不是武媚娘心腹，但他在处理李贤谋反案时就得到武媚娘赏识，双方关系颇为密切。裴炎是高宗指定的唯一顾命大臣。高宗死后，朝廷的最高权力出现三足鼎立的局面：新皇帝李显、武媚娘、裴炎。这当中李显和武媚娘虽处于主导地位，但裴炎的倾向关系大局走向。裴炎权衡利弊，他看出李显是个不中用的货，决定投靠武媚娘。正是他这一关键人物，帮助武媚娘解决了遗嘱留下来的问题。裴炎有自己心目中的皇帝人选，他想如果废黜李显，改立李旦的话，他对李旦就有拥立之功，辅政大臣的地位会更加稳固。他是宰相中资格最老的，他的话在朝廷上一言九鼎，没人反对。正是在这样的情况下，他的主张帮助武媚娘稳定了政治地位。应该说，裴炎是扶助武媚娘上台执政的第一大功臣，是武媚娘得以临朝亲政并图谋改朝换代的恩人。那么，武媚娘为什么在扬州起兵的关键时刻把曾经帮助她夺权的重大功臣和恩人送上断头台呢？

关键是裴炎在对待李敬业起兵的态度上出了问题。李敬业在扬州起兵，打出匡扶李唐的旗号，矛头直指武媚娘，没多久就发展到十几万人。怎么办呢？裴炎是顾命大臣，首席宰相，德高望重，有几十年的行政经验，武媚娘很倚重他，当然对他寄予厚望。在一次如何应对扬州起兵的朝堂上，武媚娘

环视百官，说："现在应当议论怎样平息叛乱，众卿可各抒高见。"御史大夫鱼承晔说："兵来将挡，水来土掩，千古一理，发大兵进剿就是，请天后挑选大将。"文武百官纷纷启奏，不外乎发兵讨伐之论。只有一两人提议，派钦差前去招抚，以求不战而胜。而最为重要的顾命大臣裴炎，却一直没有开口。武媚娘觉得反常，便和气地发问："裴丞相，还没有听到你的高见啊。你是首辅，要为哀家拿主张啊。"裴炎沉静地说："臣与众人见解有所不同，不知当讲与否？"武媚娘说："只管讲来。"裴炎说："李敬业起兵的檄文中声称，反对女主临朝、女人干政。何必给他这个口实？天后还政于万岁，叛军便没了号召天下的动力，也就无人响应，必不攻自破，也就不必急于发兵征讨，这叫不战而屈人之兵。"武媚娘没露怒容，继续笑问群臣："众卿以为如何？"有反对太后当政的大臣，在平日里只是敢怒而不敢言，今见丞相竟然直言提出，也就跟上来了。大臣刘景先奏道："臣觉得裴相之言甚为有理。天后毕竟已是花甲之年，何必再劳心操劳国事，不如在后宫颐养天年。"大臣胡元范也附和说："天后，皇上年少，应让他多多历练，天后常此执政，万岁待何日才能纯熟治国？还是让万岁亲政吧。"凤阁舍人李景湛竭力反对他们的意见，说："天后万万不可！万岁全无治国本领，当此叛军嚣张之际，天后还政，岂不令万岁手足无措，朝政失常？反给了敌人可乘之机。还政之说，纯属误国呀！"御史大夫鱼承晔更是一针见血地说："裴炎所论包藏祸心。他是为叛臣赢得初战的进展时间，臣怀疑他是叛军的内应。"裴炎可是受不了啦，说："鱼承晔，诽谤诬陷当朝宰相，你该当何罪？"武媚娘说："是啊，鱼大人，怀疑也当有证据。"左肃政大夫蹇味道说："天后，叛军右长史薛仲璋，是裴炎的外甥，李敬业将其甥儿委以如此高位，还不是因为裴炎在朝为相，可为叛军内应。"武媚娘对裴炎的主张，早已有了反感，一是裴炎反对女主临朝，二是劝她还政于睿宗，三是不发兵征讨。她说："先行退朝，容再商议。"她令裴炎退去，召武承嗣入议。武承嗣说："叛众多系乌合，一遇大军，自然荡平了。"武媚娘说："裴炎却劝我归政呢！"承嗣说："炎甥薛仲璋，附入叛党，应该有此说法。适晤及监察御史崔察，且云炎亦与同谋呢。"武媚娘遂宣崔察入见，察所对如承嗣所说，并言炎若不反，何故请太后归政？

武媚娘万万没有想到裴炎会在这个时候逼宫，裴炎一向可是她的得力助手啊！他帮她扳倒了太子李贤，又帮她废黜了中宗李显，而武媚娘又没亏待他，让他当中书令，政事厅由门下省改到中书省，使他成了首席宰相。可是现在裴炎居然在扬州起兵的关键时刻背叛她，逼她归政，她能忍受吗？她最恼恨的就是有人要她下台归政，她掌握政权一路拼搏杀来，不知流了多少亲人的血，断送了多少皇亲和大臣的命，就是为一个权字啊！武媚娘鹰一般的眼睛扫视着满朝文武，大臣们一个个都呆若木鸡。这时，监察御史崔察说：

"炎受顾托，大权在握，若无异图，何故请太后归政?"武媚娘长舒了一口气说："裴炎谋反，把他给我抓起来!"裴炎立刻被羽林军捆绑起来。武媚娘又说道："蹇鱼二卿，事出有因，即着二卿审理裴炎之案，准予搜查裴府罪证。在无确凿证据之前，不得对裴炎用刑。"裴炎顿首辩问："天后，臣堂堂宰相，怎么转眼之间就沦为阶下囚了?以后这朝堂议事，哪个还敢表达不同见解?"武媚娘说："确有可疑之处，审审又有何妨?没有证据，自然定不了你的罪，也还你一个清白。"她指示蹇鱼二人："蹇鱼二卿，下去办案吧。"

二、诬裴谋反

裴炎被抓起来审讯了，有个问题要明确：他究竟谋反没有呢?

对裴炎的谋反问题，有两种不同观点，一种说裴炎谋反了，一种说裴炎没有谋反。经过两种说法对照研究，得出的结论是裴炎并未谋反。

先说第一种观点。认为裴炎谋反了，至于谋反形式，有两种不同的说法。第一种是说他和义军李敬业私下往来，想要里应外合。这件事在唐人笔记小说《朝野佥载》里有记载。说李敬业想拉裴炎入伙谋反，叫骆宾王想法写出一首童谣在洛阳全城流传，童谣说："一片火，两片火，绯衣小儿当殿坐。"先教一些小孩唱，很快，都城洛阳小孩都会唱了。这首童谣传到裴炎耳里，他若有所思，心想童谣常和政治有关，不可忽视。记得西汉末年民间曾流传一首童谣，说是"苍天已死，黄天当立。岁在甲子，天下大吉。"结果爆发了黄巾大起义，导致汉朝灭亡；贞观年间也曾有一首童谣："高昌兵，如霜雪；唐家兵，如日月；日月照双雪，高昌兵自灭。"结果唐军果所向无敌，打得高昌兵一败涂地。而今，这首童谣又有何预示呢?他于是找人破解，结果找来了名满天下的大诗人骆宾王。可是骆大才子来了以后一言不发。裴炎没办法，送他锦缎、骏马都不要，最后领他看自家收藏的名画。当骆宾王看到司马懿的画像时，他说话了："此英雄丈夫也。"司马懿是三国曹魏的权臣，最后父子联合篡夺曹魏，建立西晋。裴炎听懂了话外之音，就对骆宾王说："我也想做这样的人啊。"骆宾王说："可这需要天命啊。"裴炎说："有歌谣啊。"他把歌谣重复了一遍，说："只是我不知道这歌谣是什么意思。"骆宾王听完歌谣，纳头便拜，说："您就是未来的天下之主啊。""绯衣"即裴，一片火、两片火即炎，"小儿当殿坐"即子隆（裴炎的字）。咳，这首歌就说的您裴炎"当殿坐"也即是当皇帝啊。经骆宾王这么一说，裴炎的心坚定了。待到扬州起兵，他就成了朝廷的内应。据说他还写了一封回信给李敬业，信里只两个字"青鹅。"后来朝廷查到了这封信，始终看不懂。武媚娘看后说："'青'拆开来就是十二月；'鹅'就是我自与也。这是个暗号，暗示要在十二月动手。”还有人怀疑，在李敬业起兵早期发挥过重大作用的监察御史薛仲璋乃是裴炎的亲外甥，完全有可能是裴炎派过去的。

第二种说法则认为裴炎并没有跟李敬业勾结，他是想自己发动一场兵变，逼武媚娘还政于天子李旦。据《新唐书·裴炎传》说：“豫王虽为帝，未尝省天下事。炎谋乘太后游龙门，以兵执之，还政天子。会久雨，太后不出而止。”他想乘太后游龙门时迫使太后让位于太子，但由于久雨不晴，太后未游龙门而作罢。此说虽与李敬业无关，但兵谏也是谋反啊。若裴炎有上述两种说法中的任何一种，都是十足谋反行为，判他谋反并不冤枉。

但有人推翻上述两种说法，认为裴炎并未谋反。裴炎下狱之后，许多大臣为他鸣不平，说裴炎绝不可能谋反。裴炎的副手、风阁侍郎胡元范和裴炎的搭档、侍中刘景先特地给武媚娘上一奏，坚称裴炎不可能谋反。满朝文武也纷纷表态，为裴炎鸣冤。武媚娘说：“炎反有端，顾卿不知耳。”既说她有谋反证据，可是又拿不出谋反证据来，这样一来，大臣们便不依不饶了：“若裴炎谋反，则臣等亦反也。”武媚娘说了一句让群臣啼笑皆非的话：“朕知裴炎反，知卿等不反。”（《资治通鉴》卷二〇三）反正，始终拿不出裴炎谋反的证据来。

先看第一个故事裴炎到底有没有谋反呢？研究结论是，裴炎谋反罪不能成立。首先，这两个讲裴炎谋反的故事都明显不合情理。它有三处不合理性。第一个不合理的地方，是“一片火，两片火，绯衣小儿当殿坐”和“青鹅”玩的都是拆字法，可是前一个拆字法裴炎始终解不开，说明他智商差，后一个拆字法是他自己创造的，又说明他智商高，这不矛盾吗？第二个不合理的地方，是骆宾王的身份，他是大才子，又不是算卦先生，即使裴炎听到歌谣自己解不开，他也只去找算卦先生而不会找骆大才子啊。第三个不合理的地方，是骆宾王既在扬州起兵，他根本没时间跑到洛阳来，那时交通不便，要跑多少天呢。跑到洛阳再跑回扬州，那不累死他吗？这三个不合情理的地方加起来，让我们觉得这个故事整体不能成立。用不能成立的理由去证明裴炎谋反，有问题。请注意《朝野佥载》是唐人笔记小说，其中常有许多虚构成分，不能当作史料来用。

再看第二个故事，它虽是记载在非常正统的史书《新唐书》里头，但它令人置疑的地方更多。首先，故事说趁武媚娘巡游龙门时把她抓起来，进行兵谏。但兵谏是很严肃认真的事情，必须建立在确凿无疑的基础上。而巡游龙门非武媚娘既定计划，哪一场兵谏会建立在这个不牢靠的基础之上呢？其次，故事中人物太简单，只有裴炎一人，裴炎是中书令，进行兵谏必须先与武将沟通，可这故事中一个同谋也没有，这怎么能进行兵谏呢？最后，故事说裴炎想在扣押武媚娘后还政于李旦，但故事里他并未和李旦沟通，与兵谏直接有关的人竟然毫不知情，这能进行兵谏吗？根据上述三点，第二个故事也不合情理，不足以证明裴炎谋反。

其次，说裴炎谋反的人拿不出切实的证据。武媚娘收审裴炎，监察御史崔察、凤阁舍人李景谌出力最多。崔察说什么：裴炎如果没有图谋不轨，怎么会逼太后归政呢？这是一种心理推论法，但推论并不能代表证据。李景谌据史书的记载是坚称裴炎必定谋反，这仅表明一种立场，不是证据。由此可以断知，上面提到的有关裴炎谋反的故事在当时并不存在。武媚娘回答大臣对裴炎谋反的质疑说："朕知裴炎反，知卿等不反。"这句话更说得令人莫名其妙，等于要赖皮，拿不出证据，也要定他谋反。这只能说明武媚娘始终拿不出裴炎谋反的证据，是欲加之罪，何患无辞，是地地道道的诬陷、冤案。

再次，在人情世故上不能成立。如果裴炎想串通李敬业谋反，他一定不会派自己的外甥去扬州投奔起义军队伍，因为这太容易暴露自己了，等于引火烧身。他也未佯装积极想办法去平叛，以取得武媚娘的信任，最后达到和李敬业里应外合的目的。他始终对此事表现得心地坦然，了无杂念，光明正大。正因为他心地光明，他才说出利用李敬业起兵逼武媚娘还政于皇帝的话，若说他勾结李敬业谋反，那是毫无根据的天大的冤枉。

三、为权杀裴

裴炎谋反证据不足，武媚娘自然心里有数，不然朝臣那样为裴炎鸣不平她早就拿出证据来了。她是一个为了权字而颠狂杀戮的女魔，她的女儿死在她手里，她两个身为太子的儿子死在她手里，她杀死姐姐、哥哥、姨侄女时连眉头也不皱一下，她杀死王皇后、萧淑妃那样残忍也心安理得，她杀死逼死顾命大臣长孙无忌、褚遂良、宰相上官仪及诸多皇亲大臣也都认为他们死得活该，而这些被她残忍杀害的人一个人都没有任何罪过，所谓厌胜、鸩毒、谋反都是她诬陷强加于人的。现在我们来看裴炎被杀的问题，也就会一目了然。她杀人从来不需要证据，只随便给加个罪名就行了。裴炎之死正是武媚娘任意杀人从来不需要罪证的又一个牺牲品！

既然裴炎没有谋反，那武媚娘为什么要以谋反罪将他斩杀呢？这主要是因为，裴炎的政治主张与武媚娘格格不入，他们二人正从合作转向分裂之中。裴炎也跟武媚娘通力合作过好多次，先帮她废黜太子李贤，后又帮她废掉中宗李显，改立李旦为帝。前两次都合作得很好，互为倚靠，亲密无间，可是到立李旦为帝立刻又把李旦囚禁起来，武媚娘是权利欲达到丧心病狂程度的人，一旦攫取到手的亲临朝政、唯我独尊的权力，她能轻易放弃吗？随后武媚娘独揽朝政、施行君权的时候，她大大加快改朝换代步伐，尊自己五代祖先为王，建武氏七庙，重用武氏，擢升武承嗣为相，这更与裴炎匡扶李唐还政于皇帝的理念格格不入。他曾当面劝诫武媚娘，你知道汉吕后吗？你看吕后最后下场何其悲惨啊，如果你再这样搞下去，恐怕结局也跟她一样啊。这番话让武媚娘很为恼火。现在扬州起兵，打着匡扶李唐旗号，裴炎在这时候偏偏戳武媚娘的心病，要她退位，还政于皇帝李旦，这种逼宫行为激起武媚娘满腔怒火。武媚娘的终极目的就是要改朝换代当皇帝，并且不容许任何人和自己分享权力。裴炎根本就反对武媚娘这一政治野心，这样，矛盾迅速尖锐化了。武媚娘怕裴炎身为首席宰相，在朝中拥有人气，他身旁团结着许多大臣，如果这些大臣都跟着裴炎跑，一齐反对她独揽朝政、改朝换代、想做皇帝，那就不得了了。因此，她心狠手毒作出决断，必须迅速除掉裴炎这个存心和她过不去、不让她做皇帝的拦路虎。于是，她硬给裴炎诬栽一个罪名——谋反，不管有无证据，就迅速处决了。这一方面可起到震慑朝廷的作用，使朝臣今后不敢再提还政于皇帝的问题，好让她放手改朝换代、窃登帝位；另一方面在当时也起使全国上下一心、全力组织平乱的作用，以保证政局的稳定和战争的胜利。

武媚娘不管裴炎有无罪证，最后还是以谋反罪把裴炎杀了。光宅六年（684 年）九月，就在扬州还是烽火连天、战事紧张的时候，裴炎被押赴都亭驿问斩，家财籍没，亲戚流放岭外。抄家的结果非常出人意外，权倾朝野的首席宰相家里竟然一贫如洗，存粮不足一石，临终前裴炎对兄弟们叹息道："各位兄弟做官都是靠自己奋斗，我没有尽一份力，如今却因我被流放边远荒芜地区，实在是对不起你们呀！"从家贫如洗这一点看，裴炎的清正廉洁堪可作为高官者的楷模，为什么有那么多人力保裴炎，道理恐怕也就在这里吧！

据说，裴炎处死还有一小段插曲。蹇味道和鱼承晔审问过裴炎定他谋反罪要处死刑时，两个人知道武媚娘正在发脾气，小心翼翼地走进迎仙宫拜见武媚娘说："这是裴炎的供状，请天后过目。"武媚娘说："杀了他，夷三族。"二人说："遵旨。"武媚娘说："回来。本后说夷三族，你们就没有异议吗？"鱼承晔望了蹇味道一眼，说："愚臣愚昧，还请天后明教。"武媚娘说："裴炎谋反是该问斩，可也不致于祸及三族；你二人身为御史，为何竟对此一言不发，莫非与其有私人的仇怨？"蹇味道说："我二人与裴炎素无过节，皆秉公而断，天后认为不能坐连三族，臣等认为天后英明。"武媚娘说："将裴炎全家抄斩。"二人齐说："遵旨。"又要退下。"且住。"武媚娘再次唤回二人说："你二人以为这样处罚合适否？"二人说："天后决策，臣等焉敢置评。"武媚娘说："你二人身为御史，就该掌握国家法度。裴炎身为顾命宰相，尽管有谋反之罪，也只罪及自身，不当抄斩家小。你们不为其争辩，即是失职。"这段武媚娘谈话可说明，裴炎问斩，没有全家抄斩，而是把裴炎家中人流放岭外了。这表明，斩裴炎，武媚娘是内心有愧的，她不愿再祸及裴炎家小。

有人认为裴炎被处死是因他失信四夷、乱斩降虏而招致的"阴祸"。当初

裴炎见裴行俭破突厥有功，感到沮丧鄙薄，竟啣恨将降虏阿史那伏念等五十余人斩首，议者憎其因嫉妒他人有功而乱开杀戒，使国家失信四夷，“以为阴祸有知云”。史家评论他帮助武媚娘废黜中宗、篡夺朝政是助纣为恶，死得活该。《新唐书》评曰：“异乎，炎之暗于几也！知中宗之不君，不知武后之盗朝，假虎翼而责其搏人，死固宜哉！”

裴炎问斩时，裴炎的堂侄、太仆寺丞裴由先，年方十七，独上表求见。武媚娘召问道：“你伯父谋反，你还想说什么？”裴由先愤然道：“臣只欲为太后谋划，怎敢诉冤呢？太后为李氏妇，独揽朝政，任意摆布嗣皇帝，排斥李氏，重封诸武，臣伯父为国尽忠，反诬有反罪，殃及子孙，臣恐人心一变，不可挽救了！为太后计，亟宜恢复嗣皇的帝位，方可保您万全无虑。”武媚娘发怒道：“你这小子，还敢乱言么？”喝令逐出殿外。裴由先一边走一边回头对武媚娘说：“今用臣言，还不算迟，他日您恐怕将后悔莫及呢。”武媚娘更加发怒，命拖他回来在朝堂施以一百杖刑，然后逐出朝廷，流放瀼州。

裴炎被斩后，武媚娘对朝廷来了个大清洗，凡是替裴炎诉冤求情的官员都遭贬黜。上表给裴炎鸣冤的侍中刘景先、侍郎胡元范和另一名宰相郭侍举都被贬出朝廷。朝堂上一下子少了四个宰相，朝臣个个都胆战心惊、噤若寒蝉了。刘景先被贬为普州刺史，胡元范流琼州而死。反对裴炎有功的骞味道升任检校内史、同凤阁鸾台三品，李景谌升任同凤阁鸾台平章寺。文臣摆平了，又处置武将。裴炎的好友左威卫大将军程务挺此时正在前线与突厥交战，战功卓著，他曾为武媚娘废黜李显、掌控朝政立下汗马功劳。在程务挺的成长过程中，裴炎帮了大忙。裴炎下狱之后，程务挺写了封密信给武媚娘，为裴炎求情。武媚娘对此怀恨在心。她怕斩了裴炎后程务挺会心怀异图，阵前倒戈，后果不堪设想。于是在处决裴炎后不久，一道敕旨遽令左鹰扬将军裴绍业驰往务挺军中，向务挺宣旨后立刻就地处斩。务挺素英勇善战，百战百胜，国之栋梁，突厥十分畏惧，听说他被正法了，特举行宴饮庆贺，并“为务挺立祠，每出师，必祷之”。另有夏州都督王方翼，与务挺职务相关，也受牵连，并且因他是废后王氏近亲，也被逮捕下狱，流放崖州，辗转毙命。裴炎和程务挺分掌政军大权，如今都倒台了，武媚娘就可任意而为了。经过一番清洗，朝堂几乎为之半空。武媚娘马上任命几个五品官当宰相，她心知只有小人物才会顺从自己，这些小人物当上宰相，自然对武媚娘感恩戴德、言听计从了。

但有一个小人物却得意忘形过了头，送了命。裴炎下狱后，武媚娘派使臣姜嗣宗去长安向已八十三岁的留守老臣刘仁轨征求意见。姜嗣宗是小人，见了刘仁轨马上添油加醋把事情经过说了一遍，说完又补充一句，说“嗣宗早就看出此人心存异志，果不其然！”这话让刘仁轨听了很反感。刘仁轨也不支持武媚娘当皇帝，但是自己已无力阻止武媚娘前进脚步了，那么就给朝廷除去一个小人吧。他逗姜嗣宗说："原来你早知道裴炎谋反啦?"姜嗣宗得意地说："是啊，我早就看出他有谋反之心了!"刘仁轨笑着夸他，说："你真有见识!裴炎的事我已知道了，我这儿有一封信交给太后，请你替我面呈太后吧。"姜嗣宗兴冲冲带着信回洛阳复命去了。武媚娘展开信一看，只有一句话："嗣宗知裴炎反，不言。"武媚娘立即沉下脸来，说："刘仆射说你早就知道裴炎谋反，知情不报!"姜嗣宗听了吃一惊，还没回过神来，已被拉下朝堂，推出去斩首了。这显示武媚娘对小人的态度，利用他们，但并不欣赏他们，一旦用完，立即除掉。

武媚娘杀裴炎、斩程务挺，起到了杀人立威、杀鸡吓猴的作用。她宣告她就是一朝之主，任何人都休想轻举妄动，她已经急不可待地要登上皇帝宝座并改朝换代了。这个嗜杀成性的女人，她就是用她那疯狂的灭绝人性的屠杀和血洗行为为自己开辟一条通向皇位的辉煌之路的。武媚娘通过对裴炎"谋反"大案的处理，又一次建立和强化了自己的权威，她让群臣明白，她才是当今皇朝的唯一当家人，谁与她的想法相冲突，就绝无好下场。有一次在朝堂上，她威风凛凛地训斥群臣说："朕追随高宗大帝二十年，忧天下至矣!公卿富贵，皆朕与之；天下安乐，朕常养之。及至天皇驾崩，将天下托付与朕，更是竭心尽力，不爱身而爱百姓!可是如今出头反对朕的，全都出自公卿将相，你们何其负朕如此之深!你们当中有托孤老臣倔犟难驯超过裴炎的吗?将门贵种纠合亡命的能力可有超过李敬业的吗?握兵宿将攻战必胜可有超过程务挺的吗?这三个人都是一时人杰，一旦不利于朕，朕轻而易举就能除掉他们!如有自认能超过他们三人的，不妨现在就试试；不然，就好好洗心革面，忠心事朕，勿为天下所笑!"听着武媚娘威严的训示，大臣们全乌鸦鸦跪下磕头说："唯太后所使。"经过这一次高压清洗，群臣个个都俯首听命，再无还手之力了。对这通训话，有人鄙夷地痛斥为武媚娘是以帝王之尊推行杀戮恐怖政策的"流氓式语言"，大捧黑暗政治的宣言书。实际上武媚娘以血腥手段向天下臣民有力证明，她一心要想当皇帝、改朝换代，任何人都无法阻挡她实现这窥伺帝位图谋的。顺我者昌，挡我者死，概无例外!一个无可争辩的事实是，她武媚娘女主天下的时代已经来临。

【批】

裴炎当初只知有武氏，不知有大唐正统宗支，先废太子李贤，后废中宗李显，到后来武氏权欲强盛，决心要篡夺君位，改朝换代，他再建言武氏让位于李旦，已经迟了，并因此造成与武媚娘矛盾激化，以致遭到杀身之祸，殊可慨叹。早知今日，悔不当初!所谓养虎贻患，殆可信也。

【第十七章】为称帝精心作部署

一、宰相轮换

扬州起兵被镇压，裴炎、程务挺被铲除，拔出萝卜带出泥，一大批与裴、程有关联和不服从太后的官员被清洗，武媚娘大获全胜，她信心百倍地将新的一年命名为“垂拱”，有“垂衣拱手、无为而治”的含义，希望新的一年能将过去一年紧张局势缓和下来，稳定人心，开创新的局面。自从武媚娘成为圣后、天后以来，宰相的任免权就一直操纵在她的手里。她选拔的标准不是是否有真才实学，而是是否听她的话，一些虽不学无术，但会谄谀于她的人以及一些出身低微、官职低下的人，特别受到她的赏识。这些人一旦做了宰相，必然为她所用，做她的亲信或左右手，这样就能顺畅推行她的旨意和政令，宰相府也就成了专为她武媚娘所用的宰相府了。这对她篡夺李唐天下、早登帝位和改朝换代自然是大有助益的。

裴炎被除后，裴炎的潜在势力被连根拔起，整个朝堂上几乎为之半空。武媚娘立刻把在除裴炎中有立功表现的监察御史崔察、左肃大夫蹇味道、凤阁舍人李景谌先后任命为宰相。崔察、李景谌都只是五品官，这一提拔创下大唐开国以来品级最低的入阁拜相的纪录。当群臣还在惊愕之际，武媚娘又把从六品的起居舍人沈君谅擢升为相。这次破格提宰相，并非因这些人才华出众，而是能为我用，她用此向朝臣和天下人宣示：谁敢拂逆太后，即使是顾命老臣也会立刻人头落地；谁能拥护太后，出身虽低，官小位卑也可平步青云、荣任高官。在武媚娘的铁腕操纵下，宰相轮流换，今天你可以荣升宰相，过些时你可能命丧黄泉。一时之间，人心、良知都被扭曲了，嫉妒、贪婪、出卖、诬陷等亵渎人性之罪无处不在。而稳坐紫纱帐中的武媚娘对这一切都满不在乎，她要的就是对她的绝对拥护和服从。她也知道，崔察、蹇味道、李景谌等都不过是无才无德的小人，她并不是不知道用人之道必须德才兼备，但令人烦恼的是，朝中越是有才华有德行的人越会反对她，她无可奈何才把一些小人当作宝贝予以重用。过了不多久，她看到被提拔宰相的人实在不管用，就又不得不予以撤换。李景谌拜相的当月就被罢相，新年开始的三个月内，刚升上的崔察、蹇味道、沈君谅又被统统罢相。武媚娘开始注意选用宰相需要德才兼备了。新提拔上来的裴居道、韦思谦、苏良嗣、魏玄同等几位宰相都是名声政绩颇好的名士，这些人虽然内心也不赞同女主天下，但武媚娘睁只眼闭只眼，只要他们不公开言明反对她执政，就都予以重用。

武媚娘的本家侄儿武承嗣一生都生活在武媚娘的阴影之下。他受父亲牵连被流放岭南度日凄惨，被调京城任宗卿之后仕途并不一帆风顺。武媚娘为了打压李唐皇族，培植外戚，曾给了他一些荣耀机会和地位，如睿宗的册封仪式由他主持，同年五月升任宰相，他小人得志肆意张狂卖弄，结果弄巧成拙，才拜相不到两个月即被罢相。他好不容易经过一段时间向武媚娘讨好奉承，才在第二年二月再度入相，可一时不慎又恼了武媚娘，不到一个月又被罢相。这一事例可以看出，当时拜相罢相完全听武媚娘意志行事，武承嗣以及其他人入相之后又走马灯似的被撤换掉，也反映了武媚娘一部分心慌意乱、六神无主的惶乱心态。

宰相韦仁约历来以不事权贵著称，曾有不少直言敢谏的事迹。但在武媚娘无情镇压和铁腕下，他却变成了武媚娘的驯服工具。韦仁约在高宗时任监察御史，负责监察朝廷内外官员，严肃国法，他尽忠职守，敢于冒犯一切实权人物。他说过：“御史出巡，若不动摇山岳，震慑州县，为不称职。”他为人刚正不阿，不阿谀逢迎，每见王公贵戚，未尝行拜礼。有人劝他谦和一些，他说：“雄鹰岂为众禽之偶？身为朝廷耳目之官，理应保持独立人格，不去迎奉权贵。”就是这样一位铁面无私的大臣，面对武媚娘的铁腕，却知道害怕，开始退缩了。他开始变得世故和逢迎了。他上表请求自己不再叫“仁约”，因为“约”字与武后父亲武士彟的“彟”字发音接近，所以改字“思谦”。他这举动明显是向武媚娘献媚讨好，他已被武媚娘震慑成驯服工具了。后来当武承嗣请杀李唐宗室时，他一概唯唯诺诺，不敢有半点违抗，与他以前的刚直作风相比完全判若两人。他虽人还在，身居相位，执掌朝纲，但他人已变了，人们明显看出那个曾经傲视显贵、弹劾过开国元勋的韦仁约，那个一度孤傲任性、历经宦海浮沉依然要保持自己独立人格和风范的韦仁约，在武媚娘的铁拳威压下，他已经死去了；活下来的只是善阿谀逢迎的韦思谦，一个拜倒在威严无比的武媚娘的石榴裙下的寄生虫罢了。

二、强化皇权

从光宅元年（684 年）武媚娘独揽皇权开始，到天授元年（690 年）她正式登基称帝，这段为称帝和改朝换代所作的铺垫过程整整花了六年时间。她并非不急于登基称帝，这在她内心里已酝酿很多年了，可她却一直未正式登基，这主要是她需要看准时机和火候。心急吃不得热豆腐，欲速则不达，她需要有耐心、在各方面做好做足充分准备。这段过渡、铺垫时间，她做了些什么工作呢？

一是继续表面尊崇李唐皇家。扬州起义的讨武檄文直指她篡夺李唐皇室朝政。为了安定人心，武媚娘继续对李唐皇室加以表面上的尊崇。表面上，武媚娘对高祖太宗之子竭力礼遇，却不给一点点实权，并频繁调动，暗地里安插亲信监视。睿宗李旦的几个儿子也得以封王，日后成为著名的玄宗皇帝的李隆基被封为楚王，其余几个儿子分别被封为恒王、卫王、赵王。虽有封号，但对他们管制并未放松，几个小王子依然被幽禁于宫中，甚至不许他们踏入庭院一步。唯一比章怀太子好过一点的，就是不必忍受每年多次的杖刑。对于贬黜在外的庐陵王，武媚娘还是有感情的，经常派人去看望他们，表达母子思念之情。武媚娘在征讨扬州起兵时重用李唐宗室李孝逸为统帅，李孝逸是高宗的堂叔，是在李唐宗室中辈分和威望最高的一个人，他率兵打仗可以证明李唐皇室和武媚娘是一家人。可是在淫毒凶残无比的武媚娘内心里，却是要消灭李唐皇族，我们看到后面她大举血洗的行为，就一目了然了。

二是进行法制改革。垂拱元年，武媚娘抽调精通法律的韦方贤等人对唐初以来施行了几十年的律令进行删改。这次法令修订表达了武媚娘对无为而治的心愿，期待能君臣同心，德化天下，达到以德治国的理想境界。其实，她的所作所为却是与这法令修订的内容背道而驰的。比如告密、酷吏、酷刑，此时已初露端倪，目的就是镇压异己。因此，这次法令修订只能说是武媚娘装模作样，欺骗世人，不啻于黑色幽默。她在颁布新律令时也存有私心，就是把她在上元年间上书《建言十二事》也有选择地收入其中，把自己的言行法律化、合法化了。她在《建言十二事》提倡节俭，她自己就不节俭，花巨金在龙门雕塑类似自身形象的卢舍那大佛，在洛阳大肆修建豪华宫殿，建宏大华丽的明堂、天堂和大佛像，在离京城很远的嵩山修建行宫奉天宫等，耗尽国库资财，都是奢靡浪费的实例。但在客观上，此次法制改革都为她改朝换代登临帝位奠定了法律基础，起到奴化、欺骗、麻痹世人的作用。

三是制造天命所归的舆论。武媚娘的称帝计划早在高宗后期便已被提上了议事日程。只是当时还受制于人（高宗），现在却一切都在她掌控之下，可以为所欲为了。但武媚娘深知，称帝的火候还未到，还需等待好的时机。什么时机呢？天心与民意。中国的君权理论发展到了唐代，已经形成天命与民心两大支撑点。武媚娘可以蔑视传统，却不能不顾忌社会舆论，不能不了解民意。女主天下，在以儒家思想占统治地位的唐代，如同“牝鸡司晨”，对家庭、国家都不利。她必须要在这方面大力开展宣传工作。首先，她要进一步加强皇权，在全国范围内树立起自己的权威。其次，她要大造舆论，进行一系列轰轰烈烈的君权神授的造神运动，宣扬自己当皇帝是天命所归，让天下人都接受女主正位的事实。此外，她还要大兴科举，拓宽仕途，延揽广大中下层知识分子为自己效命。这当中，加强皇权她已做到了，只是还要继续做。废中宗、囚睿宗、杀章怀太子，是武媚娘迈向帝位的第一步。借助宰相裴炎、北门学士刘祎之、大将程务挺等人，武媚娘以李家主妇的身份成功地确定了自己在李唐王朝皇族内部的至尊地位，接着平扬州兵变、杀裴炎、斩程务挺，树立自己拥有无比皇权威严的声望，使朝臣个个望而敬畏，这是她迈向帝位的第二步。还有，改年号、改旗色、改官署名、改官职名、立武氏七庙、封武氏五代祖先为王、诸武用事等等，是她迈向帝位的第三步。然而，到此为止，她却停步不前了。从光宅元年（684 年）武媚娘独揽大权开始，直至天授元年（690 年）武媚娘正式登基为帝，这段铺垫过程足足用了六年时间。为什么要等这么长时间，她为的就是要造足女主天下是天命所归的舆论，使天下归心，这样一举而登帝位，便时至名归、没有悬念了。她是怎样造舆论的，这一点后面将要专门谈到。

三、控制监察

一轮屠杀贬黜震慑朝臣和天下后，武媚娘公开地以李唐家庭主人公地位即以皇太后的身份临朝称制，树立起她作为帝国主宰的权威形象，这一权威形象无论是李唐皇族或满朝文武都是无法否定、反对的。在这基础上，她需要巩固自己取得的胜利成果，进一步强化对于朝臣的驯伏与压制，牢牢把握对宰相等重量级大臣的任免权，严厉执行生杀升贬决定权并注意加强对地方的监控。

武媚娘最关心的是对地方的掌控。扬州起兵虽然被迅速平定了，但却使武媚娘深深感到对地方的失控。李敬业到处秘密串连，朝廷却一无所知，直到他十几天就组织起十多万大军，大肆攻城略地，朝廷才作出反应，可见自己对民间舆论和社会动向根本不摸底，也暴露各级政治机构的迟钝和情报的阻塞。

大唐开国以来一直奉行强干弱枝政策，重中央而轻地方。太宗以来设立御史巡察制度，由御史台派遣监察御史不定期巡按州县。武媚娘大力提高御史台的监察权，监察御史、侍御史每年分春秋两次定期出巡全国各地。严密监察各地官吏，随时报知中央。

由于这些监察官员有相当一部分是酷吏，又被赋予了生杀予夺大权，地方官员都畏之如虎。武后独揽朝政时风闻朝廷使者到来而自杀的地方官员非常多，可见这种监察制度的威慑力量强大到了何种程度。

监察御史的权势极大，他们上可弹劾宰相，下可监控百官，独立于中央机构之外，只对皇帝负责。监察御史弹劾官员，甚至可以不经本部门长官而直接上奏皇帝，也就是说，监察部门的头头儿本身也在被部下监察。显然，监察御史的权力过大了，他们都只是八品官，却可监控一品官员，弹劾品级远远高于一般朝臣。这不符合武媚娘的思想作风。她要的是集一切大权于一身，而监察御史却分散了她的权力，使她难于将整个帝国置于自己的铁腕控制之下。于是，垂拱六年年初，她连发两道敕令，都是针对削减、控制监察御史权力的。垂拱元年正月，武媚娘下敕："御史纠察罪状，未经闻奏，不得辄使处分，州官府司亦不得承受。"这就公开宣称御史没有自行处分获罪官员的权力，当地官员亦不得擅自处理，必须上奏朝廷。今后御史干什么呢？只能收受申诉的表状，然后上报武后，由武后决定如何处理。这样一下子就把监察御史查案定案、量刑定罪的权力完全收归朝廷，由武媚娘一人裁决处理。等于向天下臣民宣告，监察御史已没有查处权了。武媚娘要的就是集大权于一身这样至高无上的权力和身份，以突出她在全国臣民中的至尊至贵权力，这对于她改朝换代、登临帝位是至关重要的。至于下面一些案件不能得到及时处理、久拖不决或因此无人过问、不了了之，使贪赃枉法者不能得到及时惩处，百姓有冤不能得到及时有效解决以致永远冤沉海底，那武媚娘就不问了。

这年二月，武媚娘又改变登闻制度。登闻就是击鼓鸣冤告状，击鼓的鼓就叫登闻鼓。从今而后，朝堂所设登闻鼓及肺石，不再派人防守，凡有击鼓立石者，御史都得接受诉状上报。唐朝为方便臣民上言或申诉重大冤情，在西朝堂设登闻鼓，东朝堂设肺石。凡上言申诉者击鼓立石，其情便可直达朝廷。以前设有专人防守，百姓要击鼓立石并不容易，现在撤除防守，就有利于百姓击鼓立石了，百姓可直接向朝廷告状。不过，实质还是一样，武媚娘需要集大权于一身，一方面了解民心动向，另一方面让百姓对她有好感，以有利于她改朝换代，登基为帝。

综上所述，武媚娘假意笼络李唐皇族，收归用人权、监察权、司法权，改变监察、登闻制度愚昧官民，表面为了有利于大唐皇朝一统天下的政通人和国泰民安，实际完全是为自己谋私服务，以便她所有大权在握，一有机会

就揭开“太后”面具，自称天子，改朝换代。她所做的一切的一切都是为这一终极目的服务的。她为此积蓄力量已经等待了六年了，她对皇帝宝座的贪婪和企盼真是望眼欲穿啊！

四、匭检制度

武媚娘要称帝，又不敢骤然称帝，为什么呢？她怕天下臣民不服、有反感。李敬业《讨武檄文》直揭她打击李唐，篡夺朝政，裴炎逼宫要求她还政于睿宗，都大义凛然，名正言顺。她虽然已集大权于一身，但还是不敢贸然行动。如果她一旦称帝，并改朝换代，天下人都出来反对她怎么办？她没底，她需摸清这个底并加以很好地控制和利用。于是，她设立了告密制度。扬州义军被迅雷不及掩耳地扑灭了，这正称了武媚娘的心愿。这使她浑身怒火如焚，她要采取行动了。这提醒了她会有同样的叛乱发生，她的统治并不是民望，提醒她要加强统治的力量，她要使天下反对她的人噤若寒蝉。她要实行恐怖统治。随之而来的是日甚一日的阴森恐怖。从她以往的残暴阴狠上看，她要把全国整肃得一片恐怖，如同汪洋血海。她清清楚楚地知道她怀着什么野心，这样，残忍的大屠杀的来临，已在预料之中了。垂拱二年（686 年）三月，一个全新的检举揭发制度——匭检制度产生了。

匭检制度并非始于武媚娘，但武媚娘设匭检有不可告人的罪恶目的。据《封氏闻见录》记载：“汉时赵广汉为颍川太守，设缿筒，言事者投书其中，匭亦缿筒之流也。梁武帝诏于肺石、谤木之旁各置一函，横议者投谤木函，求达者投肺石函，即今之匭也。”追溯历史传说，早在尧舜时代就已经有“诽谤木”之类的收集民意的意见箱了，汉代、南北朝的意见箱可能脱胎于此。但尧舜时代连文字都未成型，人们怎么书写诽谤木呢，这就大有疑问。说武媚娘铜匭起始于汉、梁缿筒、谤木箱，或有可能。但武媚娘设铜匭是有其政治目的的，与汉、梁之言事、横议，迥然不同。武媚娘设铜匭的主要目的，是打击异己者、反对派，根除隐患，实行铁血政策，严厉镇压反对派，使她能顺利接管天下而“纤尘不动”。普天之下，莫非皇土，天下这么大，对她持反感或强烈反对她的人到处都有，她武媚娘高高在上，深居内宫，怎么能知道她的敌人在哪里呢？设铜匭，鼓励检举告密，就解决这一难题了。她是大唐真正的叛徒。她要的就是一心消灭政敌，消灭大唐，以保证她顺利接掌帝权，改朝换代，而又不会引起风吹草动，能够长治久安。所以，她非常重视设铜匭告密制度的建立，把它当作非常重要的事来抓。她设铜匭就是鼓励告密，并使告密合法化、制度化，凡告密者都有重赏，可做官，还设有专门官员每天按时开匭箱收集投状，呈送给武媚娘。这样一来，告密者纷至沓来，暗藏的敌人全都暴露在武媚娘面前，她就可任意惩处那些暗藏的政敌，而不要再担心有人敢反对她了。这样，她就可稳稳当当做她的皇帝，不怕有人再敢造她的反了。因设铜匦告密是在武媚娘立帝前设立的，故需在此提及。但因告密与酷吏密切相关，在后面谈到酷吏时还要专门谈到告密的具体情况及其严重后果。

【批】

从光宅元年到天授元年，武媚娘从踢开儿皇、独揽大权到她改朝换代、登基为帝，足足花了六年时间。并不是她不想早日称帝，而是时机未到，准备工作不够充分，舆论、宣传未做到家，贸然称帝，可能人心不服，众怒难犯，偷鸡不着蚀把米。工于心计，研究策略，是她成功的重要因素。这里所写的宰相轮换、强化皇权、控制监察、匦检制度无一不是在为她改朝称帝做好各方面的准备工作。为篡夺皇权而心肠狠毒，她真的是城府很深、机关算尽了。

【第十八章】
行柔道宣扬承天命

一、奴化训诫

武媚娘通过杀人立威、掌控宰相、强化皇权、控制监察、制订法律等手段震慑、奴化天下臣民，一律服从于她。但是，要让天下，特别是朝臣对她改朝换代的图谋心服口服，还需要做更多的思想宣传工作，让他们从心底里产生裂变才行。也就是说，她必须开展转变人们思想的宣传运动，进一步对人们进行奴化与麻醉工作。

武媚娘在控制大臣时，从没放松对他们进行奴化教育。她虽然工作很忙，还是抽时间写了一部名叫《臣轨》的书，赐给各个大臣，教他们谨遵为臣之道，对她尽忠尽职。这部书等于是大臣行为指南，你以前不知道为臣之道，那不怪你，现在看了这书，再不遵守执行，那就要从严惩处了。大臣们知道武媚娘的厉害，哪个敢不认真阅读学习啊，甚至怕武媚娘随时提问，都会背了。这样一来，她驯服臣下听话就收到满意效果了，一切唯武媚娘之命是从，奴化教育达到了预想的目的。

《臣轨》从以下十个方面提出严格要求：一是“同体”，即为臣者必须深刻体会君主的旨意，不折不扣遵照执行。二是“至忠”，即必须对君王竭尽忠诚，永无二心。一切以君王为上，做到推善于君，引过于己，有功不自夸，有过不推诿，始终记住君主是至高无上的，自己始终是君王的附庸、奴仆，忠实为君王服务。三是“守道”，“道”指道德、道理，也指道教。做到清心寡欲，不为名，不为利，一心以为人、治国之道为准绳，做到奉公守法，刚正不阿。四是“公正”，为官行政不循情包庇，公正无私。五是“匡谏”，“匡”是“匡正、辅佐”的意思，要敢于为朝政和国计民生大事直言进谏，虽面对死亡也无所畏惧。六是“诚信”，以诚信之心忠君怀下，上下通诚，信而不疑。七是"慎密"，处处谨慎小心，严守君主、朝廷、国家机密，不随便乱说，随时注意绝不能对君王有丝毫失德、失礼之处。八是"廉洁"，处处以廉平为德，洁身自好，始终保持为官清廉纯洁本色，争做廉政的楷模。九是"利人"，利人即利民，时时想民所想，为民众谋福利，解百姓危困，利天下苍生。《臣轨》就是臣子的规矩、臣子的规范思想言行，为臣之道。这十个为臣的规矩，为臣下指明了方向，臣下若能都一一遵守做到了，就可称作是合格的臣子、君主的良辅、国家的福祉。武媚娘的目的，是紧紧管束住臣下的一言一行，处处要尽心尽力效忠君王国家，不能有其他任何私心杂念和不正之风。她在普赐群臣时要求他们好好研读，当座右铭来正心鉴行，期望能达到"革心事朕"的效果。一句话，要群臣都洗心革面忠心耿耿侍奉好她这个当代新君主武媚娘，绝不可三心二意。

此情此景，不仅会使人想起武媚娘以前调教过她儿子李贤，赐给李贤《孝子传》和《少阳正范》劝导李贤做个乖儿子的往事，她显然把大臣们也当儿子来调教了，她现在是至尊无上的，拥有令人畏惧的皇家权威，谁敢不遵不从呢？这样的调教、训导和奴化教育大概就是她心目中的"母仪天下"吧！

之后，《臣轨》常和李世民写的《帝范》合为一书。取名《帝范臣轨》，十七世纪传入日本，时人曾说："本朝读之，尤尊之，至若镰仓将军家皆读之，有助治道久矣，何啻中华而已哉。"评价倒是挺高的。这反映古时当权者是很喜欢这些东西的。但联系对照到武媚娘的为人，我们就深为武媚娘感到羞愧和不齿了。她作为高宗的妻子、皇后，她忠于高宗了吗？高宗不同意废太子贤，她废了；高宗遗诏中说："军国大事有不决者，兼取天后进止"，她却篡夺君权，废了李显，囚了李旦，杀了李贤，三个儿子命运都非常悲惨，她现在正在谋登帝位、改朝换代，她真正是彻底叛逆了高宗的心愿和遗志啊！她容纳"匡谏"吗？谁向她匡谏多遭杀身之祸或遭贬黜。她"公正"、"利人"吗？多少正直无私、为国为民者遭她残杀甚至灭族，她根本不是一个人，早已人性丧失殆尽。为了争夺权位，不惜杀人立威，奉行"顺我者昌，逆我者亡"的残酷政策，虽亲生骨血概莫能外。对这样禽兽不如的毒妇、暴君的言论，我们有什么理由好欣赏的呢！而且，她让朝臣牢记《臣轨》的目的，是对臣下进行奴化、麻醉，要臣子绝对服从她，好让她篡唐立周，把大唐天下改变成大周天下，改朝换代，自称天子，群臣对她就是把唐宗唐臣都杀光了也不能哼一声，只能驯服地做她的奴隶，听她摆布，如此狼子野心，昭然若揭，这就更加令人感到她极其无耻、凶残和可恨了！

二、武媚娘歌

武媚娘想改朝换代当皇帝，名不正，言不顺，等了多少年都没当成。当时，人们头脑中正统观念的“牝鸡司晨”和“匡扶李唐”这两个词儿常在她脑海晃动，闹得她心神不安。她处心积虑想借舆论来改变局势。什么舆论呢？天命。她一直以来努力以天命所归来迷惑、愚弄世人的正统封建王朝观念。她利用一切机会来表达女主天下是顺乎天意的说辞。

武媚娘曾诛杀对废中宗、立睿宗有怨言的聚饮禁军十余人，传说当时天有庆云出现，一些阿谀逢迎之臣便上表庆贺说这是“天人合德”之喜庆现象，“欣紫宸之永固，在苍生而知幸”，意思是上天也嘉许太后杀得对，这是天后临朝后的第一起祥瑞事件。

坊间开始流传女主武王的传说，被武媚娘有意宣传开了。那时，在汜水出土一块平板石头上发现刻有《广武铭》，铭上写：“发我铭者小人，读我铭者圣君……三六年少唱唐唐，次第还唱武媚娘。”因此歌名与太后姓名一样，受到官府重视，为了迎合吹捧，对这块所谓“瑞石”举行了隆重祭拜活动。问题不在这首民谣本身，而在于可以借此掀起轰轰烈烈的女主天下的造神运动。在武媚娘登临帝座的过程中，《武媚娘》这首民间小曲曾起过宣扬女主天下、受命于天的重大作用。从现今科学观点看，一首过了时的流行歌曲预言某人将成某国首脑荒唐可笑，但这首民谣的宣传力量在当时却是无法估量的。

《武媚娘》原是隋唐流行的民间小调，词曲已失传。据《旧唐书·李纲传》记载，隋开皇末年，太子杨勇宴请宫臣时，有东宫官员边弹琵琶边唱《武媚娘》小调，引起性格方正古板的太子洗马李纲的反感，认为该官员“于宴座自比倡优，进淫声，秽视听”，要求太子治罪。由此可见，当时《武媚娘》歌可能属于低俗淫秽、不能登大雅之堂的民间小曲一类。

《新唐书·后妃传》的《桑条歌》中也提到《武媚娘》歌，太史迦叶志表上《桑条歌》十二篇，言后当受命，曰：“昔高祖时，天下歌《桃李》；太宗时，天下歌《秦王破阵》；高宗时，歌《堂堂》；天后时，歌《武媚娘》。”这一说法，首先见于唐人笔记小说《朝野佥载》中：“永徽后，天下唱《武媚娘》，后立武氏为后。大帝崩，则天临朝，改号大周。”

从上述情形看，《武媚娘》系隋朝开始流传的民间低俗的情歌类小曲，高宗时民间又传唱此曲，碰巧武媚娘此后就为皇后了。这民间传唱与武氏为后本无因果联系，但武媚娘却暗中派人将两者联系起来，认为她立为皇后是顺民心、应天命的。到高宗去世后，武媚娘废中宗显，囚皇嗣旦，杀废太子贤，杀裴炎，斩程务挺，以铁血手段控制朝廷，欲登临帝位，改朝换代，权威达到极点，这个民间小曲又到处传唱开了。武媚娘不放过任何君权天授的宣传机会，借此大造舆论，宣扬她的君权神授的天命观，《广武铭》的发现和宣传则更进一步强化了她登基称帝系天命所归的造神运动。把她想做天子天意化、神化，这就是她大肆宣扬《武媚娘》歌的内心图谋和政治原因。

实际上，《武媚娘》本是一首民间低俗调情小曲，上不了台盘。民间传唱不过是民间习俗，是民间低下层人群文化生活的一个组成部分，与武媚娘为后、为帝根本无关。武媚娘为了宣扬"天命"，竭力"造神"，把她一心要改朝称帝与此歌表明天命所归联系起来，借以迷惑、麻醉天下臣民，对她恭敬如天，俯首听命，这就达到她大造这个舆论的目的。加上一些人的逢迎和吹捧，使武媚娘还未做皇帝就已被吹捧到天上去了，她自然兴高采烈、乐此不疲，并加以大力支持和推广了。

三、女主武王

武媚娘为她童年有人预言将为天下主和入宫后又有人预言大唐皇朝三十年后将有女主武王广为宣传，为她改朝称帝系天命所归造势。前面提到，武媚娘幼年曾有术士袁天纲看过相，预言她若为女子，必将为天下主。这本来是迷信传说。后来武媚娘入宫为才人时有"太白经天"的异常现象，太史李淳风说这种天象将有"女主武王"取代李唐，太宗由此疑小名五娘、是武安人、身为武将、是玄武卫将军、守卫玄武门的李君羡身上，将他贬为华州刺史后又轻信小人之言将他处斩，其实当时如要怀疑应该怀疑武媚娘，李君羡不过是做了武媚娘的替死鬼。现今把袁天纲和李淳风的预言拿来对应武媚娘君临天下的现状，不是很契合吗？这可是大大宣传武媚娘女主天下、君权神授的好机会呀。天授二年（691 年），有家属伏阙上书，为贞观时被御史弹劾谋逆处斩的左武卫将军李君羡鸣冤。李君羡家属的说法为武媚娘所认可，因为这一说法迎合了武媚娘急于在社会上形成君权神授、女主天下的舆论。为此，她特地大肆张扬为李君羡除冤平反，抚恤家属，追复官爵，以礼改葬。至此，袁天纲相面、李淳风占星、李君羡替死、武媚娘登基串连成一体，一个为天下主、女主武王的"天命"神话在臣民中广泛流传开来，武媚娘无比欢畅，她要的就是这种君权神授的轰动效应，把臣民的思想奴化、麻醉。

一点不假，"天命"和"正统"正是武媚娘的软肋。她可以凭机谋、铁血慑服天下，却无法让天下人真心信服一个女人会是顺应天命的正统帝王。这一点，甚至她自己都没有信心。不然，她为什么等了五六年时间都不敢登基呢？她要宣传造势、凝聚人心，让人们相信女人同样能君临天下，并且完全符合天命、正统。

有道是缺什么补什么，武媚娘这一生对于名字和称号（她一生改了三十几个年号）这类东西有着走火入魔般的偏执，大约也正是她自感“名不正、言不顺”所以越发执著于此吧。基于此，也就不难理解，她为什么会对民谣、祥瑞之类能显示她天命所归的事物如此热衷，即使明知作伪也不在乎，因为这至少表现出别人对她统治的肯定和认同吧。她太需要民谣、传说、占卜、祥瑞这些对她有利的舆论宣传的东西了。有什么办法呢，她是为权位一路浴血厮杀过来的，她残暴凶狠连对嫡亲骨血也毫无怜悯之心，群臣虽在她铁腕下万分惶恐畏惧，但她缺乏天命、正统，不合传统君权观念，这在许多人心目中始终是个难解的结。

历史事实证明，所谓袁天纲的相面、李淳风的占星、李君羡的冤死纯属子虚乌有。最早记述袁天纲事迹的《感定录》并没有写袁天纲说武媚娘将为天下主的话，人们怀疑这段记载纯属虚构或伪造。预言女主武王的出自非正史的传言《秘记》，而占星是不可靠的。如果真有此事，长孙无忌在反对立武媚娘为后时为什么不提出这个预言呢？如果这个预言真的曾给武媚娘带来那么多麻烦的话，为什么她入主中宫不仅没有除去李淳风，反而让他官运亨通呢！唯一合理的解释就是当时根本不存在这个预言。关于李君羡的死也有疑问，《旧唐书》中李君羡的传记是和刘兰、张亮等的合为一卷的，他们都是因为私通狂人听信妖言、企图谋反的罪名被诛，可见他并非死于女主武王的预言。太宗是一个很审慎的人，如果真想消除潜在的威胁，又怎会只除掉一个李君羡就放心呢？对此，清代学者一针见血地说：“唐太宗何果于除宫外之功臣，而昧于除宫内之侍妾也？此不过作传者欲神乎其术而附会之！”这样看来，袁天纲相面、李淳风占星、李君羡替死的故事都非真实故事，完全是阿谀逢迎者或后人的附会捏造，甚至完全是武媚娘本人或她暗中指使人制造假象以欺哄世人的，为的就是要借以烘托和突出武媚娘改朝换代系天命所归的“天命”舆论和声势。请读者看清史书中记载的“天授中，家属诣阙诉冤，武后亦欲自诧，诏复其官爵，以礼改葬”中“武后亦欲自诧”这一句话，是指武媚娘想借此表现自立为帝是天命所归，她一生说了许多谎话，如诬王皇后厌胜、杀小公主，诬长孙无忌、李贤、上官仪、裴炎谋反等等，她这女主天下是君权神授又是一个大大的欺世谎言！心明眼亮的人是不会上她的当的。

四、求救儒学

为了寻找称帝的理由，或者说为了使称帝获得人才和理念上的支持，武媚娘曾费尽心思求助于儒学，她亲自主持的贡士殿试就是在这一背景下出现的。

唐代科举分常举和制举两类。常举就是自己到州县报名，州县考试合格称为贡士，再去京城考试；制举乃是天子下诏求贤，百官推举，被举荐者就被称为贡士，可直接赴京应试。常举里有两种：进士和明经。进士侧重考文学才华，明经侧重考儒家经典。武媚娘对儒家经典有反感，她比较重视进士，因为这有利于人才的选拔，她可从中选拔适合她需要的人才。殿试就是天子亲临殿廷主持制举考试。武媚娘很重视殿试，因为这可利于她广揽人才，为自己称帝临政效忠，从中选拔亲信为其效力。制举命题紧贴现实，甚至就是女主天下之类的考题，可考出考生的政治态度；同时，发现有适合自己需要的人才，可以立即委以重任。为了举办好第一次殿试，她早在一年前就下诏要五品以上的文武百官举荐贤才，人数多寡不限。这可是天下贡士大显身手的好机会。对他们来讲，谁主持殿试以及谁君临天下并不重要，他们迫切需要的是希望有幸中选，步入仕途。载初元年（690 年）二月十四日，武后御临洛城南门，亲策贡士于洛城殿，正式举行殿试。上万名从全国各地赶来的考生云集洛城殿应试，气势壮观，但都文雅守礼，鸦雀无声。

洛城殿气势宏伟，庄严壮观，它巍峨地挺立于洛阳宫城西南，东为集贤殿，西为丽景夹城，南眺洛城南门，北瞰钦羽殿，如同众星拱月一般，气宇轩昂华丽，十分引人注目，令人向往。如今华夏精英齐集于斯，翰墨留芳，文思敏捷，武后临场，亲发策问，衬着丽日普照、宫阙万千，撇开武媚娘想临朝称制、君临天下主观图谋不说，眼前这锦天绣地、满目俊才的大唐万千文士群集、尽显才华的动人景象，是中华历史优秀文化的光辉，令人永志难忘。

考试共分八科，每科按照惯例策问二至三遍。试题都是武媚娘出的，所问均是她关心、思考的时政问题，这些问题都和她政治走向和前途有关。她特别希望能从中选出一些忠于自己、为自己掌政服务的人才。因此，她特别重视这次大唐皇朝有史以来第一次大规模的殿廷考试。她不仅亲临考场，而且时而到处巡视。因考生上万，科目又多，考试持续了好几天，真可谓群贤毕集，人才济济，盛况空前。载初元年正值改朝换代、灭唐立周前夕，武后需要从儒家义理上寻求理论上的支持。她要在高祖、太宗、高宗以下的唐朝帝制中安放自己的位置，丢开母后身份自称皇帝，历史上没有先例。她需要从儒学方面寻求理论支持而又找不到这种支持，令她坐立不安。于是，“未知何帝之法制可遵，何代之治革可衷”之类的令人莫明其妙、一头雾水的探询式句子，便不断出现在她的求贤诏令中，在此次殿试中也时有出现。

但严酷的现实是，儒学和欲称帝的武媚娘似乎是天敌，天生格格不入，武媚娘内心的念头固然明明白白，但翻遍儒家经典也找不出一条过硬的理论支持她称帝。武媚娘一次次的策问，换来的却是一次次的失望，最后倒是朝臣李恩文在《尚书·武成》中找到一句“垂拱天下治”的话，附会武媚娘用过的“垂拱”年号，以此作为受命称帝的依据。但“垂拱”年号已经不用了，也就不便大肆宣扬了。这种牵强附会的句子，对她眼前即将称帝的现实状况起不到理论支持的作用。令武媚娘感到懊丧的是，有人提醒，对她这个一心想称帝执政的政治野心家极端不利的那句“牝鸡司晨，惟家之索”同样出自《尚书》，实在没脸面拿来做样板大肆鼓吹。武媚娘沮丧之余，终于对儒学彻底失望，她虽不能将儒学批倒，但冷落它是免不了了。“太后重学士而轻儒士”，千百年来儒家学者对此颇感愤然。其实，她对儒学处处碰壁，她要重视儒学是不可能的，那不是自找麻烦吗?

【批】

武媚娘一心要登基称帝，可是一直有两件事让她很忧心：民意和天命。中国上下几千年，只有男性可称为天子，从未有女主天下的例证。她费尽心机，乞灵于对臣下进行奴化教育和宣扬莫须有的天命所归的思想，来使人们思想处于愚昧和麻木状态，听其摆布，把她当作是最为尊贵的不可侵犯天授神权的人来顶礼膜拜，不能也不敢对她有所反抗，这既显示她路末途穷和内心的怅惘，又表现出她无可奈何的可耻与疯狂的挣扎。

【第十九章】解久旷宠幸薛小宝

一、小宝得宠

武媚娘是一个淫荡成性的女人。她初次承欢太宗，娇小娃儿，已解风月，太宗原想她经受不起，轻柔抚弄，偏她不顾一切，纵体入怀，不仅毫不怯避，交媾时还尽显百般淫荡情态，挺迎磨合，欢叫颠狂，直把个太宗服侍得无比称心舒畅，产生一种从未有过的快感。春风一度，啼笑皆妍，更有一种柔媚情形，令人不醉自醉，不迷自迷。太宗玩弄过许多娇柔美女，从未曾有过这般滋味。她后来见太宗病重，为今后打算，兼为情欲所需，主动向李治献媚，突破人伦底线，遂成逆伦之欢，勾引李治成奸。武媚娘行事从不顾廉耻，她又年长李治四岁，乐得舍身图欢，以博得后半生快活，与李治交欢时更是尽显她擒纵欢快的本事。她虽削发为尼，但一首《如意娘》诗把她情欲难言难熬的心态尽行流露出来。她继承她母亲杨氏纵淫无度、愈老愈淫的基因，在与李治几十年床第生活中，一直独享骚情，不容别的妇人染指，韩国夫人、魏国夫人都被她害死，后宫再无人敢与她争宠。在这种专宠后宫情况下，李治竭尽精力与她日夕欢乐，加上重病缠身，把身体都掏空了。古话说："皓齿娥眉，伐性之斧。"李治虚弱之身怎经得起经常鸾凤交欢啊，直把身体掏得如骷髅一般，才五十多岁，便一命呜呼了。对此，小说家多所评论，都怪是武媚娘恣肆纵欲害死李治的。如《隋唐演义》说："武后怀着那点初心，欲高宗早过，便百般献媚，弄得高宗双目枯眩，目疾怎能得愈?""天后要他早早归天，高宗荒淫过度，双目眩眊，时刻伴着他需要。""天后在宫中淫乱，见高宗病入膏肓，欢喜不胜。""高宗病到这个时分，还不肯依着太医去调理，还要与太后亲热，火升起来，旋即驾崩。"武媚娘恣情纵欲加速李治死亡，这是有定评的，联系到她后来广选许多青壮年入宫做她的男宠、面首，白日宣淫，

不避人耳目，集体淫乐，面对女儿太平公主及上官婉儿等放纵淫欢，七八十岁的老太婆还每天离不开男人纵欲图欢，以求获取高强度快感，这样的荒淫老妇，世界少有。她根本不知廉耻为何物，她的荒淫无度和杀人如麻，都是她最无耻恶劣的行径，两者集中表现在她一个人身上，一点儿也不奇怪。

俗话说："饱暖思淫欲。"李敬业起兵被平定后，武媚娘日子过得安定、舒适，她此时朝政大权集于一身，一切都可任意而为，她此刻想到要尽情满足自己的性欲了。她年已花甲，华色未衰，脂粉钗环，未尝少撤。自从高宗晚年，屡患风眩，不能尽情满足武媚娘枕席之欢，她郁郁寡欢，好容易待到驾崩，临朝秉政，大权在握，二子被杀，一子被黜，一子禁锢，文武百官，要杀便杀，没一个敢行抗命，正是雌威大盛的时候，无如宫中缺少面首，终究是孤衾独眠，情欲难耐。正当她急需面首承欢淫乐的时候，有人给她送个如意郎君来了，解除了她久旷之渴。什么人呢？大家知道，他叫冯小宝，冯小宝这个人，历史上有多种流传的说法，一说是武媚娘在削发为尼时在尼寺里认识的，《隋唐演义》、《浓情快史》、《唐史演义》都是这一说法：一说是太平公主自用后推荐给母亲享用的，王占君《武则天》持这种说法；一说是唐高祖女儿千金公主自用后奉献给武媚娘的，这是《旧唐书·薛怀义传》的说法。《旧唐书》称千金公主在献小宝给武媚娘时说："小宝有非常材用，可以近侍。"武媚娘便乐而受用了。

冯小宝原是洛阳城市井之中打着卖药的幌子从事卖淫勾当的小货郎，现在称作男妓。为了宣传药效和招惹妇女，他把自己锻炼得十分精壮结实，像个卖武艺、耍杂技的，卖药之前还要跨开步子比划几招，以吸引观众。因他身强力壮，被一个豪门大宅的侍女看中了，成了侍女的情人。这个侍女的主人就是千金公主。千金公主见侍女这个情人三十多岁，面容俊美，身材高大，肌肉饱满，筋脉鼓出，力大无穷，就很轻易地把他从侍女身边带入寝室供自己受用。一试用，十分满意。小宝被千金公主收养享用，倒也十分快乐，每日酒醉饭饱之后到处玩逛游乐。谁知宗室谋反案之后武媚娘杀尽李唐宗室儿女，千金公主为了保命，主动要求当武媚娘的干女儿。其实，她比武媚娘岁数大，是武媚娘的长辈，武媚娘知道她是为了活命，也就认了这个干女儿。在血洗李唐皇室中，独把千金公主的命留下来了。千金公主当时正在讨好武媚娘，就把一表人才的冯小宝经过一番调教包装，孝敬给武媚娘了。武媚娘正需有男人来和她交欢，满足她强烈的性需要，见千金公主送来的冯小宝，伟岸壮实，体力雄健，满心高兴，说："留下吧。"武媚娘久旱逢甘雨，她心中那个快活啊，简直无法形容。她这个六十多岁的老女人顿时双颊红润，满面春色，眼中闪射出异样的光彩。她执着冯小宝的手轻抚他的脊背说："朕很喜欢你，你身材伟岸，有男人阳刚气概，很合朕意。"反正这事她是过来人，

平常得很，她也顾不得在众目睽睽之下，当即携住冯小宝的手进入后帐，两人立即脱光衣服，上床交欢。

武媚娘因觉得让冯小宝进宫有些不妥，不如让他到白马寺出家为和尚，就赐名为怀义，这样进宫就方便了。还有一个问题要解决，小宝出身太低微了，说起来是个江湖卖药的，不好听。灵机一动，就让自己女儿太平公主的丈夫薛绍认薛小宝做叔叔，让小宝改姓薛，这样一包装，冯小宝摇身一变成了薛怀义，并很快进入白马寺当了住持。从此薛怀义就可经常进入太后寝宫任意纵情与武媚娘交欢了。人人都知道薛怀义身份地位非同寻常，都尊称他为薛师，不敢直呼其名。薛怀义更加有恃无恐、趾高气扬，每次出行，他都横行霸道，行人望而生畏，躲而避之。躲避不及的便会被他或他的手下打得头破血流。就连武媚娘的侄儿在朝廷里威风八面的武承嗣、武三思兄弟，见到他也甘心低声下气很恭维他，像奴才一样，在他上下马时亲自去为他拉马缰绳，竭力讨他欢心。朝官张岌更是奴颜婢膝，经常追随在薛怀义后面，替他拿着黄色的头巾，薛怀义上马时，张笈便伏在地上，请“薛师”踏着自己的脊背登上马背。不料，薛怀义爱屋及乌，竟与太平公主勾搭成奸。他不但可以自由出入宫禁，也冠冕堂皇地出入薛府。这太平公主和她母亲、外祖母一样，也非常淫荡，家中收容不少青少年壮美男子供她日夜淫乐。此后尝到甜头的太平公主常以看望母亲为名入宫偷欢，武媚娘明知此事，也不指责，任他们私下往来。这就变成一个和尚同时奸淫了母女两个。这母女俩还常为此暗中争风吃醋，这真是“臭唐脏汉”的一桩稀罕事了。

对这种内宫污秽事，有些朝官看不惯，曾上书劝武媚娘请把薛怀义给阉割了，以杜绝秽闻。补阙王求礼曾向武媚娘上表说“太宗时代，有个罗黑黑，善弹琵琶，太宗为了让他教宫人弹奏，就把他阉割了。陛下想让薛怀义在宫中干事，请把他阉割了，以免淫秽宫闱。”武媚娘宠爱薛怀义如同爱惜自己生命一样，她怎么会把薛怀义阉割了呢？武媚娘看了王求礼的表章后搁置一旁，一笑了之。

二、修建明堂

前面说过，武媚娘言行不一，口是行非，她在《建言十二事》中声称要提倡节俭，可是她做的却与此相反。她修建面容像她的卢舍那大佛花了巨额金钱，她修建白马寺和明堂、天堂耗资更是惊人，目的都是为显示她临朝执政和登临帝位的威仪。

垂拱元年（685 年），武媚娘下诏大修白马寺。白马寺是洛阳名寺，现在薛怀义做白马寺住持，僧众有三千人，可谓当时天下第一大寺。为了显示武

媚娘情夫薛怀义的不同凡俗和地位显赫，她特从国库拨出巨款大修白马寺。在薛怀义主持下，白马寺广修殿亭楼阁，中国第一古刹在薛怀义主持下修建成全国空前雄伟壮观的大寺院。传说当时的白马寺的规模异常宏大，其山门几乎直抵洛阳北岸。因为僧人居住的地方离山门太遥远了，步行要走很长时间，所以到了晚上，僧人必须骑马去关闭山门，这就是所谓的“跑马关山门”。由此可见，白马寺多么辽阔广大和宏伟壮丽了。

垂拱四年（688 年），洛阳宫乾元殿轰然倒塌，似乎象征昔日辉煌的李唐王朝即将结束。武媚娘要在这废墟上修建一座气势宏大壮丽，强凤压龙的万象神宫——明堂。说白了，这是为武媚娘登基称帝、改朝换代、举行重大欢庆仪式和显示新皇朝权威而建的一座巨大豪华的殿堂。按照古例，明堂应建立于京郊三里之外、七里之内，如离宫殿太近，会亵渎神灵。武媚娘不仅不在城郊建，反而选在洛阳宫城中的中轴线的正中心上，认为那是日照正中的阳午地，阳光最为充足。这种说法不见于任何儒家经典，因此是一派胡言。古书上说：“天子坐明堂”，建明堂就是供天子使用的。谁是天子呢？高宗已死多年，现在没天子，只有太后代行君权。明堂建立起来，当然就是武媚娘去使用了，那她也就理所当然成为天子了。这种心理推测作用是巨大的，表明任何力量也无法阻挡武媚娘改朝称帝的步伐。武媚娘要把明堂建立起来，就可证明她统治和称帝的合法性。她要求明堂务必建得华美宏丽，所动用的巨木要一千人才能拖动。这个大工程的主持就是薛怀义。薛怀义不负所托，不到一年就把明堂建成了。新建的明堂宏伟壮丽，有三十层楼那么高，起名万象神宫。方三百尺，高二百九十四尺，分三层，下层布政，中层祭祀，上层为圆顶亭子，上立高一丈的涂金铁凤。底层四面象征四时，为发布政令的场所。中层为八角形，上立重檐，雕饰有九条金龙，众星捧月似的捧着一个圆盘。其上为明堂的最上层祭天之所。而宝顶竟是一只巨大的凤凰，黄金为饰，昂首振翼，直欲破空飞去。整座建筑雕金饰玉，极尽奢华，顶端那只凤凰以君临天下的强悍姿态，令其下的九条雕龙都黯然失色，沦为陪衬。明堂的规模和复杂程度超过当时两京所有宫殿，反映其设计与施工能力已达到或接近封建社会的最高水平。

武媚娘一切行动都和掌控皇权和临朝称帝有关。她是个不错的心理学家，明知人们难于接受女主天下的事实，但她就是一个劲儿地向此目标前进。她已把所有大臣玩弄于股掌之中，她的铁血政策使任何人都不敢对她公然反抗，她建明堂就是铁血外的柔道政策，在一点一滴地测试天下臣民对女主天下的心理承受能力。明堂是天子专用场所，规模宏大华丽，气势凌云冲天，凤在上、龙在下表明不可逆转的女主天下的凛然威严气概，而现在天子幽禁别室，临朝视政、代行君权的乃是李唐皇朝最高贵的主妇、天后武媚娘，任何人都

知道这明堂就是专供她登堂使用的，她就是专用此明堂的一朝天子。这种心理测试是备受煎熬，然而却又是温情脉脉的，明堂在一天一天的建设，一天一天规模宏大，大臣们的内心也在一天一天地接受它的现实和存在。不知不觉间，明堂的辉煌威严与大臣的内心紧紧柔和地贴合在一起了。如此规模宏大、气宇轩昂、金碧辉煌的明堂是历朝天子想建而从未建成过的，“天子坐明堂”不过是以前君王一个伟大的从未实现过的幻想。如今，在不到一年时间顺利完成了。这不是天后创造的一个伟大奇迹吗？大臣们都心悦诚服了，我们的天后真配作坐明堂的一朝天子啊！所以，明堂的建设过程是武媚娘实施心理战略的一次成功的测试，她的这一心理战取得了完全胜利。

武媚娘毫无顾忌、我行我素的专横与任性，在明堂的宏大华丽建设上得到了最好的体现。她就是要以此测试人们的心理承受极限和她对政权的掌控程度。慢慢地、一点一滴地、亲切柔和地加码。最终，人们的心理承受能力发生了变化，从最初的震撼与反感，逐步过渡到麻木与接受，又进一步演变为惊奇与崇拜，她在一旁冷静观察着人们这一心理演化过程，当最高层凤在上、龙在下的明堂闪耀在人们面前引起人们赞扬、欢呼的时候，她内心自傲地付之一笑。

修建明堂，是历代帝王的梦想，这是人所共知的，这一难以实现的梦想如今却在她手里完成了，这不能不令人叹服。即使是她的敌手也概莫能外。遥想当年，她为实现这一梦想真不知耗费了多少心血，也许当她在垂帘听政、二圣临朝时就已有些憧憬了，不过那时形象不太明晰罢了。可以肯定，薛怀义不到一年建成的壮丽明堂，乃是她多少年来梦想的付诸实现，绝非临时灵机一动的产物。她成功地用自己的实际行动证明，世间没有她做不到的事情。她很富于梦想，并一步步扎扎实实付诸实现，她曾是参与主持封禅的第一位皇后，如今又是设计建筑宏大豪华的明堂的第一位太后。下一步，她还要完成什么梦想呢？无疑，登临天堂，举行盛典，荣登帝位，就是她久已渴望的重大梦想。就是真正实现她的政治野心、废唐立周、改朝换代，以大周皇帝身份君临天下，以女主身份统御天下臣民。

薛怀义原是一个市井卖药谋生的小混混，居然在得到武媚娘宠幸之后能在一年内承担修建完成明堂这一巨大华丽工程，应该算他有能耐。但他建的明堂是为武媚娘称帝大造舆论和声势的，这就不足取了。此外薛怀义还在明堂北边建造一座高五级的天堂大殿，中间供奉夹纻大像。天堂是佛教的极乐世界。由天堂的第三层上可以俯瞰万象神宫。天堂里有一座用夹纻塑就的佛像，高达两百五十尺。武媚娘很欣赏这座佛像雄伟巨大。大和尚私下里雄伟巨大，天堂里这座大佛爷却在明处雄伟巨大。武媚娘在一切方面都力求终极、力求威势无限。两座工程完工后，武媚娘加封薛怀义为右威卫大将军，兼梁

国公。后来天堂夹纻大像被大风吹折，武媚娘命他重修，他只花三个月时间就修好了，并借此入宫邀功请赏。为了建明堂、天堂、大像，动用工役达数万人，耗尽国家财富，《资治通鉴》说：“所费以万亿计，府藏为之耗竭”，把国库都掏空了。这对她提倡节俭不是绝大的讽刺吗？

三、大云经疏

薛怀义为武媚娘做的第二件大事是为《大云经》作疏，通称《大云经疏》。武媚娘想做皇帝，但是从儒学中找不到理论支持，《尚书》一句“牝鸡司晨，惟家之索”使她长达五六年时间不敢称皇称帝，生怕遭到儒家学者和臣民的反对。道家“无为之治”与她铁血高压手段格格不入，而道家始祖李聃是李唐王朝的祖先，她也很难从道家学说中找到支持她称帝的理论根据。于是，她转向佛家求助。薛怀义是佛门住持，她向薛怀义做工作，要他找佛门大师共同从佛经中寻找女主天下的理论根据。有僧法明，杜撰《大云经》四卷，奏达阙下，奏言武媚娘系弥勒佛下生，应代唐为阎浮提（人世间）主。经里记载女主统治国家，最后又成佛。这就名正言顺地为武媚娘当皇帝提供了经典依据。薛怀义并没有止步，为了普及《大云经》，他又与法明炮制解释经典的《大云经疏》。

永昌二年（690 年），薛怀义与法明撰写的《大云经疏》，假借《大云经》中说“有一天女，名曰净光”，“当王国土，得转轮王”，“尔时诸臣即奉此女以既王嗣，女既承正，威伏天下，阎浮提（人世间）中所有国土，悉来奉承，无违拒者”等语，就衍释为很久以前“佛”即预言到武媚娘有一天一定会称王的。为了增强圣母受命的说服力，武媚娘要求薛怀义、法明等对《大云经》进行详细的注解，把晦涩难懂的佛经结合当今时政一一解释清楚，让普通大众也能理解。《大云经疏》的解释十分直白、政治化，如经曰：“即以女身，当王国土”，疏曰：“今神皇王南阎浮提天下也。”经曰：“女既承正，威伏天下，所有国土，悉来奉承，无违拒者”，疏曰：“此明当今大臣及百姓等，尽忠赤者，即得子孙昌炽……如有背违作逆者，纵使国家不诛，上天降罚并自灭。”可见，《大云经疏》远远超出了佛经注释的范围，完全是武媚娘当为天下主的政治说教，宣称女皇受命称帝是合理的，如果胆敢作乱必定遭到上天的惩罚。有学者认为：“利用宗教来为现实政治服务，在历史上不乏其人，但像武媚娘这样明目张胆地借佛教宣扬自己掌权、称帝的合理性，是绝无仅有的。”《大云经疏》还直接把天女与武媚娘联系起来，指明天女就是当今女主天下的武媚娘。《大云经疏》宣称，有一位代表正义和善良的天女“净光”将化身为女主，统治天下，其中称：“佛告净光天女言，天女将化为菩萨，即以女身当王国土。”据说这位女身就是国王的夫人，后又称为天女，再后当主女王，最后成佛，明显是指武媚娘本是高宗皇帝夫人，现为天后，再后当女主天下，最后再成佛，完完全全、明明白白是为武媚娘女主天下提供了最直接的佛门理论依据。

薛怀义巧妙地把民间最喜欢的笑容满面的弥勒佛崇拜热和佛教经文结合到了一起。当初民间流行崇拜弥勒佛，李世民小时候生病，李渊就曾为他镌刻弥勒佛像以祈福消灾，可见弥勒佛崇拜早就非常风行了。“弥勒”梵文义为“慈悲”，《大云经疏》说他将下世普度众生，是将来继承释迦牟尼佛位的“未来佛”，原本与净光天女并没有关系，但是薛怀义、法明等把他借用过来，和净光天女的故事糅合在一起，称太后即弥勒下生，当代唐为阎浮提主，即为天下之主。如果说《大云经疏》是武媚娘称帝面向官僚士大夫的佛门说明书，那么弥勒降生的神话就是向天下百姓推广武氏将女主天下的普及版。这样双管齐下，很快就把女主天下的舆论炒得沸反盈天，随着《大云经疏》颁行天下，弥勒佛像的面容随之也女性化，象征武媚娘就是弥勒佛的化身，一场面向全国的声势浩大的佛教与佛像人性化的造神运动掀动起来了。这样，武媚娘就公开承认自己是弥勒佛转世之说了，谁能说不是呢？她说是就是，也许她前生真是弥勒佛呢。

《大云经疏》完全符合武媚娘实现其女主天下的舆论宣传需要，她看后非常高兴，下令立即颁行天下，要求天下臣民认真阅读，深入人心，同时要求各州都要建一座大云寺，塑女性化的弥勒佛，寺内各藏一本《大云经疏》，由高僧开坛讲解，信徒纷纷前往听讲。这一切经费耗用巨大，十分惊人，反正国库拨用，可保障顺畅推行。一时间，《大云寺》林立各地，《大云经疏》到处传颂，女性化弥勒佛蕴含新义，佛门倡导女主天下之风横扫神州大地，出现了以佛门正教宣扬邪恶的女主天下的教义的怪异现象迷漫天下。这足可证明武媚娘欲女主天下的政治野心在当时已达到多么张狂专横的程度！

四、讨伐突厥

薛怀义被封为大将军后，当然要立战功，才能名符其实。时突厥常威胁唐朝北部边疆，武媚娘忙于改朝换代，对武将不大信任，就派薛怀义去讨伐突厥。永昌元年（689 年）五月，薛怀义被派担任清平道行军大总管，去讨伐突厥。薛怀义本来是一个卖药郎中，哪知道打仗啊，真如俗话所说：“无知者无畏”，他还冒冒失失去前线了。偏他运气好，突厥本是游牧民族，逐水草而居，来去无影踪，薛怀义到了前线，正好突厥兵走了。薛怀义宣扬敌人害怕自己，闻风而逃，上报朝廷，为自己赢得了战功。他率军进驻单于台，刻石树功，然后凯旋。武媚娘因而晋封他为辅国大将军，封鄂国公。鄂国公，这地位可够显赫了，他为此建立了鄂国公府，养姬妾一大堆。

延载元年（694 年），突厥又来侵犯，武媚娘又任命他为伐逆道行军大总管，统帅大军去讨伐突厥，先让他统率新平道出，接着又改为统辖代北道出，后又改为统辖朔方道，并任命内史（宰相）李昭德为行军长史，凤州侍郎、鸾台平章事（宰相）苏味道出为行军司马。他们总共统帅曹仁师等十八个将军，浩浩荡荡出行北征。可是还没到前线，敌人又已经转移得无影无踪了，于是他又毫发无损，再立新功。也许是薛怀义交了好运，两次出征，都是不战而胜，给他平添了许多光彩。尤其是这次让两位宰相作参助更增添了他飞扬跋扈的气焰。李昭德曾在出征中提了些意见，薛怀义竟捶挞李昭德，回洛阳后薛怀义参奏李昭德不服从统帅，李昭德被贬为南宾尉。同年五月，武媚娘又任命前宰相王孝杰为瀚海道行军总管，但受朔方道行军大总管薛怀义的统领。这使他的名声和事业达到了巅峰。他既是武媚娘的男宠，又是白马寺主和《大云经疏》炮制者，还是大唐皇朝威风凛凛的大将军，其声威和气势真是炙手可热。

然而纳实来说，薛怀义不过是为武媚娘建立女主天下王朝竭力效劳的一条最忠实的走狗。他的飞扬跋扈、飞黄腾达只是昙花一现间，等待他的是可悲的下场。

【批】

武媚娘的一生垢病，除了为了权欲凶残屠杀，便是荒淫无度。勾引李治的不伦之恋，与高宗过度淫乐使他头晕目眩而死，冯小宝的高度得宠，还有后面诸多淫荡纵欲的故事，都说明了这一点。

【第二十章】造假瑞血洗唐宗室

一、造假瑞石

武媚娘久想称帝而又不能称帝，是因为缺少舆论支持。舆论表现在两方面：一是天意，一是民心。古人是很相信天命的，无论个人祸福、事业前途、生死疾患、国家命运、帝王基业等等，都与天命攸关。武媚娘想做皇帝，都快想疯了，就是做不成，为什么？没有天意。儒家、道家经书翻烂了，也找不到女主天下的理论根据，佛经《大云经疏》转弯抹角找出天意的影子，但稍有头脑的人根本不相信《大云经疏》的胡说八道。武媚娘心里那个恼闷啊，真是没法形容，她只能整天望着帝位发呆，无法登位称帝。

这时候有个人来帮她了，谁呢？武媚娘同父异母的哥哥武元爽之子武承嗣。武承嗣命运不济，受父亲牵连被流放岭南吃尽了苦，被调回京任宗正卿之后，仕途也很坎坷。武媚娘见他不是做官的料子，光宅元年才做了两个月宰相就将其罢相。他小心翼翼，察言观色，积极跑腿为武媚娘效劳，过了半年才又再度入相，不想一不小心触怒武媚娘，才一个月又被罢相。武承嗣明白自己在武媚娘心中的位置，不敢对武媚娘有半句怨言，他知道唯有竭心效力才会得到武媚娘的赏识和信任。他心里在想，如果武媚娘女主天下，登基称帝，自己就更有前途了，自己是她侄子，她现废黜中宗，幽禁李旦，将来自己继承皇位大有希望，这大好江山就是自己的了。于是，他想尽心思为帮助武媚娘女主天下制造舆论。他了解武媚娘很重视祥瑞，什么袁天纲相面、李淳风占星、武媚娘歌等等，武媚娘都用作她有称帝的天意的宣传。八月梨花开，三月降大雪，她都认为是值得庆贺的祥瑞。武媚娘对所谓祥瑞简直已经入了迷了，武承嗣揣测武媚娘需要在祥瑞方面有大动作，以显示天意支持女主天下，他会动脑子，终于想出一个办法来了。

一天，武承嗣叫张管家随他上街买了一块漂亮洁白石头，回家写了字后，叫来王石匠说：“请王师傅刻下字，刻得好，报酬丰厚。”王石匠问：“要怎么刻？”武承嗣说：“要阴刻，工钱是十两白银。”王石匠笑哈哈说：“这么多工钱啊！好，我保证连夜刻好。”谁知因为工钱丰厚，王石匠在明烛照耀下刻得特别用心，大约三个小时就刻好了。武承嗣看了特别满意，除给了王石匠十两银子工钱，又另外加赏五两银子。王石匠很高兴收了工钱，说：“现在刚刚半夜，小人可否连夜回家？”武承嗣说：“好，你回家吧。”他向张管家示意说：“大门已关，你送他从后花园出去吧。”王石匠走进后花园，阴森森的，有点害怕，不由加快了步子。张管家说：“王师傅，你看那院墙上是什么东西？”王石匠心慌，往院墙一看，颈项上已被张管家用绳索勒紧了，不一会，就断了气。跟在后面的武承嗣说：“干得好，那些银子就赏了你了。”张管家带着笑取出银子，装进自己口袋，说：“老爷，是埋还是运走？”武承嗣说：“埋和运都很费事，干脆，前面有口井，就丢到井里吧。”张管家说：“井不要了？”武承嗣说：“不是，明天填上土，再挖一口井，就行了。”张管家于是背起王石匠的尸体，走前几步，把尸身丢入井里。而当他刚把尸身投下去，脚未站稳，忽然被人抬起，也顺势投入井中了。张管家还未回过神来，已随着王石匠一前一后扑嗵、扑嗵两声沉入井底了，黑乎乎的什么也看不见。武承嗣心里有点虚，心中默默祷告说：“你们不要怪我，这事得保密，不能不灭口。我过些时一定请僧道为你二人做百日法事，超度你们早日升天。”武承嗣回到室内，仔细端详那雕刻好的石块，字体雄劲，雕刻精美。他的锦绣前程在此一举。这块伪造的瑞石，就要新鲜出炉了，不仅将引起巨大的轰动，有助武媚娘加快顺应天命、改朝称帝的步伐，而且还触发起一连串惊天血案，使众多亲王人头落地，李唐皇室几乎被血洗一空。

二、天授宝图

垂拱四年（688 年）四月，一个叫唐同泰的雍州人献给武媚娘一块石头，称：这块石头是他从洛水里打捞出来的。这块石头一呈送到武媚娘面前，她一端详，立刻笑容满面，内心想盼了多年的有利她君临天下的天降祥瑞终于闪耀出世了！她传给大臣们看，大臣们无不点头称赞：“真乃天降祥瑞！”这块石头材质优良，形象优雅，洁白如玉，它上面有非常醒目的八个鲜红的字：“圣母临人，永昌帝业。”这从洛水里出现的鲜明可爱的祥瑞物立即引起朝野上下的轰动。这真是天人感应的祥瑞之物啊！“河出图，洛出书，圣人则之。”传说中，这是只有河晏海清、五谷丰登、国泰民安、风调雨顺……中国传统政治追求的目标实现后才会出现的最大祥瑞。洛水出瑞石，这不是圣人出现的标志吗？这真是一个天大的祥瑞啊！俗话说："说谎不要钱，只要说得圆。"这祥瑞有地点，有实物，有敬献的人，瑞石上的字又正好迎合武王天下的象征，这不得了，应该大大庆贺一下。有些会拍马屁的大臣纷纷上表热烈祝贺，说上天降下这样一个祥瑞，是在为太后"皇业高于补天，母德隆于配地。"就是说武媚娘的功业是乾坤合德，把皇天、圣母这两个角色合二为一了。而且，他们说，献上这块石头的唐同泰本身也是祥瑞，因为这个人姓唐，名字叫同泰，表明李唐王朝和武媚娘是血肉相连、一荣俱荣的关系。还有这个人的籍贯是雍州永安县，"永安"和那石头写的"永昌帝业"是一回事啊，所以虽是一块石头，里面含有好几层祥瑞呢。

武媚娘微笑着接受了这特殊的礼物，瑞石来自洛水，必为天授圣图，她一定要为此举行庆贺盛典，亲临拜祭，并自即日起自上尊号为"圣母神皇"，开帝王自上尊号的先河。天子仍然在位之时，皇太后上尊号自称神皇，可谓史无前例。武媚娘先是称这块瑞石是宝图，后来又改称为"天授宝图"，洛水更名为"永昌洛水"，视为圣水，出图之所称为"圣图泉"，那一带禁止垂钓。在那年十一月改年号为"永昌"，好与瑞石上"永昌帝业"相应。为了庆此大典，乃大赦天下。河出图，洛出书，本是儒家理想的治世才能出现的最大祥瑞，而这次要举行的拜洛大典仪仗之盛，也被史家称为"唐兴以来未之有也。"洛水是与华夏文明起源攸关的名水大川，武媚娘对此尤感兴奋。洛水，发源于华山南麓，左临涧水，右近伊河，东拓平原，北向黄河。自古传说伏羲时神龟自洛水浮现，背上花纹如同文字，伏羲据以推演出天地之数。这就是华夏文明的起源。武媚娘稳坐紫纱帐中，心潮澎湃，自己几经从儒家经书中寻找女主天下的理论，遍寻无着，而今蓦然间却在古圣尊崇、华夏文明起源的洛水发现了天意女主天下的祥瑞宝石，契合儒家理念，排解了久郁于心的遗憾。洛水滔滔，奔腾不息，穿越数千年时光，历经过多少血与火的交锋，见证过多少枭雄的兴亡。而今，它又将见证、揭开新的历史，而这个历史的主人，便是她这个自尊自大的天后、圣母神皇、风光无限、威撼天地的六十五岁老女人。

上述一连串的欺骗把戏，武媚娘做得一丝不苟。当时的学者鸿儒当然毫不重视，武媚娘只是存心蒙骗百姓。显然那一套把戏毫不足信，就犹如她自称为"圣母神皇"和周武王之后一样脆弱荒唐，可是武媚娘深信愚弄、麻醉的力量，她相信老百姓是信神的、信天命的，必定会相信她上述这一套骗人的花招。于是，她便认真其事干了起来，所有那些宗教性的天命神授的蛊惑、愚弄臣民的假面趣剧，政治宣传，狂想与妄自尊大，都在那年七月里大吹大闹起来。

现代科学发达，人们都不相信祥瑞、天命之说。其实，人们早就怀疑，这块石头是不是真的啊？它怎么出现得这么巧，正值武后急于要登基称帝的时候呢？对此，历史早有答案：这瑞石是欺世骗人的假货。根据《旧唐书·武承嗣传》的记载，这块所谓瑞石是武承嗣伪造的。武承嗣是武媚娘的侄子，他竭力处处讨好武媚娘，使她对自己有好感、好重用，更重要的，他一心盼着武媚娘赶快建立武家王朝，他好当太子，将来好当皇帝。所以，他买来这么一块石头，在上面刻字，还为灭口送了两个人的命，又把红色矿石磨成粉末填入到刻好的阴刻字中，这么一来，这块“瑞石”便新鲜出炉了。然后再找一个人，让他献给武媚娘。很可能唐同泰这个名字都是假的，是为了配合这个祥瑞和武媚娘欲君临天下而起的名字。那么，武承嗣造假是原创呢，还是武媚娘授意的呢？这就很难说了。反正武媚娘是非常乐意接受这种石头的，她高兴这块石头来得太及时了，正因为太及时，她决定好好利用这块石头，既然大臣都已经表态欢迎了，她就顺水推舟，先命名为“宝图”，再命名为“天授宝图”，这“天授”二字，正可表明是天意授予女主天下的宝图，大大提高宝图意义的层次了。会谄媚的大臣不是说瑞石意味着武媚娘把皇帝和圣母合二为一吗，武媚娘就势又自尊为“圣母神皇”。给自己上尊号，本来就是很可笑的事，但武媚娘自上尊号已经做惯了，圣后、天后都是自尊自上的。更令人觉得荒唐和匪夷所思的是，在皇帝在位的情况下她居然自称“神皇”，这就把“不要脸”、“无耻”这几个字写到脸上了。

三、引蛇出洞

武媚娘知道不知道这“天授宝图”是假的呢？她当然知道这是假的，滔滔洛水怎么会有这么一块刻了字的“瑞石”沉在河底呢？怎么会打捞上来的呢？这分明是人写的浑厚豪放的楷体字怎么会是天神写的呢？她心中有数，这明显是向她讨好、吹捧。实际上过去许多表示天意的事物也都是假的，有好些就是她参与造假的。但这纸糊的灯笼不能戳破，一戳破就没戏唱了，就见底现丑了。她希望这样的假祥瑞越多越好，才能显示天意、人心，让她成为女主天下的皇帝。对这块石头，她决意要好好利用一番。她除了给予唐同泰奖赏，封他为游击将军，大肆炫耀尊称这块石头为“天授宝图”，号称自己为“圣母神皇”，并且随即颁布诏令，宣称十二月她将亲临洛水举行受图大典，并祭祀上天，答谢上天赐予宝图的恩典，之后还要坐明堂接受百官朝贺。坐明堂等于宣示她已是一朝天子，同样非常隆重。这是她向至尊帝位跨进的一大步。这可是一系列的大典，因此武媚娘在诏令中特别要求各州的都督、刺史及李唐宗唐、外戚，都要在大典之前十日齐集于神都洛阳。

这道诏令一出来，马上引起李唐宗室的强烈反响。一直对武媚娘诸般行为持强烈反感态度的李唐宗室终于坐不住了。他们眼看武媚娘在高宗死后篡夺了临朝执政大权，废了一个皇帝，软禁了一个皇帝，杀了一个废太子，又杀了一个顾命大臣，集整个皇朝大权于一身，一步步走向独立称帝、改朝换代，心中早已充满愤怒与惶恐不安。你武媚天现在要搞什么受图大典和坐明堂接受百官朝贺，跟我们李唐宗室有什么关系啊？为什么要在这时候把我们李唐皇室的人集中到洛阳去啊？他们觉得武媚娘此举动机不良，隐藏杀机，是不是想趁此时把我们李唐宗室的人集中起来一举消灭掉啊？这深深震撼着李唐宗室每一个贵族亲王的心。

武媚娘这个恶妇毒计丛生，恶事做尽，此次拜洛图、坐明堂的确与李唐宗室无关，而她偏要把他们拖带进来，要他们按时到洛阳集中。她要李唐宗室集中洛阳肯定是一个罪恶阴谋。她知道李唐宗室平时虽对她有反感，但不敢有所行动，她此次要他们集中洛阳是施的一条毒计——引蛇出洞。我要你们到洛阳集中，看你们有何反应，我估计你们当中一定会有人因惊恐不安怕来洛阳后被全部消灭，而起兵造反，只要你们真的有人起兵造反，我拥有重兵，扑灭反叛不费吹灰之力，到时候，我就可名正言顺将你们李唐宗室的人真正完全彻底一网打尽了。

一切都显示一场政治上的剧变即将发生。上天的预兆的含义，及一切狂谬的宣传，唐室王公都明白。一个新朝代的建立已迫在眉睫，不可避免。谣言四起，盛传天命已移，革命即起，唐室王公被召入京，即将一网打尽，畿辅一带，谣言更盛，人人信而不疑。谣言究竟可靠不可靠呢？在京的王公们自己不知怎么想才对，也不知信什么好。由各种征象看来，凶险之事即将发生。东莞郡公融（鄚王之子）写信给友人高子庚，高回答：“如欲活命，勿来京都。”

事实果然不出武媚娘所料，李唐宗室一些亲王、公主纷纷因惊恐不安而暗中串连活动，以图摆脱困境，死里求生。当时，唐朝前两代皇帝在世的儿子一共只有六个，高祖四人：韩王元嘉，鲁王灵夔，霍王元轨，舒王元名；太宗二人：越王贞，纪王慎。高宗的儿子只有四个：被囚禁的李显、李旦，这是武媚娘亲生的，另有两个庶子上金、素节，都被废为庶人监视着。这四个儿子都不会也无法造反。武媚娘亲政之后，表面上对高祖、太宗诸子极尽礼遇，但他们都毫无实权，还派人监视着，平时虽对武媚娘有反感，也无可奈何。他们都知道武媚娘很残忍厉害，也不敢去轻易触怒她。但这回不同了，武媚娘找到他们头上来了，他们权衡利弊，不能不有所警惕。现在武媚娘建明堂，拜洛图，改朝换代之心已很明显，这次召集诸王齐集洛阳会不会有什么阴谋，到底来还是不来？来，很可能自投罗网；可是不来，武媚娘就会以不听诏令立刻动手。乾元殿的拆毁，天授圣图的出现，拜洛图、坐明堂的盛典即将举行，召集李唐宗室汇集洛阳，一切都显示一场政治风暴即将来临。

在李唐王室六个亲王中，唐高祖的儿子韩王李元嘉声望最高。唐高宗死后，武媚娘为了安抚宗室，晋封李元嘉为太尉，这是当时最高的官职。霍王元轨是高宗伯父，人品高洁，见重于时。箭法高绝，在野猪成群奔驰之际，欲射任何一个，开弓必中，万无一失，学问渊博，仍钻研极勤。为官之时，一切公事尽付诸长史司马，自己治学为乐，手不释卷。性不喜炫耀，淡泊自甘。为人深沉宁静，高宗当年遇事多向他咨询。高宗兄弟之中，纪王慎和越王贞，都在六旬左右，文笔之佳，为他王所不及。诸王都官高爵显，但在武后光宅元年裴炎被杀之后，都奉命离京在外为官，霍王元轨在山东，韩王元嘉在河南，还有其他人都已东分西散。在如今危急事态下，诸王将何以自处呢？太宗子越王李贞，以才干见长，官封太傅。这两个人都有才干、声望，他们先动起来了。韩王李元嘉让自己的儿子李撰给越王李贞写了一封信，内写："内人病渐重，恐须早疗，若至今冬，恐成痼疾，宜早下手，仍速相报。"这里内人暗指武媚娘，说她想把我们干掉，若今冬到洛阳集中，就坠入她的阴谋了，我们必须及早行动。李贞表示同意采取行动。二人达成一致意见后，李元嘉又向宗室们传话说："大享之际，神皇必遣人告诸王密，因大行诛戳，皇家子弟无遗种矣。"宗室中好多人都相信德高望重的韩王李元嘉的话，认为自己伸头也是一刀，缩头也是一刀，决不能坐以待毙。这样，李唐宗室的反武同盟军就组成了。其中只有一个人反对起兵，他就是纪王慎，他认为实力太过悬殊，完全是以卵击石。李元嘉又叫儿子李撰写了一封伪造的庐陵王敕书给李贞的儿子李冲，说："朕遭幽禁，诸王等应发兵救我。"李冲又另行伪造了一封庐陵王敕转发各个宗室成员，说："神皇欲移李家社稷，转授武氏。"各个宗室接到玺书之后，也确实群情激奋，决心起兵。到此为止，他们的联络工作倒还做得不错。如果真像他们想象的那样群起响应，也确实会对武媚娘形成很强的威慑力。因为他联络的这些宗室都担任州刺史，这些州分布在神都洛阳的四周，可以形成对洛阳的包围，如果行动勇敢快捷，甚至可攻取洛阳，擒获武媚娘。可惜的是，由于他们准备不充分，行动仓促，加上内部出现了告密者，终致遭到严重挫败，并最终遭致血洗李氏宗室，情状骇人凄惨。血洗李唐宗室是李唐皇朝历史上最惨烈的事，武媚娘引蛇出洞的罪恶阴谋实现了。

四、血洗宗室

当武媚娘诏令诸州都督刺史及宗室外戚等于拜洛受图大典前十日会集神都洛阳扈驾受图时，便到处传出一种谣言说："武氏将谋革命，借了洛水受图的名目，召集宗室，为屠戮计。”于是绛州刺史韩王元嘉、豫州刺史越王贞、青州刺史霍王元轨、邢州刺史鲁王灵夔及元嘉子通州刺史黄公娛、元轨子全州刺史江都王绪、灵夔子范阳王蔼、贞子博州刺史琅琊王冲、高祖庶子虢王凤子东莞公融等，都心不自安，欲采取对应行动而又不敢遽行。诸王对此反应不一，如纪王慎就坚决反对起兵，因为实力太过悬殊，起兵完全是以卵击石。倒是高祖之女常乐公主巾帼不让须眉，接到消息后，慨然地说：“为我转语越王，昔日隋文帝将篡周室，尉迟迥系北周皇室外甥，尚举兵勤王匡救社稷，功虽不成，名留海内，足为忠烈。今诸王皆先帝子，奈何不为社稷效忠？面对如今李氏已危若朝露，汝诸王不舍生取义，尚待何时！大丈夫宁为忠义鬼，也无愧此生呢！”对照常乐公主的果决，某些宗室男性的表现却令人失望。鲁王灵夔之子李蔼知道父亲正与越王父子计划起兵，他暗自思忖越王必败，想到兵败的后果就不寒而栗，将来会对这些起兵者不是剥皮就是抽筋，那多惨啊！为了保全自己的性命，他把宗室起兵的计划全盘报告给了武媚娘。李霭这一告密，宗室就被动了。他们约定的时间还没有到，准备工作也没有做好，怎么办呢？越王李贞的儿子博州刺史李冲觉得已是箭在弦上，不得不发，自己就先行动起来了。垂拱四年八月十七日，李冲就在博州（今山东聊城）起兵了。可还没到黄河边，就在博州下属的武水县遇到顽强的抵抗，当时一个负责攻城的将领董玄寂说：“琅琊王与国家交战，这是造反呀。”李冲见他动摇军心，一气之下把他杀了。可这一杀招募来的五千人马上呼啦一下跑得只剩下几个随从了。李冲只好返回博州，可守门的人见他如此落魄，一刀就结束了他的性命。

李冲起兵之前，曾派人分报诸王，请诸王立刻起兵接应。但当时交通不便，诸王接到消息有前有后，而且都还没准备好，一时大家慌了神，谁都不敢动。只有李冲的父亲越王李贞，出于父子之情，就在豫州（今河南汝县）起兵了。可他刚刚打下小城上蔡，李冲败亡的消息就传过来了。与此同时，武媚娘已派出十万大军前来镇压，李贞只有五千兵马，力量悬殊很大，必然难与对抗。武媚娘派出的大军浩浩荡荡地出发了，领兵的是著名酷吏丘神勣。丘神勣残忍好杀，所过之处必定家破人亡，血雨腥风，被时称为专吃腐肉死尸的猫头鹰。武媚娘以这样的一位酷吏领军，足见她意欲大开杀戒以震慑天下的狼子野心了。越王贞刚攻下上蔡，由宰相张光辅统帅的十万大军已兵临豫州，把豫州围得水泄不通，围了几日，不断有官兵背弃越王逾城出降，可怜白发苍苍的越王贞进退无路，投降必死，他也没有投降的贱骨，只能与妻子、儿女、女婿一同自杀。越王既破，张光辅率军入城，以丘神勣为榜样，纵兵滥杀以邀功请赏，株连六七百家，有五千多人籍没为奴。

虽然真正起兵的只有越王父子，武媚娘却借题发挥，将韩鲁诸王及常乐公主夫妇等一起收押下狱。她本来就计划好在她登基前将李唐王室一网打尽，现在她正好利用这个案子，把夫家这些皇亲国戚杀得一干二净。她现在是以皇太后的身份代子临朝的，反她便是叛国，她有充分理由和权力借此肃清她心腹之患的勾连叛乱的李唐宗室。如果等到她登基以后再镇压，她便成了窃国的僭主，他们则成了复辟大唐的忠臣了。所以，她下决心要借此案把宗室都网罗到这个案子里，把对她存在潜在威胁的李唐宗室彻底扫除干净。她目前虽然欲趁拜洛图、坐明堂之机登临帝位，她决定强压一下近在咫尺的帝位的诱惑，先彻底解决掉李唐宗室这些皇亲国戚再说。

武媚娘现在可以把唐室王公一网打尽了。因为王公们公然谋反，还有一个似乎很充足的理由，就是越王冲纠合各王起兵的信落入她的手里。全面整肃与审判开始了。若以正常审判程序进行，处刑的也不过五六个起兵讨乱的王公。可是那场大屠杀——的确是大屠杀，因为根本没有正常的审判程序——把唐室的皇族都包括在内，计有王公的妻子、儿女、儿女的儿女、朋友，全都在内。唐室王公之起兵完全是武媚娘逼出来的，然后以皇族造反为借口，借故将唐室皇族完全消灭。

为了不落口实，武媚娘找了个名声颇好的监察御史苏垧审理此案。按照她的想法，大臣们经过这么多年的调教，应该对她的用意心领神会了，而且竭力效命才是。没想到苏垧是个书呆子、老实人，他审了多少天，都没审出眉目来，推说他找不到诸王谋反的证据。苏垧查无实据，就秉公复命。武媚娘一再责问为什么查不出诸王谋反证据来，苏垧提高声音抗争道："太后乘先朝付托，应以仁恕为心，诸王并未通同谋叛，如何强人逆案呢?"武媚娘被他一驳，心里虽不舒服，但还是敬重这种认死理的耿介之士，倒也不便加责，只得改变语调温和地对他说："卿系大雅士，我当别有任使，此狱原本不必用卿呢。"随即把他打发到河西去做监军，实际是一种惩罚性的外放。跟苏垧打交道不愉快的经历，坚定了武媚娘重用酷吏的决心。她想，这种彻底扫除她称帝的隐患和障碍的审判李唐宗室大案，不灭绝人性、动用大刑逼供是不能解决问题的。这样，主审李唐宗室大案的任务便交给了大名鼎鼎的酷吏周兴，他也凭借此案残酷审判锻炼成狱而一举成名，同时也宣告了长达八年之久的中国封建社会史上的酷吏滥刑的高压恐怖时代的开端。周兴是酷吏的代表人物，绰号"牛头阿婆"，慈眉善目，却又心如蛇蝎，真是个"口念阿弥陀，心中毒蛇窝"的阴险歹毒人物。在苏垧手里迟迟没有结案的李唐宗室谋反案，到了周兴手里很快就有了结果。武媚娘要怎么办，周兴就遵命照行，周兴有权力愿把谁处死就把谁处死。只要说某人与犯人相识，就可以把他罗织进去，处以谋反之罪。就这样，一人受审，几十家便遭了灭门之祸，整肃一次又一次，就如波浪一个个跟踪而至。越王父子八九月间败亡。随后，李唐宗室的核心人物韩王李元嘉父子、鲁王灵夔、黄公譔以及深明大义、慷慨激昂的常乐公主等人，全部以“反是实”的谋反罪被处死刑。灵夔之子李蔼虽以可耻的告密出卖父亲得以不诛，还升了职做到散骑常侍，然而他仍然得不到武媚娘的信任和原谅。几个月之后，他也被酷吏诬告诛杀。武媚娘一向对她不信任的人都是残酷无情的。

武媚娘对周兴处理结果深感满意，她完全对细节问题不感兴趣，她要的就是无情镇压与残酷杀戮这个结果。她还远远未感心满意足，在她的险恶筹划中，越王父子这张牌尚未充分利用完，她立下决心，一定要通过此案把她心目中认为对她构成威胁或立场不稳的人物统统罗织入网，彻底消灭。垂拱四年，十月开始，大狱又起，霍王元轨、江都王绪、东莞公融，亦坐与越王通谋，先后逮捕。绪与融绑赴市曹斩首。元轨防御突厥，积有战功，减死流黔州，载以槛车，行至陈仓，暴死途中。唐高祖的儿子霍王李轨坐与越王李贞连谋被废，流放黔州，死于途中。太宗之女城阳公主的三个儿子薛颢、薛绪、薛绍都坐与越王之子李冲合谋而被杀。薛绍是太平公主的丈夫，太平公主作为武媚娘唯一的女儿，集万千宠爱于一身，也未能保住丈夫的性命。薛绍被杖打一百后饿死在狱中。这场大狱一直持续到这年年底才结束。为保自身安全，多次在回信中表明不参加叛乱的舒王元名和纪王慎在一次又一次严酷的情况中幸存下来。但到次年四月，高祖第十六子故道王元庆之子李諲、太宗第七子故蒋王恽之子李炜等十二位皇族，都因叛乱罪被诛杀抄家，揭开了又一轮清洗的序幕。七月，舒王元名和纪王慎终究以知情不报罪在劫难逃而被处死了。其中，纪王慎是在坐徙巴州的路途中被杀死的。至此，高祖二十二子、太宗十四子，已经无一存活。

天授元年，武媚娘指使周兴诬陷高宗的两个庶子上金和素节谋反，两个人被押解到洛阳受审。李素节本来是舒州刺史，抓捕他时他正好赶上一家人出殡，死者家属哭声震天，李素节听了长叹一声，说能够病死多幸福啊，还有什么可哭的呢！他的想法不是没有道理，还没走到洛阳，他就被缢死了。紧接着，李上金也被迫自杀。上金的七个儿子、素节的九个儿子，也随即在武媚娘的家族血腥大屠杀中丧命。素来为武媚娘所厌恶的故太子贤二子，也在这段时间里被祖母鞭杀而亡。有一个曾为武媚娘效忠立过功的皇亲贵族也难逃一死。高宗的堂叔、将军李孝逸原是宗室中辈分和威望都很高的一个人，他平定扬州起兵有功，声望日重，免不得语中失检。武承嗣等诬他怨望，被贬黜为施州刺史。武承嗣还觉处罚不够，又捏造说“李孝逸自言名中有兔，兔系月中灵物，当为天下仰望。”说得武媚娘又起疑心，本拟将他处死，因纪念前功，特令减死除名，流配澹州，终致病死贬所。《旧唐书》所记载的非命而亡的113个李唐皇族中，在武媚娘掌权时被杀的就占到六成，加上流亡、

潜逃的，就占到七成以上。李唐皇族的女眷与亲友也有数百家遭受屠杀，被杀者皆草草就地掩埋，年幼的则沦为官奴。《资治通鉴》在记载这一段历史时说："唐之宗室，至是殆尽矣。"被控谋逆的李唐皇族中人均被开除出宗籍，改姓为虺，以庶人之礼下葬。虺是毒蛇或者蜥蜴一类的爬虫。武媚娘蛇蝎心肠，歹毒无比，总喜欢给敌对者死后改姓为有毒性或凶残的动物，比如将废后王氏改姓为蟒，萧淑妃改姓为枭，过去待她不好的武氏兄弟改姓为蝮等。李唐王朝三位帝王如果地下有知，看到子孙如此惨死和受辱，不知会作何感想？

在这次空前绝后消灭李唐宗室的战斗中，酷吏成了武媚娘的最佳拍档，他们胡乱罗织谋反罪名迫害、残杀李唐宗室。一个皇朝，竟靠酷吏来加强镇压，维护统治，足可见武媚娘凶残暴虐到了极点。什么伦理道德，国法人情，一概都被抛弃了。这是武媚娘在登基称帝前最疯狂野蛮和丧失人性的一次丑恶大表演。周兴、侯思止、来俊臣等酷吏一个个专横跋扈、飞黄腾达，众多李氏皇族的人头成了他们平步青云的阶梯。这既充分表现了武媚娘的极度无耻凶暴本性，也映衬出糊涂高宗去世后遗留下的混乱局面和时代悲哀。这时期，堂堂大唐皇朝哪有一点唐朝正常景象和气息呢？由垂拱四年到天授六年短短几年间，昔日金尊玉贵的宗室皇族无不遭受灭顶之灾，押赴刑场处斩的行列就如同游行一般，尽量铺张宣传恐怖气氛。到处都可看到衣冠不整、狼狈不堪的公卿王侯们被铁链拴着如牲畜般被驱赶过市，或坐牢问斩、灭门灭族，或流放岭南蛮荒地带及一些孤岛之上，过着朝不保夕的囚徒生涯，其情状真个是惨不忍睹，惨绝人寰！

虽然也有几个皇族中人侥幸未死，有点自由，但处境非常悲惨。例如前面提到的千金公主，与武媚娘原本是姑婆婆与侄媳妇的关系，年已七十多岁。她为了能够苟活，竟跪倒在六十多岁的侄媳妇面前，要求认武媚娘做干妈。武媚娘因她敬献男宠冯小宝有功，就笑纳了这个比她大十几岁的长辈为干女儿。她是活下来了，可活得多么屈辱啊。另有一个上金之子义珣，在朋友的帮助下逃脱罗网，变更姓名潜身为人奴仆，从事着卑贱污秽的职业，过着非人的生活。

载初元年（689 年），周兴奏请废除所有李唐宗室的皇亲身份，取消李家宗籍，武媚娘当然照准。曾经辉煌灿烂的李姓王朝时代彻底成为过去，宗室凋零殆尽。现在唐朝皇室已经完全空虚，消灭唐朝这个朝代还费什么事呢？

五、庆贺盛典

垂拱四年（688 年）十二月二十五日，已经自称圣母神皇的武媚娘，亲临洛水，拜祭宝图，揭开了临朝称帝、改朝换代的序幕。此时武媚娘已平定诸王，消灭李氏宗室，大局已定，就安然巡幸洛水，拜洛水，受洛图。嗣皇豫王旦及太子成器等，一律随行。内外文武百官，及四夷酋长，也都扈驾。沿途鸾卫仪仗及各种雅乐，与所有珍宝，一古脑儿陈列出来，慢慢儿的逐队行进。到了洛水岸上，已由当差的官吏设起祭坛，备就黄幄，恭侍那妖淫凶险的武媚娘，亲临主祭。鸾舆既至坛前，有无数宫娥彩女，簇拥武媚娘下舆。但见她头戴冕旒，身穿衮袍，宛然是从来未有过的女皇帝，徐步登坛。豫王旦与太子成器，随行而上，朝臣夷酋等，左右分列坛下。在香花缭绕、仙乐悠扬中，武媚娘柔腰轻折，拜了三拜。随后令豫王及太子依次拜讫。再命官员宣读祝文，乃将案前所供的瑞石由敬献瑞石的游击将军唐同泰恭敬捧下，移置受图亭内，虔诚供奉。然后武媚娘亲临亭上受图，双手扶拱，上舆还都。这番巡幸洛水，拜受洛图，是唐兴以来的第一次，也可算是一场武媚娘自编自导自尊自贵、欺世骗人的荒唐闹剧。

数日之后的垂拱五年（689 年）元旦，已自尊圣母神皇的武媚娘在万象神宫举行盛大酒宴，款待百官四夷酋长，极其隆重、华贵。这一次，武媚娘第一次穿上了全套天子专用的衮冕服饰，执镇圭（圭是古代帝王举行礼仪时所用的玉器，上光下方）行初献之礼，嗣皇李旦为亚献，太子为终献。先祭拜昊天（广阔无垠的苍天）上帝，然后是大唐高祖、太宗、高宗，接着，他们来到神皇武媚娘父亲武士彟的灵前祭拜。最后才轮到五方帝座。武媚娘此时真是有无限快感与威风啊。传说最早的明堂是由轩辕皇帝亲手建造的，它上可通天，下可达人。按照《周礼·考工记》的说法，天子受命于天，代天治人，因此像朝会、祭祀、庆贺、选工等一切大典都应当在明堂举行，以利沟通天人，造福社稷。随着儒家学说的强势推行，关于明堂的说法更加深入人心，广为流传。北朝著名民歌《木兰辞》里就讲：“归来见天子，天子坐明堂”，所以人们都认为只有天子才能坐明堂，把明堂大大尊贵化、神灵化了，成了人们理想中追求的最庄严美好的天堂。正因为历朝历代的人们都把明堂和天子联系在一起，所以，历朝天子都热衷于建造和坐享明堂。可是，明堂的建筑式样早就失传了，历朝天子虽想建而无法建。武媚娘的丈夫高宗也想当儒家圣主，修建明堂，找一些儒生来帮他设计图案，可是人多嘴杂，论证来论证去，讨论了几十年，高宗都死了，明堂的设计方案还没拿出来。现在武媚娘想当古今唯一的女皇帝，她下决心要把明堂建起来，终于建成了。其气势庞大威严，富丽堂皇，特别是顶端金光闪耀的凤凰展翅欲飞，几条小龙匍匐在它脚下，象征女主天下，改朝换代，气宇非凡，她觉得很值得自矜和炫耀。她登临、坐上明堂，就意味着一朝女天子统领天下开始了，她怎么能不为此深感激动呢！武媚娘率领皇帝李旦在明堂祭天、祭祖。礼毕，武媚娘以圣母神皇身份登则天门，宣布大赦天下，改元永昌，三日之后，她再度穿上衮冕朝服，驾临万象神宫，高坐明堂之上，接受百官朝贺，并于次日布政于明堂，颁九条政令训诫百官。她虽还未称帝，但俨然已是一代女皇了。

武媚娘坐在万象神宫的宝座上，手执玉笏。前面陈列着七个与弥勒佛有关的玉器。她红光满面，看来精力充沛，身体康健，显得快乐安详，心满意足，好像刚吃了一只兔子的毒蛇，现在正盘在一起，舒舒服服地酣睡一样。她身旁摆着那个刻有“圣母临人，永昌帝业”八个字的假瑞石的神龛，现在她这圣母成了肉体真神了。万象神宫点缀得金碧辉煌，万象一新。武媚娘眼睛平时总是眯缝着成一条线，现在她这位圣母君临万民欢呼庆贺之际，眼睛光芒四射，精神焕发，龙颜大悦。

现在残杀迫害该轮到唐室官位次一等的王公与官员了。用意并不在消灭谋反者及其共犯，而是要在正式宣布改朝换代之前，把唐宗唐臣消灭干净，并加强恐怖，慑服人心。

屠杀是一阵接一阵的，中间显不出连接的痕迹。第二次是在永昌元年三月至四月，这一批处死的是十二个王公。几百户人家要跋涉两千里之遥流配到南方去。第三次残杀跟踪而至，王公、大臣、武将被杀者三十六人，其中包括很多鸿儒学者。武媚娘不但专横强悍，又猜忌多疑，很多对她不满的人都难逃一死。在几次整肃屠杀中，她杀了九员大将，三位中书令，一位中书侍郎，四位侍中，两位仆射，及另外六位大臣。她杀人不用法律，不用审批，只需她一个指令，或一个暗示，她御用的恶狗便立刻扑上去将对方咬死。大唐法律已经完全死亡，她武媚娘已经成了为了满足自己的权欲而随心所欲、肆意杀人的死亡之神。这真正是中国封建皇朝史上最阴暗、血腥、恐怖的时代！

【批】

本章突出写武媚娘罪恶历史上两大罪恶：一是制造、宣传假祥瑞，祭洛水、受宝图，并改元、坐明堂称帝，宣告她女主天下上符天心、下合人意，极尽丑恶表演之能事；二是借拜洛受图会集唐朝宗室于洛阳，引蛇出洞，血洗李唐宗室，为武媚娘蓄谋已久的最大的一次宗室大屠杀。这次李唐宗室大屠杀，来得突然，人们猝不及防，宗室亲王们还未反应过来，已纷纷人头落地，李唐宗室的人几乎都被杀光了，其惨烈悲痛之情状，真个令人发指。

【第二十一章】
斩宰相登基称女皇

一、怒斩宰相

中书舍人刘祎之是北门学士之首，既是武媚娘的心腹，又是豫王李旦的老师，曾两度出任李旦的王府司马。李旦对他极为尊敬，视之如师如父，双方关系密切。武媚娘与刘祎之互相关心、尊重，一直合作得不错。武媚娘创办北门学士，原本就是因为朝廷中反武派势力强大，她需要培植一些文才出众的人作为自己的助手、亲信，当时各地和朝臣的奏章都要通过武媚娘控制的这个影子内阁进行研究、审批，对帮助武媚娘提高执政能力起过很大作用。随后宰相或某些关键大臣出现缺额了，武媚娘就从北门学士中抽人递补，这些出身贫寒的人一旦身为朝中重臣，都能知恩图报，竭力效忠武媚娘。在平定扬州起兵、血洗李唐宗室、举行拜洛受图大典、贬杀李贤、斩决上官仪、裴炎二位宰相等重大政治事件中，北门学士出身的朝廷重臣，都能基本和武媚娘站在一起，对武媚娘牢固掌控皇朝政权起过重大作用。就如中宗李显因说要把天下交给岳父韦玄贞而触怒武媚娘、裴炎被废为庐陵王，武媚娘特意为此征询刘祎之意见，刘祎之也表示赞成废中宗。他当时的想法很单纯，让自己的学生上台，多少带点私心，日后的官运可以顺畅一些。

废李显、立李旦的时候，朝臣的思想很单纯。李旦的性格柔顺，为人谦恭，较李显更具依赖性，易于掌控，就当时情形看，朝臣们宁愿看到的不是一个强有力或愚蠢莽撞的皇帝，而愿看到一个比较亲切柔和的皇帝。像李显这样愚笨昏庸而又不听劝告自然遭人反感。李显欲立韦玄贞为侍中也触犯了他们的利益，一个外戚平步青云直升为朝廷重臣，以后朝臣就得听他摆布，他们当然不乐意。李旦虽是一位亲王，但从来亲和乖顺，人们从来都没把他当皇储来看待，倒是很有人缘和亲和力。当时以文臣为主的宰相集团对他都

颇有好感，人前事后打的旗号都是“废昏立明”，可以肯定这就是裴炎、刘祎之等人行废立事的动机，也是他们用来说服自己是为国家社稷考虑而不是出于个人私心杂念的自我赞许。

但李旦被册立为皇帝后就一天也没在皇帝位上坐过，而是被幽禁在后宫深院里了，一切行动都受到严密监视。执掌李唐皇朝最高统治大权的是稳坐在紫宸殿上龙椅后紫纱帐里的太后武媚娘。人们一下子都傻了眼了。所谓“废昏立明”原来就是这么一回事吗？人们似乎从梦中醒来，明白了一件事，这个国家原来不是属于皇帝的，也不是宰相和群臣可以参议作主的，而是属于那个端坐紫纱帐中的和先皇做过夫妻、共同处理过朝政的太后的。人们只知道汉代有一位翻天覆地的吕太后，没料到在大唐王朝也会出现一位与她相比有过之而无不及的更加厉害残暴的武太后。所谓“废昏立明”完全成了一句骗人的空话，也成了主张“废昏立明”的人自我讽刺。历史就是这样无情地嘲弄他们，而他们在铁腕面前却只能面对现实，无可奈何。武媚娘以太后身份正式临朝称制，宫中羽林军森严挺立，遇有意外事件立即作出严厉反击。在这种情况下，对如此“废昏立明”深感不满、敢于直抒己见的裴炎被斩首了，与裴炎有牵连的程务挺也被处斩了，上表给裴炎鸣冤的胡元范、刘景先、郭侍举三名宰相都被赶出朝廷，朝官一个个都惊得目瞪口呆，噤若寒蝉，没人敢吱声了。

但是有一个正直的人，仍然执着于“废昏立明”，认为武媚娘借废立之机篡权执政是有违废昏立明原则的，应尽快退位，还政于睿宗李旦。这个人就是曾为武媚娘打击各种反武势力立下汗马功劳的武媚娘亲信刘祎之。不仅仅是裴炎，参与嗣圣元年（684 年）二月政变的刘祎之同样感觉悔不当初，本来有心将心爱的弟子李旦扶上皇位掌握天下，有利于李唐王朝皇权的延续，也便于自己今后有所倚托，安度晚年，没想到旦竟从此失去了自由，沦为朝不保夕的囚徒，诸武用事，武承嗣、武三思等先后封王，建五氏七庙，举行受图大典，明堂顶上金凤展翅、凌空欲飞，多次穿戴天子冠冕去坐明堂……更明明白白地昭显出太后的政治权谋与野心，各方面都显示出李唐王朝气数已尽、行将改朝换代、武媚娘将登基为帝的明显迹象。裴炎、程务挺这两员文武重臣虽被处斩了，但人心不服，人心思变，希望恢复李唐皇朝的昔日繁盛景象。造字运动、宣扬祥瑞等为女主天下服务的动作不受人们欢迎。而武媚娘迫切希望实现自称天子的心愿已急不可待了。也许是命中注定，也许是“道不同不相与谋”，武媚娘与刘祎之在废立问题上的矛盾与冲突已达到不可调和地步。

永昌元年（689 年）元旦，武媚娘头顶皇帝的冠冕，坐在新建成的明堂的万象神宫正殿上，接受百官的朝拜。皇帝李旦站在一旁。武媚娘可能出于有心试探，她环顾四周，苦笑一下说：“朕年纪大了，就这一个庆典，便觉精疲力竭了。朕的身体朕心知肚明，委实是难以承受了，朕有意将决断之权让与皇帝，要回到后宫，当一个名符其实的皇太后，享享晚年的清福。”李旦感到万分突然，他知道母后登基称帝条件业已成熟，退位决非她的本意，他决不能接受母后的让权，说：“母后精神健旺，正当为国为民谋福，怎可轻言引退。儿臣恳请母后为天下苍生计，万万不可萌生退意。”武媚娘说：“朕是诚心诚意，皇儿就不要推辞了。”说罢，把目光抛向了同三品宰相刘祎之。刘祎之早就有话要说了，见太后注目于自己，就直陈己见说：“天后所言，诚为国之大幸民之大幸。万岁本天后亲生之子，又兼仁孝谦和，堪当国之重任，天后退居后宫颐养天年，诚乃英明决策。”李旦吓坏了，忙说：“万万不可，母后治国有方，儿臣不及万一，实在无力当国，宰相切莫陷我于不义。”武媚娘面露冷峻的眼光扫视群臣，说：“众位爱卿，尽可各抒高见。”但群臣没一个敢说话的，虽然大家心中都愿太后还政于李旦，但都不相信这是太后的本意。刘祎之见无人支持，未免心急地说：“天后诚意还政，各位大人总得有个态度才对啊。”

散朝后，刘祎之心里很不平静，他对武媚娘所作所为深感不满，私下对舍人贾大隐说：“太后既废昏立明，何必再临朝称制，不如指日归政，借安人心。”贾大隐表面赞同，说：“是啊，明公高见甚得人心。”背转身却去秘密上报武媚娘，说刘祎之发怨言反对太后临朝称制，此害不除不行。武媚娘因此对他怀恨在心，下决心要除掉此害。之后又有人诬告刘祎之受脏，又与李敬宗妾通奸，遂命刺史王本立推审。王本立向刘祎之宣示敕文，刘祎之抗争道：“未经凤阁鸾台，何名为敕？”意谓此敕文未经凤阁鸾台审批，不合法。武媚娘听了这话，怒上加怒，决心要除掉他。但是除掉他有多种办法，降职贬黜、外放、处死等等。睿宗李旦待不住了，因为是自己老师，对刘祎之这位老师印象太好了，刚正不阿，尽忠职守，有儒家学者风范，待人诚挚谦和，他决心要救救老师，就向母后武媚娘求情。谁知李旦一求情，反更引起武媚娘恼怒，好啊，你们师徒联合对付我啊，我叫你们知道我的厉害。她于是立即下令将刘祎之处死。处死得有个罪名吧？没有。刘祎之谋反吗？没有谋反。刘祎之受脏吗？那是别人诬告。刘祎之与李敬宗妾有私情吗？李敬宗已死多年，如与其妾有私情属平常事，何况查无实据呢。刘祎之不是一般官员，是宰相，宰相能不明不白给处死吗？武媚娘还要不要朝纪国法呢？武媚娘凭借她太后临朝执政的权力，她就可以凭其意旨行事，要杀谁便杀谁，刘祎之好言劝谏武媚娘还政于旦，这就是犯了大忌，大忌就是大罪。就在李旦小心翼翼为老师求情后，武媚娘立即下令将刘祎之处死。刘祎之对此态度从容，临刑沐浴，自书谢死表，立成数纸，仍然慷慨激昂，无一乞怜语。《新唐书·刘祎之传》

说："祎之得罪，睿宗以旧属申理之，姻友冀得释。祎之曰：'吾死矣！太后威福由己，而帝营救，速吾祸也！'在狱上书自陈。临诛，洗沐，神色自若，命其子执笔占为表。子号塞不能书，祎之乃自捉笔，得数纸，词恳哀到，人皆伤之。"麟阁侍郎郭翰、太子文学周思均，见祎之表文，互相赞叹。不料又为武媚娘所闻，立刻贬郭翰为巫州司马、周思均为播州司仓。就这样，武媚娘又以铁血手段把阻碍她临朝称制的宰相刘祎之迅速铲除掉了。

二、造字运动

永昌元年（689 年）十月，武媚娘再坐明堂，大赦天下，宣布废除实行了千百年的夏历，改行周历，以十一月为岁首正月，所有月份都往前推两个月。于是，永昌元年的十一月一日，便成了载初元年的正月元旦，所有的岁时节令都得统统换过。虽然人们觉得新历法难以接受，但因这是诏令，人们不服从也得服从。一旦服从成了习惯，人们也就习以为常了。就算龙椅上突然换成一位女皇帝，人们也能够接受。因为宣扬"天授宝图"，举行拜洛水、受宝图大典之后，人们思想已麻木了，这女主天下的"天意"已在人们麻痹思想里扎下根，天命难违啊。其他人，没有任何人有资格举行拜洛受图大典啊，她武媚娘不就是当今的一朝之主吗？至于中宗现在哪里，睿宗囚禁何处，这都无关重要，谁也无法去追究他们现在的状况。这就是习惯的力量。人都说习惯的力量是最可怕的力量，一旦形成，便难改变。武媚娘几次"天子坐明堂"，并没有引起很大的风波，这种思想麻木的结果就是承认既成事实，她武媚娘就是一朝之主，就是坐明堂的女皇帝。

她还竭力把自己装扮成大唐帝国的合法继承人。在她颁布的《改元载初敕文》中，她历述神尧高祖、太宗、高宗的圣德，同时也写了自己作为大唐帝国合法继承人的各方面圣德的表现，正式向天下人宣布自己是大唐帝国合法继承人："天平地成，淳风享千年之运，乐和礼备，宝祚隆三圣之基。"这道敕文很重要，奠定了武媚娘继承大唐帝业的合法性。由于武媚娘惯于玩弄文字游戏，她颁布的敕文一个接一个，太多了，人们也就未加注意这道敕文，而武媚娘自封三圣王，自称是大唐帝国合法继承人的合法地位就这样定下来了。由于武媚娘执行高压、铁血政策，谁也不敢去探询中宗、睿宗被监视、囚禁的处境，更不会有人去推敲敕文的合理性，比如中宗、睿宗是不是大唐帝国的合法继承人，他们过着囚犯一样的生活究竟意味着什么，太后代子临朝什么时候变成了直接继承三圣（高祖、太宗、高宗），等等。当人们思想还未安定下来，正在对此敕文眼花缭乱、莫明其妙的时候，武媚娘的工作速度让人喘不过气来，她的另一道敕文又发布下来了：改字。改字的诏令发布于

半月之后，要求创造新字，取代旧字。据说新字是由宗秦客起草，武媚娘审定的。宗秦客是武媚娘堂姐的儿子，具有小智，官封凤阁侍郎。受职后日侍宫中，与武媚娘共同改造十二字。武媚娘特别注意文字的力量，她给每个孩子起名都有独特的含义。她对每个最仇恨的政敌都要给予有毒的蛇蝎禽兽的称呼。现在，她要改革一些汉字，让这些字都具有某种特别的含义。人们一看到这些字，就会树立起大唐一统天下是以她为首的进行统治、并且是绝对不可动摇的人生观和世界观。一句话，改字的目的是为了巩固她的统治地位服务的。

载初元年（690 年）正月，武媚娘颁布了第一批文字，都是些常用字，第一批是十二个：照、天、地、日、月、星、君、臣、载、初、正、年，后来增加了征、授、圣、国、人等，共十七个字。武媚娘太迷信祥瑞和天命了，她这些字都和祥瑞和天命有关。她改字纯属政治需要，是为加强臣民对她的忠诚度，并祈祝她君临天下永远昌盛。比如“君”字就是用“天下大吉”四字合成的，表示她女主天下宏伟吉庆；“臣”字是在“忠”字上面加个“一”字，表示天下臣民必须一心一意忠诚于她；“年”字乃是由“千千万万”四字合成的，展示她欲享千秋万世帝业；“圣”字系由“长、正、主”三字合成，系凸显她是符合正统的圣贤君主。她反对只有男子才可一统天下，不喜欢“天”字字形看起来像一横下面有个四仰八叉的男人，似乎只有男子才可称为天，于是改造的新字便像个穿裙子的女人顶天而立。她想用武力统治国家，就把“国”家里面的“或”字改成“武”字，又改成“八方”，以求八方六合，永世太平。

上述这些改造的文字反映了武媚娘为要使自己女主天下永远流传后世，就一时心血来潮、思绪混乱地改革文字。但她改的字明显不符合文字发展客观规律，是一种小丑式的闹剧，随着武媚娘统治的结束，人们便渐渐认不得这些字了。留下来的只有一个字：“曌”。武媚娘把新造的第一个字用作自己名字，禁止天下人使用。其他字都失传、不使用了。独“武曌”永远留着，与武媚娘这个历史人物永远同世存在，“曌”表明武媚娘要永远独树一个君名，象征日月当空，光照千秋，象征她是永垂不朽的一代女皇。但这种卑劣手段，只能使她阴险狡诈阴谋毕露，招致千夫所指，遗臭万年。

对于用作自己名字的“曌”字，文学大师林语堂作了如下很风趣的解说：“（武媚娘）给自己的名字创了个新字，上为‘明’字，下为‘空’字，意思与‘照’相同，表示明是向下面的空处宇宙照耀。她是以这样高高在上向下面空处照耀自比的。可是如此太不妥当，因为天下没有女人以其下面庞大之‘空处’来号召的，她幸而不知道在茶馆酒肆传遍的淫秽的笑语——‘谁去填这个巨大的空处呢？当然，一个和尚的秃头就成为一个最好不过的笑料了。’”

这种挖苦、讥讽真够丢尽武媚娘这个老淫妇的脸了。

武媚娘是一个古今少有的愈老愈淫并公开宣扬、不怕人议论的老淫妇，这从她专门创造的一个字“嫐”字上可清楚显示出来。本来，历朝帝王有千百妃嫔，她武媚娘称帝后拥有一些男宠也未可厚非，但武媚娘年届七八十岁高龄，仍然性欲很强，纵情淫乐，她要在大限到来之前玩个够，因此，除张昌宗、张易之兄弟二人外，下诏征选朝廷中年轻力壮的嬖臣和广招美少年入宫供奉她日夜淫乐，而且在宫中白日公开宣淫，不避人耳目，以致她在宫中淫秽不堪的丑闻被大肆宣扬出来，成了洛阳全城街谈巷议、尽人皆知的谈笑话题，这就太不像话了。奇特的是，武媚娘并不以此为耻，反以为荣。她和狄仁杰、朱敬则、宋之问等朝中大臣公开谈论她的纵淫寻欢时毫无羞态、谈笑自若就说明了这一点。她挖空心思创造的“嫐”这个字也生动表明了这一点。《现代汉语词典》解释这个字的含义是“戏弄”、“纠缠”。这个字哪里是什么“戏弄”、“纠缠”啊，分明公开向世人宣称我武媚娘就是要尽情玩弄男人，不仅要左拥右抱，而且要有许多男人一个又一个奋勇跟上，“供奉”她恣情淫乐，用大力冲动使她浑身充满快感，男人越冲动她越快活，男人不停止地猛烈冲动她也就更加无比欢喜快活，她就是这样明明白白向世人表示别的女子无法享受而只有她才能尽情享受的使众多男子争先恐后玩弄她这个年虽衰老但性欲仍很旺盛的当朝女皇帝。许多男子以玩她为乐，她也以许多男子玩自己为乐，且乐趣无穷，乐不可言，她为此感到光荣、骄傲，感到应予大加炫耀。所以，“嫐”这个字就横空出世诞生出来了。至于“无耻”二字，她早已忘光了。

三、大宣祥瑞

武媚娘特别喜欢“祥瑞”事物，因为这有利于她制造天心、民意，可以顺利地实现其女主天下的政治野心。大约她正是自感“名不正、言不顺”吧，所以，越发执着于此。即使明知作伪也不在乎，因为这至少出于别人对她的认同和肯定吧。她利用机会宣传自己幼年时袁天纲预言她将为天下主，鼓吹李淳风说她当“女主天下”，宣布为李君羡昭雪平反，宣扬《武媚娘》歌以抬高她的身份，宣称她侄儿武承嗣伪造的瑞石为“天授圣图”，自尊“圣母神皇”，亲临洛水，举行授图大典，以后又大飨万象神宫，成为古今唯一坐明堂的天下女主。她把这些祥瑞都用足了，一切的一切都显示她是符合天心、民意的一朝天子。她最近的支持率扶摇直上，洛河出图，表明她是儒家认可的天子；《大云经疏》，尊奉她为佛祖首肯的未来佛；最后就连道教徒马祯也率弟子上书拥戴她为帝。这些都可以说是她的皇帝资格论证书，她现在已是三教共尊的圣君，虽然是她主动操作的，但儒佛道三教的垂意已经明白得快要溢出来了。于是她继续倾心于再多出一些祥瑞。所以武媚娘从开始想要做皇帝，祥瑞就不断地从各地各方面涌现出来。这种不正常现象令人匪夷所思，有人更因此说她是祥瑞、迷信狂。可她不管，她一心要登基称帝、江山永固，需要大造舆论，大宣祥瑞，以示她当皇帝是天命所归，从而达到欺骗、愚弄、麻痹臣民的目的。为了证明自己是天命所归，她费尽心机大造祥瑞舆论。唐朝主管国子祭酒上任的第一天，按照惯例应该开讲五经，到武媚娘这时候改了，不再讲儒家经典，而是改析祥瑞案三道了，拿三个祥瑞来，解释解释这些祥瑞都是什么含义。这做法就太缺德了，用官方的手段对祥瑞加以说明，一下子就使祥瑞的意义深刻起来了。所以在这一时期祥瑞层出不穷，对祥瑞的解释也五花八门，但是官方总会有一个大的指导方针，引导大家对祥瑞进行解释。当然，这种解释必然是有利于武媚娘称帝的。正因为武媚娘相信和宣扬祥瑞已到了痴迷发狂、走火入魔的程度，因而各地便不断纷纷上报各种所谓祥瑞现象。什么谷长三穗、麦生三头、母鸡长出鸡冠学公鸡打鸣、某个地方冒个土堆等很常见的生物、自然现象，都被当作祥瑞上报和加以宣传了。垂拱二年，雍州的新丰县发生地震，地块往一处挤压，冒出一个土堆来。这本是很普通的地理现象，武媚娘却像获得了宝贝，说什么这是天降祥瑞，这个土堆不能再叫作土堆了，应该叫庆山，吉庆之山，马上把新丰县改名为庆山县，这是上天表达的对她女主天下表示认可。在这种氛围下，马上又出现了彩云绕太阳转的天象，其实乃是旋风吹动浮云转动，也被称作祥瑞，说这叫做“庆云抱戴太阳”，万物生长靠太阳，一切围着太阳转，这太阳就是武媚娘。一时之间，许多凭空捏造的莫须有的祥瑞也应运而生，例如苏旋将军信口胡说他曾在池中钓龙，益州、绵州传来有人白日见飞龙升天，群臣复上言凤凰来仪，飞入上阳宫，又有人上书言有赤雀数万只会集朝堂，一时鼓噪祥瑞，甚嚣尘上，武媚娘明知是假，也一概笑而承受，因为她太需要透过祥瑞表明天意对她临朝称帝的支撑了。

当时，凡举报或进献祥瑞都会得到好处、嘉奖和封赏。史书称，李唐宗室遭血洗大屠杀时，钀林王恪长子仁，独因向武媚娘“数进符瑞等异物”而得免诛翦。受武承嗣指使、谎称从洛水里找到瑞石的唐同泰升作游击将军。更有意思的是，有一次武媚娘竟被骗得头脑发昏，改了年号，释放大批杀人犯和天下囚犯，在历史上留下笑柄。当时成州大牢中有死囚三百多人，秋后将全部绑赴刑场斩决，内中有一个有头脑的死囚，用金钱买通了牢头节级，在牢内围墙地面上，悄悄地挖地做下一个五尺长的大足印。到半夜时分，那三百多个死囚一齐叫喊起来，管牢内史听得了，忙进牢来查问。犯人们齐声说：“见一圣人身长三丈，面作金色，口称‘汝等俱是冤枉，不须怕惧，天子万年，即有恩赦放汝等。’”那内史听了不信，便带领十多个狱卒，擎着火把，到院子里各处去照看，在西墙壁脚下，果然照见一个巨大足印。呈报上去，武媚娘立即释放出这三百多死囚，又大赦天下，改年号为大足。《朝野佥载》称：“把火照之，见有伪迹，即大赦天下，改为大足元年。”《资治通鉴》也说：“以成州言佛迹见，改元大足。”古代国家遇有特大吉庆事才改元年号，上述三百多死囚竟因伪作大足印和一声喊叫而全被释放，并又当作重大吉祥事改元年号，永垂史册，这太荒唐可笑了。

但是也有刚正不阿的大臣不信和抵制祥瑞，给武媚娘不小的难堪。长寿三年八月，梨花盛开，又有人称作祥瑞。武媚娘也以为瑞征，上殿堂时笼在袖中，取示廷臣，众臣又是称贺。独同平章事杜景佺奏道：“目下已值仲秋，草木黄落，不意此花独荣，阴阳失序，咎在臣等。”武媚娘听他这一说，很感愕然，半晌才道：“卿算有宰相才。”语毕退朝，心中对杜景佺甚是不满。当时祥瑞泛滥，已成一种灾难，到处乱报、谎报祥瑞，影响执政。

武媚娘痴迷、鼓吹祥瑞，意在向世人表明她临朝称帝是顺应天命的，所以对抵制、反对祥瑞之说者均很反感，有些人就因此而罹祸遭灾。尚书左丞冯无常就因反对以祥瑞诬罔天下而被贬黜外放。据《资治通鉴》记载：“太后称制，四方争言符瑞。嵩阳令樊文献瑞石，太后命于朝堂示百官，元常奏曰：‘状涉谄诈，不可诬罔天下。’太后不悦，出为陇州刺史。”前面提到新丰县冒出个土堆，群臣相继上表祝贺这是天降祥瑞，以嘉勉太后的政绩，这种天意的舆论对武媚娘攀登帝位是多么有利啊。可是却有个平民俞文俊上书，说地上无故冒出一座土山，就像人身体不适才会长出瘤一样，这哪里是什么祥瑞，分明就是灾变！现在太后女主阳位，主宰天下，故此上天特意示警，要太后退位修身养性，不然定会遭到天谴。武媚娘在一片歌功颂德声中忽然听到此不谐之音，勃然大怒，下令把他流放岭南，后为六道使所杀。一个平常百姓俞文俊敢于冒死上表辩驳莫须有的祥瑞、天命之说，这对武媚娘是个无情的讽刺和莫大的打击！虽然她以暴力压住了对她的不恭与挑衅，但她心里明白，民间反对她改朝称帝、女主天下的情绪和呼声仍然很强烈。

四、伪造民意

洛河出书，大云经疏，道教徒马元贞上书拥戴，表明武媚娘在儒、佛、道三方面的皇帝资格论证书拿了一个又一个，她已成三教共尊的圣君，现在天意已明，就差民意了。可恨一班大臣泥塑木雕似地装聋作哑，没一个动弹的，她只能寄希望于草莽英雄。载初元年九月三日，一个小芝麻官合宫县九品主簿傅游艺率关中父老数百人伏阙上表，称“天无二日，土无二王”，请求武媚娘顺应天心民意，自己当皇帝，改唐为周，同时降睿宗为皇嗣，改姓武。武媚当然是早就盼着这一天啦，但是也不能显得过急，此时请愿人数太少，需要提高一个台阶。她没有答应，却破例提拔傅游艺为五品门下省给事中，一下子升了十阶，仅仅三个月便直接超擢为三品宰相，官运之亨通，简直让人瞠目结舌。短短一年间，傅游艺的青衫变红袍，红袍变紫袍，人号“四时仕宦”。这明摆着就是鼓励官民继续上表拥护她为皇帝。这是一个再明显不过的信号，只要为我武媚娘效忠，富贵荣华，唾手可得！

在这样的诱惑之下，第二轮大规模的上书请愿运动很快出现，这次的主要人物乃是洛阳百姓，再加上番邦胡客、僧人道士，一共一万二千人，上表请求武媚娘登基为帝。这次请愿不仅人数多，而且包括僧俗胡人各种力量，代表性比第一次广泛得多了。可是武媚娘认为还没有到火候，又一次谦虚地否决了。

第二天，文武百官再木也知道识相了，有大批官员参加请愿运动了。请愿队伍是由武承嗣率领的。一共有六万多人参加了请愿的行列，他们“守阙固请”，聚在宫外不肯走并高声请愿，表现出不达目的誓不罢休的劲头。他们推举出自己的代表来，与武媚娘对话，说：“今天命陛下为主，人命陛下为母……陛下不应天，不顺人，独高谦让之道，无所宪法，臣等何所仰则！”意思是说如今上天命令你当天下之主，我们都把陛下您视为我们的母亲，可是陛下您既不应天也不顺人，只是一味地谦虚，你把我们置于何地？代表发言之后，好多老百姓也在下面嚷：“接受我们的请求吧！”这时候，社会空气已经完全被炒热，耳边是大云寺的声声梵钟，眼前是新推出的武周文字，高僧名道不断地现场说法，接二连三的祥瑞让人应接不暇。在九月艳阳高照下，这一切汇成一股巨大的不可抗拒的浪潮。人们的情绪已经燃烧至沸点，有人失态地大叫：“啊，看，有只凤凰朝太后宫飞去了！”又有人大喊：“红鸟！这么多红鸟都落到朝堂上了！”还有人高声叫喊：“快看天上！五色祥云！若非至德天子，我们怎能看到这样的奇景？”

武媚娘上述三让而后称帝的举动，实际是一场闹剧。九品芝麻官、侍御史傅游艺其所以带头请愿，是因为他知道武媚娘日思夜想就想称帝，她最喜欢人吹捧、恭维，他上书请求武媚娘符合天心人愿称帝，肯定会得到武媚娘封赏。一个九品小官因为劝进武媚娘称帝步步高升，一下子升到宰相位置，这令许多官员、民众都很眼红、羡慕，一些善于吹捧的官员自然也坐不住了。而且，坐得住也不行，有一位宰相就因为没有参加这次劝进活动不久就丢了脑袋。

五、自求禅让

在洛阳宫乾元殿上，武媚娘踌躇满志地仰天而视，她听着那些几近颠狂

的喧叫声、祝贺声，内心微微一笑，她并没有看到什么凤凰、红鸟、五色祥云，她心潮逐浪高地念叨着：我武媚娘迷信祥瑞，居然上行下效，下面也风行这玩意了。万里晴空，哪来什么凤凰、红鸟、五色彩云啊！这有点吹过了头吗！反正臣民一片好意，应该心领的。回顾自己要当皇帝，名不正，言不顺，不得不求助于祥瑞，即使明知是假，也佯作不知，俗话说：三人成众，说的人多了假的也变成真的了。想不到臣子、百姓也学会这一套了。

她在等一个人，谁呢？睿宗李旦。史籍上说，诸子之中以旦最得武媚娘欢心。从小到大一直待在父母身边。武媚娘说：“我儿阿轮最小，特所留爱。”这是混淆视听的说辞，因为任何幼小孩子都是父母所宠爱的。武媚娘第一次和高宗出巡洛阳时，因惦记幼小的长子李弘，走到半路上特地派人接来全家共享天伦。李显难产出世，武媚娘专门为他在龙门石窟造像祈福，并亲披缁衣，为他念佛诵经。这就驳倒了“阿轮最小，特所留爱”的遁词。所有的小孩幼年依偎在母亲怀中的时候，感受到的温暖和亲情都是一样的。只是名利场上无亲情，像武媚娘这样的淫毒妇女非但无亲情可言，而且儿女饱受亲情的折磨、残害。我们常说武媚娘不是人，是畜生，而且，虎毒还不食子呢，她武媚娘竟然为了要做皇后、做天子，先后杀死一女二儿，即襁褓中的小公主、行将接受帝位的太子弘和太子贤。据说太子贤在死前每年都要受杖刑几百板，世界上有哪一个做母亲的会对自己亲生儿女如此心狠手毒呢？现在只剩下最后两个小儿子，一个长禁房州，一个幽囚宫内，虽有帝位但都有名无实，几乎形同囚犯。这就是武媚娘所谓的“留爱”！李旦在武媚娘诸子中算是境遇比较好的，有人说“恐怕与他本性柔顺听话不无关系”，这种说法毫无道理。他在朝堂上敕封为帝却立刻被送入内院囚禁起来，飞不起，跳不高，中间虽有时让他出面也仅是做做样子，四边都有人监视着，他能有所作为吗？如果说他真的柔顺听话的话，那么这种柔顺听话完全是武媚调教出来或强制如此的。人都说“人往高处走，水往低处流”、“人望幸福树望春”，他李旦再麻木也知道人应向着高处和幸福的地方走啊。问题在于，李旦太了解这个母亲了，她是一只吃人不吐骨头的恶狼，只要牵涉到一个“权”字，任何人都在她面前没有任何道理可讲，她一概以铁血对待。李旦是个聪明人，自己认命吧。母亲虽是权欲狂，心肠歹毒，毕竟自己是她最小的儿子，还是会留点情面，注意点影响的。只要认命、听话，就能保证安全，这是他摸爬滚打多年积累起来的人生宝贵经验。在六年多的高级囚徒生活中，旦一直温顺地履行着傀儡皇帝的职责，充当着母亲的布景板和活道具，只在每次重大礼仪中出现，并流露着谦和的笑容。他曾“干预”过一次朝政，为老师刘祎之请命，不但不奏效，反导致刘祎之被立即处死。从此开始，他知道母亲心目中根本没有她这个最小的儿子睿宗李旦的位置。这可是自古少有的例子，身为皇帝，被母亲幽禁后宫，一切国家大事任凭母后主宰，没有他说话的机会和权利。在如此强悍霸道的淫威下，他唯一的选择只有沉默。在茫茫深宫里，他没有别的消遣，守着自己的妻妾和孩子，沉溺在寻章摘句的训诂书中，一遍又一遍地练习书法，但就是不敢高声说话。对于这样看似平静、无味的生活，不知什么时候才会结束。他真是如同盼星星、盼月亮，盼这苦闷、单调的生活早日结束。午夜梦回，曾一度享受过父母亲情的李旦，想必会无数次回忆起自己的童年时代，隔着时代的河静静地注视着自己的母亲，但眼前的母亲却那样冷酷无情，亲情早已丧失殆尽。

心机算尽的武媚娘端坐在洛阳宫正殿中央，在等待睿宗李旦的到来。这个不知高低进退的小儿子，怎么还没有来呢？动静闹得这么大，李旦就是想不出面也不行了。他放开步伐向洛阳宫正殿走去，见母后面露微笑等待他的到来。他静静地穿过人群，走向面善心凶的母亲，头顶艳阳高照，自己心却冷如死灰。也许荒唐的丑剧，只能通过高智商的隐忍才能完成。这条路的尽头，等待他的会是什么呢？他不知道，他母亲的心机太变幻莫测了。这样，他活过来了，那是因为母亲还需要一个傀儡皇帝作摆设。一旦她不再需要这个包装，他还能活下去吗？

史载：载初元年（689 年）九月四日，皇帝睿宗加入到请愿劝进行列，自愿降为皇嗣。改姓为武，恭请太后登基为帝，武媚娘几次佯装不许，经再三恭请，才欣然接受，禅让的形式终告完成，武媚娘终于站了起来，说：“俞哉！此亦天授也！”至此，她终于用多少人头和生命换来新一代君主的愿望实现了。这是中国帝王史上的一场用鲜血写成的丑恶活剧！

六、改朝称帝

武媚娘登基大典选在九月九日重阳佳节，改元天授，这是继垂拱、永昌、载初之后的第四个年号了。国号定为周，自上尊号为圣神皇帝，降睿宗为皇嗣，赐姓为武，改名为轮，称为皇嗣武轮。李旦这个名字，连同凋落的李家王朝一起消灭。这时的武媚娘已经六十七岁了，她十四岁进宫，三十二岁当皇后，四十岁与高宗并称二圣，五十岁自尊天后，六十岁成为皇太后，垂拱四年又自称圣母神皇，现在终于以国号大周的名义正式君临天下，又自上尊号为圣神皇帝。她挑选这个日子来举办她的登基大典，自有其心机诡计。因为《大云经疏》无论宣称她是弥勒降生还是净光天女下凡，都强调菩萨本身都是超越性别，无所谓男女，只是为普度众生而化身为女。据《周易》的说法，单数为阳，双数为阴。九是最大的阳数。九月九日是重阳节，也是一个最为阳刚的日子。武媚娘选择这一天登基，明显含有对她阴柔女性身份的补充的含义。在传统观念中，男为阳，妇为阴，男主外，女主内，男尊女卑，武媚娘就是有意要打破这个传统观念，女子同样有阳刚之气，同样可以大有作为，做出惊天动地事业。在纯阳至刚的重阳节登基称帝，正是对她女性角色的有意淡化，她在称帝伊始就前无古人地自上尊号圣神皇帝，希望借造神运动来减少人们对女主执政的抵触情绪。

身穿天子衮冕服的武媚娘亲临则天门，看江山如画，万众如蚁在她的脚下匍匐跪拜，她心潮翻滚，自己多少年的愿望实现了，她自然深感心满意足，豪情满怀。至于这个女皇帝是怎样用残酷无情的血腥手段获得的，那就不在她考虑之列了。

她的周王朝以洛阳为国都。这个阴谋计划恐怕在她当上皇后以后就已初具雏形了。她从麟德二年（665 年）陪偕高宗巡幸东都，她自封圣后、天后后又多次驾临东都，高宗去世后迄未离开过东都，又在这儿建立了上阳宫、万象神宫，建筑金凤冲天、雄伟壮丽的明堂，并且还穿上天子衮冕服登临明堂，应验了“天子坐明堂”的神话传说。以上这一系列动作都不是她偶尔心血来潮想到的，是完全符合她早就想在洛阳建立东都，以便在那里完成她篡唐立周、改朝换代、君临天下的大业。任何人都可以有雄心大志，但像武媚娘这样早在当皇后时便已产生在洛阳建立都城以实现自己当皇帝的梦想，这就城府很深并且心肠险恶了。可惜高宗始终被她迷惑，严重惧内，缺乏眼光与智谋，终于铸成大错。她最后一次陪高宗到东都洛阳后就一直未离开洛阳，从未返回长安，她认为那里是李唐王朝势力的天下，只有洛阳才是她的势力范围，可听其随心所欲、任意摆布。在这里，她平定了扬州起兵，血洗李唐宗室，斩决了顾命大臣，废黜囚禁了两个儿皇帝，举行洛水受图大典，身穿天子礼服登上了明堂宝座，她为在这里登基称帝已经耗费了许多谋算与心血。武媚娘把京都洛阳改称神都洛阳，为了与西都长安抗衡，她下令从附近州县搬了几十万人口进入洛阳，使洛阳成为继长安以后又一个人口过百万的大都市，她强烈的虚荣、张扬和好胜心性于此可见一斑。

定都洛阳、国号为周还有继承周朝帝王大业的意图。周的统治者姓姬，大名鼎鼎的周公就叫姬旦，迁都到洛阳的周平王生了一个小儿子，手掌上有一个“武”字形状纹路，被赐名为姬武，后来他的孙子都以武为姓，一般认为这便是武姓的起源。武媚娘以洛阳为都，再建周朝，正有复兴周朝武氏之意，因周平王建立的东周便是以洛阳为都城。武媚娘最担心人家说她改朝换代当皇帝名不正、言不顺，她以周平王之子掌纹自然形成一个武字，她就可认祖归宗，认周朝是武氏的始祖，以洛阳为国都是继承东周大业的标志，这样她就和周朝挂上钩了。任何人都可看出，武媚娘尊周朝帝王为祖先自然是心存攀附，以建立和强化自己周朝的正统性与合法性。其实，如果周平王地下有知，这个后世淫妇恶婆潜夺自己姓氏、国号，真不知要有怎样的怒火冲天呢！但从这里我们也可看出武媚娘出身寒姓小门的悲哀，她的祖先没有什么特别的光荣能让人夸耀，她只好跟周王朝攀亲戚。和周王朝攀亲戚的另一个原因是夏、商、周三代周朝享国最久，一共统治了约八百年，武媚娘希望自己的武周王朝也能像周朝一样享运长久。此外，周是儒家学说最认可的时代，周王实行王道政治，是儒家理想型政治。武媚娘最缺的就是儒家的认可。你们既然认为周朝最好，那好，我就是周朝的继承人，想以此封住一些人的口。

既然周朝以洛阳为圣都，西都长安的李唐宗庙肯定是不能要了，于是就改名为享德庙，仍然供奉高祖、太宗、高宗，因为武媚娘宣称她的皇位正是继承李唐三圣的。当时朝臣上言就有“天下者，神尧（高祖）、文武（太宗）之天下”的说法，表明这乃是当时官方说法，武媚娘也图谋以此笼络、安抚一些朝臣对她篡唐立周、登基称帝感到不满或反感的心。

九月十三日，武媚娘下令按天子之礼在洛阳立武氏七庙，以父亲武士彟为太祖孝明高皇帝，由他上数五代武氏祖先为帝，又尊西周的周文王为始祖文皇帝，以武氏族谱上的始祖、周平王幼子姬武为容康皇帝，封侄儿武承嗣为魏王，武三思为梁王，姑姐都封为长公主，武士彟兄孙攸归、攸望、攸止等皆为郡王组成新的皇族宗室。翌月，又下令改并州文水县为武兴县，天下所有武姓人士一概免除赋役。

承认继承的是李家的皇权，却又自称是武家的女儿，不愿以开创者自居，武媚娘这一做法使李武之间的矛盾一开始就显现出来。武媚娘在为亡父建造的昊陵攀龙台碑碑文中力言武士彟已有帝王之相，只是时运未到，故先助唐起事。因此在武周所建的太庙中，李唐三圣也同样享受供奉，只充当配祭角色。她如此思绪混乱，一方面宣传武周政权是继承高祖、太宗而来，来源嗣皇李旦母亲的身份，一方面又以父亲为武周开国皇帝，是武家的女儿，显然自相矛盾。因此，武周政权从诞生开始便面临义理上的缺陷，又是李家母亲，又是武家女儿，这政权将归向哪里呢？随着时光的推移而日益突出，带来一系列无法解决的伦理和系统问题，这些问题从武媚娘篡唐立周那一天起就开始了，以后还要发展下去，最终成为武周政权的致命伤，终致很快遭到覆亡。

李家现在已不是皇族，武家才是皇族，武媚娘将睿宗李旦及其子女都赐姓为武，李旦更名武轮，降为皇嗣，十二岁的原皇太子成器降为皇孙。武轮的儿子们同日出阁，开府置官署。未来的唐明皇李隆基当时受封为楚王，史书上称他“仪范伟丽，有非常之表”，年仅七岁，威风凛凛带了车骑随从到朝堂拜见祖母，正好撞上武家新封的河内郡王武懿宗。武懿宗见李家一个小孩子居然车驾整齐威武行进，就想侮辱挑衅他一下。李隆基听到有人挑衅，立刻越众而出厉声斥责：“这是我家朝堂，干你何事？竟敢欺负我的随从！”武懿宗被小孩子一训斥，居然给吓住了，不敢再惹事。据说武媚娘听说此事后开始对李隆基另眼相看，很是宠爱。虽然如此，武媚娘因怕大权旁落，而不得不对自己的子孙严密防范，做出后面将要写到的杀死三个孙儿、孙女、孙女婿和两个贤惠媳妇的凶残歹毒的事，还指使酷吏来俊臣用酷刑逼迫李旦承认谋反、定成死罪。

武嗣虽称为皇嗣，移居东宫，待遇和皇太子一样，但并非皇太子。皇嗣是个概念模糊的称呼，表明是皇家的子嗣但非国之储君，武媚娘又特别抬高娘家人的地位以打压李氏，这让武家一些人存有嗣承皇位的念头，把皇嗣当作一个对头，必欲除之而后快。其中争夺储君欲望最强烈的是武媚娘的侄子武承嗣。为了夺取周朝的太子之位，武承嗣联络诸多酷吏，掀起一场又一场的大狱，“武轮”面临的是更加危险的局面。

【批】

武媚娘因宰相刘祎之劝谏她不再临朝称制，立即还政于李旦而一怒之下处死了儒学魁首与重臣刘祎之，同时通过造字运动、大宣祥瑞、伪造民意一系列动作而达到篡唐立周、改朝换代、以亘古未有的女皇身份登基称帝的罪恶目的。为达到这一疯狂的权欲目的，她施行残暴铁血政策，不知屠杀了多少忠正善良的唐宗唐臣以及无辜百姓，还凶残杀戮了自己的亲生儿女与亲人。如此凶暴残忍，禽兽不如，廉耻丧尽，还在登基称帝前伪造民意支持率、假意再三推让、宣扬秉承天命（“俞哉，此亦天授也”），如此矫揉造作，实在令人作呕、痛恨！

【第二十二章】敇告密酷吏用严刑

一、铜匭告密

只要是独裁暴政，无不需要恐怖屠杀。武媚娘肆无忌惮的野心是消灭大唐，建立自己武姓的天下。她最忌恨别人谋反，凡涉及谋反的一概格杀勿论。其实她自己正是大唐最大的叛徒，正在策划规模最大的反叛，以镇压一切反对她临朝称帝的人。为此她要制造血腥恐怖的气氛。而要制造血腥恐怖气氛，她有两件事非做不可：一是要有一群阴险残忍的小人忠实为自己服务，二是要有一个强大的间谍网，谁敢谋反就能立即捕获。这二者是互相密切联系的，缺一不可。如果保有这么一个残忍的特务与刽子手的坚强核心，就能最大化的保持全国恐怖和威慑气氛，因而也就能确保自己的强权统治长治久安，无往而不胜。

有了间谍组织，酷刑的技巧、逼供的方法，以及整肃、审问、酷刑才会有高度的发展。只有这样，朝廷才能要什么口供，就会使犯人招出什么口供。在中国历史上，武媚娘算得上是间谍组织的创始人，并且在她的残酷统治下，酷刑的技巧与逼供的方法获得了高度的发展。就在她的统治下，残忍无比的《罗织经》才能创作出来。后世的专制魔王，如果能从武媚娘的技巧上学点，总会获益不浅的。

前面提到，武媚娘为了巩固自己的太后临朝称制，早在垂拱二年（686年）就已建立了匭检制度。匭检制度的建立表面上堂堂正正，是为了鼓励民间上言，实际上是为了强化对全国臣民的控制，以利于武媚娘巩固自己的至尊统治。为了扫除对女人称帝的不满和反抗的障碍，武媚娘心血来潮，在朝廷设立铜匭，发动天下人检举告密，告密的人可以把密告投在箱内。不论什么人，即使是农夫、地痞、暴徒、罪犯，只要把朋友或邻居反朝廷的企图、

反她暴力统治的话和行动，向朝廷告密，便可以往这个箱内投入告密书。这样，使武媚娘随时都能掌控天下臣民私论与舆论的动向，发现有异常动向就一举而歼灭之。她以为，这样一来，就可保证自己稳坐帝位、长治久安了。

间谍、告密制度创立得很够纯正堂皇。垂拱二年三月的一天，在洛阳的朝堂里，忽然立起一个四四方方的铜铸的大匣子，叫作铜匦。铜匦的设计人叫鱼保家，是主宰裴炎谋反案的侍御史鱼承晔之子。按照他的设计，铜匦四面分为四个格，涂着代表四季的青、红、白、黑四种颜色。东方为青色，象征春天和仁爱，称作施恩匦，求官宦的人可以把自己的文章投进去自荐。南方为红色，象征夏天和赤诚，称作招谏匦，接受天下人对朝政和时事的谏言。西方为白色，象征秋天和公议，称作申冤匦，受理冤案申诉。北方为黑色，象征冬天和智谋，称作通玄匦，吸纳人们为朝廷出谋策划。武媚娘诏告天下安装这个铜匦的圣旨，当然是说得冠冕堂皇的。圣旨称："铜匦之设，在求民意畅达于朝廷，正义得张于天下。"这种以四种颜色象征四项道德的纯正无邪的信箱，乃是一种伪装和掩盖，最重要的乃是信箱的用途与装设的用意。贪图利禄的御史和走狗可用这种信箱作为诬告的工具，使清白无辜的人遭受荼毒，遭受酷刑，无数官员和百姓都被投入十八层地狱。这项毒计使人人都成了朝廷的潜伏的间谍。间谍遍布全国，令人可怖，人人关心的是如何避灾、活命，而奸狡卑劣之徒则出卖朋友相识，摇身一变，成了告密的人，抓住机会，立刻平步青云，飞黄腾达起来。武媚娘为铜匦安排了几名匦使，从谏议系统官员中派谏议大夫、补阙、拾遗各一人充当知匦使，从监察系统官员中派御史中丞、侍御史各一人为理匦使，每天傍晚由全部知匦使开匦收集所有设诉送上，紧要事情立刻处理，剩下的转呈中书省和理匦使处置，根据情况上报朝廷。补阙和拾遗都是武媚娘所设置的谏官名称，"补阙"为补正国家之过失、缺陷，"拾遗"为拾掇议论国家之遗事，进言也从原来的廷议和上封之外多了投匦一途。唐玄宗天宝年间铜匦仍在，大诗人杜甫便两度投书铜匦中的延恩匦以求仕进，最后以《三大礼赋》得到玄宗的赏识，召试文章而授以参军一职，从此步入仕途。杜甫后来升职为拾遗，史称"杜拾遗"，正是从此而来的官职。

不过，武媚娘当时设置铜匦，主要功能在于鼓励告密。铜匦设置在以周代唐前夕，一切功能要为鼓励告密这一政治目的服务。据《资治通鉴》记载："太后自李敬业之反，疑天下人多图己，又自以久专国事，且内行不正，知宗室大臣怨望，心不服，欲以大诛杀以威之，乃盛开告密之门。"上述史实充分反映武媚娘欲借鼓励告密、检举暗藏之敌而欲大开杀戒以达到杀人立威的罪恶目的。武媚娘以妇御男，欲潜帝位，天下人心不服，虽然迫于压力不敢妄动，但那些潜在的危险分子一有风吹草动，难免不再出事，但平时却难抓住他们的确切把柄。于是铜匭告密、杀人立威、震慑天下，便成为武媚娘为正式称帝铺路所作的唯一罪恶选择。

铜匭刚设立的时候，来往官员不免多看上几眼。有一天，一匹高头大马在朝堂前停下来，马上把人们的注意力吸引过去。人们很感奇怪，从马上下来的不是整日在这里进出的文武百官，而是一个衣衫破蔽的农夫，别看他不像样儿，却底气十足，双眼中闪现出一种急切贪婪的光芒。官员正在迷惑不解时，只见农夫已登登登步入朝堂，将一件投诉投入黑色铜匭当中。官员们这才回过神来，这是一个告密者，那黑色铜匭便是专投告密信的工具。一时间，铜匭和告密便成了朝廷内外尽人皆知的两个专用名词，标志着武媚娘新的铁血政策和手段的来临。

人常说："恶有恶报"。为万恶的武媚娘设计铜匭的恶奴鱼保家立刻自招杀戮之祸。铜匭放置于朝堂上不久，一封密函便被塞进了黑色通玄匭，密告铸造铜匭者鱼保家曾为李敬业制作兵器，杀伤官军甚众。作法自毙的鱼保家即刻伏诛，成为铜匭告密受诛的第一个受害人，父亲鱼承晔也被贬为仪州司马。这真是搬起石头砸自己的脚，害人者反害己。武媚娘内心很高兴，她正担心隐藏的异己分子看不见，抓不着，这铜匭和告密制度一建立，鱼保家这藏暗敌人不是被抓出来并被除掉了吗？铜匭、告密初见成效，这大大激励着毒妇武媚娘的心，她决心要把告密制度扩大化。

二、告密吃香

铜匭告密制度建立后，告密者纷来沓至，从此一发不可收，铺天盖地塞进来的大多是告密的函件，尤其是武媚娘接连颁布鼓励告密的诏令之后，武媚娘承诺凡告密者都有奖赏或委任高官，从四面八方来京投匭告密的人更多了，势如潮涌，且告密内容多与谋反有关。这样一来，铜匭就完全成了所有谋反叛乱的告密之门。武媚娘欣喜若狂，她深居宫中却能尽情掌控天下大事，稍有谋反叛乱动静便可立刻了如指掌，她便可立即采取铁血屠杀政策加以一一扑灭铲除，她也就不再担心天下人对她反感或要谋反了，可以身在宫中任凭风浪起、稳坐钓鱼台了。

实际上，告密谋反大多属于捕风捉影的冤案，因为经过武媚娘多次大规模血腥屠杀，人们都慑服于武媚娘这个恶妇的淫威，谁还敢自寻麻烦和死路呢？告密谋反函一到武媚娘手里，假的就会变成真的，立刻严刑审办，在酷刑下有些人受刑不过，屈打成招，定下谋反罪，立刻家破人亡，以至灭门灭族，其惨烈情状，自不待言。为什么要有人诬告呢？这情况就复杂了，有的人是为了升官发财，有的人是为官报私仇。古话说："人不为己，天诛地灭"，一点不假，在暗无天日、血腥统治的年代，人心扭曲、天良丧失、伤天害理的事情太多了。结果造成恶性循环，告密者越多，谋反者也越多，谋反者越多，告密者也越多，谋反大狱迭兴不衰，血腥屠杀连绵不断。由于铜匦告密久盛不衰，多少无辜官民遭受弥天大祸，惨不忍睹。

武媚娘为鼓励告密，以便揭发清除她的对立面，使她能心定神安，每天都能把枕头塞得高高地睡大觉，她实行铜匦告密外还实行当面告密。她想到，万一外地老百姓要告状，没有进京的路费或者不会写字怎么办呀？武媚娘都给想到了。她下令："有告密者，臣下不得问，皆给驿马，供五品食，使诣行在，虽农夫樵人，皆得召见，廪于客馆，所言或称旨，则不次除官，无实者不问。"（《资治通鉴》卷二〇三）意思是说任何人想要告密，即使是监狱里一个囚犯，也应当伏礼有加，臣下不得过问、阻止，进京途中提供驿马，一律以五品官礼遇，夜宿驿亭官舍，每顿七菜一汤，不问职业高低，都可谒见太后，地方官如敢为难不送必受严惩，告的密如果确是事实，立刻加官晋爵，告密不实的不予追究。这样一来可产生轰动效应了，不仅任何人都可告密，而且告密的待遇还特别高。这种只有赚没有赔的生意谁不想做啊，无数在正常制度下根本没有可能当官的小混混、地痞流氓、野心家都兴奋得不得了，很快，大江南北的告密者蜂拥而至，争先恐后告密。史称："于是四方告密者蜂起，人皆足重屏息。"对于这样告密的人，武媚娘竟亲自召见。假若他是一个长于辞令、面色凶狠、牙床宽大犯过罪的汉子，可以做武媚娘爪牙、走狗，便立刻封予官职，或授予御史之职，或封为游击将军，并赏与绸缎金银。武媚娘这下可忙起来了，天天亲自接见各地前来告密的老百姓，告得实在，马上当官，不实在，赏赐后送回家。因为诬告也免于论罪，大唐律令中"诬告者须反坐，按照告发他人的罪名判处"的规定便宣告无效，无数在正常制度下完全没有可能升官发财的人因此而兴奋不已。

告密（当时称做"上变"，密报阴谋之意）于是成为一时的狂热，不久就成为无业游民、赌徒、罪犯等辈获取富贵的捷径。时人把告密和偷窃相比，认为比偷窃益处大，因为偷窃被抓，有坐牢危险，而告密却能获取官职和金银财宝，即使失败，毫无害处。

武媚娘天天在朝堂上接见各地前来告密的农夫樵民甚至死囚，常常在朝臣面前大发脾气的她，面对话都说不清楚的民间告密者却表现出异乎寻常的有忍心、很宽容。她是有意做给朝臣看，你们看，老百姓对我多亲切呀，他们什么话都愿跟我说，你们这些臣子若不守规矩我立即就知道，她是想用这种办法来震慑朝臣。而她也兑现诏令中的承诺，羽林将军常元培三代皆因告密而得官，便是一个明证。酷吏索元礼、侯思止、来俊臣、王弘义等均因告密而得官。就算查无实据也不令人失望，自有金钱补贴回家路费。如此有赚

无赔的买卖令百万庶民陷入一种空前绝后的激动和狂乱之中，而这种闹剧式的狂乱乃是武媚娘暴虐专政时代的特有产物，短短五六年间，告密的黑色风暴席卷了整个神州大地。反正用的是皇朝国库的钱，封官也不过是遍布天下千万官员中的点点滴滴，武媚娘花点时间和四面八方来的告密者倾心交谈正可增加她掌握朝廷内外所有官员的动态和情况的资本，使任何官员不敢对她心存异志，她何乐而不为呢？于是揭招告密的人从普天之下蜂拥而至，周年到头洛阳全城都塞满了风尘仆仆的告密者，像蜂群更像是蝗群，驿亭馆舍到处人满为患。这种自古以来从未有过的君民直接对话其实都只是为了填充武媚娘的疯狂的权力欲，密切监视每一个官员，任何人都休想对我的权位有非分之想或试图轻举妄动。

许多大臣都难以想象，武媚娘对官员仪容要求一向近乎苛刻，曾有个官员早朝途中因为肚子饿了而买了个胡饼边走边吃而被弹劾，以仪容不整有伤国体而被解职。他们也无法理解，武媚娘何以整日接见这些粗俗鄙陋的山野村夫与他们絮絮叨叨而依然神态自如。令大臣们感到滑稽的是，明明一听到就知道是子虚乌有，有些干脆就是马后炮过时无用的话，武媚娘竟然一边聆听一边点头。还令众多官员迷惑不解的是，平时很讲究官员文采风度的武媚娘怎么眉头也不皱一下就封了那么多粗俗不堪的人的官，其中甚至包括好几个目不识丁的文盲，难道这就叫作“野无遗贤”？然而，武媚娘我行我素，乐在其中，当全国性的告密狂潮逐渐平息之后，据说她亲自接见了近万人。

鼓励告密和武媚娘亲自接见告密者的效果是非常明显的，很多奸险歹恶之徒便因告密而平步高升，成了权要，于是狐朋狗党，结合起来，特务人员遍布全国，彼此扳诬构陷，许多无辜善良之人被捕入狱，遭酷刑致死。逮捕越多，定谳谋反越众，大屠杀越猛烈恐怖越能显示卑劣无耻告密者的忠诚与功勋。

三、重用酷吏

武媚娘让老百姓告密有两个好处，一是利用大规模的群众运动造声势，对官员形成震慑力，使他们规规矩矩，不敢轻举妄动；二是从这些人中挑选出她所需要的刑侦人才。因为既已有人告密就要有人审讯啊，她要从一些粗鄙不堪、品质很差的人中选出她所需要的审判干部。这些被武媚娘挑中的人统称为酷吏。酷吏按字面讲是执法严厉的官员，按其本质来讲却是残酷的审判官吏。酷吏的酷是残酷，严刑逼供，滥杀无辜。武媚娘任用酷吏的目的，是对告密者告出来的谋反者施以酷刑，用严刑逼供承认谋反，然后加以诛杀、灭门或灭族。这是一种极端险恶凶残的用各种酷刑手段进行逼供，是极端违

反人性和惨无人道的逼供。因为用这种手段犯人常常因受不了各种酷刑的折磨，而不得不屈招认罪，容易取得口供，判定死罪。但这种酷刑有高文化素质的人一般是不愿干的，只有那些文化或品质很差的人才乐意去做。武媚娘为了排除异己，镇压对她不满的人，必须专门从素质差的人中挑选一些人充当酷吏来为自己服务。从这个立场上讲，武媚娘任用酷吏滥用酷刑来对付异己者或敌对者，其阴险狠毒之心昭然若揭，令人发指。她任用酷吏残杀大量无辜，在中国历史上是怵目惊心的，一笔笔血写的冤案账都要算到她的头上。据新旧《唐书》的《酷吏传》记载，武媚娘前后任用的酷吏一共有二十七个，是中国封建皇朝历史上最多的，大都是文化或品质素养很差、很恶劣的人。每个酷吏都冤枉株连屠杀了上千或几千人，使许多人家灭门灭族，惨不忍睹。这些人都是什么来历和面目呢？举几个例子大家就知道了。

第一个是索元礼。他原本北方胡人，在以告密得势前，原来没姓无名。史书称："有胡人索元礼，知太后意，因告密召见，擢为游击将军，令案制狱。"他因告密被召，向武媚娘提出重刑能够威慑天下的建议，句句说进武媚娘的心坎，当即被擢为五品游击将军，令他按问罪犯。他生性残忍，嗜血成性，每治一狱都牵连数十甚至数百人，《新唐书·酷吏传》说他"作铁笼套囚首，加以楔，至脑裂死。又横木关手足转之，号'晒翅'。或纺囚梁上，缒石于头。讯一囚，穷根底，相牵连至数百未能讫"，"衣冠震惧，甚于狼虎"，与酷吏之王来俊臣同负恶名，"天下谓之'来索'"。当时极为通用，因为来索即来搜捕之意，含义与凶残相同。一些官府人家的婢仆听见叩门声，出来一看是肃政台的官员，就惊呼"来索"，就和呼"鬼来了"一样。呼"来索"的人家百分之九十九是主人被杀，家人流放为奴，家园破坏无余。因他残忍好杀，"太后数引见赏赐以张其威。"胡人大多没有受过儒家仁义理论的教育，做事肆行无忌，有凶猛残酷习性。武媚娘因对胡人出身的索元礼的表现甚为欣赏而在监察系统方面大量起用胡人，以致市井流传有"左台胡御史，右台御史胡"的歌谣。由于有这样的背景，索元礼便成了酷吏的开山鼻祖，以后的酷吏都是他的徒子徒孙，对这位大师、教父级的大佬极为尊敬。索元礼权盛之日，连武媚娘的男宠薛怀义都拜他为义父。

第二个是侯思止。他原先是个贩饼小人，愚昧无知，由于好吃懒做，生意做不好，就改行投奔一位将军，当个仆人。史载："贫，懒不治业，为渤海高元礼奴，诡狠无良。"他虽然目不识丁，但胆大妄为。武媚娘鼓励告密，他就告本州刺史裴贞和李唐宗室舒王元名谋反，武媚娘对他的告密颇为赏识，立刻提拔他当了五品游击将军。这是一个有待遇没职责的散官，对于他这样一个人来说，应该心满意足了。可侯思止还不称心，他去拜见武媚娘，点名要做御史台的御史。这使武媚娘感到有些吃惊、为难，御史台负责监察百官，是要害部门，你侯思止大字不识一个，怎么能干得了呢？武媚娘问他：“你不识字，连公文都看不懂，怎么能做御史呢？”侯思止是有备而来的，他说：“陛下知道不知道有一种神兽叫獬豸啊？”武媚娘说：“我知道啊。”侯思止接着说，“獬豸的本事是用犄角顶邪恶的人。獬豸识字不识字呢？它不识字，但是它可以凭借本能去辨别善恶。我不识字，难道这就不能凭借本能去分辩好人坏人吗？”他这“凭借本能”论一下子就说到武媚娘心里去了。她想，我为什么需要酷吏啊，不就是因为他们不受传统观念束缚、能为我办事吗？如果一个人知书达理，他就不会去干这种事，相反，他反倒应成为被监察的对象。好，就是文盲侯思止了，让他凭本能的直觉去抓捕和审判对我不满的人吧。武媚娘当即就把他提拔为侍御史。

第三个是来俊臣。这是个武媚娘称帝之后提拔起来的酷吏，就是后来导演“请君入瓮”的那个家伙。他亲爹姓蔡，是个赌徒，输给了一个姓来的赌徒很多钱，房子也输了，地也输了，没钱还债了。正好他的妻子本来就和来赌徒私通，来赌徒就让他拿妻子抵债。这个女人当时已怀孕了，孩子也说不清是谁的，到来赌徒家就生了个儿子，取名为来俊臣。来俊臣生在这么一个赌徒家庭里，谈不上什么教育。长大后他游手好闲，杀人放火，无恶不作，终被判死刑关进监狱。史书说他“天资残忍，喜反覆，不事产。客和州为奸盗，捕送狱。”他在狱中听说武媚娘发布诏令让大家告密，他就在狱中提出申请告密。监狱官不知人人都可告密包括不包括犯人，就去请示刺史。这个刺史是李唐宗室的，最看不起来俊臣这类小人，就把来俊臣拉过来责打一百大板，又送进牢房。后来武媚娘改朝换代已经完成，当年的刺史因是李唐宗室，也早做了刀下鬼，来俊臣再告密，没人敢再阻拦了。来俊臣在监狱官陪同下来到武媚娘面前赶紧诉苦，说出当初想要把宗室造反的阴谋报告武后，因遭宗室打压一直被关在监狱里。如今幸好妄图谋反的宗室被铲除了，我的冤枉才得以伸张。武媚娘一听，不错啊，虽是个死刑犯，倒是蛮有头脑的，说话头头是道，语言表达流畅，是个有用之才。再低头看他面貌，啊，他面若桃花，鲜嫩可爱，武媚娘是个荡妇，见到美貌男子总很喜欢，就决定留用他了。于是，大笔一挥，来俊臣也当了侍御史。来俊臣与侯思止用刑最酷，杀人最多，最为人们所痛恨。据《资治通鉴》记载：“时法官竟为深酷，唯司刑丞徐有功杜景俭独存平恕，被告者皆曰：‘遇来侯必死，遇徐杜必生。’”

第四个是王弘义。他系无业游民，在家不孝不悌，平素品行恶劣，经常滋事作恶。贫贱潦倒时，曾向邻人讨瓜吃，邻人不给，他就去告诉县官，邻人瓜田中有白兔，县官使人搜捕，蹂践瓜田立尽。他游赵、贝时，见闾里耆老作邑斋，遂告以谋反，枉杀一百余人，得武媚娘赏识，擢授游击将军，不久又升迁为殿中侍御史。古制审问官只有审讯权，没有行刑权，王弘义仰仗武媚娘支持，却任意杀戮无辜官民。胜利都督王安仁被诬告谋反，敕旨王弘义按问，王安仁不服，王弘义竟亲自动手在枷上割下王安仁头颅，又捕其子，也刀斩子首，并把两颗人头包裹起来带回衙去。他巡按道过汾州，司马毛公招待他，和他对坐饮酒，他竟无故将毛公拉下桌来，跪下斩首，然后枪揭其首入洛，见者无不震栗。（《资治通鉴》卷二〇六）由于他嗜杀成性，《新唐书·酷吏传》说他“每移檄州县，所至震慑。弘义辄诧曰：‘我文檄如狼毒、野葛矣！’”许多正直大臣都遭他陷害，同平章事李游道、王璿、袁智弘、崔仲基、李元素、春官侍郎孔思元、益州刺史任令辉等均为王弘义所陷，流岭南。后王弘义因罪流琼州，诈称敕追还，会侍御史胡元礼巡视岭南、襄州时遇之，按验，得其矫诏奸状。王弘义辩称：“与公气类，持我何急?”元礼怒曰：“吾尉洛阳，而子御史；我今御史，子乃囚，何气类为?”立即杖毙之。

从上述例子可以看出，这些酷吏都无素质可言，或凶残嗜杀，或没有文化，或是懒散游民，或是死囚，可以说无身份、无廉耻、无才学、无依靠，属于地痞流氓、社会渣滓，但他们又都有野心、有胆量、有疯狂性、有破坏力。武媚娘为巩固政权，要的就是这样既有亡命胆量又有惊人破坏力的人。这一些狐群狗党跑到一条路上来了，不过武媚娘是这些社会渣滓、人间败类的总头目罢了。

四、酷刑恐怖

武媚娘是为了对付那些对她的统治心怀不满的人而重用酷吏的。她心机非常狠毒，按她的想法，鼓励告密，就不担心抓不着反对派。重用酷吏，就不愁制伏、镇压不了反对派。武媚娘利用酷吏打击异己者可分为前后两个阶段。第一阶段是高宗死后她当太后到称帝前。这个时期打击的主要对象是反对她临朝称制和当皇帝的李唐宗室和大臣。为此目的，她利用酷吏把有可能对她构成威胁的李唐宗室基本斩尽杀绝，那些不买她账的李唐老臣也受到沉重打击。在这期间她一共任用了二十四个宰相，被杀和流放的有十七个，占70%。第二阶段是她改朝换代、登基称帝后到来俊臣被处死。这时期打击的主要对象是对李唐王朝存有幻想和复辟念头的旧臣。前后总共十三年时间利用酷吏制造了四十多起血腥大案，在人类严刑逼供史上留下了最惊心动魄的恐怖记录。

人称酷吏之王的来俊臣是最为凶恶残忍的一个。他在大狱里待了多年，很了解犯人的心理状态。他当上酷吏以后，了解武媚娘的玄机就是凡大案不管有无凭据都要快速断案，要心毒手狠，宁可冤杀一千，不可漏掉一个。他心领神会之后，就写成了一部叫《罗织经》的书，是一部利用罗织罪名的方

法用严酷刑法制造冤假大案的书。因为是在武媚娘不惜制造冤案以清除异己者的思想指导下写的，颇受武媚娘喜欢、赞赏，因此此书应该称作《武媚娘罗织经》，凡用罗织罪名的方法和种种酷刑构成的一件件惊天冤假大案，总的罪责应该统统算到武媚娘头上。

《罗织经》是由来俊臣在另一个酷吏万国俊帮助下编写的一本用于血腥恐怖镇压的起诉手册，使逼供法与互控法升格而成了专门学术。该书编排有序，携带方便，专供当时全国各地特务与酷吏官员使用，以明显简短的提示，授人以罗织、构陷、谋杀、使用压力的精辟的凶残杀人办法。

《罗织经》首先讲办案原则。来俊臣说“事不至大，无以惊人，案不及众，功之匪显。上以求安，下以邀宠，其冤固有，未可免也。”意思是只有大案才能震慑天下，只有受牵扯连的人多才能邀功请赏，至于有无冤案，那是难以避免的，可以不必顾虑。那么，谁是坏人，谁是好人呢？来俊臣说，这没什么固定标准，二者可以互相转化，随着感觉走，坏人可以变成好人，好人可以变成坏人。这种判定得和皇帝的利害关系挂上钩。此人的存在对皇帝有利，坏人也是好人，对皇帝不利，好人也是坏人。这样的酷吏办案原则根本就是存心制造冤案以讨取武媚娘欢心，一切都是根据武媚娘的意志和需要去打击那些可能对她不利的人，打击得越厉害越有功劳。在这样的情况下，大量血腥的冤假错案就不断发生了。这样的事情发生在武媚娘掌权时期，一点儿也不奇怪。因为武媚娘是历史上罕见的毒妇、暴君。“罗织”，顾名思义，就是没罪名罗织罪名，并扩大范围把许多毫无关系的人也牵连、罗织进来。这名称本身就是罪恶的名称。武媚娘不怕后人千秋唾骂，公然同意以《罗织经》指导办案，其灭绝人性、丧心病狂已到无以复加的地步。

武媚娘的御用酷吏是怎样罗织、牵连人数众多的血腥大案的呢？来俊臣设计了六个步骤：一、锁定目标。看谁对武媚娘不利或有潜在威胁，就锁定他立刻实施打击。二、组织诬告。史称他“每擿一事，千里同时辄发，契验不差”。来俊臣要想诬陷谁，就向他在全国各地收买的几百个地痞无赖发出指示，要他们同时从四面八方向朝廷有关部门发出告密信件，集中诬告打击这个人。有关部门见到这些身份、背景完全不同的人都众口一词地揭发同一个人，必然引起重视，立即立案调查。三、抓捕人犯。武媚娘了解有关立案情况后，立即颁下敕旨，收捕被诬陷的对象。四、严刑逼供。施用各种最严酷的刑具审讯人犯，取得想要得到的口供。来俊臣有一句名言：“人可以接受死亡，却不能忍受痛苦。”人不能忍受的是什么样的痛苦呢？比如把犯人的腰固定在柱子上，然后几个人按着他的脖子上的枷锁使劲，一直拽到犯人用脖子、腰的力量把这个木桩子给拔出来。这刑法叫“驴驹拔橛”。这刑法就这样残酷，把人当畜生看待。再比如，让犯人跪着把枷举到头顶上，然后往枷上摞砖头，直到犯人无法承受越加越重的砖头。这酷刑叫“仙人献果”。看着犯人受尽痛苦，还当作是一件值得欣赏的乐事，什么仙人献果，这哪有一点人性？还有如使犯人站立在高木上面，转枷尾向后，枷的重心紧压住犯人喉咙，憋不过气来。这毒刑叫“玉女登梯”。简直野蛮凶残透顶！还有些没有刑罚名字的，如或悬石捶犯人头，或浇醋灌犯人鼻，或用铁圈梏头，外加木楔，甚至脑裂髓出。《资治通鉴》说：“俊臣鞫囚，不问轻重皆注醋于鼻，掘地为牢，或寝以屎溺，或绝其粮食，囚至啮衣以食，大抵非死终不得出。”来俊臣这个野兽还有一个绝招，如同《孙子兵法》上所讲“不战而屈人之兵”，他可不必让犯人把所有刑罚都试一遍，而是让犯人一上公堂，套上枷锁，还没上刑就自动招供。为达此目的，他特别研制出一套十种不同款式的巨型枷锁，犯人看到这些巨型枷锁反应就像枷锁的名称一样：定百脉，动弹不得；突地吼，惨厉嗷叫；死猪愁，犯人即使如同死猪也要发愁；求破家，巨枷往头上一套，犯人立即求饶说，你们把我全家杀掉，我也不能戴这个大枷了；喘不得，带上枷锁就喘不过气来；着即承，看到大枷立刻胡乱承认罪行；失魂胆，吓得魂飞魄散；实同反，承认与别人一同谋反；反是实，承认自己谋反是真实的；求即死，只求速死以免受罪。这十套大枷都极其残忍暴虐，任何人都受不了，自然会收到预期效果。每讯囚犯一声梆响，械具毕陈，犯人不待上身，已经魂飞天外，始终是死路一条，还不如随口诬供，反得速死，省得熬受严刑。有时只要威胁犯人要套枷，犯人就会吓得发抖，甘愿画招自诬。史书称：“以铁为冒头，被枷者宛转地上，少选而绝。凡至，先布械于前示囚，莫不震惧，皆自诬服。”如此审案自然很快达到审案目的，使大批没有谋反的人承认有谋反罪，大大加快了结案效率。五、逼迫攀连。在犯人经严刑逼供承认有罪后，再逼迫犯人把许多亲友熟人罗织牵连进来，扩大冤案打击面。六、伪造口供。把犯人口供经过整理，处处互相吻合，毫无破绽，或写成假口供，强行犯人按上手印。经过上述这六个步骤，一件件靠严刑逼供进行审讯的谋反案就可做成定案了。

根据周球告发惨刑的奏议，酷刑中还有将污泥倒入犯人耳内，在犯人头上重踏，加楔子的重枷，滚转的刑枷，用重物挤压胸部，闻屎尿臭味，敲响声震耳，把犯人反绑在拷问台上，用竹签刺入指缝中，揪住头发挂起犯人，烧焦两眼等等，一切惨绝办法都想得出，而酷吏却以犯人受酷刑的惨状为乐。周兴对人体承受的极限很感兴趣，他常常在犯人面前讲述某些刑罚的奇妙之处，说着说着便陶醉在鲜血淋漓的场景中，犯人早已吓得晕了过去。来俊臣最富残忍的想象，其经典著作《罗织经》千载之后读来仍让人心惊肉跳。人们读着这样的书，回想当年那个恐怖万状的时代，已忽悠不知人性何在了。侯思止、索元礼、周兴、来俊臣、王弘义这些酷吏似乎对生命本身就有种极

端的仇恨，他人的痛苦只能让他们感到刺激和兴奋。而其用意只是为满足一个万恶邪淫婆娘的政治野心。在圣贤以仁爱忠信垂训的华夏中原，竟犯下如此弥天大罪，陷万千生灵于万劫不复之中，这究竟是为什么？当时，人人在恐怖之下，又如返回到太古野蛮时代。传说太古野蛮时代常以人殉葬、祭神。尤可悲者，是武媚娘时代人们生存在恐怖之中，且无法逃脱，人类是进步的，社会是发展的，但那时黑暗恐怖情状，却一直向六千年前古老的蛮荒退化下去，文明已经成了人类遗忘将尽的残梦。

但是，有人就是硬汉，不怕酷刑，死不招供，对这样的硬汉，心肠极其凶残的来俊臣倚仗武媚娘的信任，也有办法对付。曾和程务挺一起勒兵入宫废黜中宗李显的羽林将军张虔勖因谋反罪落到来俊臣手里，无论受到怎样折磨，都坚不承认谋反，并要求换主审官。来俊臣竟凶残地下令将他乱刀砍死。然后伪造供词，上报武媚娘。武媚娘对谋反案一概从严从重、快判快杀，不问经过、细节，当然容易获得通过。在平定李唐宗室谋反案中立有大功的高丽大将泉献诚，骑射之术甲天下，每次骑射比赛都是绝对第一，武媚娘一向倚为心腹，官拜左卫大将军。来俊臣向他索贿不成，便诬以谋反，下狱百般拷打，泉献诚不堪酷刑被逼自杀。此消息传出，朝野震惊，人们无不对来俊臣感到非常畏惧和鄙夷。

五、屠杀流人

有时候连上述酷刑程序都免了，照样以谋反处死。最典型的就是历史上臭名昭著的“六道使事件”。武媚娘登基称帝前大开杀戒，处死了许多有谋反罪的贵族和大臣，有些人罪行轻一点，或者是家属亲朋，就都流放到岭南和其他边远荒僻的地方去受苦。这些流放的人叫作“流人”，有好几万人。武媚娘篡唐立周三年后，长寿二年（693 年），民间忽然流传一条“代武者刘”的谶语，跟当年太宗时“女主武王”的传言一样，影响很大，这令武媚娘感到很紧张。有人对武媚娘说，流言中说将要取代您的可能是一个姓刘的人，也可能是那些心有不满的流放的人，这些人有可能造反复辟。武媚娘对心怀不满和造反复辟都极为头疼、反感，为了巩固自己的统治，就派了一个名叫万国俊的酷吏到岭南去审理。万国俊心领神会，所谓审理不过是个幌子，实际就是要把这些流人处理掉，免贻后患。据潘远《纪闻》记载：“补阙李秦授寓直中书，进书曰：‘陛下自登极，诛斥李氏诸大臣，其家人亲属流放在外，以臣所料，且数万人，一旦同心，招集为逆，出陛下不意，社稷必危。谶曰‘代武者刘’，夫刘者流也，陛下不杀此辈，臣深以为祸焉。’天后纳之，夜中召入，谓曰：‘卿名秦授，天以卿授朕也，何启于心！’即拜考工员外郎，仍知制诰，赐朱绂，女妓十人，金帛称是，与谋发敕使……安慰流者，其实赐墨敕与牧守，有流放者杀之。”万国俊是最凶残的酷吏之一、《罗织经》的第二作者，以心狠手辣著称。武媚娘派他去岭南，就是授意他大开杀戒，屠杀流人。他去到岭南之后，把岭南所有流人都召集到广州，有三百多人，大都是遭朝廷残杀者留下的孤儿寡妇，是纯粹无辜、善良百姓，没作任何审讯，就假托皇帝旨意，让他们集体自杀。流人不服，哭声震天，万国俊眼看可能要失控、出乱子，心想让你们自己死还不领情，他就下令把这些流人驱赶到河边，一声令下：杀！三百多流人马上无一幸免人头落地，顿时河水都被染红了。万国俊回到洛阳汇报武媚娘：“所有流人都心怀不满，意图造反，所以臣当场都把他们诛杀了。”武媚娘本来就很反感这些流人，认为他很有魄力，能当机立断，处置得体，为国立功，还提升了他官职。据《资治通鉴》记载：“国俊驱就水曲，尽斩之，一朝杀三百余人。然后作伪反状，还奏，因言诸道流人，亦必有怨望谋反者，不可不早诛。太后喜，擢国俊为散朝大夫、侍御史。”既然万国俊说岭南流人都想造反，武媚娘想，其他地方也难保啊。立刻又派出右翊卫兵曹参军刘光业、司刑评事王德寿、苑南面监丞鲍思恭、尚辇直长王大贞、右武威卫兵曹参军屈贞筠五个酷吏分别到四川、贵州、广西、云南等其他五个流人集中的地方去。武媚娘的意图酷吏们心里都明白，定要彻底清除所有流民，以杜隐患，确保她坐稳江山，巩固大周帝国统治。这五个酷吏见万国俊杀人升了官，为了升官就大开杀戒吧，都争先恐后地大肆屠杀流人，杀得最多的一个酷吏刘光业杀了九百多人，王德寿杀了约七百，杀得最少的一个酷吏也杀了五百多人。这就是历史上惊心动魄、罪恶昭彰的“六道使事件”。消息传出，震惊朝野。这一来，经过武媚娘一手策划、指挥的这“六道使事件”对流人的大屠杀，几乎把流人都杀光了。说流人造反，他们身处荒野，手无寸铁，饥饿难熬，度日如年，又都分散各地、离京城几千里，造什么反呀，这纯是胡说陷害，史学家一提及此事就痛心疾首、无比激愤。这成千上万鲜活、纯洁生命就在武媚娘心血来潮之下断送掉了！这可真是最凄惨、疯狂、灭绝人性的大屠杀啊！偏偏武媚娘恬不知耻，将流人大屠杀后还假充好人，怪六道使误杀流人，把责任推得一干二净。史书称：“会武后度流人已诛，畏天下姗诮，更遣使者安抚，以好言自解释曰：‘前使使尉按有罪，而不晓朕意，擅自诛杀，朕甚自咎。今流人存者一律纵还。’”屠杀大批流人明明是她主使的，却装糊涂，真是卑鄙无耻至极！

一言以蔽之，惨绝人寰的大屠杀罪行之发生，并不能归罪周兴、来俊臣及其党徒，而完全是武媚娘狠毒的政策之中的重要步骤。在中外历史上，武媚娘倘若不是最大的凶手，她也能列在前几名。酷吏为什么这样红？酷吏为什么能疯狂屠杀、气焰熏天？这都是因为武媚娘无论临朝称制或登基称帝都

不得人心，她为巩固自己的统治，必须利用和重用这些酷吏，至于杀死多少无辜、冤枉者，她是不管的。酷吏给她带来的好处是显而易见的，酷吏确实震慑了整个朝廷，反对或威胁武媚娘统治的人被消灭了，暗中不满的人也噤若寒蝉，这都极有利于稳定和巩固武媚娘的统治。然而，负面影响也显现出来，朝廷上君臣一体和谐的局面不见了，皇帝对大臣充满猜忌，大臣个个风声鹤唳，草木皆兵，连生命都朝不保夕，还谈什么尽心为国操劳？所以内外官民视酷吏比虎狼更加厉害，大家足重屏息，不敢妄发一言。当时审理朝廷官员的制狱设在丽景门之内，丽景门本是个很好听的名字，可是人们却叫它“例竞门”，意谓官员进这门以后就别再想出来了。这样紧张、恐怖的气氛，君臣关系能和谐吗？

六、疾风劲草

在武媚娘大屠杀雷厉风行之时，大唐臣子中仍有一些忠贞不阿之士为正义而甘心就死，或尽其所能与淫邪之徒作殊死斗争，正直之气得以不绝于人寰，人类之前途赖以保存一线之希望。前面提到中书侍郎刘祎之被害一案便是一例。他坚不承认劝说武媚娘应当还政于皇上为非法，拒不承认武媚娘敕旨未经门下省为合法，坚决拒绝酷吏逼他牵累旁人。他掷地有声地说：“皇天在上，刘祎之决不做告密之徒！”临刑前最后与家人共进最后一餐，神色泰然书写陈情表，情调慷慨激昂，无一句屈就语。他敢与暴君抗争、大义凛然的精神堪为后世师表。右卫将军李安静在武媚娘改朝换代时未上表劝进，被来俊臣诬告谋反，李安静抗声曰：“以我唐室老臣，要杀便杀，若问谋反，实无可对。”终被来俊臣杀害，但他赤胆忠心、宁死不屈，气节光照千秋。狄仁杰是一代名相，自认是大唐旧臣，为复兴唐室殚精竭虑，始终与诸武与酷吏作坚决不懈的斗争。酷吏构陷他入狱，他经过机智敏慧的斗争终于巧脱囹圄，为自己复唐大业赢得了时间、凝聚了力量，经过不懈努力，终于迎回了庐陵王。他在狱中坚决拒绝判官王德寿诱导他构陷他人，他厉声道：“皇天后土，可表忠忱，奈何使仁杰扳诬好人呢？”说毕即用头触柱，血流满面，吓得德寿忙婉谢、安排好生看待而去。侍郎、同平章事李昭德也是反暴政、反酷吏和酷刑的铮铮铁汉。补阙朱敬则及侍御史周矩趁着昭德参政的时候，均上书请除酷刑、施仁政。监察御史严善思亦正直敢言，尝因告密风盛，引为深恨，亦上疏规谏，武媚娘遂命他按问，他秉公讯鞫，所有告密事件，都是虚诬，共查出八百五十余人，悉令抵罪。罗织经从此失效，罗织党也从此少衰。来俊臣恨他破法，阴与侍御史侯思止、王弘义等构陷善思。李昭德代为营救，武媚娘亦知善思受冤，乃复召为浑仪监丞。旋有制禁人间藏锦，侯思止违禁

私藏，被昭德发觉，杖毙朝堂，对酷吏以致命一击。后他虽为来俊臣陷害致死，但人们永远崇敬他与淫威暴政勇猛搏斗的高尚精神，真乃是恐怖皇朝中一株疾风中挺拔不屈的劲草。

有些御史大人和大臣为维护国法尊严，拒绝与酷吏同流合污，不肯残害忠良。侍御史徐有功执法公平，从不冤枉好人。有个小官在李冲起兵前曾帮他做过一些事，后被人告发与冲谋反，被判死刑。徐有功坚持认为这个小官罪不当死，在朝廷上与武媚娘争论起来。满朝几百个文武官员听着君臣两人辩论，都吓得腿发抖，脸发青，可徐有功始终气定神闲。最后的结果武媚娘还是被他说服了。御史李日知曾拒绝为一个清白无辜的人定罪，一个御史说："我以侍御史的身份断言，绝不容此人活命。"李日知参与鞫治，他坚称："我李日知在职一日，此人便不得处死。"御史许禹公审讯殷王旦的岳母，发现罪证不足，他说殷王旦的岳母在女儿在宫中神秘死亡之后，为女儿念经祷告，这不能算犯罪，他身为御史，应当维护国法。武媚娘生气地问他："据我所闻，你把很多人宣判无罪。什么缘故？"许禹公大义凛然地说："臣释放一个有罪之人，乃为大过；而保护无辜，使其免受诬害，当为明主贤君之至德。"还有诗人陈子昂，在垂拱二年三月逮捕诬陷正雷厉风行之时和永昌元年三月至十月又在大屠杀如火如荼之时，他斗争不懈，多次上书奏请废酷刑、施仁政，忠耿之心，流露于字里行间，为民请命，保护生灵，其情至诚至刚，深为后人所敬仰。获嘉主薄刘知几反对酷吏酷刑为人们所称道，《资治通鉴》赞称："是时官爵易得而法网严峻，故人竞为趋进而多陷刑戮，知几乃著《思慎赋》以刺时见志焉。"大臣李敬则、严善思、徐俭、周益猷等先后上书武媚娘，奏请恢复常法，大理寺卿及大理正之官绩当予考核，不肖之辈应予斥除，死刑亦当如太宗时代一样，一律须经复审，并准上诉于法定官衙，八品大理臣不得就地将犯人处死。从治道上讲，新朝亦当广收民心，当以仁爱治天下，以往遭朝廷诛杀者，大都被诬冤死，实皆清白无辜。长寿元年七月，周益猷写了一篇有名的奏折，描绘酷刑之可怖，并称忠良之臣，遗尸遍野，将堆积而超越皇帝宝座之上矣。

【批】

中国历史上最黑暗恐怖的年代是武媚娘大施淫威和酷刑的武周时代，特别是武媚娘称帝前后利用告密、酷吏来消除、打击异己者这段时间最为悲痛惨烈，善良、正直的唐宗唐臣被诛杀殆尽，连成千累万无辜流民也公然惨遭血腥大屠杀，尸积成山，血流成河，情何以堪，惨不忍睹！

【第二十三章】来俊臣遭斩又磔尸

一、请君入瓮

在武媚娘重用的十多个酷吏中，有两个最为阴险狠毒，一个是周兴，一个是来俊臣，当时人们一提到这两个人的名字都会不寒而栗。因为经常在一起办案，这两个人关系也很密切。周兴小时学过法律，在法律方面颇有造诣，曾受过高宗嘉许，他年纪大，在酷吏中属于长辈，在职务上则属于上级，因此他和来俊臣的关系既是上下级关系又是同事和朋友关系，来俊臣在律法知识方面常常要向他请教，在工作上则要多多向他请示。武媚娘早在垂拱初年就开始重用酷吏，来俊臣到天授元年才得到重用，因此他在酷吏中只能算是“后起之秀”。但他很快就展露出在刑讯方面的狠毒手段，深受武媚娘的赏识、信任，交到他手里的案子没有办不下来的。当武媚娘决定要清除掉一些老酷吏而大力培植新酷吏的时候，来俊臣是最明显的想要将老酷吏们取而代之的青年野心家。在他主掌酷吏体制的时候，他都是武媚娘手下制造血腥恐怖和惨痛后果的急先锋，也是武媚娘维持其武周帝国统治的最得力的助手和干将。

这里先谈谈周兴为人和滥用酷刑的残暴手段，然后谈他这个酷吏的头目是怎样被后来居上者的年轻酷吏来俊臣奉武媚娘之命除掉的，说起来既怵目惊心，又很讽刺。

周兴是长安人，生长在大唐皇朝首都，耳濡目染社会和朝廷习俗风尚，较有生活阅历，从小学习法律，长大后就混上了个小小的司法胥吏。虽都是吃皇粮的，唐朝官和吏界限森严，吏的地位很低，就是衙门里跑腿打杂的。他虽然熟悉法律制度，早在高宗时代，其才华便曾得赏识，但由于出身低微，“可惜你是个小吏”，高宗留下这句话后离去，未能得到高宗重视和提拔。时光荏苒，周兴好不容易从流外官混到了尚书省都事之职，仍是低级官员，要想升到八品以上，可就难了。他做梦也没有想到，这个等级森严的社会，会在社会动荡中迅速发生惊人的变化。武媚娘要改朝换代，昔日趾高气扬的皇朝贵族纷纷落马，王侯公卿人头纷纷落地，小人物上升发达之路空前宽广，献祥瑞、告密都可以得官，这一切让周兴兴奋不已，他是个不安分、有野心的人，他觉得天生我材必有用，在这个特殊的年代里，他的司法才能终于可以充分发挥了。他立刻向御座上的武媚娘申诉忠诚，显示才华，而武媚娘此时正需要酷吏强化她的统治，他一下子便被赏识了。武媚娘看得出，眼前这个身形佝偻、面露皱纹、眼珠机灵闪动的中年胥吏，正是她当前排除、镇压异已所迫切需要的忠实走狗和鹰犬。武媚娘此时需要的人应该而且必须是：只要她一个眼神，一个暗示，他必定像最忠实的猎犬一样立刻扑上去咬断那人的喉咙，然后得意扬扬地叼回来向主人邀功请赏。她心机独到，一眼看中了周兴，认为周兴就是她所需要的只知向主人献忠而无比贪婪、野蛮、疯狂、凶暴的猎犬。武媚娘起用周兴后，周兴办事处处得心应手，一帆风顺，很得武媚娘赞赏。在武媚娘授意下，高宗时代曾反对武媚娘监国的人，都交由周兴一一解决了，周兴的官位也扶摇直上，累迁至司刑少卿、秋官侍郎，相当于今天司法部长了。他现在已不再是以前见人点头哈腰的小胥吏了，他现在被人称为“牛头阿婆”。牛头指其手段凶残如地狱的勾魂使者牛头马面，阿婆指其男生女相，历经人世磨练已面有皱纹，常面露假笑、外表慈祥和善如老妇，面善心毒，使人看不出他是异常凶恶的吃人的豺狼。他的这种人面兽心的表里不一，容易给人造成强烈的心理冲击，带来想象不到的痛苦。他发明的各种酷刑械具，和他那不顾人犯死活逼供到底的决心，清楚显示天下几乎没有他办不下来的案子。

周兴以丰富的想象力和刻苦的钻研精神而闻名，并常常出奇入格地和种种虐待犯人的酷刑联系起来。比如看见小火炖鸡，他就想到如果把鸡换成人会怎么样；醋是用来喝的，如果用鼻子来吸会怎么样等等。他还认真研究人体承受痛苦的极限，孜孜不倦试图找出这个临界点。面孔和善的周兴常常在犯人面前兴致勃勃地讲述某些刑罚的特点，讲着讲着便陶醉在鲜血淋漓的场景中而忘乎所以，手舞足蹈，而犯人却早已吓得晕了过去。他承办的第一件大案，就是著名的宗室谋反案。在苏珦手里迟迟没有突破的李唐宗室谋反案，到了周兴手里很快就有了结果。鲁王子蔼因告密有功得以不诛，还升职做到散骑常侍，但武媚娘仍然对他不信任，不久就授意周兴诬告将他诛杀。济州刺史薛顗及弟薛绪、绪弟附马都卫薛绍，也坐与琅琊王冲通谋而被处死。这一宗室谋反案，是周兴一手操办的，他运用罗织手段，把李唐宗室的人一网打尽，是中国历史上最惨烈的血洗皇朝宗室案，一举把李唐宗室的人几乎都杀光了。这个案子让一大批宗室人头落地，为武媚娘篡唐立周、登基称帝扫清了障碍。周兴也因此成为武周建国的一大功臣。当时人们纷纷议论他凶恶残暴，制造大量冤假的错案。周兴听了，不以为耻，反以为荣，在衙门口贴了两行大字：“被告之人，问皆称枉；斩决之后，咸悉无言。”充分显现出他嚣张跋扈的流氓无赖相。但有些忠勇之士，对他毫不畏惧，宁死不屈。太子舍人郝象贤是故中书侍郎郝处俊的孙子，高宗时郝处俊曾谏阻武媚娘摄政。郝处俊死后，有人诬告郝象贤私谋不轨，武媚娘令周兴推治。这位擅长罗织罪名害人杀人的周侍郎，遂任情逼供，认定郝象贤反属实，应予族灭。郝象贤家人当即惶急得很，争向监察御史任玄殖处鸣冤。任玄殖替他剖辩，反为武媚娘所斥，先行免官，然后将郝象贤处斩。郝象贤临刑，极口诋骂武媚娘，把她宫中的淫秽情况，一古脑儿扬说出来，又把严刑审讯他的周兴痛骂了一通，并且争夺市人薪柴，殴击刑官。金吾兵上前阻拦，将郝象贤格打致死。武媚娘命支解遗骸，发掘祖父坟墓，毁棺焚尸，诛杀全族。随即定了一例，今后凡法官刑人，先用木丸塞入罪犯口中，免得胡言。武媚娘称帝之后，周兴投其所好，建议废除李唐宗室的正宗属籍，剥夺他们皇室成员资格。周兴处处迎合武媚娘心意，办案凶狠泼辣，颇为武媚娘赏识，认为对己贡献颇大，是酷吏中最得力的主将、干帅，旋即又升擢为文昌左丞，并赐给他姓武。酷吏一共有二十七个，武媚娘赐给姓武的只有周兴一个，可见周兴在武媚娘心目中的重要地位了。由于他执掌司法、执法大权，地位显要，享受殊荣，所以他一时权势熏天，炙手可热，整个朝廷为之震颤。无论是王子还是公主，宰相还是名将，都需要匍匐在他的脚下，看他的眼色，否则他大笔一画，你便性命难保。周兴曾构陷、打击许多重臣，如宰相魏玄同、名将黑齿常之，都是被周兴诬告致死的。周兴为了争权夺利、公报私仇而罗织罪名陷害了他的上司秋官尚书张楚金。宰相魏玄同得罪了他，便被诬告谋反而含冤自杀。只要他开心，可以把威震四夷的名将黑齿常之锁拿入狱，还幽默地询问：“你的牙齿并不黑呀，为什么叫黑齿？”如果不是史书明确记载，我们无法相信一个谨小慎微、奉公守法了半辈子的小吏，会摇身一变成为残狠暴虐的化身。这主要是由于时代的黑暗与恐怖，造成人格的蜕变与奴化、人性的扭曲与沦丧、道德的毁伤与败坏。

不断有人密奏酷吏们的罪状，就连横暴一时的周兴也开始感觉到了威胁。可他并不知道，当他志得意满、不可一世的时候，死神正向他一步步走来。天授二年（691 年），曾逼杀章怀太子的另一著名酷吏左金吾将军丘神勣，被人诬告谋反，同时牵连入案的还有周兴。武媚娘对谋反案最反感、痛恨，不管有无证据或证据是否确凿，她都一律严惩，格杀勿论。武媚娘接到告密丘神勣谋反后，立即毫不手软地赐死了丘神勣，但对周兴还有保留性命之意。她便把这个案子交给了周兴的好友兼下属的来俊臣办理。她不怕来俊臣循情

庇护周兴吗？她不怕，她相信来俊臣对她是绝对忠诚的，并且相信来俊臣能圆满办好周兴这个案子。在武媚娘将周兴的案子交给来俊臣办理之后，来俊臣马上明白，武媚娘还是希望能尽量保住周兴的，可是在来俊臣看来，周兴的飞来横祸意味着自己上位的机会来了。他要打好这一仗，这是他仕途上至关重要的一仗，他想要让朝臣和天下人都从此案见识到他的能耐与手段，周兴被除去后，他将是新一代的酷吏之王。

天授二年正月的一天，阴云密布，天气寒冷，北风劲吹，雪花开始飘落。文昌右丞周兴审案方毕，回到府第，正在定神歇一会儿，思潮涌动。这些天来同僚的凄惨下场，让他也不能不起兔死狐悲之感。就在这时，他收到了下属、好友来俊臣邀请他赴宴小聚的便笺。他二人过去经常聚宴，作为沟通感情、交流经验的契机，他总是以法学前辈和司法首长的身份和来俊臣交谈，来俊臣总能点头笑纳，以示对周兴的敬重。周兴有一段时间不和来俊臣相聚了，于是兴冲冲地赶去赴宴小酌。酒过三巡，来俊臣俊美的面庞上已现出酒醉的红晕，神态仍保持一贯的对长者的谦恭，但语气却略带一些抱怨，他说："现在犯人越来越刁滑，都不肯招供，审案是越来越困难了，犯人都说冤枉。"周兴又以导师的口吻说："那是你没有用对方法，得动动脑子。"来俊臣淡淡一笑，缓缓地说："周兄，你是前辈，你有丰富法学知识和审案经验，跟这种难缠的人打交道的次数多了，你可指点迷津教教我啊。"周兴哈哈大笑，他兴奋起来了，又是要求指教，他当然来劲了，眉一扬，语气轻蔑地说："这简单，现在不是冬天吗？就地取材好了。你找一个大缸来，把炭火烧得旺旺的，把缸烧得发烫，请他进去坐一会儿，考考他对烫缸的忍耐力，看他能待多久。嘿，只要很短时间，你让他招什么他就招什么啦！"来俊臣微笑道："好，果然高明。"马上叫手下人搬来一口缸，四周堆满炭烧了起来，炭火越烧越红，缸已经烧到发烫，手碰上去立刻会烫焦。火光在来俊臣俊美的面容上闪动着红光，脸上流露出既兴奋又诡谲的神色，他长笑一声站起身来，朝着周兴深深一揖，恭敬地说："奉皇上圣旨查办老兄与丘神勣谋反一案，烦请老兄入此瓮中！"他抬起头，依然笑意盈盈，说："老兄可以自己体验一下，能在这里待多久。小弟不才，也很有兴趣知道个中玄机。"周兴一听，胆都吓飞了，呆立当场，说不出话来，冷汗一滴滴从头上冒出来。不一会，他扑通一声跪倒在地，磕头如捣葱，说："你要我招什么，我都招。"于是来俊臣一边审问，周兴一边招认，并很快画押，一件谋反案不费吹灰之力马上就结了。来俊臣笑吟吟地把他的老上司兼同乡、好友周兴的谋反案证据齐全地上呈武媚娘，真的不负武媚娘所托圆满完成此棘手任务了。谋反罪按律当斩，武媚娘念周兴严刑逼供，屠杀大批李唐宗室及其他异己者有功，给予宽宥，流放岭南。但周兴作恶多端，结仇太多，半途为仇家所杀。这就是著名的"请君入瓮"

的故事，至今已成流传广泛、使用频率极高的成语。

二、俊臣跋扈

来俊臣扳倒周兴，并不意味着对武媚娘暴政的反省与终止，而是一个奸险恶毒的小人代替了另一个奸险恶毒的小人，黑暗仍在继续，杀戮仍未休止。来俊臣代替了周兴，成为新的酷吏头目，他一手遮天，肆意杀戮，形成较之以前的酷吏更加可怕的局面。武媚娘重用酷吏早在垂拱初年，而来俊臣至天授元年方获提拔，但他很快就展露出在刑讯方面的独特惊人手段。武媚娘交到他手里的案子没有办不下来的。收拾了老资格的酷吏周兴，来俊臣趾高气扬，他认为自己有两大优势，定可在酷吏中立于不败之地。第一，他忠诚于皇帝武媚娘。他在自己的《罗织经》里首先就讲忠君。他将自己完全置于武媚娘的手掌心里，宣称“上无不智，臣无至贤”，自己一定时时忠诚君王：“功归上，罪归己”，并且忠臣要忠到“虽至亲亦忍绝，纵为恶亦不让”的程度。根据上述要求，必须做到置伦常、人性、良心于不顾，凡有利于皇帝或皇帝命令要干的，都必须坚决不折不扣地去完成任务。从后来的情况来看，武媚娘确实对来俊臣的忠心深信不疑，凡有大案要案都交由来俊臣处理，并且结果自己都很满意。这就大大提高了武媚娘对他的信任度，真正把他当作自己的得力助手和干将。为表示对来俊臣的信任，专门为他在丽景门内置推事院，号为“新开狱”，由他一个人主宰制狱，入此门内，有死无回。为增强武媚娘对他的信任，他指使在各地豢养的一些告密的无赖，每次诬陷告密时都必须加写上一句：“请将此案交给来俊臣审问，必定可以水落石出。”由于许多来自不同地方、职业的告密件都写有类似的话，他策划的众口一词赞扬他的威力就显现出来了。这样一来，他办的案子越来越多，又都能体现他的忠君思想，因而他便一路扶摇直上，官运亨通，累迁侍御史，加散朝大夫，又擢升左台御史中丞。第二，他刑讯花样翻样，手段狠毒。据记载，来俊臣雍容俊美，巧辩似智，巧谀似忠，俨然忠直之士，有谁会想到这个优雅秀美的男子竟会是一个极端残忍的嗜血恶魔呢！这个人似乎与生俱来对生命本身有种极端的仇恨，他人的折磨、痛苦只能让他感到刺激和兴奋，恰逢武媚娘篡唐立周、帝王欲疯狂膨胀之际，他人性的泯灭就更加达到了一切恶人的极限点，内因与外因相互作用，共同打造出了这名有如罗刹化身的天下第一酷吏。他的名言是：“死之能受，痛之难忍，刑人取其不堪。”意谓人可以接受死亡，却不能忍受痛苦，尤其是不堪忍受的痛苦。所以，他对犯人专门选用他们不能忍受的刑罚。他会给犯人的鼻子灌醋，耳朵塞泥或者干脆熏聋，然后把犯人扔进漆黑的地牢里，让犯人在无边的孤寂和黑暗中折磨得发狂。他会把生性高傲而有洁癖的文雅囚犯放进铺满屎尿臭物的牢房里，不给吃喝，饥饿得只好撕棉絮吃。他对刑罚的想象力令人匪夷所思，比如看到家仆杀鸡，顿时会想出将犯人手脚捆紧悬挂梁上，刑卒可在下面把犯人转成一只旋转的陀螺，他取名此刑罚为“凤凰展翅”……他就是这样整日毫无人性地沉溺于自创刑罚的奇思妙想中，犯人的痛苦与哀号更让他兴奋得发狂。他常徘徊在刑房里，享受着以犯人痛苦为乐的惨痛的号叫，高兴地看着这些受尽刑罚苦难的可怜虫乖乖招供画押。而这一切残酷的刑罚，都是武媚娘所满意和欣赏的，因为只有这样才能诬告并制服所有异己的人，她要使她的周朝江山巩固，特别需要来俊臣这样对她忠心耿耿、善动脑子想出各种严酷刑罚以惩办异己的“人才”。凭借上述两大优势，来俊臣果真深受武媚娘赏识重用，其权势熏天达到炙手可热的地步。延载元年（694 年），来俊臣因为贪污被贬官，可是没过多久又被重新起用，这让他信心更坚定了，武媚娘无论如何离不开他这个酷吏之王的凶残与震慑作用。他这样一想，他就开始飘飘然了，觉得武媚娘既然离不开他，自然处处护照着他，他可以肆意胡作非为而无所忌惮了。

来俊臣恃宠而骄，他倚仗使用酷刑功劳大，武媚娘护着他，便任意胡作非为，干下许多令人发指的事。首先，任意夺人妻女，来俊臣非常好色，凡是被他看上的漂亮女子，他一定要弄到手。如果对方不肯给，他就假传圣旨，让对方把美貌女子送给他；要是人家不送，就告人家谋反，把全家人杀光，然后把姑娘抢过来，弄得人家家破人亡的不计其数。他的妻子就是这么娶来的。这位来夫人出身太原大名鼎鼎的王氏家族，属头等贵族，按常理是绝不会嫁给来俊臣这个死刑犯出身的人。本来王小姐已经嫁给一个叫段简的人了，来俊臣因她太漂亮了，就假传圣旨说皇帝把王氏赏给他了。段家明知是胡说，但怕来俊臣诬告谋反，只好把夫人拱手送给他，这事在社会上影响极坏。还有他见同僚妻子美貌，便强占过来，连其风韵犹存的老妈一并收归己有。夺人之妻，兼及岳母，不共戴天，但因怕他报复，只得忍气吞声打落牙齿和血吞。其次，肆意陷害大臣。来俊臣的职业是查办谋反案，他成天琢磨谁是谋反嫌疑犯，或者有谁对他不买账，他就诬陷谁谋反。他诬陷司刑府史樊惎谋反，樊惎的儿子到朝堂为父申冤，朝臣都知道樊惎是无辜的，但畏惧来俊臣，没一个敢接受他的诉讼。樊惎的儿子在绝望之后当众剖腹自杀，在场的官员没一个敢过问的，都装得若无其事的样子。秋官侍郎刘如璇目睹樊惎之子的惨死，偷偷流下几滴热泪，被来俊臣知道了，立刻上奏刘如璇也是逆党中的一员，应判绞刑。武媚娘明知是来俊臣诬告，但又不愿让宠臣失去面子，就改判为流放。像这样的例子多得不可胜数。来俊臣倚仗有武媚娘这个后台，特别受恩宠，竟致更加恣意妄为。他常和党羽集会，把朝官的名字写在石头上，以投石为乐。从远处拿小石子砸这些靶子，砸中谁的名字就拿谁开刀，一直迫害到对方家破人亡为止。这石子是不长眼睛的，谁知道会砸中哪个，所以吓得朝廷上人人自危。

来俊臣经过谋划，又把目标对准了李昭德。精明干练、正直敢言的宰相李昭德，是朝中为数不多的敢跟来俊臣正面对抗的朝臣。他贵为宰相，圣眷正浓，曾谏阻武媚娘立武承嗣为太子，即使气焰嚣张的来俊臣，也不得不让他三分。武媚娘曾因有人称李昭德权势已侵凌人主产生疑忌，将他贬为岭南的钦州南宾县尉，又追为免死流放。事隔三年，李昭德才重获启用，但只是一个小小的正八品御史。而来俊臣被贬为同州参军之后重新启用后扶摇直上，已是从四品的司仆少卿了。来俊臣以其位高权重，要整治已经失宠的李昭德不费吹灰之力，他很快便诬告李昭德谋反而令其下狱待死。武媚娘对李昭德这位昔日言听计从的宠臣完全失去了兴趣。眼看宿敌即将死在自己手里，来俊臣更加得意忘形了。他甚至连武媚娘的女儿和侄子也不放在眼里，经常在武媚娘面前说这也不可靠，那也有问题。武媚娘知道他在胡说，但也不阻止。或许，她需要有一头恶犬来监视自己的儿女侄子吧，她连亲生骨肉都不相信，这就是她的荒诞与悲哀。对于来俊臣在武媚娘面前放肆胡说，诸武和太平公主当然不满，但也无可奈何，只有等待时机，以求一逞。一般朝臣自然更加小心谨慎，敢怒不敢言，任由来俊臣为所欲为，肆意欺凌，闹得天翻地覆。

三、死党反击

疯狂的尽头便是毁灭的边缘。自恃天下无人敢动的来俊臣万万没有想到，他把李昭德送进死囚大狱，自己的生命也快走到尽头。令人料想不到的是，让来俊臣陷于灭顶之灾的不是他的宿敌或仇家，而是他的一个死党，他的下属兼朋友的酷吏卫遂忠。前文提到来俊臣招了一批流氓，想要打倒哪一个人，就让这帮流氓一起诬告，陷害忠良，这就是所谓的“罗织”。卫遂忠就是他豢养的打手之一，他比较有头脑，善于思索，能说会道，很得来俊臣赏识，被来俊臣引为心腹死党，平时私交相当不错。

有一天，卫遂忠登门来找来俊臣喝酒，正逢来俊臣宴请妻子的族人，太原王氏是名门望族，与来俊臣结了这门亲事很觉尴尬，这次来府家宴实在不想让外人知道，大家正济济一堂，举杯畅饮。卫遂忠突然不请而至，来俊臣觉得他身份太低，上不了台面，就吩咐管家说：“就说我不在，别让他进来。”卫遂忠是个精灵的人，他看出管家在说谎，并看出其中原委，这太伤他自尊心了！三下两下言语不合，竟用力排开家丁径直闯了进去，见里面大排家宴款待太原王氏族人，他气不打一处来，指着王氏的鼻子就是一通乱骂，言辞极其难听，说：“你有什么了不起呀，你嫁了人又换个丈夫，要脸不要脸啊，

有你家族人在我就不能进来吗？小心我把你们一家人都修理死！”王氏原本是名门淑女，改嫁给来俊臣这个无赖、死刑犯已经万般委屈，忽然在众目睽睽之下被来俊臣的小喽罗如此一顿羞辱谩骂，情何以堪，哭着回到自己房中。来俊臣很生气，他这回脸可丢大了，他这几年一帆风顺趾高气扬到极点，人人见了他都很害怕，没想自家宴席上竟会有人闯进来骂他太太，气得鼻孔冒烟，当即命人把卫遂忠捆起来痛打了一顿。卫遂忠这下子可被打清醒了，这才发觉自己闯了多大的祸，吓得魂不附体，赶紧跪地求饶。来俊臣折腾了他好久才放过他。他为什么放过他呢？有道是兄弟如手足，妻子如衣服，兄弟是事业上的好帮手，所以他教训了卫遂忠几句就让他走了。不想事情并未到此结束，王氏女被人白白羞辱一番，自己在丈夫心目中的位置不过如此，悲愤交加，没过几天，王氏女不堪受辱竟自杀了！虽是这样，来俊臣也无所谓，他凭借显赫权势还怕找不到漂亮老婆吗？这时他又发现段简娶的妾也很美丽，就又强行要段简的妾，段简无法，乖乖地把妾送给了他。来俊臣没有和卫遂忠计较，可卫遂忠倒耿耿于怀，寝食难安。他是来俊臣的心腹死党，知道来俊臣心如蛇蝎，现在虽没向他报杀妻之仇，说不定哪一天自己会成为来俊臣罗织入罪的下一个目标，这太可怕了，怎么办？唯一的方法就是叫来俊臣死。来俊臣是武媚娘面前的大红人，要扳倒他非常难，可是事关自己生死存亡，他决心豁出去跟来俊臣拼了。他当即去求见武媚娘的侄子魏王武承嗣。他问武承嗣：“魏王，您可知上次龙门聚会来俊臣砸石头砸中的是谁呀？正是魏王您呀！他准备告您谋反呢！”一句话可把武承嗣吓坏了。他此前曾经风闻来俊臣在武媚娘面前说自己的坏话，现在从来俊臣的心腹死党卫遂忠口里又亲耳听到，他对来俊臣要整他就更加深信不疑了。而且，他知道，卫遂忠是来俊臣的死党，他身为罗织党的干将，诬告人谋反易如反掌，他现今向我通风报信，不买他的账得罪了他可不行。他于是热情接待了卫遂忠，引为知己，送给金钱以示笼络。古话说：“先下手为强，后下手遭殃。”武承嗣立刻采取先发制人的行动了。

武承嗣深知来俊臣毫无人性，心狠手辣，翻脸如翻书，不敢掉以轻心。他决定组织更多有实力的人投入整肃来俊臣的战斗。他立即以武氏族长的身份，联络了武家子弟和太平公主，商量对策。太平公主已嫁到武家，也算是武家的人。她也听说来俊臣在她母亲面前胡言乱语、搬弄是非，早就对来俊臣有一肚子气。她刚向母亲推荐了两个年轻貌美的男宠张昌宗和张易之，深得武媚娘欢心。武承嗣为加强太平公主同仇敌忾之心，索性说来俊臣的黑名单上也有太平公主。太平公主干脆把二张也拖进来，组成“反恐怖统一战线”。这个战线的人越聚越多，连皇嗣李旦和禁军将领也给拉进来了，大家决心拧成一股绳，告倒来俊臣。这些人本来不是一个阵营的，彼此有诸多矛盾，但是在痛恨来俊臣这一点上，达到了空前一致。反正来俊臣在朝中人人害怕，个个人心惶惶，畏之如虎，现在大家齐心合力打倒他，正合众人心愿。联络好了之后，就以魏王武承嗣为首，太平公主等其他人联名上奏，控告来俊臣。控告中列举来俊臣索贿受贿、欺男霸女、横行不法、诬陷大臣等多项罪状。经查证确凿，来俊臣立即被逮捕下狱了。痛恨来俊臣恃宠而骄的人决心要除掉这个大魔头，表现得空前大团结和步调一致，审下来结果罪名越审越多。开始说他想诬告诸武和太平公主，接着说他还想诬告皇嗣和南北牙禁军谋反，想把这些重要人物一网打尽，然后伺机夺位自己当皇帝。来俊臣曾把自己比作十六国时期奴隶出身的后赵皇帝石勒，这还不足以证明他意图谋反吗？有司据此将他判处死刑，上报给武媚娘。

武媚娘览报后吃了一惊，她知道来俊臣是怎样的人，来俊臣是狠毒而狂妄，可他不是疯子，要一口气把这么多实权人物铲除掉根本不可能。她知道来俊臣得罪的人很多，但那都是自己让他干的，他是一条很不错的忠实恶狗，他只有自己产生怀疑的情况下才会像猎狗一样扑上去撕咬，这她心里有数。至于说谋逆夺位，想要当皇帝，武媚娘无论如何是不相信的。何况来俊臣还是个美男子，武媚娘对于美男子总是很喜欢，要她把这美男子拖上断头台更觉于心不忍。她想保住来俊臣，但是一时拿不出主意，因此迟迟没有答复。这下人们可急了，如果来俊臣得到赦免，东山再起，那大家就吃不了兜着走，只有等着自己买棺材了。于是，要求处死来俊臣的奏章雪片似的往宫里送，连男宠二张也受鼓动不停地在武媚娘耳边吹枕边风。尽管这样，武媚娘仍然选择沉默，故意拖延。

四、斩首磔尸

来俊臣曾多次向武媚娘表明忠心，称自己心里只有皇帝，做事总把功劳归于皇上，罪过自己承担，凡事只要皇上需要，他愿付出一切代价去干尽天下坏事，虽千夫所指，也在所不惜。武媚娘觉得，来俊臣其所以得罪那么多人，正是他对自己一片忠心而不买任何人账的结果。众人明知他正在受宠，却联合起来要她下手处以极刑，这也有伤她作为女皇的自尊心。然而证据确凿，罪恶昭彰，且这次参与的人太多，人多势众，人言可畏，又有儿女、侄儿、男宠不断催促，她要想不给个交代也不行，因此心下踌躇，不知如何是好。正当她犹豫不决的时候，平常不管闲事的内史王及善专为此事催上门来了。这人年逾八十，原本早已退休，因契丹作乱而被重新起用。他平常与人为善，人缘很好，清正廉洁，安贫乐道，很得朝臣尊重。现在朝臣为了自己安全都行动起来要处斩来俊臣了，王及善被推公派为朝臣代表，当面力劝武媚娘立即诛杀来俊臣，说：“俊臣凶狡贪暴，国之大恶，如果不杀，必定动摇朝廷。”连王及善这样年高德重不管事的人都发话了，而且是众朝臣的代表，分量很重，意味整个朝廷都痛恨来俊臣，必欲除之而后快，武媚娘虽然未给予肯定答复，但却紧皱眉头，面现忧虑神色。这意味着王及善等众朝臣把来俊臣向死亡之门又向前推进了一步。

压力越来越大，杀人无数的武媚娘却迟迟下不了处决来俊臣这个人神共愤的恶魔的决心，她感到众怒难犯，想再保下去实在难保了。王及善数说来俊臣罪大恶极的几句话，都是千真万确的，震撼着武媚娘的心。确实，为朝廷着想，她必须作出决断了。神功元年（697 年）六月，武媚娘已经七十四岁。一天，内心充满矛盾的武媚娘骑马到禁苑散心。为她牵马的是她特信赖的吉顼，也是一个能言善辩的酷吏，同时也是一个十分强壮健美的男子，但和来俊臣的阴柔俊美不同，吉顼高大伟岸，直率敢言，心机深沉刻毒不在来俊臣之下，也算是酷吏中的一个后来居上者。他是个众说纷纭的人物，《旧唐书》将他列入《酷吏传》，《新唐书》则将他与裴炎、刘祎之等李唐忠臣合传，视之为与武则天有密切关系但依然心存李唐的忠臣。后来中宗复位，吉顼出力不少，却不为人所知，直到睿宗上台这段隐情才公诸于世，追封他为左御史台大夫。但他的功绩却不能掩盖他满手血腥的事实，他曾和来俊臣联手审理刘思礼案，残杀海内名士三十六人，亲朋故友连坐流放的有千余人。但他与来俊臣有过磨擦，吉顼在审理刘思礼案中的“出色”表现让来俊臣感到嫉妒，为了独占功劳，来俊臣想把吉顼也构陷到此案中去。吉顼立即上书告变，武媚娘亲自召见二人调解，让来俊臣进位洛阳令以示安抚，而吉顼从此就上位成为武媚娘的心腹，得以其壮美之英姿和能说会道的口才时时伴驾左右。这日武媚娘骑马游苑的时候，时值炎热的六月，阳光透过茂密的树木洒下隐约的光彩，映衬出武媚娘脸上有些阴晴不定。吉顼牵着马缰小心地一步一步随行着，骑在马上的武媚娘一边看着争鲜斗艳的花卉，一边凝神神思着，半天没说话的她忽然冷不零丁地问了一句：“最近外面怎么样了？”吉顼心里一惊，立刻明白了问话的意思，答道：“一切还好，大家就是不明白皇上对来俊臣的极刑为什么迟迟未予敕许。”武媚娘心中有数，她料到吉顼要说的话，答道：“来俊臣有功于国，朕不能不考虑这些。”吉顼忽然意会到皇上在征询他的意见，这可是难得的大好机会啊，万万不可错过。他立即朗声说道：“来俊臣纠结不法之徒，诬陷良善，他家中收的贿赂有如山积，被他迫害而死的冤魂充塞道路，这样的人乃是国贼，是公害，不杀不足以平民愤。为了安顿朝野，杀之何足为惜！陛下您哪能对这样万恶之人心存恻隐呢？”武媚娘静静地看着吉顼那兴奋激动而略微颤动的身影，她对这答复完全在意料之中，连儿女、侄儿、朝臣、男宠甚至酷吏都一致愤而欲杀之，来俊臣的末日终于

到了。吉顼的话还真把武媚娘说动了，她沉静了一会，终于长叹一声说：“只好这样了！”“只好这样”明摆着就是只有依照有司判处来俊臣极刑处理，别无选择。这样，来俊臣依法处斩就这样定下来了。为什么吉顼的话会起这么大的作用呢？这有两点原因：一、他没有提来俊臣谋反，他知道武媚娘不相信他谋反。但是他开列的来俊臣的罪状却都是真的，单凭这些罪状就足够处死来俊臣了。二、吉顼也是个酷吏，连他都说不能让来俊臣再活下去了，武媚娘已意识到天下人都已万般厌恶来俊臣了。来俊臣恐怕自己也没有想到，作为酷吏之王的他竟然会死在铁杆酷吏手上。这大概叫做多行不义必自毙、恶人自有恶人磨吧。

神功元年（697 年）六月初三，武媚娘下令将来俊臣斩首弃市。与来俊臣同时赴死的还有被他诬陷下狱的李昭德。李昭德明显是受冤枉的，与来俊臣同被斩首，大概是让来俊臣看到宿敌同归于尽聊以自慰，也充分表现出武媚娘用心的刻毒。《资治通鉴》说：“昭德、俊臣同弃市，时人无不痛昭德而快俊臣。”《新唐书》说：“时甚雨，众庶莫冤昭德而快俊臣。”行刑那一天，电闪雷鸣，大雨倾盆，天昏地暗，阴沉墨黑，却丝毫影响不了人们看热闹的心情，特别是人们听说今日斩决万恶不赦的酷吏来俊臣，更是倾城而出，不顾大雨，争相蜂拥前往目睹这个恶人的可耻下场。来俊臣人头刚一落地，百姓争先恐后扑向来俊臣的尸体。来俊臣曾制造无数冤案，害得无数人家破人亡，人们对他恨之入骨，愤怒的人群撕扯着来俊臣的四肢，有人甚至连皮带肉张口就咬，有些人把来俊臣尸体挖眼剥皮，破腹挖心，连五脏六腑都掏了出来。短短几分钟，整具尸体就只剩下骨架和一摊肉泥，混合着雨水，被践踏得一团糟。《新唐书》形容来俊臣处斩后的情状说：“争抉目、擿肝、醢其肉，须臾尽，以马践其骨，无孑余。”而李昭德的尸体，不知何时已被人遮上了一张草席。这种情况使武媚娘大为震惊，武媚娘万万没想到百姓对来俊臣会痛恨到这种地步，她不由暗自庆幸，幸亏把他处死了，否则这种愤怒情绪要是爆发到自己头上岂不是天大的麻烦！她不由得额手称庆，为了脱清干系，又亲自写了《暴来俊臣罪状制》，让天下人出这口恶气，同时也列举来俊臣种种罪状，最后说“宜加赤族之诛，以雪苍生之愤。”不但显示自己与来俊臣划清界限，洗脱自己的罪责，狡猾地摇身一变，又虚伪地把自己装扮成一个替天行道、为民申冤的好皇帝。宣《罪状制》后，曾煊赫一时的来府上下全被诛灭，家产充公，姬妾没入宫中为奴。

武媚娘是个惯会装模作样、会说谎话、遮掩自己罪过的人。来俊臣是她最宠信的酷吏，来俊臣的一切罪恶都是遵奉、迎合武媚娘的心意行事的，包括来俊臣在内的一切酷吏的罪恶都是武媚娘的罪恶。武媚娘在杀死来俊臣之后，还要给自己脸上搽粉，装糊涂，好像她受来俊臣等酷吏蒙蔽了，她没有一点责任。她找大臣们谈话说：“过去周兴、来俊臣审讯的时候，每次都牵扯到好多大臣，我也不是没有怀疑过，可是派大臣去复查，回来都是确实如此。我再问那些受审的人，这些人自己都承认谋反，那我就只好相信了。可是周兴、来俊臣死了之后，也就不再有谋反案了，这样看来，以前那些案子恐怕有冤枉的吧？”这是明摆着装糊涂骗人，大臣们心知肚明，都不说话。待了一会儿，一个叫姚元崇的大臣说话了：“从垂拱年间以来，所谓的谋反案基本上都是周兴、来俊臣他们诬告出来的。当时陛下让大臣去复查，这些大臣都是泥菩萨过河，自身难保，谁敢真的去查呀。那些被诬陷的人如果翻供，会受更大的酷刑的痛苦，还不如早点死了算了，被迫无奈只好承认谋反。现在总算老天保佑，陛下终于看清楚了周兴、来俊臣的嘴脸，把他们正法了。臣敢以全家族一百多口人的性命向您担保，今后再也不会有人谋反了，如果再有人谋反，请陛下问臣的罪！”武媚娘赶紧趁势下坡，扮起伪善面孔，说：“姚爱卿说得对！以前那些宰相只知道顺着朕，以致陷朕为淫刑之主，现在姚爱卿所说的才是我真正想听的话呀！”一下子把责任推得干干净净，她重用酷吏，就是为了以血腥手段消灭大批异己者，这个历史罪责她是绝对推脱不掉的。武媚娘和姚元崇之间的这段对话，成了武媚娘结束酷吏政治的一个标志。这个姚元崇，就是后来辅佐唐玄宗，开创了开元盛世的大名鼎鼎的宰相姚崇。来俊臣最后遭戮之后，很多官员向武媚娘供认曾与来俊臣合作。武媚娘问：“为什么呢？”群臣答道：“臣等违陛下之法，自己丧生而已，臣等若开罪于来俊臣，臣等全家将灭绝，无一幸存。”武媚娘对这些附会来俊臣的臣子未予追究。若真要追究，应该追究到武媚娘身上，因为来俊臣是武媚娘最宠幸的酷吏之王，生杀大权全操纵在他手上，谁敢违抗他啊。

有一个人目光犀利，早就看出来俊臣必败，史书特予记载。这个人是个平常女子——上林令侯敏的妻子董氏。侯敏一向谄事来俊臣，其妻董氏劝他说：“俊臣国贼，指日将败，君宜远之。”侯敏听从妻子劝告，不再与来俊臣往来。来俊臣发怒，将他逐出京城贬为武阳令。侯敏不愿走，妻子劝曰：“速去勿留！”不久，来俊臣就被诛杀，党朋皆流岭南，侯敏独得免灾。

除了周兴、来俊臣，其他酷吏也大都下场可悲，有代表性的索元礼、丘神勣、傅游艺等酷吏都很快被无情诛杀。武媚娘是个功利主义者，她在改朝换代前后重用酷吏，完全是为了打击异己者，巩固自己血腥统治。当她的统治稳固后，为了推脱罪责，平息民愤，安定人心，她又无情地铲除了这些为她效忠的走狗。

头一个倒霉的是索元礼。索元礼首按制狱酷吏之风，是武媚娘提拔的首位酷吏。史书称“太后得告密者，辄令元礼等推之，竟为讯囚酷法”，“性残忍，推一人必令引数十百人，太后悉召见赏赐以张其权。”由于他嗜杀而得武媚娘恩宠，周兴、来俊臣之辈起而效之，他权势最盛之日，连武媚娘的男宠薛怀义都拜他为义父。因他杀戮过甚，民愤极大，武媚娘为避免民愤，对他连走过场都省了，直接下密旨诛杀。

第二个替罪羊是丘神勣。丘神勣生性残忍好杀，他奉命赴巴州逼杀章怀太子，回都后武媚娘假意责备他矫诏，贬黜外放，但不久又官复原职，与周兴等同掌制狱。琅琊王李冲举兵起事，丘神勣前往镇压，杀尽白衣请降的官民数千家，山川皆赤，尽显酷吏本色。后有人诬告他谋反，武媚娘也知他这条忠实走狗不会谋反，却鉴于他杀人太多、民愤极大怕影响自己声望而将他处死了。

第三个“冤”死鬼是傅游艺。傅游艺可是首先拥戴武媚娘为帝的大大的宠臣，他在武周革命过程中最闪光耀眼，短短一年之内由一个合宫县九品主簿一跃成为三品宰相，官服由青而绿，自朱入紫，时人称为“四时仕宦”。他曾诬告李唐宗室，又曾奏请诛杀岭南流人，史书将他赫然列入酷吏名单中。其因诛杀李唐宗室和岭南流人为人所痛恨，升迁太快太闪眼更令人侧目，后为至尊的武媚娘所不容。某晚他做梦登上湛露殿，被亲信告发，做梦原本虚幻不实，但他旋即被下狱在狱中自杀而亡。

上述三人都是阴冷多变的武媚娘对待忠实走狗的反复无常态度的生动写照。她深知这些凶残酷吏都为她改朝换代建立了汗马功劳，是她的最凶恶忠实的走狗，但当她觉得这些人已再无使用价值或有碍于己时，“鸟尽弓藏，兔死狗烹”，就毫不留情将他们消灭了。武媚娘的阴险狠毒，从这一侧面也可看出一些端倪。老实说，如果没有武媚娘这个为了争夺皇权、帝位而肆意血腥屠杀的女魔鬼，也就不会出现来俊臣、索元礼等许多残忍无比的酷吏和他们施行的各种酷刑，便不会有万千生灵的涂炭。

五、酷吏危害

来俊臣之死以及他斩首后尸体被恨之入骨的百姓剖割殆尽，表明人们对酷吏为害仇恨之深，也从此宣告了酷吏政治的结束。武媚娘和姚元崇的对话是结束酷吏政治的标志。人们可能会问：周兴和来俊臣都死于酷吏之手，是不是俗所谓恶有恶报呢！事情没有这么简单。关键是世异时移，武媚娘利用酷吏维护自己统治的图谋已经完成了，她现年老力疲，再也承受不了那么多的紧张、恐怖、血腥和压力，她想要除掉他们了。不仅仅是周兴和来俊臣，新旧《唐书》所记载的二十七个酷吏，没有一个善终，不是被处决，就是承受不了内心的压力自杀或者发疯。那么，武媚娘为什么要把这些用残暴、血腥手段帮她统治天下的有功之臣送上绝路呢？原因有两个：

第一，她用完这些人了。她利用酷吏打击异己者、反对派，巩固了武周的江山。而一旦统治稳定下来，这些人的使命也就结束了。如再让他们存在，就会让人觉得她是靠酷吏维持统治的，是血腥统治的恶魔。并且，这些人权力太大，都侵犯武媚娘的神圣皇权了。来俊臣死后，礼部侍郎马上向武媚娘自首，说他过去听命于来俊臣，每年都要任命几百个来俊臣的亲信。武媚娘责问他为什么拿国家官职做人情，侍郎说："臣负陛下，死罪！臣负国家法，罪止一身；违俊臣语，立见族灭。"可见来俊臣的威力已经超过了皇帝的威力，武媚娘绝不能容许这种现象存在。既然这样，那就只有"狡兔死，走狗烹"，除去他们了。

第二，酷吏的素质太低，难以转型。酷吏大多出身社会底层，不少人大字不识一个，这样的文化素质让他们没法胜任别的工作。比如文盲侯思止就经常闹出笑话。他在洛阳当官，洛阳有一处地名叫白司马坂，侯思止把"坂"认成"反"字，并认为是一个叫白司马的人谋反，在这儿被砍的头。有一个将军叫孟青棒，他又以为是一种刑具，是用来打人的。长寿元年（692 年）曾经帮助武媚娘平定李敬业起兵的魏元忠被人诬告谋反，侯思止提审魏元忠时竟说："急认白司马，不然，即吃孟青棒。"魏元忠一听，忍不住哈哈大笑。侯思止发怒了，一个犯人敢笑我，就把魏元忠的脚绑起来，拖着他走。魏元忠说："我命薄，骑驴摔下来了，脚却被鞍镫挂住了，所以被驴拖着走。"侯思止更生气了，接着又是一顿暴打。魏元忠终于发火了，说："侯思止！你要杀我就杀。说什么谋反不谋反！你好歹也是国家官员，居然说什么白司马、孟青棒，总有你吃亏的时候！"侯思止不懂啊，以为白司马、孟青棒是犯忌讳的话，吓坏了，连忙给魏元忠松绑道歉，说："思止死罪，幸蒙中丞指教！"这件事传开了，大家都在心里窃笑。这样素质的官员，怎么能不淘汰呢？留着无用，只有死路一条。

武媚娘自嗣圣元年（684 年）"飞骑案"首开告密之端，以神功元年（697 后）来俊臣之死为酷吏画上一个句号，以酷吏为代表的高压、恐怖、血腥统治大约持续了十五年时间，其中垂拱年间太后临朝称制时期和武周开国的天授年间，形成两次酷吏统治高潮。酷吏的兴起和衰亡都是武媚娘一手操纵的，这些令许多达官贵族和善良百姓家破人亡的万恶瘟神只不过是武媚娘诛除异己、打击政敌的工具而已。武媚娘扶持、重用酷吏，史称本来就是为了"尽诛皇室诸王及公卿中不附己者"，而酷吏们也确实帮助武媚娘实现了这一心愿。由于酷吏滥用酷刑，罗织牵连，很多毫无过错的显要唐室、唐臣大都诬以谋反罪诛杀殆尽，这是最令人触目惊心和催人泪下的，这笔达到成千累万人的血债，是要向武媚娘清算的。

除此而外，酷吏政治还有其他许多方面产生极其恶劣的影响和后果。首先，酷吏政治严重破坏了司法制度。大唐开国以来形成的宽仁慎刑的司法原则被破坏殆尽。司法制度，至此已荡然无存。所谓“合法”，其意义已经与先前不同。在太宗之世，只有一年一度在秋天，并且经大理寺复审之后，犯人才能处死。犯人送往京都经大理寺最后定谳之前，在地方要经三级审判。在酷吏横行时代，原先唐朝的律令条文都成了一纸空文，一切以酷吏说了算，无法再发挥法律应有的作用。所谓谋反全无事实根据，全靠罗织逼供，刑罚、刑具达到登峰造极的残酷地步，而这种查无实据的莫须有的谋反竟然使大批忠臣良将人头落地。在武媚娘铁血统治之下，犯人可以就地处死，然后申报。以前御史大夫的官廨是用以推详案件，或弹劾与控告之用。现在肃政台这个官署之内有两个监狱，叫做肃政台监狱。其中的侍御史一身而兼调查、审判及刽子手的作用，而肃政台十五个巡回侍御史都只是八品官，却可决定品级很高的官员的生死权，都可就地处死，犯人无权上诉，这亦足以显见当时法制荒谬绝伦到了何种程度。其次，酷吏政治也破坏了人心、人性。君臣之间互相猜忌，朝臣为了自保，只能装聋作哑，苟且偷生。由于惧怕被酷吏盯上，官场上人人守口如瓶，苟且偷生，产生大批尸位素餐之徒。当时的宰相苏味道有一句名言，说别人要是问你问题，绝不能正面回答，可即是不可，不可即是可，凡事无可无不可，所以就留下来一个成语叫“模棱两可”。连宰相整天说话都提心吊胆，似是而非，公事还能办好吗？其他臣子还敢直言说话吗？所以，在武媚娘手下虽然有不少很能干的大臣，但是再也找不到魏徵那样敢于犯颜直谏的直臣了。

来俊臣死后，一桩桩冤案慢慢浮出水面，那些噩梦般的记录开始为世人所知，而群众在来俊臣处斩后抢割尸肉所爆发出来的疯狂也使武媚娘清醒了许多，以往曾有一些大臣向她劝谏过酷吏滥刑的危害，她现在似乎也懂得了一些。她的确该接受严酷的教训了。此后，她再也没有重用过酷吏，而是逐步平反以往的冤狱。原来是酷吏的吉顼也没有重操旧业，他转变政治方向，结交诸武，巴结二张，慢慢升到了宰相位置，后来更为李唐复国出谋划策，较有独特表现。

【批】

周兴和来俊臣是武媚娘两个最得力的酷吏干将，他二人的死都充分显示了酷吏政治的残酷与罪恶。武媚娘舍不得将此二人处以极刑，足见她是酷吏后台、淫刑之主。武媚娘后来推脱罪责，是掩耳盗铃，欲盖弥彰。

【第二十四章】薛怀义猖狂遭诛灭

一、骄横跋扈

前面提到武媚娘的面首薛怀义为武媚娘做了几件大事，修建明堂，写《大云经疏》，讨伐突厥，很受武媚娘宠爱。他晋封为辅国大将军，封鄂国公，所有平时费用，概向国库支取。怀义起初尚知顾忌，后来渐渐骄恣，出入竟乘御马，由宦官数人拥护，威赫无比。遇道士即令髡发，遇朝士即令下拜。他不甘寂寞不在寺里念经，经常骑着高头大马，在洛阳城里横冲直撞，路上行人纷纷躲避，躲避不及的就被马撞倒在地或被打得头破血流，然后扔在路边，扬长而去。

他非常留恋率领千军万马、一呼百应的生活，于是大开山门，广招门徒，洛阳的一些地痞流氓纷纷前来投靠，为僧者达两千多人。薛怀义把白马寺搞得乌烟瘴气。当时有个叫侯尊的小道士，是弘道观的观主，有一次被薛怀义看见了，薛怀义不问情由，就把他拉进寺去当了几年和尚，直到薛怀义死后才得出来，重新蓄发当道士。薛怀义闲来无事，还发挥他的巧思，每月在白马寺开一次无遮会，召集善男信女，大会寺中，见到有姿色的妇女，就强行留在禅房里，听任薛怀义和众僧恣意玩乐，常常轮换着交相淫媾。洛阳百姓畏他权势，就是妻女被淫，也只好忍气吞声，不敢过问。薛怀义厌烦入宫而多居白马寺，武媚娘多次传诏入宫供奉，他居然不听调遣。他又募壮僧数千人，作为帮手，整日采花问柳，倚红偎翠，洛阳女儿真不知被他糟蹋多少。他整日在寺中与众僧肉身说法，还有何心肠入宫应卯？武媚娘传召，时常托词不进，十次中不过应酬三四次，即使勉强来了，也是蜻蜓点水，毫不舒畅、欢快。武媚娘老而好色，每天都要男人陪她玩乐，滋润私处，越有劲捣入她越快活。薛怀义阳物巨大，是最煞她心火的，每次二人交欢，都要玩得死去活来，武媚娘如鱼得水，甚感欢乐快畅。她眼见薛怀义不听召呼，自然欲火难熬，甚是气愤。她也知道白马寺中有许多美貌女子供其淫乐，所以更加醋劲大发，恨得直咬牙。薛怀义在朝廷中也恣意横行，无法无天。左台御史看不惯他的所作所为，依法弹劾他，在路上偶然相遇，怀义喝令侍役，打得他死去活来。但有时他也会碰钉子。有一天他进宫在门口遇到了宰相苏良嗣，薛怀义倚仗自己是男宠，就要先进门，根本不把苏良嗣放在眼里。唐代宰相非常威风，号称“礼绝百僚”，哪能容忍一个男宠如此无礼。苏良嗣勃然大怒，当即叫左右把薛怀义揪过来，劈头劈脸一阵猛打，把他打得鼻青脸肿。薛怀义自从进宫从未受过这样的委屈，跑到武媚娘那里哭诉。武媚娘笑着抚着他的光头说：“南门是宰相理政的地方，你没事跑那里去不是惹祸吗？孩子你记住，北门才是你出入的地方。”之后随着他地位的提高，连宰相也奈何他不得。在出征突厥期间，李昭德以宰相身份做他的副手行军长史，因为一言不合，薛怀义挥拳便打，李昭德素性刚直，这时也只能惶惧求饶，可见薛怀义气焰多么嚣张。班师回朝途中，薛怀义沿途与李昭德多次发生争执，还都后薛怀义奏称李昭德恣肆而为，立即贬李昭德为南宾尉。接着又诬朝臣杜景佺等附会李昭德，不能匡正，也被贬徙远州。

薛怀义的所作所为引起了侍御史周矩的注意，周矩怀疑薛怀义图谋不轨，再三请求武媚娘查处薛怀义。武媚娘本不愿这样做，但是周矩一再上书请求，就批准了。周矩回到御史台，薛怀义乘着高头大马来了，衣冠不整，吊儿郎当，他不是来跪地受审，而是躺在了旁边一张床上，袒胸露腹，旁若无人。周矩气坏了，招呼手下人把他押上公堂。不料他却一翻身站了起来，骑上马扬长而去。周矩碰了壁，真被气坏了，上奏武媚娘。武媚娘听完汇报后笑了，说：“这个和尚成天疯疯癫癫的，你不必再审问他了，但他所募僧人，任你打发。”周矩没法，只好先把那近千个僧人流放到边远地区为奴。由此可见，虽然薛怀义的任性引起了武媚娘的不满，但是念及旧情，武媚娘还是愿意袒护他的。白马寺人走空了，薛怀义就不辞辛苦，日日老老实实在皇宫里钻研武媚娘，把武媚娘钻研得舒舒服服，称心快意极了，每次上马鏖战时都在下面用劲凑合迎送，大呼“儿子，我的亲人，多快活啊！”有薛怀义滋补，武媚娘青春焕发，阴阳调和，面容红光润发，仿佛得到滋润的风韵犹存的半老徐娘，无限春情荡漾，笑逐颜开。武媚娘不由得对御史周矩心生感谢，就擢升周矩为天官员外郎。

以前薛怀义在修建明堂时曾造夹纻大像，留供天堂。像高二百九十四尺，鼻如千斛船，小指中可容数十人并坐，真是一座庞大巍峨塑佛，夹纻漆成，异常精彩。后因被大风摧毁，武媚娘令薛怀义重修。薛怀义支取库银数百万两银两，督工赶造，忙了两三个月，才得修复原状，因入宫复旨。谁知武媚

娘只淡淡答了“知道了”三字，薛怀义见武媚娘没甚兴采，也即退出。但心下甚感狐疑，不知武媚娘为何对他如此冷淡。薛怀义因查不出原因，又想出一计，要在宫中开设无遮大会，因为是一件佛门善事，武媚娘也就恩准了。薛怀义早已在朝堂下面营造了几丈深的地下宫，里面放着制作的殿阁佛像，上下设置机关，可以升降活动。至开会时，薛怀义指使藏在地宫中的人将制作的殿阁佛像，从地下引上。但对人只说是从地中涌出，是神仙显灵，预兆祯祥。又密取牛血画了个二十丈高的人头像，但谎称是自己刺膝盖血绘制而成的。这一活动一时轰动洛阳城，许多男女老少云集前来观看，在皇宫前万头攒动，热闹空前。薛怀义又拉出数十车钱币，抛洒在无遮会场，参观者纷纷抢拾钱币，一时间不知有多少人被踏死踩伤。次日，又在天津桥南张像设斋，预邀宫廷大小官吏，届时出席。官吏害怕薛怀义威焰，不敢不来。热闹是热闹了，薛怀义原估计武媚娘定会赏光前来观看。他曾特为武媚娘准备一项节目，将武媚娘看做一个活佛，以示尊崇之意。他曾向人说武后要驾临观看，大家都等待御驾光临。他想武后一来，他脸上特别光彩，可显示他并非已然失宠，依旧十分风光呢。谁知一等一再，武媚娘竟然没来，她始终高居深宫，足不出户，对这一切活动似乎都无动于衷。薛怀义因此更起疑心，这究竟是为什么呢？

二、火烧明堂

武媚娘对薛怀义冷淡，又久不露面，引起薛怀义怀疑。薛怀义从多处打听得知，原来有个御医沈南谬代替了自己位置，日久入侍武媚娘，武媚娘和他情意正浓呢。原来，武媚娘因薛怀义前一阵时间在白马寺胡闹，招引和抢掠许多美貌女子入寺奸淫，久不入宫侍奉，很是生气。害得武媚娘欲火中烧，淫性更炽，只好别寻一个主顾，便是御医沈南谬。这沈南谬原没这个胆，是武媚娘看中他的。她看沈南谬相貌俊美，虽已有四十多岁，但身体健壮。武媚娘是个荒淫成性的女人，她从不伦之恋勾引李治上手时，就丝毫不知羞耻，经薛怀义十年无数次捣弄磨研，已弄得她欲火越烧越旺，现薛怀义不来弄，她十分难熬，就饥不择食，决定由沈南谬代替。沈南谬是个御医，宫内御医很多，武媚娘独喜欢沈南谬。这不仅因为沈南谬貌美力壮，还由于他深谙房术。房术即御女之术，说白了就是玩弄女人的各种方法、技巧和本领。由于他是御医，会制各种春方丹丸，武媚娘是个过来人，是媚人的妖狐，她只知纵欲寻欢，从不顾脸面羞惭，已多次向沈南谬索要春方丹丸，供自己纵情淫乐。近日因薛怀义长久不来，并扬言“我这左拥右抱美女多的是，我还玩不过来呢，哪有心情去玩那衰老空旷的洞穴”，武媚娘听到了气得直咬牙。但她欲火难熬，这一日她盯上沈南谬，令沈南谬赶快上马，得亲万岁龙体，沈南谬当然高兴了，于是立即褪去衣裤，腾身而上。自此以后，武媚娘每天都要沈南谬伴眠。

薛怀义自听说武媚娘有了新欢，忘了旧爱，他气极了。他不怪自己另有新欢冷落了武媚娘，只一味怪武媚娘忘情负义，把与自己十年纠缠极尽的床笫之情一旦抛开，他那粗暴性儿忍受不住，他爆发了、愤怒了。这日早晨武媚娘与沈南谬醒来，回想昨夜交欢的甜蜜，又性欲勃发，重整旗鼓，再决雌雄。沈南谬挺枪上阵，武媚娘纵体相迎，正在甜蜜无限纵情交媾时，忽闻外面有吵嚷之声，不觉有些奇怪，这迎仙宫大内禁区，谁敢在此吵闹？还未醒过神来，一位太监已喊着进来，大叫："你不能进去！你不能进去！"一眨眼一个光秃秃彪形大汉已冲至床前，大喝道："沈太医，好啊，是你这个鬼种与万岁鬼混啊！"武媚娘正在与沈南谬两情似火，玩得正欢，沈南谬正骑在武媚娘玉体上行事，见站在床前的是薛怀义，吓得顿时软瘫下来，在锦衾中抖做一团。武媚娘翻身坐起，赤身露体，毫无羞态，大声呵斥："薛怀义，你太过分了！"薛怀义目睹沈南谬与武媚娘纵情交欢情状，血管都要迸裂了，说："万岁，我们十年恩爱了，你现在有了新欢，便忘了旧情，你对不住我薛怀义。"武媚娘柳眉倒竖，说："咱两人是谁对不起谁，你心里明白。朕待你不薄。可自你在白马寺广蓄美女奸淫，你就不顾朕了，朕多次传你入宫都抗旨不遵，还胡说什么朕年老皮皱，没兴趣了，你太混账了！沈太医甚得朕欢心，两情相悦，干你屁事！你给我滚开！"薛怀义说："我辛辛苦苦为你建设明堂，成为君临天下的万象神宫，没有功劳还有苦劳。你如此无情，我不如烧了它！"武媚娘冷笑说："你敢？你倒是烧给朕看看。"薛怀义听这话，发疯般地冲了出去，墙角放着一桶灯油，他提在手中，直奔明堂，将灯油泼洒得到处都是。太监跑来阻止，说："薛住持，你不能胡来，这明堂可烧不得。"薛怀义气势汹汹地说："明堂本是我建，皇上说了，让我烧给她看。她说了就是圣旨，我奉旨而为，谁敢阻挡。"他将烛火一触，遍地灯油立时腾地燃烧起来，一片熊熊大火，把明堂整个都烧着了。太监忙报告武媚娘："万岁，大事不好了，明堂让薛怀义给烧了。奴才怎么也没有拦住，他说是奉旨而烧，说万岁有口谕，说是烧给陛下看看。"武媚娘脸气得通红，恨恨地说："这东西，他竟反话正说。"太监奏道："明堂被烧，朝野尽知，若不严惩薛怀义，只恐有损陛下威名。"武媚娘没有言语，陷入了沉思。外面明堂大火，越烧越旺，更兼风势猛烈，风助火势，火仗风威，霎时间明堂整个上下都燃烧起来。接着明堂后面天堂也跟着燃烧，火焰冲天，整个洛阳城的人都能看到。虽然一班禁卫军合力浇救，但火势太大，近处缺水，毫不见效。这是证圣元年（695年）正月十六发生的一场重大火灾。耗费国家巨万金钱兴建起来的一座高大宏伟、金碧辉煌的明堂及后面的天堂，很快便化为一片灰烬。武媚娘是不是要惩治薛怀义呢？薛怀义知道她不敢，这事声扬开去，多丢人啦！武媚娘很觉丢脸，但又无计可施，只好忍着。她微笑着说：“由于内外工徒，不知戒火，才有此火灾。”把薛怀义放火的事给掩盖了。当下仍令薛怀义再建明堂、天堂，又铸铜为九州鼎，同时塑造十二神像，各高一丈，分置明堂四方。

火烧明堂这场大火，在薛怀义方面，是因无法忍受武媚娘的冷落，心想既然你不在乎我了，我就给你点颜色看看，让你知道我的厉害。他认为，只有干出这么一件惊天动地的大事，你武皇才会注意到我的存在。但对于武媚娘而言，这事可太大了，明堂是她得天命的标志，是她临朝执政、号令天下的场所，是大周王朝的象征。明堂顶上一只冲天金凤下压九龙的威武盖世形象，更是她自身威仪与精神的生动写照。这一切都是她毕生追求的东西啊！相对于这些而言，和薛怀义之间微不足道的私情又算得什么呢？但莽撞的薛怀义昏头昏脑把这两者混为一谈了，为了发泄私愤和引起女皇的注意，他胆大包天，不惜把她心中最神圣不可侵犯的东西给烧毁了。武媚娘能不气恼、愤恨而原谅他吗？

武媚娘虽然觉得很难为情，但是仍然不愿开罪这位大方丈。她自己诸事慎重，万一招惹了薛怀义，薛怀义一打定主意到处散布武媚娘淫秽的事迹，那就糟了。引用法律审问他当然不行，那未免贻笑四方。若是在大庭广众之下审问这个疯和尚，当场什么事也会闹出来，众人一定会侧耳谛听那种猥亵的故事，她的淫行丑事岂不要传遍全国，她还能做皇帝吗？她很恼恨他，但是又无可奈何，她陷于进退两难之中。

三、怀义被诛

薛怀义火烧明堂后，武媚娘没有立即处理他，而且还给他脸面，从国库拨银让他重修明堂、天堂。武媚娘这样做，出于以下两种考虑：一是为了遮盖。天下都知道薛怀义是她的面首，如果公开薛怀义因为争风吃醋而火烧明堂，那太丢人了吧。所以她竭力盖住，借口是工匠不慎引起火灾的，与薛怀义毫无关系，谣言自然就会消失了。二是难忘旧情。薛怀义从垂拱元年（685年）进入武媚娘后宫，到延载二年（695年）月，整整过去了十年，没有鱼情还有水情，这十年，薛怀义跟她一起改朝换代，建明堂，注佛经，征突厥，操劳、立功不少。这次放火，也是因情生妒，是正常的，我武媚娘不能对他太过绝情。

薛怀义因纵火无罪，更加骄横，武媚娘大为懊丧，因恐投鼠忌器，怕人知道她另觅新欢和对旧爱打击报复，一时不敢下手。忍耐了好多日，已是残冬，又改元天册万岁。累届朝贺，薛怀义多不参加。至于再修明堂，他消极怠工，竟然哪壶不开提哪壶，胡闹滋事，工程无法进行。他还到处宣扬他的“爱情”，更说出许多秽语，直把那淫亵情状，一古脑儿都宣扬出来。且斥武媚娘负情负义，别图所欢。当下一传十，十传百，满城尽知，免不得传到武媚娘耳中，十分恼怒。武媚娘因薛怀义屡召不来，遂含怒要害他，但想起往昔情分，又有些不忍，即着太监牛晋卿召薛怀义。薛怀义做了白马寺住持，积有万金，娶了极美姬妾七八人，日夜取乐，这日吃得大醉，正与美姬恣淫。牛太监见了他说：“圣皇相请。”薛怀义正在快乐处，那里肯去。牛太监催促，薛怀义发怒说：“我自有娇花嫩蕊，尚不暇及攀折，况老树枯藤乎？”遂决意不去。牛太监回宫，以薛怀义之言实告。武媚娘正在气头上，听了这话，骂道：“贼秃，这么无理！前者火烧明堂，都因此秃，今又如此可恶！”恰好太平公主进来，见母亲发怒，忙问其故，牛太监就将薛怀义一番言语说知。太平公主系武媚娘爱女，所有宫中情事，无一不知，且亦与薛怀义有染，但到了这地步，她为母亲声誉、权威着想，不得不下果断决心了。她坦诚地对母亲说：“臣女早欲奏闻陛下，只因陛下不言，臣女亦何敢先言？试思陛下系何等圣佛，托生人间，欲选三五侍臣，自应就公卿贵族中，看谁姿禀优良，方准入选，奈何令怀义秃奴，独侍左右呢？”武媚娘说：“我亦有悔意，但欲除此人，颇费周折。”太平公主说：“这有何难？”武媚娘说：“他手中有许多力士，若略一通风，必将谋变，就使指日剿平，已被他许多毁谤，岂不是大损名誉么？”太平公主笑道：“这事委臣女去办，管教他身首两分，毫无他虑。”武媚娘喜道：“我就叫你便宜行事，你须小心！”太平公主应声而出，即召乳母张夫人密嘱数语，再选十几个壮士，嘱令如此这般。大家惟命是从，分头而办。到了黄昏时分，武媚娘派亲信召薛怀义到瑶光殿畔幽会。瑶光殿四面环水，景色清幽，武媚娘曾多次和薛怀义在此幽会过。薛怀义闻召，未免一喜一疑，喜的是又蒙召幸，疑的是何故复召。他想起武媚娘设法遮盖了这事，使他免受审问，还是有点情义的，他就去了。他因昨宵酒醉失言，懊悔不及，又闻差人来召他，随即从后门进宫。太平公主又令二宫人于半路传喻道：“皇上在苑中等着，可快进去。”反正他仗着个大体壮，就带着力士数人入宫。行至宫门，见宫中没甚动静，便大踏步上了殿阶。阶前只有几名妇女，阻住力士，不准随入。薛怀义见殿阶上下，止站立妇女数人，料想没有意外变故，就像往常一样，大摇大摆进入皇宫。当他走近瑶光殿前时，太平公主乳母突然从旁趋至他前面，指挥几十名壮士一拥而上，用许多绳索将他绊倒，他背后突遭一击，痛得眼花缭乱，跌倒殿下。才呻吟一声，已被众妇人揪住，用最粗的铁链将他捆绑起来，绑得腿弯起来像个粽子。他刚想喊叫，一粒木丸已塞入口中，然后用绳索将他勒死，《旧唐书·薛怀义传》说武媚娘“令太平公主选择瞀妇数十，密防虑之。人有发其阴谋者，太平公主、乳母张夫人令壮士缚而缢杀之，以辇车载尸送白马寺。”武媚娘惯会虚情假意，装作好人、明君，特在白马寺焚尸造塔，以梁国公的待遇厚葬薛怀义。另一说法薛怀义是被驸马从兄弟武攸宁指挥多名壮士暗伏瑶光殿旁一拥而上打死的，见于唐人《实录》，后又转载于《资治通鉴》。从实际情况看，太平公主是武媚娘最宠爱的女儿，很有权谋，处事小心，深得武媚娘信任，由她指使乳母组织数十名壮士用绳绊倒薛怀义后勒死，是比较确切可信的。

太平公主这件事做得干净利落，武媚娘对此非常称赞。武媚娘因对薛怀义非常厌恶，对佛教也冷淡下来。薛怀义死了十三天之后，武媚娘宣布把“慈氏”和“越古”从她那尊号上删除。因新情人沈南谬是个儒医，她又开始崇拜起儒教来。当年九月改年号为“天册万岁”，次年正月又改为“万岁通天”，并把新明堂改称“通天宫”，因为在孔圣儒教之中，“天”就是“神”。

薛怀义对武媚娘没产生多大政治影响，但却给其名声造成很大污损。武媚娘君临天下讨个男宠倒也可以，但为什么要大加吹捧和毫无忌惮恣肆宣淫呢？不但薛怀义公开宣示武媚娘种种淫秽情状，其他许多宫外人也尽知武媚娘与薛怀义纵欲无度的污秽情状，不避人耳目，白昼宣淫，竭尽张扬之能事的淫荡丑态，连儿女、媳妇、孙儿女及太子舍人郝象贤等人都尽情知晓，这太不顾羞耻和丢人现眼了。薛怀义一秃头和尚，根本不懂军事、打仗，竟派他统帅几十万大军出征突厥，还派两位宰相做他的随从，这成何体统？武媚娘肆意张狂带动薛怀义肆意张狂，堂堂正直有为宰相李昭德竟因受薛怀义诬陷而被贬为县官，这样是非颠倒、人妖混淆的事只有武媚娘极度宠幸男宠时才会发生，武媚娘纵欲无度、淫威毕现的种种丑态于此可见一斑！

【批】

薛怀义一个淫棍，作恶多端，死有余辜，原不足惜。但他的一切罪过都是武媚娘过度纵容一手造成的，罪恶根源全在武媚娘身上。武媚娘除了薛怀义以外还有很多宠男，有些是有姓名的，大多数未留下姓名，看到后面控鹤监部分，就可一目了然了。

【第二十五章】
夺嫡战承嗣遭落败

一、举棋不定

中国几千年封建王朝是家天下，开国皇帝打下来的江山，按传统都是传给自己的子孙，让皇权在自己家庭里沿传下去。然而，这个传统却在武媚娘这里遇到了麻烦，她不知道把帝位传给谁好。其实，这个问题从她想君临天下时就已产生了，不过她那时忙于杀人和拼命夺权，嗣位问题还未放在议事日程上，篡唐立周以后，她有一段时间忙于巩固政权而利用酷吏大开杀戒、排杀异己，也没时间考虑。但岁月无情，流光似箭，一转眼，她已是七十多岁的人了，生老病死是人生常事，她不能不考虑嗣位问题了。她在嗣位问题上举棋不定，犹豫不决。按传统她应选择儿子，而儿子是李唐王朝后代，是代表夫家的，自己从尸山血海中拼杀过来从夫家手里夺来的江山，现在还要归还到夫家去，她实在不甘心；如果选择侄子，那是本家的代表，但不是自己的嫡亲骨血，在血缘关系上疏远了一层。选夫家的儿子，还是本家的侄子，武媚娘在这问题上一直拿不定主意，只好采取拖延战术。于是，各派力量在这问题展开角逐，上演了一场惊心动魄、旷日持久的充满血腥味的夺嫡大战。

一般人当了皇帝就要立太子，而武媚娘登基称帝，却没立太子。她给原来的皇帝李旦加了个封号，叫皇嗣。皇嗣是什么呀？不是太子，只是表面承认你是我的儿子，但不一定能够继续皇位。既然这个位置空着，就有人想谋求这个位置。谁呢？武媚娘的同父异母的侄子武承嗣。武承嗣是武士彟嫡长孙，是诸武中的首领，受封为魏王，升任首席宰相文昌左相，位高权重，权倾朝野，许多官员都向他阿谀逢迎。他的优势是可以凭借位高爵显的地位公开活动，拉拢亲信，排除异己。而皇嗣李旦则不同，他被幽禁在宫中，受到严密监视，没有一丁点儿公开活动的机会。在有关太子位的争夺战中，李旦

势孤力弱，处于守势，处处被动，无招架还手之力；武承嗣则倚权拥众，权势显赫，令人生畏，处处主动出击，占据许多先天优势。加上他拉拢酷吏，血腥镇压反对派，他夺嫡的机缘和优势就更加明显了。对比起来，处于禁闭状态、势孤力单、得不到母亲关爱的皇嗣李旦根本不是武承嗣的对手。

位居深宫的武媚娘看着这两派之间的争斗，却静观其变，不露声色。她能表态支持谁可立为太子吗？她不能，她深深陷入难以取舍的两难状态中。武媚娘为了废唐立周，登上皇位，不知残酷屠杀了多少李唐宗室贵族和忠臣良将，她一眨眼，一发威就立刻会使许多人头落地，她在当时真可说是最雄强威严的太上至尊的人了。然而一想到继承人，她就有点气馁，甚至心慌意乱，她陷入深深思索之中：我这是干什么呢？我一路拼杀过来的结局难道就栽入继承人这个陷阱中了吗？她陷入了沉思，我位登九五之尊，如此意气风发、威严凛冽，却整天被提醒准备死后由谁继位，让死神时刻在眼前晃动，这愉快吗？这无论在心理上或者理智上都让她难以容忍和接受。而夺嫡之战又是这样残酷而血腥，当她稍不留神一转眼间，因反对立魏王为嗣的两位宰相和数十位朝臣便已倒在血泊中从人间消失了。她内心备受煎熬，由于她在嗣位问题上的举棋不定，她已让一些忠于李唐的很有良知与才华的朝廷重臣付出了沉重的血的代价。她还能这样下去吗？

二、承嗣遇挫

武承嗣是武媚娘同父异母的哥哥武元爽的儿子，是武媚娘最亲近的侄子。高宗去世后，武媚娘临朝亲政、急欲废唐立周，面对裴炎的不合作，李敬业起兵和李贞等诸王谋反，她急需培养自己的亲信。在此情况下，诸武开始陆续得到重用，武承嗣当然是最早受惠的一个。但猜忌心极强的武媚娘并没有放松对武承嗣的防范。武承嗣父亲是死在自己手里的，她哪能不猜忌啊。光宅元年（684 年）武承嗣才做了两个月的宰相就被罢相，过了半年再度拜相，这回才做了半个月又被踢开。武承嗣乖巧得很，无半句怨言，反倒更加谦恭和柔顺来服侍自己尊敬的姑母，就连对她的男宠薛怀义也极尽谄媚，终于又取得了武媚娘的信任。垂拱以后，武媚娘除提拔武承嗣为相以外，武三思、武懿宗等人也陆续升任相职和封王。武媚娘篡唐立周，诸武都欢欣鼓舞，自谓“武氏当有天下”。从力劝武媚娘屠杀李唐宗室、建武氏七庙，到垂拱四年假造洛水图，都可看到武承嗣步步高升，先是晋封魏王，接着又官拜首席宰相文昌左相，权倾一时。他野心很大，深知姑母对儿子很不信任，自认为居功至伟，又是武家的嫡系袭爵人，应该毫无悬念成为周朝太子。于是幽居东宫的皇嗣李旦便成了他必欲拔之的眼中钉、肉中刺，一场惊心动魄、无比凶残的夺嫡大战随即上演。

这场争夺战分两个回合。第一回合发生在天授二年（691 年），他仿效当年武媚娘找了傅游艺等三拨人马上表劝进的办法，也找来洛阳人王庆之联络数百人上书请立自己为皇太子。内史岑长倩已升任右相，竭力反对此议，称皇嗣现在东宫，不应再有此议，因表请下制切责。武媚娘迟疑不决，召问地官尚书同平章事格辅元。格辅元所说的与岑长倩完全一样。武承嗣久已窥伺储位，听说他二人不肯赞成，拂违自己心意，就嘱令纳言欧阳通诬告两人谋反。欧阳通不肯诬告，武承嗣又派人告密，自己入宫进谗，于是岑格二人俱被逮捕下狱。审讯官就是来俊臣，他把岑长倩的儿子也拘捕了来，引诱他把欧阳通牵连到此案当中。欧阳通明知不跟从武承嗣，致有此祸，对簿公堂时侃侃辩论，毫不少屈。来俊臣倚势作威，施以酷刑，五毒备至，欧阳通始终不肯诬服。来俊臣竟捏造供词，称欧阳通与岑长倩、格辅元共同谋反，把三名倾向皇储李旦的忠臣定了死罪，同时被处死的还有跟岑长倩等三人关系密切的几十个大臣。武媚娘看到王庆之等人上的表，就召见王庆之，直接切入正题说："皇嗣吾子，奈何废弃？"王庆之引用《左传》中一句话答道："神不歆非类，民不祀非族。"意谓神灵不喜欢异族的供奉，百姓不会祭祀异姓的祖先。王庆之说，当今天下是谁家的天下？是武家的天下，武家的天下怎么能让李家人当继承人呢？并且又加了一句："一旦陛下驾鹤归去，江山岂非又归李家所有？"这句话太有杀伤力了，如同箭一般射进她的心里，她血拼了几十年得来的江山，最后又回到李唐王朝手中，这几乎让她惊得发怵，在内心引起深深震撼。她觉得王庆之说的有道理，但又不便直接答复他，只觉内心郁闷，就挥挥手说："你下去吧。"王庆之见任务并未完成，就跪在地上说："陛下您要是不答应我的请求，我就一头撞死在地上。"武媚娘说："这样吧，我赐你一张盖了章的纸，你如要见我，可将此印纸作为门证，守门人就会让你进来。"武承嗣因未得如愿，多次唆使王庆之再进宫请见，王庆之也愿意做他的走狗，因为武承嗣如做了太子，他王庆之就有享受不尽的荣华富贵了。王庆之再见武媚娘时，武媚娘有些惹厌，默念易嗣这事，事关重大，究竟不能仓卒进行。于是又召凤阁侍郎李昭德进宫会商。李昭德笑道："天皇为陛下夫，皇嗣为陛下子，陛下身有天下，当传与子孙，为万世业，奈何以侄为嗣？自古以来，可有侄为天子，为姑立庙么？且陛下受天皇顾托，若以天下与承嗣，天皇便无从衣食了！"这一席话，彻底消除了武媚娘内心迷团，当即令李昭德出阻王庆之再入宫，并赐给李昭德一杖，令他撵逐王庆之。

李昭德持杖出来，正遇王庆之昂首阔步走入，自来寻死。当即被李昭德一把抓住，拖出门外，扬言对众朝臣说："此贼欲废我皇嗣，立武承嗣为太子，我已奉敕给杖，扑杀此贼！"说毕，就将杖交给手下。大家正恨他滋闹，乐得摆布，立刻将王庆之捺倒，先择他不致命处，杖打了数百下，待他耳目中都已出血，乃再加数下，打得七窍流血，死掉了。眼睁睁看着头目被当场打死，请愿团狼狈四散，一下子走了个精光。打死王庆之，李昭德回报武媚娘："启奏陛下，您交代的任务我都圆满完成了。"武媚娘心里一震，忙问："你把他打死了？"李昭德说："是啊，我看您让他纠缠得不胜烦恼，就想好好给他一个教训，看以后哪个刁民再敢胡言乱语，议论立储大事！"武媚娘摇摇头说："其实王庆之说的也有道理啊，武承嗣他也跟我一样姓武啊，难道就不应该继承武家江山吗？"李昭德察言观色，知武媚娘已经心动，就差把最后一层窗户纸捅破了，于是单刀直入，进一步进言说："您如把江山传给武承嗣，他是否会立庙祭祀姑母还成问题，那至少天皇是得不到祭祀的，天皇得不到祭祀，岂不要变成饿鬼了！"李昭德提到已故的高宗，挑起了武媚娘最后一丝柔情。往昔的一切如流水般在眼前掠过，三十年的夫妻生活，他是她走出尼庵重见天日的恩人，是圣后、天后尊贵称号的赞称者，是临终嘱托"军国大事有不决者，兼取天后进止"使她能有权过问军国大事的夫君与知音，没有这一切，她不可能走到今天这一步，位登九五，天威无限，无论如何，她忘不了、舍弃不掉以往这段深入骨髓的、永难磨灭的感情。古人迷信鬼神，对身后事十分重视，一个人死后如果得不到祭祀，就会变成孤魂野鬼。如果传位给武承嗣，纵然可以祭祀姑姑，也绝不可能祭祀李唐高宗皇帝，那高宗岂不成了无人祭祀的饿鬼啦！三十年恩爱夫妻感情剪不断，理还乱，她武媚娘无论如何也不能负心到让高宗成为孤魂饿鬼啊！武媚娘长叹一声，不再说话了，武承嗣第一次夺嫡的美梦就此告终。李昭德从此成了武媚娘眼中的红人，不久便超擢为宰相，这更让武承嗣恨得咬牙切齿。武承嗣还没有来得及下手，李昭德已抢先一步，密奏武则天："魏王承嗣权势过重，不可不防，请陛下三思！"武媚娘一怔说："承嗣吾侄也，故委之以腹心。"李昭德不以为然地说："自古以来为了皇位，以子弑父尚且屡见不鲜，何况侄儿？魏王夺嫡失败，难免怀恨在心，以亲王之贵和首席宰相之尊，陛下万事托之以腹心，万一有变，只怕悔之莫及！"李昭德这一席话太有震撼力了，简直如醍醐灌顶，句句入心。唐太宗为争帝位杀死了两个哥哥，武媚娘自己的皇位就是从杀了两个儿子和囚禁两个儿子手里夺过来的，她怎能不明白其中的厉害呢！她当即矍然道："你说得有道理！若非爱卿提醒朕几乎铸下大错！"天授二年（692 年），武氏亲王武承嗣、武攸宁双双被罢相。这下可好，武承嗣夺嫡未成反丢官。这么一来，李旦的位置也就保住了。所以这夺嫡之战的第一回合算是武承嗣失利，李旦胜出。

但斗争仍在继续，烟雾时时迷漫，武承嗣等人仍时刻窥伺方向，以求一逞，纵使不能使夺嗣如愿以偿，也可解心头之恨。武媚娘起用狄仁杰为地官

侍郎同平章事。狄仁杰为人耿直，正色立朝，不肯谄事诸武，引起诸武忌恨。还有鸾台侍郎同平章事乐思晦及右卫将军李安静，也与狄仁杰一样刚正，疏远诸武，同为诸武所嫉视。诸武又嗾令来俊臣，暗地构陷，来俊臣因狄仁杰方得重用，一时扳他不倒，独李安静当武媚娘篡唐立周时未肯联名劝进，乃即上书诬他谋反，并说乐思晦与李安静友善，暗中同谋。武媚娘最恨这“谋反”二字，便令来俊臣严加审讯。李安静朗声抗争道：“我乃唐室老臣，欲杀就杀，若问谋反，实无可对。”乐思晦也抗词不屈，坚不承认谋反。来俊臣乃伪造证词，实证谋反，武媚娘不问青红皂白，一道制敕，竟将二人处斩。武媚娘反自感如意，竟于天授二年冬，改次年为如意元年。以忠良之头换来如意年号，这太荒唐、血腥、可耻了。

三、团儿风波

夺嗣之事远未结束，第一回合刚完，第二回合又开始了。李旦在交出皇位后，一直处于幽禁状态。一次，前尚方监裴匪躬、内常侍范云仙未经武媚娘允许私下探望李旦，引起武媚娘的疑忌、反感，竟泯灭亲情，以“私竭皇嗣罪”把他二人腰斩于市。腰斩是一种很残酷的刑罚，武媚娘要的就是以这种铁血恐怖手段震慑朝臣。她此举明白显示出杀一儆百的决心和强悍作风，百官震慑，从此再也没有人敢去探望皇嗣。此后李旦接触文武将相的途径被完全斩断。睿宗五子原本和武氏族人一视同仁封王开府，现在也全部被降为郡王，女儿一律降封为郡主，随父禁闭于深宫之中，监视颇为森严，连到庭院散步都不允许。由此可见，武媚娘虽表面接受了李昭德意见，对诸武有所控制，但在她内心深处，已从维护武李平衡转向了偏护武氏一族。在加紧幽禁了李旦父子之后，武媚娘下令各州废除举子学习《老子》的法令，要求改学武媚娘杜撰的《臣轨》，进一步清除李唐皇族的影响。

就在这时，发生了一件令李旦意想不到的事，一个名叫韦团儿的宫女对他动了心。韦团儿长得颇为美丽，又很聪明伶俐，是掌管宫中门户的宫女。她每天引领李旦朝拜武媚娘，一来二去，她见李旦温和内敛，风度儒雅，竟然喜欢上了这位落难皇帝。李旦虽然此时地位不稳，但他毕竟是皇嗣，是皇位的第一继承人，这一点韦团儿心里有数，她想倾心攀附以求日后升腾。可是李旦此时自身难保，他哪有这心思啊，他更没胆量去招惹母亲身边的婢女，若被严厉的母亲发现那不吃不了兜着走啊！因此不管韦团儿如何献媚勾引，他只是装聋作哑，不予理会。李旦的冷淡态度可惹火了韦团儿，她决心出手不让李旦有好日子过！韦团儿把怨气全撒在李旦的两个妃子身上，她认为李旦不喜欢她，就是因为身边有这两个妃子，她决心非把这两个妃子除掉不可。

她向武媚娘报告说，李旦的两个妃子实施厌胜，诅咒武则天早死！韦团儿说李旦的正妃刘氏和德妃窦氏在院子里埋了一个桐木做的小人儿，上面刻着武媚娘的名字和生辰八字，整天诅咒这小人儿，想要通过这种手段赶快咒死武媚娘！这诬告可是二位妃子天大的灾祸啊！厌胜这东西，武媚娘懂得，她自己就诬告过王皇后搞厌胜，后来宦官王伏胜又诬告过武媚娘搞厌胜，凡搞厌胜都按律处死，但究竟怎么处理得看最高统治者的意思。这次武媚娘怎么处理李旦这两个妃子呢？她丝毫不露声色，自有她的险恶谋算。新年元旦祭典开始露出了玄机。长寿二年（693 年）正月初一这一天，武媚娘在明堂也就是万象神宫中举行祭天祭祖大典。这次大典可是一反往常，武媚娘是初献，第一个献上祭品，她的侄子魏王武承嗣是亚献，第二个捧上祭品，她的另一个侄子梁王武三思是终献，最后恭奉祭品。这变化太大啦，因为在四年前身为太后的武媚娘第一次启用万象神宫举行祭祀大典时，作为亚献的还是皇帝李旦，终献是李旦的儿子，当时的太子。现在忽然他这个皇嗣连参加祭祀大典的资格都没有了，哪里还有皇帝继承人的希望呢？武媚娘这样做，正是由于韦团儿的诬告造成的。她原本在立嗣问题上摇摆不定，不知是选儿子李旦好还是选侄儿武承嗣好，现在因韦团儿的诬告而把心理天平偏到侄子这一边来了。这对李旦可如九级地震，嗣位绝望，母心难测，终日战战兢兢，如履薄冰。按照惯例，李旦的正妃刘氏和德妃窦氏要去嘉豫殿给婆婆武媚娘拜年。临行前李旦千叮咛万嘱咐，提醒她们目前形势严峻，千万小心。两个妃子也小心谨慎，恭敬跪拜。武媚娘温馨地接受她们的拜贺，然后，又微笑着目送她们退出大殿。令人气恨的是，星星一眨眼，人间已千年，武媚娘一眨眼，两个贤德的儿媳就此从人间消失了。上穷碧落下黄泉，两处茫茫皆不见。李旦到处寻觅，二妃都尸骨无存，只能招魂安葬。李旦的正妃刘氏出身显赫，温柔贤惠，是高宗亲自选的媳妇，甚为称心满意，在李旦完婚后曾大会亲朋当众夸奖他这媳妇非常贤惠孝顺，乐得合不拢嘴。德妃窦氏也出身名门闺秀，是唐高祖窦皇后的族人，为李旦生了后来创立开元盛世的唐玄宗李隆基。她们到死都不明白，她们到底做错了什么。李旦见二妃无影无踪，肯定是狠毒的母亲下的毒手。他为了自保，沉默不语，每天照样到武媚娘身边请安问好，同时严令手下和一群尚未成年的小儿女不得谈论刘、窦二妃之事，好像什么事也没有发生过，其实整天心惊胆战，不知什么时候高悬的利剑会掉到自己头上来。这时，有人告发韦团儿诬告皇嗣妃，那个所谓厌胜的桐木小人乃是韦团儿自己埋的。武媚娘马上把韦团儿杀掉了。武媚娘心里明白，所谓厌胜乃是她早已运用过的玩意儿，从一开始她就未免相信韦团儿，只不过借刀杀人罢了，而被杀的人乃是自己贤淑的媳妇，不管怎么说，这已起了杀人立威、震慑李旦的作用。而今韦团儿完成了历史使命，干脆一杀了之，并可把责任

推脱得干干净净。而威慑李旦的工作还未完成，怎么能给他的妃子平反呢。

四、皇嗣谋反

皇嗣李旦及其子女被囚禁深宫，严禁进入庭院，任何臣子不许会见李旦，私会的立遭腰斩以杀一儆百，两个妃子人间蒸发无声无息，李旦每天只能寄情于弹唱和书法以打发时光，按说武媚娘该安心了。可是，在一旁观察的魏王武承嗣看准机会，他又要摩拳擦掌上阵了。现在一系列事情已明显反映出武媚娘心思有变，李旦地位不稳，他想加一把劲，干脆把李旦拉下马一了百了，太子之位就唾手可得了。就这样经过密谋策划，一纸密信告到武媚娘面前，说皇嗣李旦想要谋反！这个告密人是谁，史书没有交代，按实际情况必是武承嗣指使的人无疑。武媚娘接到告密，立即指派酷吏来俊臣审理此案。这里有两个荒诞：一是亲生幼子皇嗣，是皇位的合法接班人，他怎么可能谋反呢？二是武媚娘竟立案并交给酷吏之王来俊臣审讯，这儿子能经受住酷刑审讯吗？这不是明摆着是要送儿子的命吗？来俊臣和武承嗣关系亲密，知道事关武承嗣承嗣皇位，武承嗣又百般拉拢，他就大着胆儿用各种严厉酷刑审讯起来了。来俊臣把李旦和他的嫔妾子女带到偏殿看管起来，就在东宫架起了刑堂。当时李旦身边除了侍女宦官，只剩下一些太常乐工了。来俊臣不好先动李旦，就准备从这些人身上打开缺口。刑具摆满了一地，令人毛骨悚然，凄厉的惨叫声不断传入李旦耳中，那是乐工等侍从们绝望的呼号。这些侍从只是一些贱民，他们根本谈不上有什么政治觉悟或李唐王朝观念，根本经不起酷吏的严刑拷打，在严刑逼供下只能纷纷画押承认自己和皇嗣同谋叛逆，只求速死而已。听着惨叫声，李旦已明白一切，他深深吸了一口冷气，悄然闭上眼睛，有生以来从未感受到死亡与自己如此接近，他感到了绝望，心想得了，明年今日大概就是我的周年祭日了！他知道落在来俊臣手里在劫难逃，从来没有人能从来俊臣手里逃生。看着给他折磨得不成人形的东宫侍从一个个熬刑不过乖乖画押，来俊臣嘴角露出一丝愉悦的微笑，又一个出色的任务完成了，他憧憬着成为太子武承嗣座上客的无尚荣耀与风光。他知道，这些口供一交上去，便是铁案，皇嗣是必死无疑了，李皇宗室也就彻底覆灭了。这样尊贵的人物，如今命运就捏在他手里任他恣意玩弄，这样庞大的帝国，却因缘际会由他这个最凶残的酷吏来决定命运，最高贵与最卑劣者之间的颠倒错位，使他想忍不住放声大笑。这真是个人兽颠倒、令人窒息和心酸的荒诞怪异的时代！

就在这个时候，忽听一个人冷冷地朗声说道：“你们为什么要说谎？皇嗣没有谋反！”这像一声惊雷，把大家都震醒了。说话的是年轻的太常乐工安金藏。他的父亲原来是安国的首领，投降唐朝后就以安为姓了。他并没有受过多少儒家教育，也不懂得多少深奥的道理，但他懂得人心与良知，越是简单纯洁的心灵就越容不下虚伪与丑恶。平时不见他与皇嗣如何亲密，他也没身份与机会去亲密，一向比较沉默冷静。大概因为个子不高、穿着朴素的缘故，还没有被审问，只是很不起眼地挤在人群里观察动静。此刻他看到有些人被逼画供与嗣皇谋反，眼看大案即将铁定铸成，他实在忍无可忍，像怒吼的狮子一样咆哮起来。来俊臣有点吃惊地不相信自己的耳朵，忙问："你说什么?"安金藏慢慢抬起头直视着来俊臣的眼睛，面容平静，神情淡漠，眼里却有种志不可夺的坚持，他用坚定的语气一字一顿地说："皇嗣没有谋反，你们不要诬陷好人!"现场死一般的沉静，只听到在场的人急促的呼吸声。待了一会，来俊臣说："把他带过来，我有话问他。"安金藏身边的人一下子呼啦全散开了，只留下他一个人孤零零站在中间。几个早已等得不耐烦的酷吏仆役立刻拿着刀剑朝他扑去。安金藏面不改色，昂然挺立，他明白一旦落到他们手里便是生不如死的下场。但他拼着一死也要说出他心里的话。他矫健敏捷地躲过攻击，很机灵地顺势夺下其中一人的佩刀，大叫道："皇嗣的确没有谋反，诸位如果不信，安金藏愿意剖心证明!"说罢反手一刀，竟直刺进自己胸膛!刹那间鲜血四溅，五脏六腑都流了出来，靠得近的人都溅得一身是血，包括来俊臣在内，一个个都给吓呆了。安金藏面色已经变得雪白，但他仍喘息着说："皇嗣真的没有谋反。"因伤情太重，流血太多，安金藏再也支持不住，昏死过去。在东宫审案竟然闹出人命案来，此事非同小可，所有的人都慌了手脚，消息不胫而走，一片混乱之中早有人飞报武媚娘。毕竟李旦是他留在身边的最后一个儿子，武媚娘时刻关注事件的发展，一闻此报，立刻命令来俊臣停止审讯，将安金藏用金舆接进宫来，急招御医诊治，要求务必救回安金藏性命。御医们七手八脚将安金藏的五脏小心地纳入腹腔之中，以清洁的桑皮线细细缝合伤口，敷上最好的疗伤止血药。毕竟年轻体健，安金藏昏迷整整一夜之后，竟慢慢地苏醒过来。武媚娘来看望时，安金藏的身体还很虚弱，勉强支撑着反复陈述皇嗣的无辜与清白，语言质朴，却别有一种打动人心的力量。武媚娘听得出，他语言中反映出来的是民众最真实的声音。何况，李旦是她最疼爱的小儿子，一路斩情灭性走到这个地步，难道真决心成为名符其实的孤家寡人吗?罢了罢了，当年那个闹着"不肯去阿母"的小阿轮的身影又在她眼前晃动，难道我们母子至亲，竟及不上安金藏和他的君臣义气吗?武媚娘轻轻叹了口气，说："旦是我的儿子，可是我这个做母亲的，竟然也不了解他。"这一刻，她仿佛已经不是那个笑傲天下、轻贱生死的残暴铁血君王，只是一个疲惫、悔恨和负罪的母亲。她当众愧疚地对安金藏说："吾有子不能自明，使汝至此，这是我的过错啊。"这也是武媚娘第一次当众承认自

己缺乏自知之明的过错。最终，武媚娘母性的本能战胜对绝对权力的追求，她决定放过李旦，皇嗣谋反案也就从此不了了之。

两个回合下来，可以看到在争夺太子之位这个问题上，李旦始终处于守势，武承嗣始终处于攻势。但是，每在李旦危急时刻却总有贵人相助，最终转危为安。看来，无论是官心还是民心，都是倾向李唐的占据多数。也许是巧合，从此以后，武媚娘放慢了屠杀唐宗和唐臣的速度，致使唐朝的大臣们能在刀尖下偷生，以期有光复唐朝江山的那一天。但放慢速度不等于不屠杀，前面提到的曾挫败武承嗣夺嗣阴谋一度成为武媚娘面前大红人的权威正直宰相李昭德，不是终被武媚娘诬定谋反而与酷吏之王来俊臣一道押上断头台了吗？其他被谋害、屠杀的大臣还有很多很多。

【批】

此章虽主要写武承嗣因欲夺储而几度打击、陷害皇嗣李旦，表现出其极端横暴与疯狂，但实际上，这完全是武媚娘的权欲狂极度膨胀所一手造成的，是她纵容武承嗣横行不法酿成的严重后果。她的心性与智商，与乐工安金藏相比，相差十万八千里。李昭德、安金藏是这类刚正不阿之士，是那个时代最可尊敬的真正的英雄。

【第二十六章】庐陵王复位还神都

一、再议立储

前面说经过两个回合，夺嫡之争看似告一段落了，但是武媚娘还是没有立下太子。究竟是武家人还是李家人来接武媚娘的班，武媚娘心里没有底，群臣心里更是没数。武媚娘惶惑的是，如果让儿子承继帝位，那倒是一家了，可跟武周的武不是一个姓；如果把皇位传给侄子，虽是跟自己一个姓了，却又不是一家，将来宗庙祭祀都是问题。当她迟疑不决的时候，她的侄子武承嗣却在加紧活动。他为了能当上太子，使尽浑身解数，连出狠招，把皇嗣李旦折腾得死去活来。但每次快要成功的时候，总有能人出来接招，救护李旦，化险为夷，保住皇嗣之位。这样折腾了几次之后，武承嗣都老了，他的姑妈武媚娘就更老了，解决皇位继承人的问题，就更加显得异常紧张和迫在眉睫。对武承嗣和李旦来讲，都到了夺嫡之战的关键时刻。经过安金藏的拼命抗争，武承嗣再不敢提皇嗣谋反的事了，可是事情在心里悬着，怎么别也别不住。经过深思熟虑，武承嗣又想出新的办法来打动武媚娘。他经常在姑妈面前说：“自古天子未有以异姓为嗣者。”这话对呀，皇帝姓武，继承人就应该是武姓本家人，肥水不流外人田嘛。所以由姓武的继承就是武承嗣的最大的优势。他知道武媚娘最喜欢吹捧奉承，长寿二年（693 年），他牵头搞了个五千人的请愿，要求武媚娘加尊号为“金轮神圣皇帝”，武媚娘乐意地接受了。第二年，他又牵头搞了个两万六千人的大请愿，又给武媚娘加上一个“越古金轮圣神皇帝”的尊号，达到从古以来帝王最高贵的尊称。武媚娘乐此不疲，又欣然上了这个吓人的尊号。武承嗣这样做是要让她看看，到底谁最尊敬您和维护您的利益，还不是您娘家的侄子吗？他这几番表演，让武媚娘心里又活动了。可是这次她心里活动李旦可保无虑，因为这时候的宰相是正直无私而又足智多谋的狄仁杰。

自来俊臣死后，武媚娘也悔从前听信蜚言，杀人过甚，乃召回外放的徐有功为殿中侍御史，擢姚元崇为夏官侍郎，召魏元忠为肃政中枢，并征还狄仁杰为鸾台侍郎、同平章事，诸人入朝后，朝中阴霾愁郁，渐渐消除。但武承嗣、武三思等，仍在谋夺储位，多次向武媚娘营求，未得答复。越年，复改元圣历。武媚娘欲立侄为太子，乘着改元宴庆之时，就立储事召问各位宰相大臣，众臣莫敢应对。独狄仁杰从容奏陈道："从前高祖太宗皇帝，栉风沐雨，打下江山，为的是给子孙挣一份家业。先帝临终以二子托付陛下，陛下今乃欲将江山移归他族，恐先灵不惬，反会自陷危机。况且姑侄与母子，孰亲孰疏，是明摆着的，陛下立子，千秋万岁后，配食太庙，倘若立侄，臣从未听说过有祀姑宗庙啊。"武媚娘说："这是朕的家事，卿不必过问。"狄仁杰头脑多灵活呀，他马上反驳说："天子以四海为家，四海以内，哪件事不是陛下家事？而况元首股肱，义同一体，臣身为宰辅，怎能不过问呢？"说得武媚娘无话可答，半晌，问道："据卿说来，仍立庐陵王为是么？"狄仁杰说："弟不可先兄，庐陵王并无大过，应该召还庐陵，待庐陵百年后，兄终弟及，未始不可。"武媚娘听了，稍稍感悟，但仍踌躇未决。群臣散朝后，武媚娘心里仍感烦闷。古话说："日有所思，夜有所梦。"她因念念不忘立储事，连做梦都忘不了。圣历元年（698 年）的一天，七十五岁的武媚娘做了一个梦，梦见一只羽毛华丽、色彩斑斓的鹦鹉飞入室内，但是两个翅膀都折了，想要飞，怎么也飞不起来。武媚娘一下子吓醒了。想来想去总想不出这个梦是怎么回事。想想，狄仁杰有头脑，还是去问问狄仁杰吧。早朝时，武媚娘对狄仁杰说："朕昨梦大鹦鹉，两翼皆折，这是何征兆啊？"狄仁杰多聪明啊，他答道："陛下姓武，鹦鹉就是寓音，这鹦鹉就是陛下啊，折断的两个翅膀就是陛下的两个爱子啊。如果陛下将二位皇子保全、起用，就会双翼复振，您就可称心如意展翅高飞了。现在庐陵王还在房州呢，您是不是该把他接回来啊？"武媚娘不觉称善，乃把册立诸武事，搁置不提。狄仁杰忠诚于武媚娘和忠诚于李唐王朝其实并不矛盾。因为在他看来，武周的江山是当初高祖、太宗打下来的，武媚娘是从高宗手里接过这江山的，她如今这武周皇帝，其实是相当于一个代儿子持家的寡妇而已，所以狄仁杰认为她的政权具有合法性，因此他忠诚于武媚娘，勤勤恳恳帮她把这个家管好。但是你既然代行家长职权、替儿子主持家业，那么等你到时候了，你还得把这份家业还归儿子啊，而还归儿子就是恢复李唐王朝。所以在狄仁杰心目中，忠诚于武媚娘和忠诚于李唐王朝不仅不矛盾，而且是和谐统一、顺理成章的一回事。正因为这样，所以狄仁杰和许多大臣都竭力鼓动武媚娘立儿子。他们这一鼓动不打紧，武媚娘的侄儿可就希望落空了。

二、合力推举

武承嗣因立储计划未能实现，郁郁不乐，竟至成疾。次子延秀因武媚娘指婚胡女，因迎亲届期，乃往突厥迎婚，武媚娘令春官尚书阎知微、司宾卿杨齐庄带金万两、帛万匹，与武延秀同行。突厥可汗默啜闻武延秀到来，先召入阎知微，阎知微即将礼单奉承，由默啜一一验收毕。默啜竟变色道：“我女应配李唐皇朝李氏，怎么来了个姓武的小儿，我突厥世受李氏恩，听说李氏宗室尽被屠灭，只有两子尚在，我将发兵辅立，等到李氏二子正位，我再送女完婚未迟。”这一席话，说得阎知微面如土色，不由得跪下叩头，吁请完约成婚。默啜笑道：“汝何必多虑，尽管留居我国，我便许汝为南面可汗，可好么?”阎知微听得“可汗”二字，又不觉喜出望外，拜谢而起。默啜叱令左右，将武延秀拘住，不准入见，且写了一封责问书，遣杨齐庄带回。武媚娘正静待和亲消息，忽见杨齐庄返回，报称突厥悔婚情状，且呈上来书。武媚娘一看，甚为恼怒。你道他书中写的什么？乃是陈述武媚娘五大罪状：一是前时所给谷种，俱系蒸熟，布种不生；二是金银器多系伪劣，并非真物；三是突厥可汗曾赏给中使等绯紫，俱被武氏剥夺；四是彩帛纯系疏恶；五是突厥可汗贵女，当嫁天子儿，武氏小姓，门户不敌，休得妄想结婚。最后结语，乃是进取河北，南下勤王，将反周为唐等语。这一番话气得武媚娘这张粉脸，青一块红一块，几乎像个黑煞红鬼。当下派武家儿司属卿武重视为天兵中道大总管、右武卫将军沙吒忠义为天兵西道总管、幽州都督张仁亶为天兵东道总管，统兵三十万，出征突厥。时默啜已自率十万骑，入围妫檀等州，又分兵攻陷定州，进兵赵州，势如破竹。赵州被陷，又入攻相州，军势日益炽盛。默啜大掠赵定二州，得男女八九万口，悉数坑死，取金帛北归。及至武周军至，已不见一兵一卒。这一仗，杀得甚是惊心动魄，对武周皇朝起了极大的震撼作用，大大动摇了武媚娘的统治。默啜恐师出无名，每攻一地，都是打着“何不归我庐陵王”的口号，这口号是颇有煽动力量的，所以所向披靡，攻无不克，战无不胜。这口号对武媚娘的震动可是太大了，是啊，你武媚娘为什么要废黜庐陵王啊？我们出兵为了恢复李唐皇朝是师出有名、名正言顺啊。武媚娘终于明白，民心所归十分重要，不管怎么折腾，天下臣民依然没有忘记李唐王朝，连边疆百姓都忘不了李唐王朝，这不就意味着民心所向吗?武媚娘沉思，看来，武周政权从李唐那儿来，还得回到李唐那儿去。

恰在此时，朝廷内部又有人推举庐陵王。谁呢？吉顼，就是最后扳倒来俊臣的那个人。吉顼本从酷吏起家，因他文化程度较高，现已认清形势，洗心革面，转成倾向李唐了。他看清武媚娘已年高体迈，来日无多，而李唐复

辟是大势所趋，人心所向，在大是大非面前，他知道该怎么办。他也知道武媚娘还没有下最后的决心，这时候如果在武媚娘心灵天平上加上一个砝码，这天平就会立刻倾倒到李唐这边来。如果做到这步，就是为李唐王朝立功，其功至伟，自己今后前程就无限光明了。他打的虽是为了切身利益的小算盘，可这却是当时许多人的共同心愿，眼看武周王朝只顾血腥屠杀，到处腥风血雨，令人烦恨不已，人们多么希望恢复大唐太平盛世局面啊。他觉得自己还不够成为那个砝码，找谁呢？他想来想去，想到了武媚娘的新的面首张易之、张昌宗兄弟，这二人新近成为武媚娘的男宠，深得武媚娘欢心，他想让二张在武媚娘面前吹吹风。二张与吉顼友善，常相过从，吉顼从容进言道："公兄弟贵宠逾垣，天下侧目切齿多矣，不立大功，恐难自全。"二张忙惶恐问计，吉顼答道："天下未忘唐德，都想迎立庐陵王，主上春秋日高，大统终须付托。武氏诸王，非所属意。公等何不劝立庐陵，既慰众望，且建巨功，不但可以免祸，并且可长保富贵了。"二张齐声道："敬受明教！"嗣是入宫与武媚娘缠绵私语时，即以顼言为请。床头语容易动人，竟令武媚娘幡然变计，决拟召还庐陵王。《资治通鉴》说："太后知谋出于顼，乃诏问之，顼复为太后具陈利害，太后意乃定。"

三、庐陵还朝

武媚娘听取狄仁杰、吉顼及二张言，乃派职方员外郎徐彦伯等大臣，往房州召庐陵王显至东都。庐陵王与韦妃诸子一并诣阙，入朝武媚娘。武媚娘将他留居宫中，佯称为他疗疾。然而风声很快传了开去，狄仁杰也听说了。狄仁杰因武媚娘严守秘密，事涉诡异，尚觉怀忧，遂入宫求见武媚娘，面谈庐陵王事。狄仁杰道："陛下既召还庐陵王，何故未得一见？"武媚娘说："卿尚疑朕么？"随即招呼庐陵王出幄，说："爱卿，还尔太子，你看那是谁？"帷帘拉开了，狄仁杰仔细一看，这不就是十多年前那个心浮气躁的年轻皇帝吗？现在已经像个小老头了。狄仁杰忍不住老泪纵横，跪倒在地，顿首说："王已还宫，人未曾晓，怪不得议论纷纷，还疑不实呢。"这么一张扬，天下人都迅速知道庐陵王回到洛阳了，全国暗流涌动，掀起了欣幸庐陵王还都的热潮。武承嗣终于明白自己夺储没有希望了，非常灰心气闷。这么多年的努力一下子成了泡影，他受不了这个打击，积郁成疾，不久即怏怏而死了。这时次子武延秀到突厥完婚受阻未回，长子延基袭爵，号继魏王。武媚娘接受狄仁杰提议，为了欢庆庐陵王还都，武媚娘令庐陵王出舍龙门，备礼迎还，中外大悦。武媚娘乃正式敕立庐陵王为皇太子，复哲名为显，赐姓武氏，命为河北道元帅，出御突厥。改封豫王旦为相王，领太子右卫军。先是突厥启衅，大兵初发，都城募兵月余不满千人。及太子为元帅，应募日众，不到三五日，即数满五万人。太子乃自请出师，武媚娘不许，但命狄仁杰为副元帅，令代行元帅事。武媚娘亲饯都门，狄仁杰拜命而去。由此可见，武媚娘无路可走，已一心归政李唐了，只是还坚认武周为本，丢不开武氏族人显赫身份和地位，诸儿孙还得跟着姓武，表明她真心恢复李唐王朝的心结还未打开。

在太子是立子还是立侄问题上，武媚娘经过很长时间的酝酿，最终还是选定儿子为继承人，这是有深刻的内在因素的。这因素主要表现在以下三个方面：第一，立子符合武媚娘长远利益。立儿子做继承人，既符合继承传统，又顺应母子亲情，且死后还能得子孙永远祭祀。如果让侄子武承嗣当皇帝，自己恐怕无法在侄子们的祭祀中占一席之地。当年武承嗣的父亲武元爽曾虐待过自己，自己临朝执政后除掉武元爽，武承嗣也跟着流放吃尽苦难，他若当皇帝恐怕不但不会在宗庙中供奉灵位祭祀自己，而且很可能要报杀父之仇清算自己罪过呢。第二，立子是人心所向。反对武媚娘当皇帝的大臣都已在武媚娘授意下被酷吏杀死了，剩下的大臣都不敢再公然反对她当皇帝。但不反对并不等于心里同意、拥护她当皇帝，更不表明会同意让她的侄子当皇帝。李昭德、狄仁杰、吉顼等人都反对让她侄子当太子，而一致推戴庐陵王做接班人，都是民心所归的反映啊。唐朝前三位皇帝都励精图治，出现太平盛世，人们都心系李唐，“未厌唐德”。你武媚娘作为李唐家的寡妇，从丈夫手里接过管家权，替儿子主持朝政，怎么能转手把管家权交给旁人，让他们来继承这份家业呢？第三，武家子弟难成大器。武家的两个比较亲近的侄子武承嗣和武三思都没什么才能，虽当过几次宰相但屡被罢官，根本没有领导能力。武媚娘的堂侄武懿宗则更糟糕，更丢脸。他身材矮小，相貌猥琐，丑陋不堪。更令人气愤的是他带兵打仗胆小如鼠，屠杀百姓凶残如虎。神功元年（697年），武媚娘派他带兵讨契丹，武懿宗带领十万大军出发，离前线还很远，听说几千契丹骑兵要来，吓得他丢盔弃甲，落荒而逃，这多丢人啊。有个叫张元一的文人当着武媚娘的面写打油诗讽刺武懿宗，说：“长弓短度箭，蜀马临阶骗。去贼七百里，隈墙独自战。忽然逢着贼，骑猪向南窜。”意谓手虽握长弓，射出的却是短箭。骑的是矮小的蜀马，却要找个台阶才能骑上去。敌人远在七百里外，却自个儿绕着城墙打玩笑仗。忽然听说敌人真的来了，竟吓得骑着猪向南逃窜。武媚娘没听懂“骑猪”是什么意思，就问：“懿宗有马，为何要骑猪啊？”张元一答：“豕（即猪）屎同音，武将军吓得屎尿齐出，这不是骑猪而逃吗？”由此可见当时人们对诸武无能的极端鄙视。武懿宗对敌人胆小如鼠，闻风而逃，可对无辜百姓却心如蛇蝎，毒似虎狼。武媚娘派他去安抚被契丹残害的老百姓，结果那些被契丹裹胁走、现时又逃回来的人，统统被他安上谋反罪名尽行屠杀，杀人时先把人胆割下来，然后再砍头，真正

尸积成山，血流成河，哀声遍野，惨不忍睹。老百姓都恨透了他。如此不成材、坏透了的武家子弟，能把江山交给他们吗？纵然是铁桶一般的江山也会白白断送掉的。

武媚娘选择李显当继承人，也是经过一番考量的。武媚娘决定让儿子当继承人，可儿子有两个，让哪一个继承呢？比较起来，两人各有优势。李旦资格比较老，当过好几年傀儡皇帝，又当过多年皇嗣，虽处在幽禁之中，但其待遇一直比拟于皇太子；庐陵王李显年纪大，是唐高宗选定的唐太子。让谁当太子呢？正当武媚娘左右为难时，李旦主动让贤了，他再三上书请逊位于庐陵王。这一来是他们兄弟骨肉情深，二来是按传统立嫡从长，三来是人心所向大多倾向庐陵王。武媚娘经过仔细权衡，终于决定复立庐陵王为太子。因为在武媚娘看来，立李显为太子有三个方面的政治意义：第一，李显在朝中无势力。他被贬外放已经整整十五年了，朝中任何权臣一个也认不得。武媚娘是个权欲狂，让没有势力的人当太子，对她的权势不构成任何威胁正适合她的要求。第二，李显跟武家人没仇。武承嗣、武三思等人想夺储反复陷害李旦，终未能得逞，李旦自然耿介于怀，如一旦为帝，决不会轻饶武家人。李显是他母亲贬黜的，与武家子弟无关，所以一点仇怨都没有，当然就谈不上打击报复了。武媚娘为了自己百年之后武家人依然旺盛不衰，选择与武家人毫无仇隙的李显立储是最佳选择。第三，李显会对武媚娘感恩戴德。李显被废掉之后处境一直很差，整天提心吊胆不知什么时候会祸从天降，像二哥李贤一样一道敕旨将自己逼死或赐死，长期处于凄凉、惊慌、恐怖状态。现在接回洛阳重新立为太子，无异于一步登天，他当然欣喜若狂，会对武媚娘感恩戴德了。尽管如此，她想让武家永远享有她称帝的拥有的一切权力，还采取了以下两个措施：一是授予武家子弟军政要职，两个人出任宰相，四个人分别掌管洛阳、长安、并州等要地军事大权；二是糅合李武两家关系，除赐太子李显姓武，成为武氏一家人外，还于圣历二年（699 年）六月命李显、李旦、太平公主与武三思等武家子弟盟誓，保证永远互相帮扶和睦相处，并将誓文铭刻在铁券上，希望永远成为一家人。久视元年（700 年）十月，武媚娘宣布恢复李唐王朝使用的夏历。至此，天下人都已明白，武媚娘确实准备放弃武周王朝，恢复李唐王朝了。但她仍牢牢把握君权不放，虽已年高体衰，力不从心，她对帝王权威的追求是永远不会放弃的，毫无逊位之念。

武家子弟都无才缺德，又都拥有重权，大臣们都看不入眼，甚为鄙弃，而武媚娘竟竭力偏护。中丞吉顼尝嫉视武懿宗，说他退走相州，毫无胆力。武懿宗忍耐不住，与吉顼相争，武媚娘出为调解，吉顼尚愤斥不休。惹得武媚娘动怒起来，勃然道：“顼在朕前，尚轻视我宗，他日还当了得么？从前太宗皇帝，有马名狮子骢，性暴难驯，朕尚为宫女，从旁进言道：‘妾能制伏此马。惟需用三物，一铁鞭，二铁挝，三匕首。’太宗尝称朕胆壮，今日倔强如汝，亦欲污朕匕首么?”吉顼听了此言，不觉惊出一身冷汗。武媚娘方才脸色转缓，叱令退出。诸武遂暗中诬告吉顼弟弟倚势潜取官位，武媚娘立贬吉顼为固安尉。吉顼曾是武媚娘亲信，陛辞时得蒙召见。吉顼叩首说：“臣永辞阙廷，愿陈一言。”武媚娘问他有何话说。吉顼说：“合水土为泥，有无冲突?”武媚娘说：“有什么冲突?”吉顼说：“分半为佛，半为天尊，有冲突否?”武媚娘说：“这却难免。”吉顼说：“宗室外戚，各有阶级，庶内外咸安，今太子已立，外戚尚封王如旧，他日能勿冲突么?”武媚娘说：“朕亦想念及此，但木已成舟，只好慢慢留意吧。”吉顼乃拜辞道：“但愿陛下留意，则天下幸甚。”言毕就离京赴任贬所。从上述情况看，武媚娘不辨贤愚，倚赖、重用武家子弟之心始终未变，一方面坚持维持武周王朝，不愿让太子顺利接班，恢复李唐王朝往昔威仪；另一方面也表现出她有眼无珠，让武氏族人专权跋扈，养虎遗患，必然引起后患和祸乱。

【批】

庐陵王还都复立为太子，标志着短命的逆历史潮流而动的武周王朝的必然灭亡，是大势所趋，人心所向，其中尤以李昭德、狄仁杰、吉顼功不可没。吉顼及时转型，由谄武反李转为反武拥李，是识时务之俊杰，李唐王朝的功臣。

武媚娘至死不悟，死抱着武周政权不放，并放纵庸碌无用的诸武子弟执掌军政大权，足见其无知、昏聩至极。

【第二十七章】封嵩山金简求赎罪

一、封禅嵩山

封禅是古代帝王祭祀天地神祇的重大的仪式。古代帝王都很重视封禅，以示自己是受命于天的。古人认为泰山是最高的山，身为帝王的人间最高统治者，应当到这座最高的山上去祭祀。中国历史上一共有六位皇帝到泰山举行封禅大典，他们是秦始皇、汉武帝、汉光武帝、唐高宗、唐玄宗、宋真宗。举行封禅大典，表面是恭奉上天，感谢上天授命于己统治天下，实际上是炫耀自己建立了伟大的功业，普天同庆，举国欢腾，以强化自己统治天下的合法性和权威性。正因为这样，泰山封禅都是在当时国力非常强盛、国库非常充裕的情况下举行，每次都要耗费很大的国力物力，从而充分显见出自己统治天下的功业的伟大与辉煌。上次高宗于麟德二年（665 年）十月从东都洛阳出发到泰山封禅，随从和仪仗绵延数百里，可见耗资的巨大和气势的宏伟，把大唐帝国的威仪和君王文治武功的伟力都充分展现出来了。故封禅实质上是帝王威仪和国力强盛的一种最佳的展示、出镜和大曝光。

武媚娘建立武周王朝，她平素就喜欢吹嘘和炫耀自己。她也要举行一次封禅大典，以显示她君临天下的不朽功业。不过她选择的地方不是泰山而是嵩山。嵩山自古称为中岳，古人认为它是大地的中心，这是当年周公测日影测出来的。在天下之中的这个位置，平地耸起高大雄伟的山峰，真像是天然形成的巍峨的通天柱。在这里与天沟通，向上天汇报成绩，上天应该听得清清楚楚，这多好啊。而嵩山本来就是周王朝的圣山，当年周武王、周文王都祭祀过嵩山。武媚娘自称是周王朝的后裔，认为周朝先王是自己的祖宗，那么，祖宗崇拜什么后代也崇拜什么，这是合乎宗族崇拜传统的，因此，追随祖宗崇拜嵩山就完全顺乎自然了。再说，当初随李治封禅泰山是以皇后身份去的，这次如再到泰山封禅不是祈求保佑李唐王朝，而是祈求保佑武周王朝，实在很别扭，改封嵩山则可避免这个别扭，与以前的皇后身份断绝关系，并可正式以武周王朝君王的身份显耀天下。嵩山离洛阳较近，出城走不多远就可看到嵩山挺拔宏伟的山影，仿佛招手相迎，令人亲切、激动。武媚娘年逾古稀的身子骨还是挺能承受和适应的。

出于以上原因，天册万岁二年腊月初一，在武媚娘七十三岁这年，她把嵩山改称神岳，到嵩山封禅去了。史书称：“改嵩山为神岳，封其神为天中王，拜太师、使持节、神岳大都督，禁刍牧。”嵩山也的确够壮美的，自古就有“嵩高唯岳，峻极于天”的说法。太室山、少室山分列二处，中有一谷，山势峻挺，高耸入云，分外雄伟壮观。武媚娘威风凛凛，带领大队人马，从神都洛阳出发浩浩荡荡向嵩山挺进。到目的地休整了一会儿，腊月十一日，亲临太室山举行祭天登封大典；十四日，登上少室山举行祭地登封大典；十六日，接受朝臣朝觐；二十日回到洛阳。为了使纪念这件事名垂史册，她把天册万岁年号改为万岁登封年号，并把嵩山所在地嵩阳县改名为登封县（今河南省登封市），登封即指登嵩山封禅，地名一直流传至今，也堪称一个史迹。把紧邻的阳城县改为告成县，意谓封禅嵩山大功告成。嵩山的山神被尊为神岳大中黄帝，在中国五岳山神中只有嵩山之神称帝，这完全符合武媚娘好称帝王的本性。武媚娘为了显示女性称帝是合乎天经地义的，又想出一个鬼点子，给嵩山之神神岳大中黄帝又找了一位夫人，封为天中黄后；另外又因传说夏朝开国之君启的母亲在嵩山生下启后就化作了石头，这多么伟大呀，就加封她为玉京太君；启是由他姨妈抚养长大的，也够伟大呀，就又加封为金阙夫人。这样，人们到嵩山一走，就会到处碰到女神仙。武媚娘的用意很清楚，既然处处都有女神仙，我当女皇不也是很正常的吗。她这就无形中把封禅嵩山政治化了，完全是为了显示她这女皇的合法存在和无上威仪。

武媚娘一贯的好胜心和张狂心在嵩山封禅中得到最淋漓尽致的体现。嵩山封禅之后，她志得意满，欢欣若狂，她成了历史上唯一在泰山之外举行封禅大典的君王，也是唯一的女性封禅者，古往今来天下唯我独尊，好一个自尊自大的女人！如果把她在嵩山封禅多方面表现一凑合，她那千古独一女皇的骄横跋扈身影便跃然纸上了。在这样恣情张狂的心态下，她无法抑制内心激动，立即大赦天下，免除天下百姓一年赋税，又赐百姓大宴尽情吃喝十天，来欢庆她这个当今女皇的嵩山封禅盛典。她真的癫狂到极点了！而此刻，她已召还庐陵王册立为太子，她血腥厮杀得来的天下，不可避免地终将回归李唐王朝。

二、金简赎罪

人常说："岁月不饶人"，"光阴似箭，日月如梭"，人生易老，转眼就是百年。武媚娘一生好斗，跟子女斗，跟后妃斗，跟大臣斗，跟宗室斗，跟丈夫斗，跟命运斗，凭借丈夫给她的代君临朝视政权力，又凭借压迫自己儿子篡夺帝王权力，全凭拥权杀人立威，大肆屠杀无数忠良生灵，维系着自己也不知走向何方的荒诞绝伦的武周政权。她真的很能斗，铁血无情，恣肆杀戮，和酷吏之王来俊臣一样，毫无人性，以杀人为快，并常在杀人时面露微笑。她不择手段该得到的都得到了，唯独得不到一样东西——青春常在。她再有雄强的心也不能战胜自然规律，她终于一天比一天衰老了。奇怪的是，在结束酷吏和解决继承人问题之后，按理说是应该轻松一点儿了，但她的衰老却加快了。圣历二年（699 年）二月，即在她召回庐陵王的第二年，武媚娘生病了，并载入史册，说明病势不轻。此时她已是七十六岁高龄，当皇帝已当了九年，正是踌躇满志之时，却得了这场大病。很明显，这不是普通的伤风感冒，而是难治的老年心力衰竭病，说白了，是人生生老病死行将走完生命历程的病。疾病的沉重和痛苦使武媚娘非常难过，她已开始意识到自己来日无多，因此对她心灵的打击非常大。她意识到生命的无比宝贵，和生命相比，以前的一切以及眼前的九五之尊都显得黯淡了。长生不老一下子成了她最大的梦想和追求。怎样才能长生不老呢？她此时正在嵩山，嵩山又发挥了新的功能。

因为有大名鼎鼎的少林寺，人们都知道嵩山是佛教圣地。其实，嵩山也是道教圣地，有全国最大规模的中岳庙。道教追求长生不老，这正符合武媚娘当时的愿望。她忙叫一个叫阎朝隐的大臣向嵩山之神祈祷，求山神保佑她早日痊愈。阎朝隐在山神庙祭台上供上一些动物的肉作为祭品，他祈祷说，我就是那祭品，我愿意用自己年轻的生命去换皇帝陛下的生命。祈祷过后，武媚娘的病情居然有所好转。据《资治通鉴》记载："太后不豫，遣给事中阎朝隐祷少室山，朝隐自为牺牲，沐浴伏俎，请代太后命。太后疾小愈，厚赏之。"这次生病之后，武媚娘对道教的热情空前高涨起来。在这方面，她做了三件事。一是服用丹药。圣历三年五月，即她生病的第二年，她开始服用洪州道士胡超给她炼制的长生药。武则天一服用，觉得身体有了好转。从此，她就对炼丹服药着了迷。二是改元久视。《道德经》说："有国之母，可以长久；是谓深根固蒂，长生久视之道。"她从中选取"久视"二字，希望这个年号有助于她长久活下去。三是嵩山投金简。金简是指用金子做的名片，这名片是专供道教神仙的。名片上写有本人的姓名、职业、职务等，还有本人对神灵的请求。授金简是一个道教仪式，是表示祈福免灾的。武媚娘授金简仪式非常隆重。久视元年（700年）七夕这天，武媚娘特请炼丹有功的道士胡超替他到嵩山谢神，在封禅台的北面投下一个金简，金简上镌刻着下列铭文："大周国主武曌好乐真道长生神仙，谨诣中岳嵩高山门，授金简一通，乞三官九府，除武曌罪名。大发庚子七月甲申朔七日甲寅，小使臣胡超顿首再拜谨奏。"其中三官是指天官、地官、水官，是道教的三位神仙，九府是指各路神仙的洞府，意谓大周皇帝武曌崇奉道教长生不老神仙，请求长生不老，特恭临中岳神山之巅，投下这道金简，恭请三官九府各路神仙消除武曌的罪名，给予降福消灾。这金简明显是个请求消除罪名的赎罪简。此时武媚娘已七十七岁高龄，重病缠身，她比较迷信，后省过去，深感自己一生有很多罪过，为争夺权力，杀人太多，可能有很多冤鬼正在向她勾魂索命，故此请求道教各路神仙给予宽恕，消除她的罪过，不再追究她的罪责。这个金简因为是金子做的，不怕风吹日晒，投入高山中，经久毫无磨损，字迹清楚，是1982年登封县一个种树的农民偶然发现的，现作为国家一级文物保存在河南省博物院。这可是一个惊世骇俗的重大发现：武媚娘在重病中恐惧地感觉无数被她血腥屠杀的冤魂正在向她索取性命，她第一次向神仙、世人谶悔自己深重罪过了！历史上从没有一个皇帝如此向天地神灵谶悔和要求宽恕自己的罪恶！应该说，这个金简是武媚娘在面临死亡时的认罪、赎罪简，目的是请神仙宽恕她的罪恶，给她降福消灾，能够延年益寿。一个所向无敌、从不认输的堂堂大周皇帝，在面对死亡时居然渺小到向神仙赎罪求救，这就可见她对死亡是多么恐惧的心境了。她在金简中没有说明自己有哪些罪恶，她不敢写，也不好写，因为金简体积太小，无法一一列举。这些罪恶，她心知肚明，天下臣民也都了如指掌，神仙就更不用说了。她的罪恶真正是千罪万恶，擢发难数，罄竹难书啊！单她亲自指使屠杀的人就以万计，每一个人都是鲜活的生命，每一个生命都可以向她讨还血债，她武媚娘有一万颗人头也不够杀，不够偿还血债。

武媚娘开始怕死，要赎罪以求不死，是她人生历程的一大转折。可是俗话说："江山易改，本性难移"，她为了争权夺利、杀人如戏的残忍本性并没有变，此后她还不断有许多有碍她的权益和面子而动辄杀人的骇人事例发生，可见她投金简赎罪，实质上乃是哄骗鬼神的花招，自欺欺人的玩意。

有件事与武媚娘祈求赎罪、盼望长生不老颇有关联，说来令人不齿。武媚娘想求助嵩山神仙宥罪以求长生不老，被下面想升官发财的人大大要弄和利用了一回。有个叫朱前提的人，上书说："臣梦陛下寿满八百"，武媚娘正赎罪怕死，寿满八百多诱人啊，一高兴，就给他当了个八品拾遗官。朱前提见武媚娘喜欢吹捧，没多久又说："臣梦陛下白发变黑，齿落再生"，武媚娘

一兴奋，又给他当五品驾部郎中。朱前提见武媚娘这么好哄，又上书说他听见嵩山高呼万岁。武媚娘更激动啦，她正向嵩山之神祈求赎罪和降福呢，嵩山高呼万岁不正是对她投金简的一个称心的积极回应吗？好，再赐给朱前提一个只有高级官员才可佩戴的表示无上荣耀的装饰品绯算袋，可真是给朱前提赚足了。而从此也可看出，武媚娘赎罪求生多么心切，她这么容易听信人骗，说明她的智商已低下到多么可怜的程度！

三、纵情享乐

武媚娘原是一个为追求权利而玩命的人，她一生都在拼杀，几十年杀下来，杀得到处血雨腥风，冤案如山。嵩山投简赎罪祈福之后，她心境有了一些转变，人生如梦，转眼百年，自己年近八旬，接连几场大病下来，看来大限将近，死亡的阴影恍惚逼近，她对人生的意义开始有些淡泊了。她于是开始追求享受玩乐，纵情声色，游山玩水，要在有生之年尽情享乐一番，否则一旦撒手西去，什么也没有了，岂不可惜。她在宫内建立了一个叫控鹤监的机构，广选美少年充实其中，男女混交，尽情享乐。后面还要专写此事，这里略带一笔。在此情况下，嵩山又发挥了第三个功能。嵩山的前两个功能是嵩山封禅、金简赎罪，第三个功能是旅游休闲，及时行乐。嵩山是古今著名避暑旅游圣地。嵩山离洛阳只一百多里，皇帝起驾都是鸾车凤辇，快得很，几个小时就到达了。嵩山两山耸立，中间一个大谷，处在风口上，山顶海拔高，温度比洛阳低五度左右，夏天凉风习习，流水淙淙，是个最佳游玩避暑圣地。武媚娘一动心，就在嵩山搞起了皇家旅游开发。武媚娘原已在嵩山建了奉天宫，久视元年三月，她又在嵩山石淙河畔修建了一座三阳宫，在深山之中建豪华宫院，建筑材料难运，所需工役众多，耗资巨大，武媚娘为了追求享乐，是无论耗费多么巨大的人力物力财力也不管的。三阳宫建成后，武媚娘欣然入住，一住就是几个月。她为什么特别喜欢这地方呢？这地方风景太迷人了。三阳宫地处山谷森林茂密深处，临近清澈见底、蜿蜒弯曲的石淙河，春夏万花盛开，河流奔泻，景色优美动人。这么美的风景，加上又是三圣荟萃的人文圣地，如此人间仙境，武媚娘能不尽情观赏玩乐吗？第二年，即长安元年五月，武媚娘又一次驾临三阳宫，一住又是两个月，她简直爱此美景圣境，乐而忘返了。

武媚娘饱览经史，能诗善文，且擅长书法。在游嵩山时，她的书法也派上用场了。圣历二年，武媚娘在嵩山游乐期间，特地去寻访传说中周灵王的太子晋升仙的地方。武媚娘自称是周朝后裔，自然把周太子晋当作祖先了。传说这位周太子未当皇帝，竟修炼成仙乘白鹤升天而去了。世传晋升仙后，桓良遇之于嵩山，乘白鹤驻山头，举手谢时人而去。追求长生、当神仙可是武媚娘的梦想，于是武媚娘便在周太子晋传说成仙升天立庙踟躇留连的地方，表达她对祖先的崇敬和对神仙的向往。圣历二年（699 年）二月初四，武媚娘由洛阳赴嵩山封禅，返回时留宿于缑山升仙太子庙，一时触景生情撰写了《升仙太子碑》文，并亲笔书丹。这碑文，表面上是颂扬周太子晋升仙故事，实际上是赞美当时自己又一个小情人张昌宗。武三思谄媚武媚娘，曾把武媚娘的男宠碧白如玉的张昌宗附会为王子晋的后身，武媚娘也曾在宫中要张昌宗模仿王子晋，披羽衣、骑木鹤、吹箫、奏乐，并有著名文人宋之问等纷纷写诗吹而捧之，使武媚娘自己都觉飘飘欲仙了。所以，这个《升仙太子碑》文表面记述周灵王太子晋升仙故事，实际是为自己和张昌宗立的。它一箭三雕，既写出对周太子晋升仙的赞颂，又表达对张昌宗的誉美，同时又体现了武媚娘对成仙和长生不老的追求。由于没有压力，心情愉快，武媚娘这篇《升仙太子碑》书写得甚为潇洒开脱，笔法婉约流畅，意态纵横。碑额《升仙太子之碑》六字以飞白体书就，笔画中丝丝露白。碑文三十三行，每行六十六字，共二千一百七十八字，行草相间，接近章草书体。这是历史上首次以今草入碑，可算书法史上开风气之先。《宣和画谱》赞称："凛凛英断，脱去铅华脂粉气味。"此碑非常高大，龙首龟趺，首身一体，高 6.7 米，宽 1.55 米，厚 0.55 米，座高 1.3 米，通高 8 米，是缑山一大引人景观。从这碑文和书法中，我们揣测出一个信息：年已薄暮的武媚娘动极思静，她追求的除权力而外就是能够长此优雅、愉快地生活下去。

此时期，武媚娘经常游山玩水，饮酒赋诗，心境比较轻松愉快。她知道李武两家存在矛盾，这是她的一个心病，她想借此机会调和一下李武两家的矛盾。久视元年七月，武媚娘第一次到三阳宫避暑，即在石淙河的一块巨石上大摆宴席，宴请太子李显、相王李旦、梁王武三思、大臣狄仁杰、姚元崇及男宠张易之、张昌宗等人，气氛蛮和谐的，历史上称作石淙宴饮。酒席间，武媚娘为进一步调和气氛，即席赋了一首《石淙》诗："三山石洞光玄箓，玉峤金峦镇紫微。均露均霜标胜壤，交风交雨列皇畿。万仞高岩藏日色，千寻幽涧浴云衣。且驻欢宴赏仁智，雕鞍薄晚杂尘飞。"她一带头吟诗，与宴者纷纷响应，十六个人一共写了十六首诗，也可说是极一时酒宴、诗会之盛。这些诗都刻在石淙河边石壁上面，现在字迹还能看得清清楚楚。这是武媚娘苦心孤诣的一次调和李武两家矛盾的轻松缓和李武关系和谐的宴饮。

从上述情况可以看出，武媚娘已开始步入风烛残年的怠政时期，她追求的主要是愉快地活着享受，颐养天年。随着她的自然生命的结束而宣告政治生命结束，到时太子李显就可顺利接班。但事实上没那么简单，武媚娘始终是个要强的人，她身边的人也相当诡谲多变，政治形势随时都可能凸起波澜，

情势也变得复杂难测。

【批】

封禅嵩山，意在显示武周王朝威仪和武媚娘作为女皇的不凡。其实她已到了强弩之末、不入鲁缟的路末途穷之际，李显已立为太子，天下即将回归李唐王朝，称之为临终时的回光返照，倒是很贴切的。大周不得人心，注定灭亡，但她还死抓住皇权不放，不愿及时传位，实堪可悲。

武媚娘面对死亡，无限恐惧，竟不得不向高山之神悔罪、赎罪，以求延年益寿、长生不老。这充分证明，她已自认是千古罪人，读之真觉心情为之一快！一贯逞凶好强的武媚娘居然投金简赎罪，这罪恶可就真的太大和惊人了。

【第二十八章】狄仁杰不愧擎天柱

一、秉公断案

在武媚娘称帝前后期间，朝中有一个人特别值得一提，就是大名鼎鼎的宰相兼神探狄仁杰，他是一个名垂青史、光照千秋，才华出众、体悯百姓的大清官、神探和功臣。狄仁杰字怀英，并州太原人，可算是武媚娘的同乡。唐太宗贞观四年（630 年）生于一个普通官宦家庭。年幼时刻苦攻读，博通经籍，他每到一地任职，都政绩斐然，深得民众赞誉，为他立碑，颂其恩德。曾入京应试明经科，从此进入仕途。他因有才学被举为明经，调汴州参军。他被人诬诉，黜陟阎立本召讯，异其才，谢曰：“仲尼称观过知人，君可谓沧海遗珠矣。”荐授并州法曹参军。他的同僚同府参军郑崇质当出使绝域，崇质母老且病，狄仁杰说：“他母亲老而且病，怎么可以让他有万里之忧！”亲自找到长史蔺仁基，请求代郑崇质出使绝域。仁基平素与司马李孝廉不和，受狄仁杰友爱互助之心感染，一致感动地说：“吾辈岂可不自愧乎！”因而相与友好如初。他为人正派，曾中途投宿逆旅，有寡妇深夜私奔，他坚拒不纳，未晓即去。稗史记此事时记有他的诗句云：“美色人间至乐春，我淫人妇妇淫人，色心若起思亡妇，遍体蛆钻灭色心。”诗的真假且不去论，足可展现他的为人清白纯洁。他举明经后进任内外官职，皆有政声。他前半生比较平淡，作为朝廷重臣、政治家，他的后半生才逐渐具有重大意义。他读书时非常专注入神，一日，邻人有被害的，胥吏来盘诘究竟，人声争辩吵嚷，他独静坐诵读经书。胥吏责备他不关心邻里是非，他答道：“黄卷中方与圣贤对，何暇偶俗吏语耶?”他曾为江南巡抚大使，焚毁淫祠一千七百余所，独留夏禹、吴太伯、季札、伍员四祠，吴楚巫风，几从此廓清。

唐高宗仪凤元年（676 年），狄仁杰四十七岁，被任命为大理丞，负责审

理案件。在担任大理丞一年左右的时间里，他判决处理了纠缠多年的滞狱案一万七千多件，无一案错判，效率之高，十分惊人。在他一一征求被告家属意见时，这一万七千多件案子的家属都表示服从判决，其审案的正确率达到百分之百，是古今少见的。《旧唐书·狄仁杰传》载，狄仁杰“仪凤中为大理丞，周岁断滞狱一万七千人，无冤诉者。”他办案、处事的最大特点就是实事求是，不草率决定。有两位将军误砍了唐太宗昭陵上的一棵柏树，皇家昭陵是不许动土、侵毁的，高宗十分震怒，要下旨处死这两个糊涂的将军。狄仁杰上奏说两人罪不该死，高宗发怒说：“这两个家伙让我做了不孝子，我一定要处死他们！”大臣们都不敢说话，并使眼色劝狄仁杰别趟这混水，狄仁杰装作不知，继续陈词说：“根据国法，那两人不是死罪，现陛下因昭陵一株柏而杀二将军，千载之后人们将怎样评价你呢？”他很有说服力地硬是用身后名声劝使高宗赦免了二将的死罪。就在那时，左司郎中王本立仗着皇帝宠信，作威作福，横行不法，朝臣都敢怒不敢言，独狄仁杰挺身而出，弹劾王本立不法，要求拘拿审理。高宗还想包庇王本立，狄仁杰正色说：“陛下何必怜惜一个罪人而亏负王法呢？如果陛下定要曲赦本立，臣请将我放逐于无人之处，以告诫后世忠臣。”高宗见他这样执着、出于无奈，只好将王本立依法定罪，于是朝廷肃然。还有一次，唐高宗出巡，要经过一个妒女祠。有人奏说盛服经过此祠者不吉利，建议另开一条御道行进。而另开御通需动用数万人劳役，狄仁杰认为不妥。他说：“天子之行，千乘万骑，风伯清尘，雨师洒道，一个妒女岂能伤害？”终于免除了一场浩大的劳役。高宗闻知不禁赞叹道：“真是个大丈夫啊！”

武媚娘执政时狄仁杰曾任宁州刺史，推行德政，万民拥戴。右台御史郭翰巡按陇右，所至官吏枉法，多所按劾。入宁州境，显见一片升平安乐景象，百姓歌颂狄刺史美德者盈路，为他立了德政碑。郭翰回朝上奏，征为冬官侍郎。旋任文昌右丞，因豫州乱平，又奉诏出任豫州刺史。狄仁杰到了豫州，查问越王余党，统已由张光辅拘住，有二千多人被判处死刑。狄仁杰不禁慨然道：“人命至重，怎可这般滥捕滥杀呢？”乃令全部除去囚械，同时飞使密陈上奏说：“罪囚甚众，实多诖误，臣欲有所陈请，似为逆人申理，若缄默不语，又违陛下钦恤至意，所以拜表渎陈，仰乞矜鉴。”旋接复旨，俱减死戍边。这是他机智仁爱地以曲劝的方法劝说武媚娘体恤生命，有好生之德，因而及时挽救了两千多无辜百姓的生命。狄仁杰任宁州刺史，留有德政碑，至流犯道出宁州，父老俱迎劳道：“我狄使君活汝么？”相携至德政碑下，且拜且哭，三日乃行，到流所亦为立碑。时张光辅尚驻豫州，部将多恃功强索，狄仁杰不答应。张光辅以谗言上奏责诘狄仁杰说：“刺史如何轻视元帅？”狄仁杰理直气壮地说：“作乱河南，只一越王贞，今一贞已死，难道万贞复生

么?”张光辅不理解狄仁杰所说的话的意思，又复穷加诘问。狄仁杰说：“公率将士十万，前来平乱，乱已平靖，渠魁受戮，公仍纵兵暴掠，欲杀降人为己功，岂非是一贞已死，万贞复生?仁杰奉命来此，为民除害，恨不得上方斩马剑，加诸公颈，有什么怕死呢?”张光辅张目结舌不能答，及还东都，奏言仁杰不逊，因迁狄仁杰为复州刺史，后又仍复擢为地官侍郎。他秉公为民办事、断案，从不怕别人私下议论。有一次，武媚娘对狄仁杰说：“卿在汝南，甚有善政，卿欲知谮汝者乎?”谮指诬陷、中伤，背地里说人坏话。他拱手感谢武媚娘的照应，坦然说：“陛下以臣为过，臣请改之；知臣无过，臣之幸也，不愿知谮者名。”充分表现了光明磊落、无私者无畏的大丈夫气概。

狄仁杰秉公断案的故事，在民间广为流传，在民间演变成了他断案如神的传奇。清代盛行的公案小说《狄公案》应运而生。到了近代，还有一个名叫古克利的荷兰人写了一部《狄公断案大观》，使狄仁杰审案神奇传说更加广为传扬，名扬中外。还有一个叫高罗佩的外国人用大故事套小故事的办法写成一部一百二十七万字的有关狄仁杰办案故事的小说，并配有中国绣像风情的线描插图，因此狄公案在国际上更显得神乎其神了。由于这部小说风靡一时，深深征服了西方读者，狄仁杰也成了西方人心目中的“中国的福尔摩斯”。福尔摩斯系虚构的人物形象，而狄仁杰却真有其人，其生动引人的探案故事的魅力和吸引力则远远超过了福尔摩斯。

二、巧脱囹圄

武媚娘篡唐立周、潜登帝位时，改元天授，起用狄仁杰为地官侍郎同平章事。前面提过，狄仁杰在武周时担任重臣，他身在周朝，心在李唐，只是不明言罢了。他总是设法从感情上牵动武媚娘不忘李唐王朝，有策略地逐步使武媚娘最终放弃立侄为太子的念头，而最后达到拥立庐陵王李显为皇位接班人的目的。对此，武承嗣、武三思、武懿宗等人心里非常清楚，千方百计想要陷害和除掉他。武媚娘也洞察狄仁杰的心理，在称帝后不久便对狄仁杰进行了一次不小的惩戒。狄仁杰为地官侍郎同平章事后正式立朝，不谄事诸武，诸武恨得咬牙切齿。还有鸾台侍郎同平章事乐思晦，及右卫将军李安静，也与狄仁杰一般刚正，同为诸武所嫉视。诸武遂唆使酷吏之王来俊臣构陷他们。来俊臣因狄仁杰方得重用，一时扳他不倒，独李安静武媚娘称帝时未肯联名劝进，乃即上书陷他谋反。当由来俊臣制造伪证，定二人谋反罪，立即处斩。来俊臣承诸武命，一意构陷良臣，已害死乐、李两人，遂想连及狄仁杰，平白地兴起波澜，将狄仁杰搅入逆案，并将同平章事任知古、裴行本、司农卿裴宣礼、左丞卢献、中丞魏元忠、潞州刺史李伺真，一并罗织进去，狠狠地上了一疏，且请武媚娘降敕，有一问即承、罪得减死等语。武媚娘本深信来俊臣，当然准奏，遂拘狄仁杰等下狱，由来俊臣审讯。先诘问狄仁杰谋反状，狄仁杰毫不分辨，一问便认了罪，从容答道："大周革命，万物维新，唐室旧臣，甘从诛戮。反是实！"来俊臣不禁微笑道："好一个硬头官，实言不讳，免得动刑。"至问及任知古等，任知古等也自知必死，答语与狄仁杰相符。只有魏元忠辩了数语，来俊臣不复加讯，概令还囚狱中。狄仁杰如此爽快承认谋反，来俊臣深感意外，他心满意足，免掉了用刑。狄仁杰实际上有他自己的打算，这一来可按唐律"一问即承反者例得减死"，为最坏结果留有余地；二来起麻痹作用，使来俊臣等放松警惕；三来是让武媚娘相信他说实话，未讲假话，承认自己是"唐朝旧臣"，不忘李唐，未讲对武媚娘如何忠诚，以免激起她的愤怒。判官王德寿入狱探视狄仁杰，劝他引入平章事杨执柔，当可免死。狄仁杰厉声道："皇天后土，可表忠诚，奈何使仁杰扳诬好人呢？"说着，就用头触柱，血流满面。慌得王德寿连忙摇手，再三婉谢，并嘱狱吏好生看待，才转身出去。定案后，看守只等行刑，不复严备。狄仁杰因守备稍宽，就从衣服上撕下一块布，咬手指出血，用血书写冤状，放入棉衣中。次日，王德寿又来看望，狄仁杰对王德寿说："天气已热，我有棉衣一件，请派属吏转授家人，撤去棉絮。"王德寿允诺，即令狱卒持棉衣送至狄仁杰家中。狄仁杰子光远撤棉得血书，乃持血书上告，得武媚娘召见，看了血书，知道狄仁杰蒙冤情事。于是武媚娘问来俊臣，来俊臣说："仁杰等下狱，臣未曾褫他巾带，寝处很是安适，如果问心无愧，怎肯自供谋反呢？"武媚娘问："全案人犯，已俱供认吗？"来俊臣道："只有魏元忠尚未实供。"武媚娘说："须再令问官审明，免得枉屈。"来俊臣答应而退。当下令御史侯思止复讯，只他人不问，单问魏元忠，魏元忠仍然力辩。侯思止命将魏元忠倒挂起来。魏元忠道："我生得薄命，譬如骑驴遭坠，足挂蹬上，为驴所曳呢。"侯思止更怒，欲改用酷刑。魏元忠道："你若要魏元忠头，只管割取，若要元忠自供谋反，任你怎么拷打，我元忠却不便承认呢。"正说着忽由通事舍人周綝到来，说是奉制戡视犯人。侯思止乃停止刑讯，忙使心腹报知来俊臣。来俊臣急忙给狄仁杰等冠带，令见钦使。周綝到了狱中，略略顾视，不发一言。来俊臣就伪造狄仁杰等谢死表，令周綝持还报命。

适值乐思晦子没入掖廷，年才九岁，生得眉目清秀，姿性聪明，偶为武媚娘所见，召问姓名。他却从容跪奏道："臣父乐思晦，得罪受诛，臣家已破，可惜陛下英明，国家大法，为来俊臣等所欺弄。陛下不信臣言，乞择朝右忠臣，素经陛下信任，但令俊臣推讯起来，没一个不是叛党了。"武媚娘道："诺大的孩儿，倒也识得来俊臣么？"乃命他暂退，一面饬内侍至制狱中，宣入狄仁杰等人问讯。狄仁杰等人谒见武媚娘，行过臣礼，一齐呼冤。武媚娘问：“卿等果有冤枉，为何前时自供反状？”狄仁杰慨然道：“若非自承反状，早被棒打致死，哪得重见天日呢？”武媚娘又问：“你们又为何写谢死表呢？”狄仁杰等齐声道：“臣等并无此事。”武媚娘令左右取表给他们看，经狄仁杰等仔细审视，便道：“这似判官王德寿手笔，臣等字迹，无一相同，可见得是捏造了。”武媚娘仔细核对笔迹便明白了真相，不觉微微点头，便立即下令放他七人回家。七人谢恩退归，为武承嗣所见，忙入见武媚娘说：“七人已有反意，陛下何故释放？”武媚娘道：“得饶人处且饶人，况叛迹未露，何必滥杀大臣。”武承嗣尚欲请武媚娘穷治，武媚娘道：“王言无反计，你可知道吗？”武承嗣不能固争，乃怏怏趋出，密嘱台官等联名上奏，请诛狄仁杰等七人。台官不敢不依，草就一篇模棱两可的文字，呈将进去。独侍御史霍可献，系裴宣礼的外甥，竟伏阙面陈道：“陛下不杀裴宣礼，臣情愿效死阶前。”说着，竟头触殿阶，流血沾地。来俊臣又奏称裴行本罪重，不可不诛。秋官郎中徐有功看不过去，独挺身出奏道：“陛下有好生大德，俊臣等不能顺美，反欲劝陛下为暴主，究是何意？请陛下明察！”武媚娘乃宣谕道：“卿等不必廷争，朕自有折中办法呢。”言毕退朝，大众散归。这天傍晚武媚娘颁下诏敕，贬狄仁杰为彭泽令，任知古为江夏令，魏元忠为涪陵令，卢献为西乡令，流裴行本、李嗣真至岭南。史书称：“贬仁杰彭泽令，邑人为置生祠。”七人遭黜，诸武稍稍泄愤。武承嗣见狄仁杰等人被贬外放，远离京城，这下夺嫡之争可稳操胜算了。然而人算不如天算，狄仁杰等被贬黜，并非意味恢复李唐王朝夺嫡无望，俗话说：“留得青山在，不怕没柴烧。”只要狄仁杰等人还在，他们去周复唐之心就不会死，蛟龙得云雨，终非池中物，一旦得到良好气候和机会，他们就会重整旗鼓，与诸武再决雌雄，终究能够扶助李显或李旦夺嫡成功，成为李唐王朝的正统接班人，恢复大唐一统天下。

三、幽州大捷

武媚娘自来俊臣斩决被百姓啃尸、破脏后，已悔酷吏杀人太过，乃进狄仁杰为鸾台侍郎，同平章事，升徐有功为殿中侍御史，擢姚元崇为夏官侍郎，召魏元忠为肃政中丞，愁霾阴气逐渐消融。狄仁杰是唐朝旧臣，直到武周，历任判佐、法曹、县令、司马、刺史、郎中、内史、御史、巡抚、都督、元帅，直至宰相，一贯忠诚正直、众口交誉，深得朝野赞赏。前半生虽未担任要职，但为官清正，判案如神，从未有过冤假错案，普遍受到民众拥戴，立碑纪念，每次离任百姓都因对他感恩戴德为他送行。这种情况武媚娘都是知道的。这样一位人物，一旦身负重任，必然会发挥更大的政治作用。狄仁杰认为武媚娘是李唐王朝的家庭主妇，代子执政有其合法性，他虽不赞成武周王朝，但他具有敏锐的政治远见，看得出武承嗣等人都庸碌无用，难当大任，拥立李显或李旦为皇朝接班人是大势所趋，人心所向，这一历史潮流是不可逆转的。他倾心为武周王朝服务，实际上是为了赢得武媚娘对他的信任，与武媚娘建立亲密的友谊，从而有利于对武媚娘施加影响，改变她对两个儿子的看法，以利于武媚娘容易接受让儿子成为帝位的接班人，最终恢复大唐王朝一统天下。所以，狄仁杰和别的朝臣不同，他每走一步，表面看是效忠武周，获得武媚娘好感、信任，以致于能使武媚娘很顺利地听从他的劝告，实际上其最终目的是为了让武媚娘儿子能顺利接班，恢复并振兴李唐王朝。他的成功的秘诀是向武媚娘打忠诚牌、感情牌。

万岁通天元年（696年）五月以后，狄仁杰以其无限的忠诚、杰出的才能和惊人的魅力逐步获得了武媚娘特别的信任和感情，从而导致最终打胜了让武媚娘儿子能顺利接班这一仗。这年五月，营州（今辽宁锦州）地区的契丹族因不堪忍受边吏欺压，率十余万大军反抗武周王朝统治，来势甚猛，先是纵军包围幽州。继而南下威逼冀州（今河北冀县一带），河北地区形势紧张危急。在这紧要关头，武媚娘想起了才能出众、机智果敢的狄仁杰，特下诏擢升狄仁杰为魏州（今河北大名一带，邻近冀州）刺史，旋又升任为幽州都督，征讨结束后又被调回朝中升任宰相。史称“俄转幽州都督，赐紫袍、龟带，后自制金字十二字于袍，以旌其忠。”从此以后，狄仁杰的官职就再也没有下降过，深受武媚娘信任，诸武再也无法撼动他。在这一战役中，狄仁杰有许多可圈可点处，体悯百姓，降福苍生，慑服降将，震威朝纲，令武媚娘无限欢欣。当此国家危急关头时庐陵王已还东都，为了同仇敌慨，抵御外敌，武媚娘接受狄仁杰、吉项等人劝告已敕立庐陵王为皇太子，命为河北道元帅，出御契丹。同时改封豫王旦为相王，领太子右卫军。开初都城募民为兵，月余不满千人，及太子为元帅，应募者日众，三五天即满五万人。太子乃自请出师，武媚娘不许，只命狄仁杰为副元帅，令代行元帅事，率军北伐，武媚娘亲往都门为狄仁杰饯行，狄仁杰拜命而去。狄仁杰抵任，遣民归农，且与语道：“距寇尚远，何必仓皇，万一寇至，我也自能支持，不劳百姓。”民众拜谢，欢跃而去。契丹闻狄仁杰率大军前来征讨，惊得慌忙后退，狄仁杰兵临赵州，已不见敌人一兵一卒。未几，奉制为河北道安抚大使，乃招抚百姓，凡被敌人掠去返回的，都令递还原籍，并散粮施赈，修驿通师，自食粮蔬，严禁部兵惊扰百姓。武媚娘乃制令各道班师，召还狄仁杰，改授内史。

还有一种可喜的事，也属狄仁杰功劳。契丹统帅万荣被杀后，其部将李楷固、骆务整来幽州求降。狄仁杰好言抚慰，送往东都，朝臣因多番出兵，为此二将杀伤甚众，拟处极刑，以慰冤魂。及至狄仁杰还朝，武媚娘问及此二人如何处置。狄仁杰奏道：“楷固、务整，饶勇绝伦，他二人能为契丹尽力，也必能为我效忠，但请加恩抚驭，不患不转为我用。”武媚娘乃命将二人赦罪。狄仁杰再请给官阶，因再加李楷固为左玉矜卫大将军，骆务整为右武威卫大将军，令出剿契丹余党。二将同往朔漠，捕得余党多人，还都献俘。武媚娘受俘含枢殿，改元久视，擢两人为大将军，且封李楷固为燕国公，赐姓武氏，大集群臣，入殿赐宴。武媚娘举杯赐与狄仁杰说：“事出卿力，卿可尽此一觞。”狄仁杰受饮毕，奏道：“这是陛下威灵，将帅尽力，臣有何功可言？”武媚娘嘉他谦让，欲加厚赐，狄仁杰固辞，才算罢议。经过北征契丹立下汗马功劳，伸张国威，安定天下，武媚娘对狄仁杰的信任和友谊，达到了无以复加的高度，成了武媚娘最器重的大臣。据史书记载：“仁杰好面引廷争，太后每屈意从之。”谁能令争强嗜杀的武媚娘“屈意从之”？只有已成功地从忠诚、信任、感情上折服了武媚娘的狄仁杰。武媚娘深深觉得，狄仁杰对自己的忠诚铁铮铮展现眼前，无言的事实是最具说服力的证明。武媚娘很庆幸上天赐给她这么一个狄仁杰。这个狄仁杰，说多神奇有多神奇，再棘手的事情到他手里都能迎刃而解，每次送他风尘仆仆出京再焦头烂额的事都能烟消云散，化为乌有。她真佩服他达到无以复加的地步。他真的折服了武媚娘，而折服武媚娘意味彼此感情拉近了距离，他恢复李唐王朝的工作也就好做了。

四、裘衣之赌

狄仁杰在做幽州都督时，武媚娘知他忠诚为国，工作严谨，便已对他十分信任，特地赐给他一件紫袍。紫袍上有武媚娘制作的十二个金字，显示了武媚娘对他的充分信任和狄仁杰的无上荣耀。此时庐陵王李显已立为太子，并已受命为河北道元帅，武媚娘赐给这件绣字紫袍应该认为是武媚娘对狄仁杰多次婉言劝她传位给庐陵王的无声的肯定和嘉奖，也展示着诸武夺嫡的失败和结束。

还有一件事足以说明武媚娘对狄仁杰的重视与赞赏。南海郡进献了一件集翠裘，乃集翠鸟身上软毛做成的，全裘嵌以珍宝翡翠，轻暖鲜艳，珍丽异常，是一件奇珍难得之物。时男宠张昌宗正在左右侍奉，张昌宗见而欲之，恃爱乞恩求赐，武媚娘便赐给了他，昌宗谢了恩，便就御前穿着起来，来回走动，十分光彩夺目。武媚娘看了笑道：“你着了此裘，越觉妩媚可爱了。”就让他穿着裘衣陪自己玩双陆游戏。恰好狄仁杰入宫奏事，武媚娘既准其所奏之事，意欲引仁杰与昌宗亲近，就命他与张昌宗赌双陆。狄仁杰坐下后，武媚娘道：“棋高者用白棋，昌宗棋颇高。”仁杰起身奏道：“臣自信是精白一心、涅而不淄之人，奕虽小数，愿从其类。”武媚娘说：“任卿取用可也。但

你二人，须各赌一物，今所赌何物?”狄仁杰指指张昌宗身上的裘衣说：“就赌这件裘衣。”武媚娘问：“你拿什么赌啊?”狄仁杰指指身上的紫袍，说：“这是圣上赐给的，就赌这个。”武媚娘笑道：“你知道不知道，此集翠裘，价值千金，非常珍贵，你的紫袍不能和它对等啊。”狄仁杰扑扑身上紫袍说：“臣此袍乃御赐朝见奏对之衣，尊贵无比；昌宗所服之裘，不过是嬖幸宠遇之服。两件对比，我还不太甘心呢。”武媚娘不便再说什么，只好由他下注赌赛。张昌宗听狄仁杰这一数说，心赧气沮，早已面颊通红，哪有心肠对奕啊，棋局连乱，才一会儿就已输掉了。狄仁杰不客气地当着武媚娘的面从张昌宗身上剥下裘衣，抱在手上，辞谢而出。走到光范门，交给一个家奴穿上，打马而去。狄仁杰那铿锵有力的话语，使武媚娘内心泛起阵阵涟漪，她还没弄清是怎么回事，狄仁杰已手抱裘衣向她告辞后大步而去，瞬间便已不见人影。她仿佛如梦初醒，一时说不出话来，只把双眼注视着像泄气皮球似的张昌宗，张昌宗那黯然失色的白里泛红的脸上，目光呆滞，神色沮丧，一副狼狈相。方才披上裘衣时那种神采飞扬、欣喜若狂的神态已消失得无影无踪，全然失去了平日的俊美与潇洒，甚至有些猥琐。当宦者向武媚娘禀报狄仁杰把那件名贵的裘衣披到了奴才身上，意味张昌宗如同奴才一般时，她才若有所悟地回过神来，审视目前这个张昌宗，的确不错，他哪有资格与大智大勇的狄仁杰匹敌啊，他不过是个男宠、玩偶、一个奴才罢了，而狄仁杰一言一行都不同凡响，他可真正无愧为社稷的重臣、栋梁啊！武媚娘不由想象着狄仁杰策马飞驰的身影，英姿焕发，紫袍飞扬，长髯飘飘，那风姿和气慨，纵有天大的困难也不在他话下，他都能一往无前、无往不胜，真个是了不起的盖世英雄，这江山，多亏他帮着撑持呢，大柱擎天，江山巩固，蓦然想起高宗皇帝对此人的评价，不禁脱口而出：“真大丈夫也!”

五、擎天大柱

狄仁杰是武周江山的擎天大柱，更是李唐王朝的擎天大柱。这说起来看似矛盾，其实在他内心里是和谐统一的。他认为武媚娘是李唐家的寡妇，寡妇有持家权利，代子持家也可说得过去。他目光犀利，从一开始他就认识到武周王朝不能持久，诸武无一个成器的，侄子绝不可能继承姑妈皇位，这江山迟早还归李唐。所以，他忠心耿耿为武媚娘效力，其实是为了保证这江山使李唐后继有人，仍回归到大唐一统天下。他决心有步骤地从多方面入手，耐心细致地劝说武媚娘最终乐意立儿子为太子，正式成为她的皇位的继承人。虽然儿子现在赐姓为武，但继承皇位以后或武媚娘百年以后，当初的武姓自然就会恢复为李姓，那不就是正儿八经的李唐王朝吗?

关键是采取如何策略说服武媚娘。狄仁杰对武媚娘一片忠心，武媚娘已深信不疑。幽州大捷更坚定了武媚娘对他的信任与友谊，武媚娘坚信朝中任何人的才干与胆识都不能与狄仁杰相匹敌。她简直已崇拜、敬重狄仁杰到铭心入骨的程度。她也知道狄仁杰想些什么，但绝对忠诚，无任何逆谋，且态度总是那么随和、坦诚。狄仁杰多采用迂回战术，不直接和她谈继承人问题，而是采取攻心战术，从感情、亲情方面入手，以谈心、随谈方式进行，柔和而又亲切，容易扣人心弦。所以，每次谈话武媚娘都比较容易接受，或至少能使她久萦于心，挥之不去。

古人很重视忠字，岳母在儿子岳飞背上写下“精忠报国”四字勉励儿子为国尽忠故事，成为千古美谈。历来许多忠臣为了社稷江山不惜为国损躯，在大是大非面前能够舍生取义，但一遇到皇帝册立太子或皇后这类皇家敏感话题，大都变得谨小慎微，不敢表态，因为弄得不好便会遭杀身之祸以致灭门灭族，而又死得不明不白，无冤可诉。这样的例子实在太多，举不胜举，连人人赞颂的聪明过人、鞠躬尽瘁死而后已的诸葛亮也有过类似的经历。同样的问题也出现在狄仁杰面前，当武媚娘准备立侄子为太子而与大臣商议时，面对这个为争夺权力不惜残忍掐死小公主、杀害两个可能继承皇位的儿子，并血腥屠杀大批唐宗唐臣的铁腕女人，大臣们个个如履薄冰，噤若寒蝉，不敢发表意见，只有已赢得武媚娘充分信任和重视并经常相与亲切谈心的狄仁杰无所顾忌，当场赤诚勇敢地提出了反对意见，说：“臣以为天下百姓仍在感念大唐的恩德，当胡人入寇时，陛下命梁王三思招募新兵，一个多月报名的仍然不超过一千，而让庐陵王出面招募时，不到三五天就有五万人应募。能够继承大位的，非庐陵王莫属。”武媚娘虽然恼怒，但狄仁杰已是功勋卓著的重臣，又是自己信得过又常与谈心交流的人，因而无可奈何。狄仁杰还利用平时与武媚娘接触的机会，多次就继承人问题劝说武媚娘，由于是谈心的方式，又是从亲情入手劝说，逐渐取得了一些效果。前面提到的武媚娘请狄仁杰解释梦见鹦鹉折去双翅怎么回事，狄仁杰知道武媚娘常以鹦鹉自喻，就进劝说，折去两翅，就是陛下两个儿子啊，陛下如起用二子，鹦鹉有了翅膀就能展翅飞翔了。武媚娘很迷信梦兆，这个解说很能叩击她的心弦，她的心思活动了。还有一次，也是解梦，武媚娘召来狄仁杰说：“朕连夜梦到双陆游戏不胜，这意味着什么？”狄仁杰说：“双陆不胜，双子也。这是老天给陛下的示警啊！太子为天下根本，根本动摇，天下危矣。听说陛下想立武三思为太子，姑侄与母子谁亲呢？陛下如果立庐陵王，则千秋万岁后配食太庙，享受供奉无穷；如果立了武三思，他的家庙可不会祭祀姑母啊。”这下又以亲情把武媚娘说动心了。《资治通鉴》说：“后感悟，即日遣徐彦伯迎庐陵王于房州。”当时大臣中劝武媚娘迎立李显主要从道理上说明，母子骨肉至亲关系在

姑侄之上，狄仁杰主要是对武媚娘进行情感劝导，培养武媚娘对两个儿子的感情，武媚娘已是七八十岁高龄的老妇，一谈到儿子，她怎能割舍母子之间的深厚亲情呢？此前吉顼、李昭德多次上书请求迎回庐陵王都没成功，只有狄仁杰从母子亲情的角度出发，与日后的宗庙祭祀享受作比较，母子亲情符合长久利益，也顺应历朝习惯与天下民心，才终于打动了武媚娘。由于狄仁杰和各方面的努力，圣历元年（698 年）三月，庐陵王李显终被迎回洛阳。几天后，听到风声的狄仁杰见到武媚娘说："听说庐陵王回京了，怎么没见到人啊"，说着说着流下了眼泪。武媚娘转身指指门帘说："还尔太子！"门帘掀开，眼睛湿润的李显走了出来，狄仁杰终于因激动地见到庐陵王还朝而欣喜万分。这一刻，史书庄重记载："卒复唐嗣。"这"还尔太子"和"卒复唐嗣"两句话，足可显见狄仁杰在积极努力迎还庐陵王方面功勋卓著，名彪史册。他不啻为恢复李唐王朝的擎天大柱！

史学家对狄仁杰恢复李唐王朝评价很高，欧阳修评价狄仁杰时赞曰："武后乘唐中衰，操杀生柄，劫制天下，而攘神器。仁杰蒙耻奋忠，以权大谋，引张柬之等，卒复唐室，功盖一时，人不及知。"

六、师德推荐

狄仁杰能够得到重用，乃是由纳言娄师德所荐引。但狄仁杰一直不知道此事。娄师德在唐高宗时期考中进士，后投笔从戎，在东边打契丹，在西边打吐蕃，都立下赫赫战功。武周王朝曾两度拜相，也堪称是个出将入相的能人。狄仁杰与他并列朝班，老觉得娄师德窝囊排挤他，让他外出为官，以致娄师德刚讨伐契丹回来，又被外调为陇右大使，管领屯田事宜，后又再调任并州长史，兼天兵道大总管。娄师德东奔西走，仆仆风尘，吃尽辛苦，从来不说什么，有什么不称心的事也都忍着。据《资治通鉴》记载："师德在河陇，前后四十余年，恭勤不怠，民夷安之。性沈厚宽恕，狄仁杰之入相也，师德实荐之，而仁杰不知，意颇轻师德，数挤之于外。"狄仁杰有时入商政务，武媚娘屡次说娄师德知人。狄仁杰独奏道："臣尝与他同僚，未尝闻他知人呢。"武媚娘微笑道："朕得用卿，实由师德推荐。师德能荐卿，难道不得为知人么？"说完拿出娄师德推荐他的奏章给他看。狄仁杰一下子非常惭愧，退朝后跟朝臣说："娄公盛德，我为所容，这么久时间自己居然不知道，今日才得知觉，看来我比娄公差远了，我真是愧对娄公啊。"从此狄仁杰记在心中，乃欲引与共事。而娄师德年已七十，竟病故于会州。狄仁杰虽欲与共事，已经迟了，狄仁杰深引以为憾。

娄师德字宗仁，郑州原武人。身长八尺，方口薄唇，有伟丈夫像。相传相面大师袁天纲子客师，传习父业，相术亦多奇中。尝与友渡江，登舟后，遍视舟中数人，鼻下皆有黑气。他正要上岸，忽见一伟丈夫神色高朗，负担前来，便即登船。因私下对同伴说：“贵人在此，我辈可无忧了。”及船行到河中间，大风掀起巨浪，船破浪前行，终于平安到达对岸。袁客师恭问伟丈夫姓名，答称“娄师德”三字。此时娄师德尚未贵显，袁客师已卜相其为贵人，虽是一种轶闻传说，亦足见其早已具有伟岸英武迹象。

娄师德后来虽发迹东征西战，屡立战功，出将入相，功勋卓著，但他为人十分低调，从不与人争执或自我张扬，生平与人无争，遇事辄让。他的弟弟出为代州刺史，临别时他对弟弟说：“我为宰相，你当刺史，自然是光宗耀祖了，可是你知道有多少人看不得而忌恨我们啦，你可千万别闯祸啊。”弟弟说：“我一定不得罪人，不闯祸。”娄师德说：“你怎么才做到不闯祸呢？”弟弟说：“别人往我脸吐唾沫，我自己擦干就是了，决不跟他争执。”娄师德长叹一声说：“这就是给我闯祸啊！别人往你脸上吐唾沫，说明他恨你，你要是用手擦干，不是更引起他发怒吗？”弟弟问：“那我该怎么办呢？”娄师德说：“人家唾你，你也别去擦，等会儿唾沫自己就会干了，这就没事了。”史称师德道：“唾面须待自干，若必欲拭净，尚是违拂人意呢。”有名的“唾面自干”的成语就是这么来的。这是不是就说明他是窝囊废呢？倒不能这么看。在武周朝代，朝廷动荡不安，他能够频频出战，保卫边疆，于国有功，同时不计个人恩怨，举荐贤才，有知人之明，而他所举荐的竟然是匡复李唐王朝的擎天大柱、栋梁之臣狄仁杰，尤其应当给予充分肯定和赞扬。他胆小怕事到了“唾面自干”的程度，并非他品质低下，而是他看透了武媚娘统治的黑暗血腥恐怖的实质而不得不采取的情非得已的保全自己的措施，“唾面自干”这个词的产生就是那个黑暗时代的缩影与标志。时人听到娄师德对他弟弟说的话，皆服其气量。师德自高宗上元初年间，入任监察御史，至武氏圣历二年去世，相距几三十年，这三十年间，大狱屡兴，罗织不绝，独娄师德与世无悔，从未殃及，出为将，入为相，以功名终身，这就是他气宇深沉的好处。史书称：“是时罗织纷纭，师德久为将相，独能以功名终，人以是重之。”应该说，他真正是那个时代的伟丈夫。

七、举荐贤良

李显虽被立为太子，但地位还不巩固。为了巩固李显的储位，使他将来能顺利当上皇帝，狄仁杰把许多忠于唐室的人物推荐给武则天，让他们拥有实权，以利于扶佐李显继位称帝。这时狄仁杰与武媚娘的关系越来越亲密，经常在一起絮叨、谈心，闲话家常，亲同好友。狄仁杰久任朝臣，功高位重，身份特别，与武媚娘关系亲密，这很有利于他向武媚娘举荐贤良，武媚娘信得过他，比较容易接受。狄仁杰号称国老，尽管武媚娘比他年纪大一些，但她称呼狄仁杰为国老，而不叫他的名字。狄仁杰去见她的时候，她叫他不要下拜，她说："看见你下拜，我的腰也感到痛。"由于两人年龄相仿，说起话来就有点老头老太太拉家常的味道，随和得很，毫无拘束。凡此种种，都可见出武媚娘对狄仁杰的亲切、信任和尊重。有一次，狄仁杰骑马陪着武媚娘游玩，他的坐骑忽然受惊狂奔，武媚娘马上叫太子跑上前去，抓住缰绳，让狄仁杰平安下马。凡此种种，都足以说明武媚娘对狄仁杰的信任和尊重。此时的武媚娘年近八旬，经常染病，也恐大限将近，乐得任情纵欲，再博几年欢娱，所有一切朝政，都委这同平章事狄仁杰。反正此时李显已立为太子，已成铁定帝位继承人，狄仁杰以复唐自任，对着武媚娘却婉言讽谏，屡次把那切情切理的言语，徐徐引导，所以武媚娘也被感悟，目为忠臣、亲信、良友。

狄仁杰利用颇受武媚娘信任、敬重的亲密关系，多次向武媚娘推荐许多辅佐贤良人才，如恒彦范、敬晖、姚元崇、张柬之等。狄仁杰推荐张柬之，意义尤为重大。狄仁杰深知，要重兴唐室，要消灭新周乱党，他需要一批胆大心细干练有为之人，并且使他们官居要津实权地位，一心团结众多志同道合者为灭周兴唐共同奋斗。他与张柬之等人相知很深，知道他能够深谋远虑，当机立断，兴复大唐。武媚娘一次曾对狄仁杰说："朕欲得一佳士，秉枢机，究竟何人可用?"狄仁杰说："文学如苏味道、李峤等，皆一时选，但佐治有余，致治不足。必欲取卓越奇才，莫若荆州长史张柬之。他已七十多岁，有雄才大略，但一直不得志。陛下如予重用，他必竭尽忠诚，感恩图报。"武媚娘于是将张柬之调为洛州司马。隔了些时，武媚娘又要狄仁杰推荐人才。狄仁杰说："前荐张柬之，尚未擢用。"武媚娘说："我已升任他为洛州司马了。"狄仁杰说："柬之有宰相之才，不应是一般的司马呀。"于是武媚娘又将柬之调升为秋官侍郎。但他还是没做上宰相。直到狄仁杰去世后的第四年，长安四年，武媚娘又让姚元崇推荐，姚元崇还是推荐张柬之，他说："张柬之沉厚有谋，能断大事，且其人年老，惟陛下急用之。"武媚娘乃立刻召见张柬之，拜为凤阁侍郎，平章政事。终于，张柬之在八十多岁时当上了宰相。这个人十分重要，此后不久他就发动政变，杀死二张，废黜武媚娘，将李显推上帝位。这一切都应该说是狄仁杰深谋远虑有政治远见的结果。他灭周复唐的历史功绩是不可磨灭的。狄仁杰所荐夏官侍郎姚元崇、监察御史恒彦范、泰州刺史敬晖以及袁恕已等数十人，后来皆为名臣，成为大唐中兴枢纽。《资治通鉴》赞称："仁杰所荐进，若张柬之、恒彦范、敬晖、姚元崇等，皆为中兴名臣。"后来在唐玄宗时期，发挥重要作用的姚元崇等好多宰相都是狄仁杰推荐的。有人对狄仁杰说：“天下桃李，尽在公门矣。”狄仁杰说：“荐贤为国，并非为私呢。”狄仁杰长子名光嗣，圣历初为司府丞，武媚娘命宰相各举尚书郎一人，狄仁杰竟以子光嗣举荐，乃晋拜地官员外郎，材足称职。武媚娘尝对狄仁杰说：“晋祁奚内举不避亲而得人，卿亦不愧祁奚了。”

有件事也值得一记。狄仁杰有卢氏堂姨，居洛阳桥南别墅，一子已长，未尝入都城。狄仁杰常有馈遗，每值休沐，必亲往问候。有次见表弟挟着弓箭，携了猎获的野兔，回家吃饭，见狄仁杰在座，一揖即退，意甚轻慢。狄仁杰因而向姨母说：“仁杰现已入相，表弟想任何官，当为尽力举荐。”姨母笑道：“宰相原是富贵中人，但我止生一子，不愿他服侍女主呢。”狄仁杰语塞，赧颜而出。此一简单事例，足可见当时百姓对武媚娘篡权乱政、血腥铁腕的政权的反感是多么强烈了。

久视元年九月，狄仁杰与张柬之密谈一番之后，就与世长辞，他临终时知道朝政托付得人，毫无挂念，年七十一岁，他知时机一到，张柬之就会起事，无须他自己动手。这就好像侦破一个谋杀大案，狄仁杰就是那个聪明绝顶主持计划安排的大侦探，一代聪明智慧过人的人物。武媚娘闻讣，不禁流泪说：“狄公一去世，朝堂仿佛都空了。天夺我国老，未免太快啦。”除亲往探视抚慰，且命百官均往吊唁。即追赠文昌右相，谥曰“文惠”。中宗复位，晋赠司空。睿宗朝又加封梁国公。武媚娘并不知道，狄仁杰乃是自己的致命克星，是武周王朝的掘墓人。

【批】

狄仁杰是恢复李唐王朝的第一功臣，没有他庐陵王便难立为太子，也不会在他去世四年后发生神龙政变恢复大唐一统天下。他为官清正，判案如神，也为人们所津津乐道。他还亲自冒着风险挽救了几千受牵连的无辜百姓的生命，真个是国之良材，民之救星。

娄师德久战沙场，屡建奇功，也是一个铮铮男儿。他向武媚娘推荐狄仁杰说明他很有政治远见，为灭周兴唐立下一功。他“唾面自干”的人生哲学既表现出他气度宏大，又反映出他在当时武媚娘黑暗高压铁血政策下为保全自身而不得不采取的一种应对策略。他是值得人们尊敬的英雄。

【第二十九章】女与侄终难当大任

一、荒淫太平

武媚娘生有四子一女，四子是李弘、李贤、李显、李旦，一女封太平公主。前面有个小公主，已在争夺后位时被武媚娘掐死了。这个唯一的女儿太平公主，深得母亲喜欢。她在许多方面都很像母亲。史书上称太平公主“丰硕，方额广颐”，指她是方额头、宽下巴，体态丰满，面貌艳丽。武媚娘曾说太平公主“类己”。这表明太平公主长相很像武媚娘，同时思想性格爱好也与武媚娘类似。太平公主还“多权略，喜参政”，这也与武媚娘相似。她在武媚娘晚年将自己的小情人张昌宗推荐给母亲做男宠，母女二人同宠一个男宠，这种情趣与武媚娘也是一致的。电视剧《武则天》、《大明宫词》、《至尊红颜》等把母女二人争宠张昌宗之事演得绘声绘色、淋漓尽致，加之太平公主还与母亲先前的男宠薛怀义私通，她母女二人在情欲交流和争宠夺爱方面的故事与情节不胫而走，广为人知，已是公开秘密。也许是家世秘传、遗传基因，也许是所谓“母女天性”、“有其母必有其女”，太平公主生活的荒淫放荡，不仅完全和其母平分秋色，而且由于她在宫外拥有豪府巨宅，勾引或豢养许多俊美青少年进入府内供其淫乐，史书无法记述，其纵欲淫荡程度，较之母亲有过之而无不及。

太平公主幼时常到外婆杨氏荣国夫人家中去。当时她的表哥贺兰敏之也常在那儿，并与年已八九十岁的外婆杨氏通奸。《新唐书·外戚传·贺兰敏之传》说：“敏之韵秀自居，蒸于荣国。”就是说，八九十岁的荣国夫人和二十来岁的外孙乱伦！是谁主动，不言自明，荣国府中俊美男人多的是，荣国夫人爱怎么玩都可任意选择，偏偏喜欢上年轻的外孙，因为经常近距离接触，所以勾搭成奸是很容易的事。荣国夫人虽已年老，但性需要仍极强盛，玩弄起来别有一种老妇纵欲情态。贺兰敏之本是花花公子，寻花问柳是家常便饭，如今得到外婆亲昵玩弄，缠绵胶着，觉得别有风味、情趣，所以也就乐得常把外婆压在身下使劲纵动、玩弄了。杨氏既如此放纵淫荡，她也便无所顾忌，甚至会在人前白昼宣淫，以求淫心舒畅。这种不堪入目的情状，年幼无知的太平公主哪知防备呢。她看到了，虽不知就里，但已引起好奇心和春心萌动。当时她大约只有八九岁，但由于体态丰满，已开始及早进入青春发育阶段。就在太平公主常去外婆家玩的时候，也许是贺兰敏之的引诱，也许是太平公主动情，抑或只顾贪欢不知羞耻的外婆的放纵，她竟被色胆包天的贺兰敏之诱奸了。《旧唐书·贺敏之传》说："时太平公主尚幼，往来荣国之家，宫人侍行，又尝为敏之所逼，俄而奸污事发，配流雷州，行至韶州，以马缰自缢而死。"从史料看，似是引诱成奸，奸污几次不得而知。小小年纪便已尝到男女淫欲乐事，虽年幼不识风情味，但这对太平公主一生影响至大。在以后的岁月中，太平公主私生活的混乱和肆意荒淫，与幼年的这段被表哥奸污的历史有着密切关系。

她发育得早，在十四岁时，她已急迫要嫁人了。有一天她穿上武官的服饰在父母面前跳舞，武媚娘笑着问她："你又不是武官，为何要这样啊?"太平公主答道："将它转赐给驸马可以吗?"她挑明要找个称心女婿出嫁了。如前所述，她早已享受过男女欢爱交合的乐趣，她已等得不耐烦，急切要嫁人了。少女青春期的躁动一般只藏在心里，像她这样露骨表现并毫不害羞迫切讨要驸马的情形是很少见的，可见她性欲已实在按纳不住、不得不公开表露出来了。这事史书上有所记载，她如此急欲出嫁，是与她后来有许多秽闻密切相关的。唐高宗当时听了她的话，明白了她要出嫁的要求，就马上替她找了个叫薛绍的女婿，用史书的话说就是"帝识其意，择薛绍尚之。"为什么要选择薛绍?因为薛绍家族系皇亲贵族。薛绍母即太宗城阳公主，本适杜荷，杜荷坐承乾太子叛逆事被诛，乃改嫁薛瓘。薛家系豪门大族，身份显贵。薛瓘有三子，长名颢，次名绪，绍为最幼，生得面如冠玉，不让潘安，择如此身贵貌美男儿为婿，也算称心如意了。但武媚娘似乎对这婚姻并不满意，原因是薛绍的两个哥哥的妻子颢妻萧氏、绪妻成氏均非贵族，意欲令绍二兄易妻，顾语内侍道："吾女贵人，岂可与田舍女作妯娌么?"有人对她说："萧氏系隋萧后侄孙女，也是勋旧呢。"武媚娘听了，才把意见消除，不生异议。当时要完这婚事还有另外的原因。当时吐蕃开始强大，唐蕃几次交战都以唐军失败而告终。调露元年（679 年）吐蕃前来请求和亲，点名要太平公主。武媚娘只有这一个女儿，自然不愿让她嫁走，但又不便得罪吐蕃，乃想出将太平公主变为道士"以拒和亲"的主张，可太平公主不愿为道士，吐蕃的要求又没有收回，唯一的办法就只有尽快为太平公主找一个驸马了。永隆二年

（681年），太平公主与薛绍结婚，婚礼非常隆重。假万年县为婚馆，门小不能容豪华婚车，有司毁墙而入。沿途遍设燎火，道旁树木都被烧得枯焦了。驸马容貌俊美，公主貌亦绝伦，一对璧人，婚后当然恩爱异常。太平公主与薛绍的婚姻持续了七年，育有两男两女。垂拱四年（688年），酷吏周兴诬告薛氏兄弟与唐宗室琅琊王李冲谋反，济州刺史薛顗及弟薛绪被斩杀，薛绍尚太平公主，免他死罪，"杖一百，饿死于狱。"此时武媚娘正欲篡位称帝，不容任何人对她稍有反意，她明知薛绍蒙冤，但轻信酷吏周兴，薛绍终遭惨死。由此可见，武媚娘心肠真是毒如蛇蝎了。这一方面可能对薛氏兄弟不满有关，另方面可能是想替女儿找个武家子弟为婿，以有利于实现她的政治野心。至于儿女生活幸福，她就可完全弃置不顾了，包括她爱女太平公主在内亦是如此。

天授元年武媚娘称帝后，对武氏家族大加封赏，武氏亲族乡邻，均得沾恩。独爱女太平公主仍然向隅，未免缺典，遂加封食邑三千户，太平公主并无喜色，亦未表谢。武媚娘料她新亡驸马，怏怏失望，乃拟另为择婿，俾得新欢。武氏一心在武氏子弟中觅婿，以利其周王朝的延续与兴盛。凑巧侄儿武承嗣丧妻，因欲嫁太平公主为其继室，已有成议，偏是公主不愿，仍无欢容。适武承嗣年老多病，这事就搁下了，武媚娘就令太平公主在武氏子弟中择婿，太平公主竟觍着脸皮说："欲儿择适武氏，除非武攸暨不可。"武攸暨是武媚娘的堂侄，生得相貌堂堂，很有仪表。武媚娘说："武攸暨已有妻室，难道儿愿作妾么?"太平公主微笑道："陛下为天下主，儿为陛下女，奈何与人作妾？但富贵易妻，也是常事，只要陛下一言，就玉成了。"武媚娘点头应允，便召入武攸暨，与商易妻事。偏武攸暨素怕老婆，一时不敢应承。懊得武媚娘发起火来，竟然放出辣手，暗地派人杀掉武攸暨妻子，硬行将他配给太平公主做丈夫。武攸暨此时也就放心安胆，娶太平公主为妻了。太平公主也欢欢喜喜的，嫁给武攸暨，婚仪不减当年，璧人依然好合，无怨无旷，各得其所。武媚娘选择武攸暨为婿，当然是因顺从女儿的意愿，可能也与武攸暨"沉谨和厚，于时无忤"有关，认为他比较可靠，是个可以和太平公主长久生活的人。武媚娘称帝后封武氏子十四人为王，武攸暨被封为千乘郡王。太平公主与武氏联姻，使她被武媚娘很好地保护起来，避免再生意外和不测。武攸暨与太平公主育两男一女，他于延和元年（712年）即太平公主死的前一年病故，与太平公主一起生活了二十二年左右。太平公主的两次婚姻都是在父母主导下由于形势需要的政治联姻，因而先后选择了薛氏家族和武氏家族。

太平公主非常奢侈糜烂。她在没有势力时就已"崇饰邸第"，有了势力后更是"田园遍于近甸膏腴"，家中男女仆人有千人之多，"外州供狗马玩好，

山珍海味，不可纪极。”武媚娘晚年在宫中渐渐厌倦朝政，一切将相奏事常到驸马府去和公主商议。公主得了众人钱财，便广置田园。府中动用的器具，全是金装玉琢的，吴越岭南，四处贡献来绮绫宝帐、音乐车马，共备两份，一份献与皇帝，一份献与太平公主。她的“食实封”曾达到一万户，若按一户七丁计算，每丁交绢二匹，太平公主一年仅绢就得十四万匹。

她荒淫无度的糜烂生活就更不用说了。她的外婆八九十岁与小外孙肆淫，她的母亲豢养许多面首与美男子供其日夜淫乐，她的姑妈高阳公主与淫僧辨机、浮屠智勖、惠弘、方士李晃等许多面首日夕图欢之事，她耳濡目染，已变成自己放纵淫乐的生活样板与指南，她的纵欲荒淫程度早已有过之而无不及。控鹤监是武媚娘晚年广招美少年入内纵情玩乐的场所，武媚娘放纵淫乐，也把太子旦、太平公主及驸马武攸暨召入共同嬉乐、淫秽不堪，混作一淘儿，纵情嬉戏。她有豪华府第，勾引、包养许多俊美青少年面首供自己尽情玩乐享受。太平公主在府中斗鸡走狗，陈设百戏，放那少年官员、年轻子弟，进府玩耍淫乐。公主一举一动，都有少年子弟追随，在她左右扶掖说笑着。公主有遗巾坠落，各少年争着收藏，公主看着大笑。她府第花园石洞中有一密室，铺设着锦衾绣褥，常有少年官员、年轻子弟，被婢女引进洞去，只觉得床褥温软，香味芬芳，便有人上来除去衣衾，扶进帐去，被一个香馥馥、软绵绵的女子抱住。男子到了此时，也便情不自禁压将上去，成其好事。然后有侍女服侍他，穿上衣服，引出洞来。这样一个一个地轮着，京城少年官员、年轻子弟，许多人都尝过这女子温柔滋味。他们都知道这石室中的柔情淫荡女子是当朝第一贵人太平公主，但大家都不泄露这温柔窟的秘密。

据《浓情秘史》、《如意君传》、《隋唐演义》、《唐朝宫廷快史》等书泄露这温柔窟的秘密，都是有关于太平公主在豪宅花园内辟有外人不知的幽暗香艳闺房，经常招引美男子入内奸宿淫乐的描写。她是大周女皇武媚娘唯一最宠爱的公主，她恃宠成骄，凭骄肆淫，谁也不能把她怎么样，包括她丈夫武攸暨在内。她只要像高阳公主一样，也送几个娇娃供丈夫享受，就可彼此相安无事，各取所需，尽情玩乐了。那时神都洛阳忽然来了一个名叫惠范的胡僧，体格十分健壮，说是朝过天下名山，会过真仙活佛，此番来洛阳是为了普度众生，住在本愿寺中，顿时哄动了京师地面的妇女，备着香烛礼物，前去瞻拜。惠范见女眷送衣物来，必要令她跪在膝前，接受遍体抚摸，说是赐福。这一天本愿寺前忽然车马如云，兵卫森严，太平公主也亲自移驾来求活佛赐福，其他官府女眷，俱被挡在门外，不得进去，直到日色西沉，才回府第。从此富贵眷属一概不得进寺去，惠范大师赐福也只赐与太平公主一个人。太平公主代他奏请，发给内帑，替他建造一座圣善寺，就在太平公主府第旁。寺旁有一条甬道，通着驸马府后园，太平公主常来住着。说也奇怪，太平公主自求惠范赐福以来，便接连生了二男一女，那男的也长成惠范一般肥硕强壮。

从表面或从史书上看，与太平公主通奸的只有胡僧惠范、丞相崔湜、司礼丞高戬、谯卫王、戏子荷生和男宠薛怀义、张昌宗、张易之等几个人，实际上是不计其数，数量惊人，日日迎新换旧，时时纵体摩合，恣情玩乐，淫糜无度。她府中养了一班小戏子，都是十三四岁的男孩儿，日夜伴她玩乐调笑。可以说，她享受男人给她的冲动和欢快，肯定远远超过外婆、母亲许多倍。只是外人无法获知她纵欲狂淫秘事，史书、笔记也就难于详述了。

二、参与政治

作为武媚娘的唯一爱女，太平公主无疑也是一个政治人物。早在武媚娘执政时期，太平公主就常常“预谋议”。但武媚娘始终未让她公开从政。武媚娘想要除掉给她带来很多麻烦的薛怀义，曾与太平公主商议此事。太平公主道：“这有何难？这事委臣女去办，管教他身首两分，毫无他虑。”她果然干得干净利落，教乳母张氏率壮士数十人埋伏暗处，待薛怀义入宫用绳绊倒一拥而上将他绑牢，立即勒缢致死。从此事可以看出，太平公主只是幕后参与谋议，从不公开出面参政。武媚娘临死前对太平公主说：“你是我心爱的女儿，聪明类我，幸勿为聪明所误。”在铲除酷吏之王来俊臣方面，她发挥了重要作用，不断向母亲陈述来俊臣的种种罪恶，并动员李旦和二张参进谏和吹枕边风，终于扳倒来俊臣。太平公主公开参与的最大的政治斗争是参与张柬之等起兵诛杀极端嚣张的张易之、张昌宗兄弟。张易之兄弟倚仗武媚娘的宠爱，权势冲天，利令智昏，横行不法，大有顺我者昌、逆我者亡之势。长安元年（701 年），张氏兄弟将私自议论他们的太子李显的儿子郡王李重润与其妹永昌郡王和妹夫魏王武延基诬陷迫害致死，引起极大震动与义愤。这件事做得太刻毒残暴了，不仅得罪了李氏，也触怒了武氏，于是他们联合起来决心铲除二张。太平公主的工作主要是策反宫女作为内应。神龙元年（705年），丞相张柬之等联合右羽林卫大将军李多祚起兵诛二张，逼迫武媚娘传位于中宗，并改周为唐。太平公主参与这次斗争，史书并无记载，只是说她参加“预诛张易之谋”。中宗复辟后，她因功被封为镇国太平公主。旋又封太平公主驸马武攸暨为定王，兼职司徒。太平公主参与此事原因有二，一是她作为李氏女、武氏媳不能容忍张氏兄弟横行霸道任意诛杀自家人；二是嫉恨张昌宗谮死了她的情人高戬。她万万没有想到的是，这场诛杀二张的政变结束之后，她的母亲也被从皇位推翻下台了。

太平公主自恃功高，肆意横行，后来在睿宗、玄宗朝干预朝政，不得善终。她对太子李隆基不满，欲废黜太子李隆基，引起睿宗不满。不久武攸暨病逝，太平公主又变成寡妇。虽年逾四十，尚是恣情肉欲，不耐孤栖，乃召还崔湜，建议任太子詹事，引与欢狎。奸僧慧范与太平公主乳母通奸，太平公主也与他偷欢。李隆基登基称帝后，太平公主勾结宫中元氏，令在可延年益寿的赤箭粉中下毒，妄图害死玄宗，不料事机泄漏未成。后来，太平公主又与丞相崔湜等阴谋派羽林军将军常元楷、李慈统兵进武德殿迫玄宗退位。不料走漏风声，左散骑常侍魏知古急报玄宗防备。开元元年七月三日，玄宗命王毛仲率兵三百人虔化门潜伏，召常元楷、李慈入见，刚入门即将二人拿下斩首。再拘余党萧生忠、岑羲、贾膺福等人，尽令处斩。复命王毛仲、高力士往南山寺拘住太平公主、李晋、唐晙及僧慧范等人，令太平公主自尽，余尽伏诛。这是太平公主自不量力、嚣张干政招致的恶果。

三、浪荡三思

武三思是个寡廉鲜耻的小人，为了利禄什么事都干得出来。许多历史小说中都说武三思是最早与武媚娘通奸的人，但史书上无此记载。他因是武媚娘堂侄，被封为梁王，也曾做过宰相，并在武承嗣死后欲立他为太子，但因他不学无术，能力很差，只会阿谀玩乐，毫无领导才能，终未获重用，更未能当上太子。他除了会巴结武媚娘之外就没干过什么正经事。他讨好武媚娘常讨好到肉麻程度。他为了讨武媚娘的欢喜，称颂她的功德，强迫来洛阳的使节、商人捐款百万亿，购买铜铁，铸造铜柱，名曰天枢，立在洛阳端门外面。柱基由铁铸成，柱用铜制成，形状如山，高一百零五尺，周长一百七十尺，直径十尺，四周刻蟠龙麒麟围绕，柱顶有一承露盘，直径三丈。武三思亲自撰文称颂武媚娘的功德，镌刻在铜柱上，同时刻上百官及各邻邦国君的姓名，由好吹捧、张扬、出镜的武媚娘自书“大周万国颂德天枢”，经过一年时间方铸造完成。这天枢明摆着就是为武媚娘歌功颂德的，同时也含有祝愿大周王朝永远繁荣昌盛的意思。但这玩意耗费十分巨大，由于铸造所需铜铁太多，所募的钱不够开支，就又在百姓中强行搜刮，把农民的家具、器皿均无偿征调，坑害得许多农民家破人亡。据史载，专供武媚娘消遣享乐的三阳宫和兴泰宫都是武三思献媚构思花巨资建造的。三阳宫建在嵩山中的石淙河畔，兴泰宫建在离京都一百里地的寿安县的万安山上（兴泰宫系由张易之、张昌宗二人督造），两宫备极豪华，花费数百万黄金，动用民工几十万人，百姓怨声载道。令人更加气愤的是，兴泰宫是在三阳宫之后建的，因工程费用浩大，资金不够，竟然拆掉三阳宫，把建材移送到兴泰宫地，两地相距上百里，古代交通运输困难，运送建材更把百姓累得苦不堪言。《资治通鉴》说：

“（长安三年）毁三阳宫，以其材作兴泰宫于万安山。二宫皆武三思建议为之，请太后每岁临幸，功费甚广，百姓苦之。”像这种谄媚吹拍的行为一次接着一次，数不胜数，把大量金钱和人力白白耗费掉，武媚娘好大喜功，爱人奉承，希望大周永盛不衰，她倒是高兴了，可老百姓却不堪负担，怨声载道。因此人们对武三思印象极坏，他出面为北伐募兵几乎无人响应，而太子李显一出面募兵百姓便踊跃响应，几天工夫就募集到五万多人，便是有力明证。武三思为了恭维姑母，对武媚娘的男宠薛怀义也奴颜婢膝逢迎。薛怀义仗着有女皇宠幸，常骑着马在街上横冲直撞，伤人无数，民众怨恨。而武三思、武承嗣每见薛怀义骑马出宫时总是小心翼翼在旁伺候，一人扶马鞍，一人握马缰，伏侍薛怀义上马，口中还连连叮嘱：“薛师小心，薛师小心。”比奴仆还要恭顺，小人形状毕现，丑态百出。薛怀义被杀后，武媚娘再以张昌宗、张易之兄弟为男宠，武三思和武承嗣二人一如既往，又对张氏兄弟百般奉承。若二张骑马，就争着配鞍，尾随在马后；若二张坐车，就争着驾车，执鞭吆喝，堂堂梁王、魏王显贵身份，竟如马夫一般卑躬屈膝，真是丢够了脸，而二人恬不知耻，反以为荣。二人还谄媚地称张易之为五郎，称张易郎为六郎。为了讨好姑母，武三思且把张昌宗附会为王子晋后身，并且写诗来歌颂。自此以后，武媚娘命张昌宗在宫中模仿王子晋，披羽衣，骑木鹤，吹箫，奏乐于庭。武媚娘还在缑山亲笔撰文书丹建立《升仙太子碑》，追记周灵王太子晋乘飞鹤升天成仙故事，实际上此碑是为她自己和张昌宗立的。凡此种种，都说明武三思灵魂极其卑劣丑恶，为了升官显贵和争当太子，什么卑鄙龌龊的阿谀奉迎的丑事都做得出来。他的人格值几斤几两，便一目了然。武媚娘也看出他不是个料，所以在狄仁杰、吉顼等人进言姑侄关系远远疏于嫡亲母子关系、不应立武三思为太子而应立庐陵王李显为立太子时，终于欣然接受了他们的劝告，放弃狗屎扶不上墙的武三思而立自己亲生儿子李显为太子了。武承嗣死后，武三思想当太子的美梦顿时化作泡影，一切谄媚勾当和丑态也付之东流，真个是丑态毕露、庸人自扰。武三思是个上不了台盘的货色，除了谄媚玩乐，就什么也不会，武媚娘也看得很透，所以他几次做宰相都做不长，很快就被拉了下来，始终掌握不到什么实权。

武媚娘丧失帝位后，武三思不但没有失势，反倒更加得宠，这主要是因为他成了复位的中宗的亲家。当初中宗被武媚娘贬为庐陵王，押送到房州去监管软禁时，妻子韦氏于途中生下一女，因在途中，未有准备，连包婴儿的裹布都没有，中宗就脱下自己穿的衣服包裹婴儿，并为此女婴起名为“裹儿”。中宗怜这孩子命苦，便备加疼爱，视之如掌上明珠。武媚娘主张李武联姻以调和李武矛盾，便在裹儿十六岁时做主嫁给了武三思的儿子武崇训。中宗复位后，裹儿被封为安乐公主，武崇训就成了驸马。武三思与中宗原来就是姑表兄弟，后来又成了儿女亲家，加之中宗昏庸无能，对武三思过去种种恶劣表现都不闻不问，反与他更加亲近，以致武三思很快成了皇宫中的常客，武三思便很轻易地与中宗的婕妤、武媚娘称帝时得宠的上官婉儿勾搭成奸，接着又由上官婉儿牵线与韦后成了露水鸳鸯。糊涂窝囊的中宗还多方撮弄这三个奸夫淫妇亲近，引以为乐。三思入宫与韦氏掷双陆，中宗且自为点筹，三思间或一二日不至，中宗即微服往访，亲密得如鱼得水，如胶似漆，心甘情愿戴绿头巾儿。在韦后、上官婉儿与儿媳安乐公主的帮衬下，武三思恃宠成骄，倚权专横，参政干政，排除异己，成了韦后等女人把持朝政的急先锋，他谋划贬放神龙政变功臣张柬之等五人至岭南，伪造敕制于途中一一残杀，接着又阴谋废掉太子，改立安乐公主为皇嗣，激怒皇子李重俊等人，率兵将他杀死在家中。而他所通奸并力挺他的韦后，因谋杀中宗被唐玄宗李隆基带兵入宫杀死。武氏与韦氏均遭灭族。不久太平公主因谋反亦遭诛杀和灭门。由此宣告嗜杀成性、杀人如麻的武媚娘所追求和获得的一切权贵全部化为泡影，正符合古话所说：“善恶到头终有报，只争来早与来迟。”

【批】

武媚娘曾有过让女儿太平公主和侄儿武三思充当皇位接班人的念头，但始终未正式提出来，因为她知道这两个人都不是皇位接班人的料。

古话说：“上梁不正下梁歪。”太平公主与武三思荒淫放荡的表现与武媚娘一模一样，就像是一个模子套出来的。他们一干预朝政就要出事，以致最终引来杀身之祸。说到底，也是武媚娘教坏他们的。

【第三十章】
成男宠二张干朝政

一、二张得宠

太平公主帮助母亲杀死第一个男宠薛怀义后，武媚娘不再迷信佛教，逐渐信奉道教，寻求灵丹妙药，更热衷于采阳补精，滋润身体。听太监和宫女说近日皇上常发脾气，不是摔东西，就是骂人，烦躁不安。太平公主听说后，心中便有数了，母亲身边没有了男宠，孤衾难眠，缺少欢乐，她还得替母亲找个年轻男人去做替补，消除寂寞，阴阳调和，放松欢快。找谁呢？她想起了自己的小情人张昌宗。她晓得母亲性欲很强，每天都需男人向她冲动，给她快感，为了安慰母亲，她准备作出牺牲了。张昌宗是太平公主自己男宠中的一个如意郎君，很合自己心意，与他多次交合都感无穷愉快。张昌宗和薛怀义不同，他出身显贵人家，是贞观朝宰相张行成的族孙，才二十岁，长得面如白玉，眉目清扬，身材俊雅，是一个英俊潇洒的贵族公子，不仅姿容漂亮标致，而且还精通音律，擅长歌词，吹拉弹唱，样样精通，是一个年轻力壮、温文尔雅、多才多艺又善解人意的小伙子。太平公主是个孝顺女儿，不忍心看着母亲晚年形单影只，就尽孝心把自己心爱的小情人张昌宗孝敬给了母亲。太平公主给张昌宗衣以轻绢，敷以朱粉，浴兰芬，搽香露，亲自送入宫中，对母亲说："女儿闻听皇娘心绪不佳，特地带个能歌善舞、很有文雅风度的小伙子进宫，献给皇娘受用。"武媚娘喜笑颜开，说："还是女儿孝顺，晓得为娘的心思。"她抬头看看张昌宗，不觉眼前一亮，眼前的年轻人，面色白净，肤皮粉嫩，真是风流倜傥、英俊脱俗，脸上不觉有了欢喜气，忙上前执住手问："你多大岁数？能歌善舞吗？"张昌宗答："臣年二十，自幼学习歌舞。"张昌宗的话清新悦耳，听得武媚娘心动，欲火中烧，就立即要太平公主回去，携手把张昌宗带进后宫尽情享用。这一享用，简直把武媚娘乐坏了。

张昌宗年轻力壮，挺身而上，抵住她无法动弹，听其摆布，紧紧压在她的身上，直捣她的洞穴，使她体验到从未有过的青春的乐趣与快感，她快活得几乎发疯了，死死抵住张昌宗下身纵体相迎，直弄得两人气喘吁吁，死去活来。武媚娘还特别喜爱张昌宗的肌肤，雪白粉润，贴体无限柔和温润，抱住自己身体，压在身上感到特别舒服。唐人张垍写的《控鹤监秘记》说：“昌宗通体雪艳，完美无瑕，瘦不露骨，丰满而不垂腴。”武媚娘过去从未看到和体验过如此洁白润美的俊俏男子的肌体，她自然爱不释手，紧紧拥抱抚摸不已，还用嘴去亲吻、轻咬。她太兴奋了，真感谢女儿雪中送炭，满足她对淫欲的渴求，体验年轻力壮美男的青春的冲动，经常紧紧抓住张昌宗这个青春的尾巴尽情享受人生的极乐。武媚娘与张昌宗交欢，说不尽的旖旎，描不完的缠绵，薛怀义无此风情，沈南谬亦惭形秽。她生平从未经过这般酣艳，此番幸得这个妙人儿，不禁百体皆酥，五中俱快，竟夕绸缪，尚觉欢娱夜短，恋恋不舍。张昌宗暗想，这个老淫妇真是天下尤物，居然能通宵达旦，极乐不疲。太平公主次早来看望母亲，她还沉睡未起，半晌才穿戴打扮整齐步出内殿。太平公主说：“皇娘迟迟不出来，叫儿臣好挂念啊。”武媚娘脸上春风荡漾，笑笑说：“不是有句古话，叫做‘春宵苦短’吗？怎么朕这老太太，就不是春宵一刻值千金了。”

张昌宗有个同父异母的哥哥易之，曾袭荫居官，累迁尚乘奉卿，与其弟一样皆丰秀俊美，通晓音乐。张昌宗因武媚娘性欲极强，能通宵鏖战不疲，自己都感招架不住，乃将自己哥哥张易之推荐给武媚娘。武媚娘笑说“恐一时无两。”张昌宗说：“我们可轮流交欢嘛，别有一番情趣，不是更快活吗？”也许是武媚娘欲壑难填，也许是张昌宗诚心想让哥哥同享淫荡女皇的欢乐情趣，张昌宗极力把哥哥推荐给武媚娘，说：“臣兄易之，比我强啊，他材力过臣，比我能干，又会炼丹合药，陛下若召来一试，便觉臣言非虚呢。”武媚娘被说动心了，连连点头，立即叫张昌宗快马加鞭找来张易之锦上添花。张易之比张昌宗大一二岁，是掌皇朝御用车马的一个官员，得此喜讯，立即与兄弟来到武媚娘面前叩拜如仪。武媚娘见他和张昌宗一样俊美潇洒，且个头高大，膂力过人，又闻他会炼药调情延年，喜欢不已，立即拉他上榻承欢。张易之自十七八岁便在青楼花街行走，学会了许多市井秘诀，男女间的事被弄得花样翻新，武媚娘何曾见过这些新奇的招数，感到要比薛怀义、沈南谬强许多倍。张昌宗坐在一旁观看，乐趣横生，随时准备替换哥哥继续与武媚娘交欢取乐。武媚娘与他兄弟二人彻夜交欢，快乐异常，是她人生第一次感到最淫乐、最兴奋的快活事儿，当然恩宠有加。越宿起床视朝，即封张昌宗为云麾将军，张易之为司卫少卿，特赐甲等府第，并给奴婢橐驼牛马等物，外加美锦五百匹。嗣是二张轮流进御，大得武媚娘欢心，宠遇无比。由于张易

之和他弟弟张昌宗一样富有精力、魅力，武媚娘整日喜上眉梢，回到后宫就左拥右抱。相传，武媚娘专门创造的一个“嫐”字，就是由此而来的。武媚娘纵情淫欲到如此公开、疯狂、无耻地步，真可谓千古罕见的老淫婆了。武媚娘旋又晋授张昌宗为银青光禄大夫，二张父希臧死时为雍州司户，现追赐为襄州刺史，母韦氏、臧氏并封为太夫人。臧氏系昌宗生母，年逾四十，姿色未衰，平时尝有外遇，尚书李迥秀与她有私，武媚娘竟许为情夫，准他往来，还赏赐金银珠宝无数。据《朝野佥载》记载，李迥秀奉旨通奸，张昌宗为他母亲臧氏制造七宝帐，镶嵌金、银、珠、玉等各种珍宝，还送一对鸳鸯酒杯给李迥秀与臧氏饮用，取长相依伴、永以为好的寓意。一登龙门，身价百倍。二张权力日增，不到一旬，已是门无隙地，威震京都。诸武兄弟及宗楚客等争谒门墙，伺候颜色。武三思谄媚张昌宗，吹嘘他是周灵王子太子晋驾鹤升天成仙的后身，以致武媚娘高兴得常让张昌宗在宫中模仿王子晋披上羽衣、骑在木鹤上吹箫，并因此在缑山建了个《升仙太子碑》。当时仆人称呼主人为郎，张易之行五，张昌宗行六，巴结他们的人就分别称呼他们叫五郎、六郎。宰相杨再思人称“两脚狐”，跟狐狸一样狡猾、善媚，见张昌宗受到武媚娘宠爱，别人夸说张昌宗长得唇红齿白，面似莲花，他就急切献媚说：“人说六郎像莲花，我看莲花像六郎。”就连当时飞扬跋扈不可一世的武氏诸王如武承嗣、武三思、武懿宗等人也对张氏兄弟刮目相看，经常为他们牵马执鞭。一些大臣如宗楚客、宗晋卿之流更是经常出入其门第，趋炎附势，点头哈腰，像奴才一般。醉翁之意不在酒，武氏兄弟诸王及大臣杨再思、宗楚客等如此向张氏奴颜婢膝，讨好奉承，目的都在于博取女皇武媚娘的欢心，以求自身进一步飞黄腾达。

二、控鹤淫监

圣历二年（699 年），为了让更多的美男子汇聚到自己身边，也为了让张氏兄弟再过一把当官的瘾，武媚娘设置了一个机构叫控鹤监，后来改名为奉宸府，让五郎张易之当长官，张昌宗当首席成员。武媚娘愈老愈淫，逐日召幸二张，张易之、张昌宗年富力强，面貌俊美，力大如神，二人轮流伺候着武媚娘，深得武媚娘的欢心，但她尚嫌未足，乃更广选美少年，入内供奉，创设控鹤监丞主簿等官，另选才人学士，作为陪选，掩人耳目。于是用司卫卿张易之为控鹤监，银青光禄大夫张昌宗、左台中丞吉顼、殿中监田归道、夏官尚书李迥秀、凤阁舍人薛稷、正谏大夫员半千均为控鹤监内供奉。当时人都明白，这个控鹤监是专供武媚娘广选美少年入内供她恣情淫乐的场所。它相当于当时皇宫中的俊美少年俱乐部、游乐场或夜总会，入内的美男可供

武媚娘任意取用享乐。作为一个女子，武媚娘在淫乐时不需要像男子那样很费劲、耗精血，她只需赤身卧下便可享受许多壮力男子的冲动与舒畅。她有二张的滋润还不满足，仍要广招少壮健美男子入宫替补。有人说她只有薛怀义、沈南谬、张易之、张昌宗四个男宠，是绝对错误的。这控鹤监就是专门为她这个年近八十的老淫婆源源不断提供新男宠、新面首的好地方，她的淫欲之癫狂真可谓已达登峰造极地步，而且她肆无忌惮，公开宣淫，不怕张扬，任凭多少人劝阻都无济于事，我行我素，继续公开狂乱纵淫。以至于一些恬不知耻的大臣也纷纷向这个老淫婆自我推荐，能征善战，保证她满意。左监门卫长史侯祥向她毛遂自荐说："我阳物粗壮，超过薛怀义。"尚舍奉尉柳模推荐儿子柳良宾说："良宾肌肤白皙，美须秀眉，和薛怀义一样壮硕。"不过，武媚娘可不是容易被糊弄的，她所玩弄的美男都必须先目测后体验，不貌美力壮都不会入选。对于与她淫乐的男子，她要求非常苛刻，不仅要求面容英俊，阳物强大，还要各方面尽善尽美。著名诗人文学侍从宋之问仪表堂堂，出类拔萃，加之文采出众，自觉理应得到武媚娘的宠爱。可是，武媚娘一直未曾垂青。宋之问不甘心，便写了一首情诗献上。武媚娘读后当着宋之问面笑道："宋卿哪方面都不错，就是不知道自己有口臭的毛病。"宋之问无地自容，因此常常口含鸡舌以解其臭。武媚娘除视朝听政外，日夕与这班供奉官饮博取乐。张易之、张昌宗更仗着武氏宠幸，无所不至。太平公主及驸马武攸暨亦混作一淘儿，尽情嬉戏。武媚娘还召入太子，也教他脱略形迹，相聚为欢。这就是说，武媚娘把她一家人都召到控鹤监中尽情纵欲、寻欢作乐了。不仅自己淫欲无度，还教儿女也学她的样，也混在一起纵欲寻欢，这真正太不像话了，这不是全家大混淫吗？在控鹤监这事上，她也为人千古唾骂。正谏大夫员半千奏言："古无此官，且所聚多轻薄士，不如撤销。"武媚娘正喜欢轻薄，她能听取此谏言么？立即将他调出，令为水部郎中。但抵制控鹤监选美男的仍大有人在。有的大臣就给武媚娘上书说，您看男宠有这么几个就可以了，不要整天海选美少年啦，这样影响多不好啊。当武媚娘改控鹤监为奉承府，更增选美少年供差时，左补阙朱敬则上书进阻说："臣听说'志不可满，乐不可极'，嗜欲之情，人人皆同，但贤人能够节制自己，不使过度。陛下内宠先有薛怀义，后有张易之、张昌宗等，也应该满足了。近闻长史侯祥等，明自媒衔，丑慢不耻，求为奉承府供奉，无礼无义，溢于朝听。臣以谏诤为职，不敢不奉告陛下。"武媚娘听了只当耳边风，还是恶习难改、淫性不减，她假作不知此事的危害的样子说："不是你这样直言不讳，朕还不知这一事情。"赐给他一百缎彩锦以示嘉奖，但宫中追欢取乐，仍然如故，照旧选美男入宫玩乐。狄仁杰进言更是不留情面："臣过去请撤控鹤监，不在虚名而在实际，今天控鹤监的名虽已除去，但是张氏兄弟仍在陛下左右，实在有累圣上盛名，皇上志在千秋，留此污点，殊为可惜。愿罢去二张，离他们越远越好。”武媚娘仍巧言令色进行辩护，继续广选美男供其淫乐。还有内史王及善劾奏二张侍寝，失人臣礼。武媚娘即调为左相，名为优待，实是疏忌。

控鹤监不仅吸收美男子，还吸收文学之士，一时间也是人才济济。当时人们都明白，控鹤监在武媚娘这个老年淫荡女皇的心目中可是非同寻常的，有些利欲熏心的人为了献媚，削尖了脑袋也要钻进控鹤监，有的说我比薛怀义还有劲，有的说我比张昌宗还俊美。上官婉儿是宰相上官仪的女儿，上官仪被斩后，她随母没入宫廷，长大后出落得秀美轻盈，由于自幼儿爱读诗赋，便学得满腹文才，出口成章。武媚娘自己有一班少年文学侍臣，终日调笑取乐。上官婉儿很得武媚娘宠信，便拜上官婉儿为修文馆学士，又选年轻有文才的宰相李峤等一班人，共有二十多人，为修文馆陪侍，每年召集宦家子弟，赴修文馆考试人才，上官婉儿充作主考，评定等级。为了掩人耳目，武媚娘让张易之兄弟和上官婉儿主持编书，书名叫《三教珠英》，实际上是一个诗歌集。修文馆是控鹤监的一个附属机构，完全是挂羊头卖狗肉，表面修文弄墨，实际广召美男供武媚娘挑选淫乐，一些有文才的大臣亦夹杂其中，混账交合，污秽不堪。唐人张垍写的《控鹤监秘记》，对其中内幕丑态秽闻揭露甚多。当时武媚娘年近八十，也恐死期已近，乐得任情纵欲，再博几年欢乐。且淫乐时素不避人，大家混在一淘儿乱交，不顾朝廷和天下人议论，难怪人称她为古今第一淫婆了。

上官婉儿也很淫荡，早已在宫中与中宗李显偷上了私情，后又与武三思、崔湜、张昌宗等人交欢淫乐。她在修文馆主持考试，常选拔美少年供自己受用。修文馆中有很多少年公卿，个个长得潇洒风流，终日陪侍着上官婉儿在宫中游宴吟咏，常在花前月下干出许多风流事务来。她每每遇见有年少俊美的儿郎，便留养在宫中，拿绫罗珍宝打扮着，脸上傅着粉，唇上点着胭脂，在她跟前作娇献媚。她在京师地方建造起高大的府第，称作学士府，她每一出入宫中府中，必有一群少年儿郎在前后跟着，宫中府中昼夜调笑，毫无避忌。上官婉儿又与安乐、长宁两公主十分相投，两位公主都招有驸马，出入带美男不便，便在外面觅得一些少年男子寄藏在学士府中，有时两位公主借赴宴为由到学士府来，与美少年饮酒作乐。上官婉儿很善奉承，每见武媚娘驾临，便把府中藏着的儿郎，一齐打扮着献给女皇受用，武媚娘倍感欢乐。武媚娘常捡一些中意的，带进宫去受用。谁知那班儿郎，已被上官婉儿玩够掏空了，大都不中用，经不起武媚娘放纵淫乐，精力消耗很大，往往不多久就一个个瘦弱下去，如痨病鬼一般。清末民初许啸天写的《唐朝宫廷秘史》叙述，武媚娘为了灭口，“看他们不中用了，然后便抛在后宫昆明池里淹死。后来玄宗朝开浚昆明池，只见池底堆着白骨，有如山陵。”这段记述史无可考，但也可反映出武媚娘广召美少年纵欲寻欢的人数之多了。

三、权势熏天

古话说：“一人得道，鸡犬升天。”张易之、张昌宗得到武媚娘宠幸后，他们的家亲属也都飞黄腾达了。张昌宗兄张同休，得入为司礼少卿，弟弟张昌期出任汴州刺史，弟张昌仪得为洛阳令，后又升为司府少卿、尚方少监，都是三四品的高官，均倚势作威，势倾朝右。张昌仪专会卖官鬻爵，凡要求做官和富贵的，只需花钱去求洛阳令，没有不灵的。那时官吏都是由吏部选拔，这些被选拔的人都集中到京城洛阳，叫作候选人，吏部再从中进行挑选。由于官位少、候选人多，所以候选人中争当官的争得很激烈。有一个姓薛的候选人拦路行贿，塞给他五十两金子，要求他帮忙给自己当个官。张昌仪收了五十两金子，答应帮忙，写了薛某人个人简历的条子交给天官侍郎张锡。谁知过了几天，张锡把那姓薛的个人简历的条子给弄丢了。到处找也找不到，不得已再去问张昌仪。张昌仪说：“我只见过他一面，怎能记住他叫什么名字？拿了人家的钱就得给人家办事呀，这样吧，反正他姓薛，你把姓薛的都录取上不就得了？”张锡没办法，诺诺连声退回衙署去查一查，姓薛的候选人共有六十多个。张锡只得替他们都入选当了郎官。连天官侍郎都听张昌仪摆布，可见他当时权力之大了。张昌仪平日起居服用，十分奢侈，出入警卫竟和王公一般。有一天他乘舆回府来，见府门上有人题着一行字道：“一日丝能作几日络？”嘲讽他富贵不会长久。张昌仪便取笔接写在上面道：“一日即足”。因此人人背里传说：“张家兄弟势力不会长久。”

但此时张易之和张昌宗二人的势焰都是炙手可热。张易之、张昌宗早已与上官婉儿有染，而上官婉儿因有才名，武媚娘当面命题试之，他能一挥而就，甚得武媚娘欣赏，遂留在身边，命掌诏命。武媚娘倚为心腹，甚至与张昌宗交欢，亦不避忌。上官婉儿情窦初开，免不得被他引动，更兼张昌宗姿容秀美，尤觉得欲火难熬。一日，与张昌宗私相调谑，被武媚娘瞧着，竟拔取金刀，插入上官婉儿前髻，伤及左额，且怒目道：“汝敢近我禁脔，罪当处死。”亏得张昌宗替她跪求，才得赦免。张氏兄弟在宫中表面上伺侯武媚娘，但一有空儿就与上官婉儿叙叙旧情。由于他二人得力于太平公主引进，故与太平公主交往甚密，武媚娘虽明知亦不予过问。张易之、张昌宗二人仗着武媚娘、太平公主及上官婉儿威势，根本不把文武官员放在眼里，反倒是文武百官个个都赶着他们兄弟献媚谄笑，百般逢迎。武媚娘立控鹤监又封张易之为府令，许多大臣听他调遣，从此贵盛无比。他兄弟二人偶出宫来，满朝百官见了远远地拜倒在地。直到舆马过去，才敢起立。每到一处，那王公大臣一齐抢上前去，替他们捧鞭接蹬。武媚娘每召武氏宗族在内殿赐宴，他兄弟二人吃酒到醉熏熏的，和诸武嘲谑，唤作好儿子、好奴才，那诸武子弟不以为辱，反以为荣。诸武子弟大都是封王的。王爷都对他们如此卑躬屈膝，更不用说其他官员了，哪个官员不畏惧他们三分啊。武媚娘把张氏兄弟二人留在宫里，怕外人说闲话，便下诏令他二人和宰相李峤在宫内修《三教珠英》，有时索兴连李峤也留在宫里，推说是修道，掩住外人的耳目。武媚娘与上官婉儿没日没夜地在寺观中寻欢作乐。张氏兄弟二人仗着自己貌美，在宫中随处奸淫，凡有年轻貌美的宫女都暗中受他们凌辱而又不敢声张。他二人终日在宫中傅粉涂朱，衣锦披绣，许多武氏子弟终日陪侍他们玩乐。他兄弟每到高兴的时候，便把武媚娘赏赐给他们的珍宝转赏与武氏子弟，那武承嗣、武三思、武懿宗、宗楚客、宗晋卿等一班亲贵都候在他兄弟二人门下，献媚争谀。张易之因住在宫中，十分拘束，便在宫门外造一府第，中有一大堂，十分壮丽，用工费在六百万以上，拿红粉涂壁，文柏贴柱，四处饰着琉璃沉香。新府初成，便有人在壁上写道："能得几时。"张易之令人削去，第二天看时，依旧写在上面，张易之又令人削去。这样连削了六七次，那人却写了六七次不肯罢休。张易之恼怒起来，便亲自去接写在下面道："一月即足"。后来张易之和他弟弟张昌仪谈起此事，张昌仪也说他大门上题着字，兄弟二人十分诧异，但他们仗着武媚娘的宠爱，也毫不畏惧。

武媚娘久居宫廷，深觉闷烦，张易之和张昌宗二人便乘机劝说武媚娘造兴泰宫于寿安县的万安山上。张易之和张昌宗二人拜为大总管，监督工程，从京都到万安山，沿途一百里地，开着康庄大道，路旁种着茂盛花木，用黄砖填着路，铺出龙凤花纹来。路旁五里一亭，十里一阁，画栋雕梁，十分华丽。那座兴泰宫越发造得层楼画阁，高出云霄。兴建兴泰宫共用去百万黄金，募工二十余万人，经过三个春秋，才得造成。武媚娘下旨，称张氏兄弟督造兴泰宫有功，拜张易之为镇国大将军，张昌宗为护国大将军，定于大足四年正月朔日驾幸兴泰宫。出行时只见舆马压道，旌旗蔽天，武媚娘坐着五凤黄舆，张易之、张昌宗在左右骑马护卫着，一路鼓吹护送。那亭阁中设有妆台锦榻，武媚娘每过一亭一阁，便要下舆，更衣休息。只有张氏兄弟二人陪侍在身旁，和武媚娘说笑着解闷儿。这百里长途，行行止止，足足走了五天，才到了万安山。那行宫门外，夹道早已人头济济，文武百官和彩女混夹在一起，接候御驾。武媚娘下车来，举目看时，只见山抱翠拥，山上高高地矗起一座金碧辉煌的宫殿，不禁满心喜悦。她在百官簇拥下进了宫殿，传下旨意来，只留下张易之、张昌宗兄弟二人在宫中陪侍。武媚娘看看御床上铺设得十分香软，便除下盛妆，一横身向御床上倒下去，自有张易之、张昌宗二人上去褪衣服侍，武媚娘左拥右抱，二人轮番爬到她身上冲动、淫乐，快活极了。她今年已七十七岁了，只因生成肌肤洁白，骨肉丰腴，又善于修饰，望去好似一位中年的美貌妇人，淫欲和精力又过分强盛，有这铜筋铁骨的张易之、张昌宗两兄弟日夜伺候、玩弄着，她始终很快乐、兴奋，还是精神抖擞的。据史书记载，她居然在此年近八旬高龄时还长出新牙、生出新眉来，真是奇迹。在这离宫里，百官耳目较远，她可在这里尽情旖旎，尽情风流，长期乐而忘返。

四、干预朝政

武媚娘面首张易之、张昌宗深受宠爱，二张势力，日盛一日，无论宫廷内外，稍拂二张心意，即遭严谴。旧皇孙重照，系中宗长子，中宗被废，重照亦贬为庶人。至中宗复召入东都，立为太子，乃封重照为邵王。因“照”与“曌”字相通，犯武媚娘讳（她新造一个字“曌”，称自己为武曌），就改为重润。重润妹永泰郡主嫁与武承嗣子延基。长安元年（701 年），李重润和妹妹、妹夫私下议论二张兄弟在宫恣意淫秽和干预朝政的事，言辞之间非常不屑、卑视。他们三个人还很年轻，都不到二十岁，说话不注意，声音大了些，被李重润同父异母的弟弟李重福听到了，李重福是张易之的外甥女婿，这事就传到二张耳朵里去了。二张就找武媚娘诉委屈，并说不再受召幸，免遭谤语。武媚娘爱二张如活宝，一日不能相离，日夕左拥右抱纵淫为乐，骤然听得此语，不禁恼羞成怒，大发肝火，心想这三个人斗胆包天，贬亵二张，不就是针对我吗？我刚把你们的父亲扶上太子之位，你重润作为皇孙将来就能继位成为皇帝，你们现在就想翻天啦！马上把太子李显叫来，反正她是不要脸的，她和二张私事不容别人干涉，劈头盖脸把李显一顿骂，一道敕制下来立即将三人赐死，年方十九尚未娶妻生子的皇孙邵王李重润和永泰郡主的丈夫魏王武延基就被活生生被迫自杀而死了。永泰郡主即将临产，听说哥哥和丈夫已同时毙命，一下子受不了如此沉重打击，早产了一个死婴，自己也死了。真是一句闲言，四条人命啊。三个年轻人就这样被武媚娘和二张活活逼杀而死。史料中对此事有如下记载：一个是《资治通鉴》说：“太后春秋高，政事多委张易之兄弟；邵王重润与妹永泰郡主，主婿魏王武延基窃议其事。易之诉于太后，九月，壬申，太后皆逼令自杀。”另一个是《旧唐书·武承嗣传》说李重润兄妹和妹夫武延基“话及张易之兄弟出入宫中，恐有不利，后忿争不协，泄之，则天闻而大怒，咸令自杀。”这两个重要史书都说是武媚娘逼令自杀的，可信度极高。武媚娘为了让张易之兄弟二人称心供自己纵欲淫乐和让二张干预朝政，竟惨忍下令逼杀自己亲生孙儿、孙女及孙女婿，既可见她老而更淫、淫心更强、无法克制，已达狂淫无度，同时也再次显示了

她一贯嗜杀成性，虽亲生儿女、孙女儿也难逃厄运的凶残暴虐本性。

《资治通鉴》所记史实均很严谨，它写明当时“太后春秋高，政事多委张易之兄弟”，表明二张已确实恃宠生骄，干预朝政。逼死皇孙李重润，这事比天大，因为李重润是太子李显的嫡长子，如不被逼死，他就是未来的皇帝啊。像这样干预朝政的事情还有很多，任意陷害大臣也是他们不可宽恕的罪行。他们干涉朝政的一个最突出的事例就是迫害、罢黜刚正不阿的宰相魏元忠、凤阁舍人张说及司礼监高戬。在李重润兄妹死后一个月，武媚娘重返长安，大赦天下，改元长安。李显作为皇太子随行护驾。最小的儿子李旦也被委以重要军职，先是知左右羽林军事，这是当时北衙禁军的最高统帅；接着担任并州牧，这是李唐龙兴之地的最高长官，最后又被任命为雍州牧，直接护卫京畿之地。政治重心重返李唐的旧都长安，两个儿子都作了妥善安排，回归李唐的态势已经相当明显。就在这重要当口，二张又捅娄子出事了。肃政中丞魏元忠兼检校洛州长史，治事严明。洛阳令张昌仪仗二兄势力，素不守法，每入长史衙听值，出入自由，魏元忠屡加训斥。张易之家奴暴乱都市，由魏元忠逮捕，立毙杖下。二张挟恨遂深，武媚娘却进魏元忠同平章事，因此二张愈加侧目。张易之弟歧州刺史张昌期奉召为雍州刺史，复被魏元忠奏阻，说：“昌期少年，不闲吏事。”原来他在歧州当刺史时已经搞了个乌七八糟，老百姓都逃光了，现在怎么能让他到雍州为害一方呢。他面奏武媚娘谓：“乏承宰相，不能尽忠死事，反令小人在侧，罪该万死。”这“小人”二字明明是指斥二张，二张听了，十分贼胆心虚，恨上加恨。会武媚娘患病，二张遂欲构陷魏元忠，还有司礼监高戬，尝侍太平公主，往来宫中，二张因与太平公主有私而隐含醋意，乃诬称魏元忠与高戬私议，谓：“武氏年老，不若倚附太子，为长久计。”武媚娘虽老，但对权力毫不放松，听了当然很气，就问：“你们怎么知道的呀？”张昌宗说：“我没有听见，是张说听见了告诉我的。”这张说是武媚娘第一次举行殿试时录取的第一名，现任凤阁舍人，被视为武媚娘的嫡系。张说还是《三教珠英》编辑部的成员，跟二张私交也不错。二张事先跟张说说了，请他出来作证。武媚娘听了勃然大怒，信以为真，竟命将魏元忠和高戬下狱待质。张昌宗与张说交谈时请他作证，当以好官相酬，张说当面允诺，不料被同僚御史中丞宋璟所知，竟于临讯这一日，预待朝房。张昌宗与魏元忠两人在武媚娘面前诉说时辩论不休，张昌宗说：“可问张说，他听到魏元忠说的。”武媚娘即召张说入朝，将至朝门，兜头碰见宋璟。宋璟便对张说说：“名义至重，鬼神难欺，不可党邪陷正，自求苟免。就使得罪被窜，亦播荣名，万一不测，璟当叩阁力争，与君同死。万代瞻仰，在此一举。”侍御史张廷珪、左史刘知几两人，俱在璟侧，张廷珪引“朝闻道，夕死可矣”两语勉励张说，刘知几亦加勉道：“毋污青史，为子孙累。”张说听了，点头而入。魏元忠见张说进来，恐他证成冤狱，便呼道：“张说欲与张昌宗，共罗织魏元忠么？”张说叱道：“元忠为宰相，何乃效里巷小儿语？”说毕，便谒见武媚娘。武媚娘问及狱证，张说尚未回话，张昌宗就向张说说：“何不亟行奏明？”张说奏道：“陛下试看昌宗，在陛下前，尚逼臣如此，况在外面乎？臣实不闻元忠有是言。”张昌宗立即厉声道：“张说与魏元忠同反。”武媚娘对张昌宗说：“你也太信口诬人了。”张昌宗说：“臣不敢诬说，说曾称元忠为伊周。伊尹放太甲，周公摄王位，难道不是欲反么？”张说正色道：“易之兄弟，统是小人，徒闻伊周，未识伊周法。日前元忠入相，自谓无功受宠，不胜惭惧。臣实语元忠道：‘公居伊周职任，正可效忠。’伊尹周公，是千古忠臣，历代瞻仰，陛下用宰相，不使学伊周，将学何人？臣亦明知今日附昌宗，立取台衡，附元忠，反遭族灭，但鬼神难欺，名义至重，臣不敢诬证元忠，自取冤累。”武媚娘不便再问，半晌才说道：“张说反复小人，宜一并系治。”语毕下座入内。张说乃与魏元忠一同系狱。越日，独召张说入问，张说奏对如前。武媚娘再命宰相及武懿宗复讯，张说仍执前言，矢口不移。正谏大夫朱敬则等先后上疏，为魏元忠诉冤，武媚娘偏袒二张，竟贬魏元忠为高要尉，张说与高戬皆流放岭南。张昌宗因张说不肯诬证魏元忠，挟武媚娘之势，连夜要促他起身。偏因一事，张说避免了流放。

张说为人很有风度。他有个爱妾姓宁，名怀棠，字醒花。母梦人授给一枝海棠，遂得孕，出生后，有人戏问其母：“海棠睡未足耶？”其母曰：“名花宜醒不宜睡。”故取字醒花。年十七，姿容艳丽，文才敏捷，嫁张说为妾。张说十分宠爱，所有财物，交她掌管。一天，礼部尚书贾恪的儿子贾全虚来京应试，特登门拜访张说。张说见他年少多才，留作自己书记，凡书札往来都由他代笔，住在家中。忽忽过了一夏，秋来风景，甚是迷人，梧桐落叶，桂花飘香。贾全虚这日步入园中缘玉亭前闲玩，迎面见到醒花，见醒花亭亭玉立，十分可人，便色胆包天，上前深深一揖道：“小生苏州贾全虚，信步游览景色于此，不及避，请娘子恕罪。”醒花也不回话，只回了一礼，竟往里边去了。醒花心想：吾家老爷说贾相公文学出众，家世显贵，并未谈及他丰姿秀雅，性格温柔，看他举止文静，决不像个落薄之人。吾今在此虽然享用很好，但为人妾，终无出头之日，若能与他结缘，也就好了。只是一时想不出有什么办法和他接近、交谈。一天，张说出去有事未回，贾全虚一人独坐书斋。月光明亮，听见窗外有人咳嗽一声，他出来一看，见一女郎缓步而来，说：“吾乃醒娘侍女碧莲，前些时醒娘亭前一见，至今不忘，特命奴婢前来告知，欲见郎君一面。”语未毕，醒花已移步而来，满身香气袭人。贾全虚迎上一揖道：“缘玉亭前，偶然相遇，心想娘子决非平常女子，所以敢于直言款曲。今幸娘子降临，天遣奇缘，如蒙娘子不弃，便能结下百年姻缘了。”醒花却很安

雅，徐徐答道："我在府中一二年，所见贵人多矣，未有如君者，君若不以妾为残花败柳，请长侍巾栉，长效于飞之乐，妾今日即愿随君而去，不知以为可否？"贾全虚道："承娘子雅爱，全虚有何不可，只是年伯面前不好意思。"醒花道："你我终身大事，哪里顾得许多，应当自行主张。"碧莲携着酒肴，于是二人对酌。贾全虚笑道："卿字醒花，只恐夜深花睡去，奈何？"醒花笑答："共君今夜不需睡，否则恐全虚此一刻千金也。"二人均大笑。碧莲说："隔墙有耳，为今之计，三十六着，走为上着。"于是急忙收拾，连夜逃出府中。早有人将此事报告张说。张说差人四下缉拿住了，来见张说。张说要把贾全虚处死，贾全虚厉声道："睹色不能禁，亦人之常情。男子汉死何足惜，只是明公爵禄尊荣、名望素著，今虽暂谪，不日自当迁擢，安知今后宁无复有意外之虞，缓急欲用人乎？何因一女子而置大丈夫于死地？窃为明公不取也。且楚庄王不究绝缨之事，袁盎不追窃姬之书生，杨素亦不穷李靖之去向，后来皆获其报，岂明公欲一女子而欲杀国士乎？"张说奇其语，遂回嗔作喜道："汝言似亦有理，今以醒花赠汝。"同时命家人厚赠金银奁资。贾全虚十分感谢，也不推辞，携之而去。武媚娘后来闻知此事，以张说能顺人情，决定不究前事，命复原官，兼为睿宗第三子李隆基之师傅。这李隆基即后来唐室中兴之主、开元盛世之玄宗皇帝，而当时武媚娘只以等闲视之。

魏元忠被贬高要尉后出狱辞行，伏殿奏陈道："臣年已老，今向岭南，九死一生，但料陛下他日，必思臣言。"武媚娘问道："将来有什么祸祟？"魏元忠抬头见二张侍侧，便指示道："这两小儿必为乱阶。"二张忙下殿叩首，极口称冤。武媚娘叱魏元忠退去，安慰二张说："元忠已去了。"自引二张入宫，不再下制。侍御史王晙又奏称元忠无罪，亦不见报。魏元忠临行出都，太子仆崔贞慎等设饯郊外，被张易之闻知，又欲重兴大狱，捏状告密，谓崔贞慎等与魏元忠等谋反，署名系"柴明"二字。武媚娘复使监察御史马怀素鞫问。马怀素集讯数次，并无实据，故意延案不复。内使督促再三，马怀素乃入殿自陈，请传柴明对质。武媚娘说："朕不知柴明住处，但教照案鞫治，何用原告？"马怀素道："事无证据，奈何诬人？"武媚娘怒道："卿欲纵容叛臣么？"马怀素从容道："臣何敢纵容叛臣？但元忠以宰相被谪，贞慎等以亲故饯行，若即诬他谋反，臣实不敢附和。从前汉朝栾布，奏事彭越头下，汉祖且不以为罪，况元忠罪状，不如彭越，陛下乃欲诛及送行，岂非过甚？陛下操生杀权，如欲加人以罪，不妨取决，圣衷若必欲委臣鞫讯，臣何敢枉断？只好据实奏闻。"武媚娘听他侃侃直陈，倒也觉得有理，怒气亦为之渐平，便道："卿且退，朕已知道了。"马怀素退后，此案遂搁置不提，崔贞慎等乃得免罪。宋璟尝自叹道："我不能为魏公伸冤，不但负魏公，并且负朝廷，抱愧恐无已时了。"

单凭胡说诬陷就把一个宰相搞下台了，这还不是干预朝政的重大事件吗？二张其所以能干预朝政，完全是武媚娘过分宠爱、纵容的结果。老百姓对此十分气愤。有一个叫苏安恒的长安人为此事打抱不平。他上书武媚娘，指责他委任奸佞，斥逐贤良。他甚至于威胁说，如果事情这样发展下去，就会有人“争锋于朱雀门内，问鼎于大明殿前”，就是说人民要造反了。他建议应该把二张兄弟杀掉，如果实在舍不得杀，也要贬官发落，不能再让他们手握大权，胡作非为。武媚娘接到这个意见信，根本不予理睬。这说明，要武媚娘亲自处理二张，根本不可能。

五、谋反风波

凤阁舍人宋璟因二张猖狂作恶，陷害、贬黜宰相魏元忠等人，对二张十分痛恨。武媚娘因宋璟有才，颇加器重，尝召入赐宴，与二张同席。二张同居卿列，位居三品，宋璟系六品官阶，当然入就下座。张易之因武媚娘重视宋璟，也欢颜相待，虚位与揖道：“公系第一名流，何故下座！”宋璟答道：“才劣位卑，张卿以为第一，窃所未解。”天官侍郎郑果，时亦在座，便插入道：“宋公奈何称五郎为卿？”宋璟奋然道：“就官职言，正当以卿相呼，足下非张卿家奴，乃欲称卿为郎么？”说得郑果哑口无言，不由得面颊发赤，就是与座诸官，也不禁感愧起来。到了终席，宋璟不同二张通语，二张自是怨璟，有时经武媚娘召幸，未免加入谗言。偏武媚娘知他忠直，不欲轻信。

长安四年秋季，武媚娘又复疾寝，累月未见辅臣，惟二张侍侧不离。凤阁侍郎崔玄暐上疏道：“太子相王，孝友仁明，足侍汤药，宫禁所关甚重，幸无令异姓出入。”疏上数日，适武媚娘病势稍愈，乃批答出来，系是‘感谢厚意’四字。二张见此批答，恐致见疏，且虑武媚娘病笃，必将及祸，因阴结私党，为预备计。不断外面已屡有揭帖，说二张谋反。二张日夕无忧，就是武媚娘得知，也置诸不问。偏是谣言日甚，不得不令二张加忧，他们曾密引术士李弘泰，占问吉凶。李弘泰说：“昌宗有天子相，劝他至定州造佛寺，可以祈福。”二张兄弟心里很高兴，觉得这话说得没错，就把他打发了。现在洛阳城里出现帖子，说他二人谋反，他们吓坏了，担心那个不懂事的术士把这件事给泄露出去。张昌宗慌忙扑倒在武媚娘脚下，把事情的经过原原本本说了一遍。武媚娘听后笑了，知道二张就那么回事，没本事去谋反，她说：“宝贝没事，我保护你。”无奈此事被许州人杨元嗣闻悉，立即状告上来，说：“张昌宗尝召术士李弘泰占相，弘泰言昌宗有天子相，劝于定州造佛寺，则天下归心。”既是有人有根有据告发二张谋反，武媚娘只好命平章事韦承庆及司刑卿崔神庆、御史中丞宋璟等立案，共同审理二张。张昌宗忙入白武氏，叩头流涕，自称："弘泰虽有妄言，臣等实无异心。"武媚娘乃令内侍传语问官，叮嘱援自首律，减昌宗罪。韦承庆本身是二张党羽，有心为二张脱罪，说："昌宗准法首原，弘泰首恶当诛。"独宋璟与大理丞封全祯上疏辩驳道："昌宗屡承宠眷，复召术士占相，意欲何为？且果以弘泰为妖妄，何不即执付有司？虽云据实奏闻，终是包藏祸心，法当处斩，不得少贷。"武媚娘一看，关键在宋璟这儿，把他支开，不就没事了吗？当宋璟复见武媚娘，坚请收治二张时，武媚娘仍然不许，但云："且检详文状，再行定夺。"谁料宋璟刚一退出，立即有制令璟安抚陇蜀，武媚娘使出了调虎离山计。宋璟不肯出行，上言称："本朝故事，中丞非军事大事，不当出使，今陇蜀无变，臣不敢奉制。"武媚娘乃改令璟往幽州，推按都督屈突仲翔赃污。宋璟又抗辩道："外臣有罪，须由侍御或监察御史往审，臣不敢越俎代行。"司刑少卿恒彦范及凤阁侍郎崔玄暐，又接连入奏，固请武媚娘加罪张昌宗。武媚娘乃改令法司议罪。司刑卿韦升系玄暐弟，复奏应处大辟，武媚娘不从。宋璟复入请穷治，武媚娘道："昌宗已向朕自首，理应减刑。"宋璟道："昌宗为飞书所逼，穷蹙首陈，本非初意，且谋反大逆，罪难首原，若昌宗不服大刑，何用国法？"武媚娘温言劝解，宋璟厉声道："昌宗分外承恩，臣知言出祸随，只因义愤所激，宁死不恨。"武媚娘不觉变了脸色，内史杨再思在侧，恐璟忤旨，遂宣敕令出。宋璟又道："圣主在此，臣面聆德音，不须内史擅宣敕命。"武媚娘无言可驳，只好饬令复讯，遣昌宗至御史台对簿。宋璟乃趋出，即诣台立按张昌宗。才经数语，忽由内侍持敕特赦，引张昌宗自去。宋璟不便追还，只长叹道："不先击小子脑袋，悔无及了。"既而武媚娘令张昌宗面谢宋璟，宋璟拒不见面，且传语道：'公事公言，若私见便是违法，王法怎得有私呢？'"张昌宗格外惭恨。

【批】

张易之兄弟得宠猖狂干政、皇孙李重润兄妹惨死、刚正不阿的魏元忠晚年遭贬、控鹤监供奉与众多美少年秽乱宫廷，此皆虽已年迈而权欲狂与性欲狂更加强盛的武媚娘令人发指的罪恶。她已近死亡而杀心不改、淫性更炽，诚千古未见之毒贼婆也！

为发泄淫欲而专门成立一个广收美少年进宫淫乱的机构控鹤监（奉宸府），偏又有不少无耻官员公然在朝堂上以自己相貌俊美和阳物巨大毛遂自荐，亦旷世未有之秽闻，秽亵腐臭到了极点！

【第三十一章】
诛淫贼李显复帝位

一、策划政变

武媚娘是个权欲狂、淫欲狂、杀人狂，虽至晚年，恶性未改。但年龄不饶人，她年届八十时，精力毕竟不济了，渐渐疏于政事，大权旁落，二张逐渐插手朝政，引起政局的复杂化，武媚娘母子、君臣关系也因此空前紧张起来。特别是长安四年（704）以后，武媚娘仍牢牢掌握权力不放。这种情况在历代朝廷是极罕见的，一个年已八十、身患重病的皇帝仍不愿禅位于太子接班，表明她对权力的依恋已经陷入不能自拔，似乎想把权力带到棺材里去。这恐怕在古今中外皇朝史上是绝无仅有的。而太子李显是个极其窝囊又愚昧无用的人，胆小如鼠，最近长子重润、爱女永泰郡主及婿武延基均被母亲逼令自杀，吓得他终日战战兢兢，不敢吭声，更不敢想到继位这事上去。在这种情况下，宫内外联系基本隔断，大臣无法见到武媚娘，政事荒废，朝廷混乱。独有深受武媚娘宠幸的二张却喜欢这种状态，他们逐渐突破男宠的限制，插手朝政，擅自传达武媚娘旨意，使政局更加混乱不堪和变幻莫测。大臣们议论纷纷，谁也不敢肯定太子李显能否顺利继位。这样，二张把持朝政已成政局一切矛盾的焦点。长安年间，不少大臣想通过司法努力解决二张问题，把他们送进监狱或者干脆把他们处死。但是，由于武媚娘爱这两个活宝如同爱护自己性命，拼命护卫他们，司法手段再严厉也敌不过武媚娘一纸敕赦令，这条路肯定走不通。

在武媚娘庇护下，二张是很有能量的。因为二张深受武媚娘宠爱，不少大臣趋炎附势，巴结二张，竭力对他们阿谀奉承，点头哈腰，甘愿效犬马之劳。武氏子弟因武媚娘已将李显立为太子，承嗣皇位无望，便把希望寄托在二张身上，使自身能继续扬眉吐气，跃武扬威。二张正是在武媚娘的大力支持和一些权贵大臣的依附效力下才干出许多干预朝政的坏事来的。二张兄弟都是被宠惯的小人，睚眦必报，快意恩仇，对于不喜欢他们的人或者他们不喜欢的人，报复起来非常恶毒。太子李显一双儿女及女婿都因二张兄弟谋害死于非命，太平公主的情夫高戬被二兄弟诬陷远贬岭南。朝廷中一批反对他们的大臣如魏元忠、韦安石、唐休璟等都被他们贬出朝廷，太子仆崔贞慎等为魏元忠饯行竟被诬与魏元忠谋反，重兴大狱。他们还有几个兄弟在各地担任重职，为虎作伥，祸国殃民。二张既然能猖狂作祟使皇孙李重润等被处死，使肃政中丞魏元忠等重臣被贬，他们还有什么坏事干不出来呢？因此，他二人得势一天，李唐皇室和正直朝臣就无不深受威胁，朝廷就一天得不到安宁。在这种情况下，他二人已成李唐宗室和许多有识之士的大臣一致反对的目标，必欲除之而后快。

二张已成众矢之的，人多主意多，有人就想出了一个主意，干脆搞一场宫廷政变，处死二张，同时迫使武媚娘退位，由太子李显继任皇帝，恢复大唐王朝体制。羊群走路靠头羊。带头人是谁呢？就是前面狄仁杰一再向武媚娘推荐而进入朝廷成为重臣的张柬之。张柬之是个大器晚成的传奇人物。他出生于唐高祖武德年间，进士出身，可算是个政坛前辈，但前半生仕途不顺，直到六十五岁以后才真正得志。狄仁杰是个一心向着李唐王朝的忠臣，在他采取迂回策略以儿女骨肉之情婉言劝说武媚娘召回庐陵王李显立为太子后，又苦心孤诣两次进言劝谏武媚娘重用张柬之为相，狄仁杰在世时张柬之已官升至秋官侍郎。最终又因得到狄仁杰举荐的姚元之的进一步推荐才当上了宰相。他是一个决心匡复李唐的人，狄仁杰、姚元之正是因此才一致举荐他的。张柬之先任合州刺史，后与荆州长史杨元琰对调，两人同泛江至中流，谈及武氏革命事，元琰慷慨太息，竟至泣下。柬之与语道："他日得志，当彼此相助，同图匡复。"杨元琰答称如约。至是张柬之入相，遂荐杨元琰为右羽林将军，且与语曰："江上旧约，尚相忆否？"杨元琰道："谨记勿忘"。张柬之又结交司刑少卿恒彦范、右台中丞敬晖及右散骑侍郎李湛等，同谋复唐，只待时机乃发。他当宰相的时候，正是武周王朝的多事之秋，二张气焰熏天，国家前途未卜。对张柬之这个一心去周复唐的人来说，当务之急就是除掉这两个小人，以清君侧，确保太子李显能够顺利继位，振兴大唐王朝。他人在高位，心系朝廷，身为宰相，手握大权，以去周复唐为己任，自然成了发动政变、消除二张、复辟李唐王朝的中坚人物。

神龙元年，武媚娘继续卧病长生殿，身边只有张氏兄弟出入，暗蓄异谋，武媚娘没有丝毫还政儿子的意思。这时人们就觉得更加紧张了，一旦武媚娘突然死去，二张会有什么样的行为？这是人们最担心的。于是，政变计划在悄悄而紧张地进行着。张柬之认为时机已至，不应再缓，乃密邀守卫皇宫的右羽林大将军李多祚面谈，说：“将军今日富贵，从何得来?”李多祚流着泪说：“统是先帝所赐。”张柬之道：“今先帝二子，为二竖所危，将军不思报先帝大德么?”李多祚说：“苟利国家，惟相公驱使，多祚不敢自爱身家。”张柬之问：“可真么?”李多祚指天为誓道：“如有虚言，愿受天诛。”张柬之大喜，即与同谋匡复事宜。复令恒彦范、敬晖、李湛等俱为羽林将军，令掌左羽林军实权。此时姚元之自灵武至都城，张柬之对恒彦范说：“元之到来，吾事济了。”遂召姚元之入室，商定大计，并将计划转告恒彦范等人。恒彦范归禀母亲，母与语道：“忠孝不能两全，先国后家，庶不失为忠臣。”于是恒彦范与张柬之、崔玄玮、敬晖、李湛、杨元琰、李多祚等，约定同时起义，并同司刑少卿袁恕己、左羽林卫将军薛思行、赵承恩、职方郎中崔泰元、库部员外郎朱敬则、司刑评事冀仲甫、检校司农少卿翟世言、内直郎王同皎，率左右羽林军五百余人，入玄武门。

李唐皇室成员也按计划开始行动。武媚娘现时共有三个儿女：太子李显、相王李旦、太平公主。为了共同的利益，当张柬之让带兵进驻玄武门的恒彦范和敬晖跟李显商量政变计划时，李显因事关切身利益，欣然同意了。相王李旦自李显重立为太子后他就掌握兵权，担任左卫大将军，是南衙卫兵的司令。到时候他可以带领南衙卫兵控制政府，稳定首都。而李显的下属、太子右庶子兼宰相崔玄玮和李旦的下属、相王府司马兼司刑少卿袁恕己二人都是政变核心领导小组的成员。太平公主因事关恢复李唐王朝和两个哥哥的前途，当然也参加了，还有一个原因是她唧恨二张诬陷她的情人高戬被流放岭南。她主要负责策反大内里面的宫女做内应。

二、复辟成功

长安四年的次年，改元神龙。神龙元年正月二十二日，政变爆发了。按计划，政变兵分四路：第一路张柬之、崔玄希和部分禁军将领率领北衙禁军直扑玄武门，控制入宫通道；第二路右羽林大将军李多祚率领部分禁军将领赴东宫接迎太子到玄武门，然后两路军队汇合进攻皇宫，诛杀二张，逼武媚娘退位；第三路太平公主安排宫女在宫内接应；第四路李旦和他的司马袁恕己率领南衙诸卫控制政府各部门，杀死二张党羽，稳定京畿。按计划似乎稳操胜算，但不料在紧要关头出了两个岔子。

第一岔子是太子李显临阵害怕，不敢出面。李显原先是同意政变的，政变成功自己可以当皇帝，不是很好吗？可是事到临头，他害怕了。一想到母亲的铁血政策，想到长子、女儿、女婿的惨死，不由得腿有些发抖，母亲毕竟还让自己当太子呢，又没把他废掉，难道一定走这一步吗？假如政变失败，那后果真是不堪设想啊。他不但迈不开腿，而且干脆，他不走了。他这一不走，外边的将领可着急了，军队都出来了，箭在弦上，不得不发，如果太子不出面，名不正，言不顺，那不是造反吗？不行，赶快劝他出来。王同皎曾尚太子新宁郡主，是李显女婿，见丈人不敢出来，就劝慰道：“先帝以神器付殿下，殿下横遭幽废，人神共愤，迄今已二十二年。好容易等到今天，北门南衙禁军都愿同心协力，共讨凶竖，恢复大唐社稷。请陛下速至玄武门，亲抚大众，即刻入宫诛逆。”李显害怕又不敢应承，竟搬出孝道来了，说：“凶竖诚当诛灭，但太后患病未痊，恐致惊胆，愿诸公再作后图。”李湛忙接入道：“诸将相不顾家族，再造社稷，殿下为何欲置我们于死地？请陛下自往面喻将士们吧！”这是对李显进行威胁，你李显如敢对将士说政变取消，将士们不把你吃掉才怪！李显听明白这话的意思了，叹了口气，走上前几步，又退了回来。王同皎说：“事不宜迟，迟恐有变，殿下亦恐难逃祸呢。”李显这才慢腾腾跨上了马，谁知他刚一上马，有人对马狠抽了一鞭子，骏马飞奔向前。驰至玄武门前，大众欢跃相迎，不待他开口，便将他拥至内殿，斩关而入。

第二个岔子是张柬之率领主力部队来到玄武门，本来以为无人阻挡，没想到被一员大将挡住了去路。他是殿中监田归道，当夜由他率领千骑在此执勤。北衙禁军的主力是羽林军，已统归张柬之、李多祚掌管，但北衙禁军还有一支非主力部队，叫做千骑，它靠在羽林军名下，不过它的将领由皇帝亲自任命。武媚娘这样做，是为了让禁军内部互相牵制。张柬之对他晓之以理，动之以情，他就是不让过。正在这时，太子赶到了。太子一出面，田归道没主意了，他知道太子登基就是皇帝，违抗皇帝不要杀头吗？田归道软下来了，说：“这样吧，咱们妥协，我让你们进去，但我的兵不能跟着你们进去。”于是两路人马汇合到一起，将士们一拥而入，直扑皇宫。

张柬之指挥两路军队进入皇宫，直向武媚娘的寝宫迎仙宫闯了进去。有的宫女见有军队进来，想要进去通风报信，还没走出门，已被太平公主安排的内线接应的宫女一刀捅死。二张闻变，忙披衣出来观望，刚走出屋门，就被张柬之指挥的羽林军一齐上前，将两个貌美心凶的淫夫，劈作数段。杀死二张，张柬之带兵进入武媚娘所寝的长生殿，见殿前侍卫环立，由张柬之等叱退，直叩寝门。武媚娘闻人声嘈杂，料知有变，心中一惊，立即起床，厉声问道：“何人胆敢兴兵作乱！”张柬之等拥太子入室，齐声回答道：“张易之昌宗谋反，臣等奉太子令诛之，恐致泄漏，故不敢预闻，臣等自知称兵宫禁，罪该万死！”武媚娘见和自己同龄的张柬之带头大声说话，语气软中带硬，不觉叹了口气，然后把头转向太子，怒目而视道：“汝敢为此么？但二贼既除，可还东宫。”她这一怒吼，又吓得李显两腿发软，一句话也说不出来，真的就要往外走回东宫去了。这时恒彦范在一旁忍不住了，说：“太子怎能再返东宫？昔天皇以爱子托陛下，今年齿已长，天意人心，皇位早应归还太子，臣等不忘太宗天皇厚恩，故奉太子诛贼，愿陛下传位太子，上顺天心，下符民望。”武媚娘仍死抱皇位不放，不肯答应，但观人情汹涌，未便严词拒绝。她正在踌躇顾虑时，瞥见李湛亦立门前，便对他说：“汝亦为诛易之将军么？我待汝父子不薄，不意乃有今日。”湛系李义府子，听了此言，竟低下头说不出话来。武媚娘又对崔玄玮说：“他人多因人荐用，惟卿由朕特拔，今亦与彼等同来么？”崔玄玮说：“这便是报答陛下大德呢。”武媚娘不禁顿足叹息道：“罢罢！”说了两个“罢”字，仍返身躺下，闭上眼睛，不再说话。

张柬之等乃拥太子出殿，即令羽林军收捕张同休、昌期、昌仪，遂请太子令，枭首天津桥南。五兄弟的头都被割下来，悬挂桥头示众。张氏兄弟卖官鬻爵，横行霸道，老百姓早就对他们恨之入骨，所以一夜之间，张氏兄弟尸体上的肉都被人们割光了。和来俊臣尸体被人割光一样，这十足反映了当时老百姓对武周高压血腥暴政的愤怒。相王李旦和袁恕己派兵搜捕了韦承庆、崔神庆、房融等二张余党下狱，并统南衙兵拱卫朝廷京都，以防不测。同时召太平公主，令入白武媚娘，请制传位。太平公主因二张谮死高戬，与有夙嫌，此次二张受诛，乐得充当美差，入劝武媚娘，不到半日，遂请出一道太子监国的制敕，越宿又颁制传位，复辟功成，大赦天下，惟二张党羽不赦。

神龙政变成功，中宗复位登基，武周消灭，大唐复兴。百官登殿朝贺，当由中宗颁敕贺功。相王加号安国相王，拜为太尉。太平公主加号镇国太平公主。授张柬之夏官尚书，同凤阁鸾台三品，崔玄玮为内史，袁恕己为凤阁侍郎，同平章事，敬晖、恒彦范为纳言，并赐爵郡公，李多祚赐爵辽阳郡王，王同皎为驸马都尉，兼右千牛卫将军，爵琅琊郡公，李湛为右羽林大将军、赵国公，余皆进秩有差。越日，徙武媚娘于上阳宫。又越日，由中宗率同百官诣上阳宫，加武媚娘尊号，称为“则天大圣皇帝”。还朝后，敕令武氏宗族概守旧官；皇族子孙曾遭配没，尽准归复属籍，且量叙官属。从前周兴、来俊臣冤诬诸人，咸令昭雪，子女尽免配没，一律遣归。复国号为唐，凡郊庙社稷陵寝、官制、旗帜、服色、文字，皆如高宗永淳元年（682 年）以前故事。复以神都为东都，迁武氏七庙至西京，仍命避讳。贬韦承庆为高要尉，流崔神庆至钦州，房融至房州。调杨再思留守西京，出姚元之为亳州刺史。

三、复辟遗恨

神龙政变虽然取得了成功，诛灭二张，媚娘退位，去周复唐，中宗临朝，使李唐王朝重振雄风，但可惜的是，这是一次很不彻底的复辟，武媚娘威力犹在，武氏家族、家庙依旧威风、兴旺，加上中宗昏庸无能，不久朝廷又发

生动乱，张柬之等复辟功臣受诛，中宗亦死于非命，并由上述种种情况带来对武媚娘的历史定位和评价等一系列不良严重后果。归总起来，复辟遗恨主要表现在下述几个方面：

第一，没有彻底打倒和消灭武媚娘。张柬之等大臣发动神龙政变的目的，主要在于清君侧，消灭二张，乘势逼劝病重的武媚娘退位，让她儿子李显恢复帝位，从而去周复唐，奠定大唐振兴基业。一句话，对武媚娘不存在“仇恨”和“消灭”的意思。消灭二张是很容易的，消灭武媚娘却做不到。因为武媚娘是李显的母亲，母亲的铁血政策他已尝够了，心有余悸，加上他懦弱无用，所以他连政变都不敢参加，他还敢消灭武媚娘吗？因为张柬之、姚元之等朝廷大臣都是武媚娘选择重用的，他们都对武媚娘有感恩之心和君臣之分，他们对武媚娘丑恶本质都认识不足，所以从一开始就没有消灭武媚娘的念头，只是想请她退位，让太子李显登基称帝。如果说，神龙政变是一次革命的话，应该说这是一次不彻底的革命，这是历史的悲剧，也是当时历史现实环境所形成的，除了张柬之等人，恐怕任何别的人也难以做到彻底打倒、消灭武媚娘。

第二，武媚娘虽被迫退位但光荣、威风依旧。武媚娘退位被软禁了，可中宗昏庸，武氏家族依旧显贵，她在各方面依然受到尊重。她创造的自己名子的字“曌”依然保留着，这就是对她的一种极大的尊重。中宗还给她上了一个尊号，叫作“则天大圣皇帝”，中宗是皇帝，武媚娘被称作皇帝，一个朝代有两个皇帝，简直是胡闹。这种事只有昏庸的中宗做得出来。李显还定下规矩，每十天率领文武百官到上阳宫看望武媚娘一次。这种待遇，别的下台的皇帝是没有的。玄武门事变之后，李渊退位被看管起来，李世民很少去看望他，李渊孤孤单单的死得很凄凉。唐玄宗被儿子逼迫退位后软禁在太极宫，唐肃宗也是不理不睬。李显还在即位敕文中给了武媚娘很高评价，说当年高宗“仙鹤不追，逆臣开衅，敬业挺灾于淮甸，务挺潜应于沙场。天柱将摇，地维方挠。非拨乱之神功，不能定人之安危矣”。这简直是信口胡说，裴炎、程务挺明明是被诬陷斩杀的，竟说武媚娘有“拨乱之神功”，真是荒唐至极。此次退位明明是被逼下台的，竟说武媚娘“凝怀问道，属想无为”，说她皇帝当累了，不想当了，主动让位给李显，这不是睁着眼睛说瞎话吗？即位敕文最后还肉麻地吹捧武媚娘“在朕躬则为慈母，于士庶即为明君”，公然给武媚娘树立起慈母、明君的高大形象，似乎武媚娘为了争夺权利而疯狂屠杀自己女儿小公主、王皇后、萧淑妃、废太子忠、亲生儿子李弘、李贤、孙儿李重润、孙女永泰郡主、姐姐韩国夫人、外甥女魏国夫人、几个贤惠媳妇和大批唐室、唐臣的事从来没有发生过，表明中宗已昏聩到了极点。武媚娘临死时还让他写遗制，说“祔庙、归陵，令去帝号，称则天大圣皇后”，虽然把李显

给她的尊号“则天大圣皇帝”改作了“则天大圣皇后”，这也是很无耻的，李显尤其不像话的是，在崇尊庙里供奉的仍然是武家的七代神主，并特地下制，要求“武氏三代讳，奏事者皆不得犯”，并把武媚娘的出生地北都依旧称为并州大都督府，把武氏家族的地位仍然抬得很高很高，实际上也就是从各方面烘托出武媚娘仍然享有很崇高的地位。她死后又对她举行隆重葬礼，与高宗合葬乾陵，生荣死哀，辉煌至极。历史错乱、荒唐到如此地步，一要归罪于李显昏庸，二要归罪于朝臣愚钝，然而归总起来，乃全属武媚娘多年高压铁血政策所造成的恶劣影响与后果。

第三，缺乏远谋，横遭屠杀。神龙政变后二张伏诛，诸武尚存，并且都拥有很强权势。特别是武三思，权势更盛。中宗女安乐公主，容貌秀丽，姿性聪慧，武媚娘在位时见她秀外慧中，遂命嫁与武三思子崇训，武三思就与中宗成了儿女亲家。武三思早就与上官婉儿勾搭成奸，中宗复位后武三思经常出宫，在上官婉儿牵引下，又与韦后私通。这韦后在宫中甚是专横，中宗处处迎顺着她。因为原先在房州对中宗与韦氏同遭幽禁时，备尝艰苦，情爱甚笃。每闻敕使到来，中宗不胜惶惧，怕敕令赐死，常欲寻自尽，韦氏尝劝阻说：“祸福无常，未必定是赐死，何用这般慌张呢?”既而延入内史，果没有意外祸事。中宗遂深信韦氏，倍加情好，且与她私誓道：“他时若再见天日，当惟卿所欲，不加禁止。”及中宗复位，韦氏再立为后，遂依践旧约，任意而为，居然欲仿行武媚娘故事，干预朝政，干出恣意淫乱和无法无天的事来。韦后与上官婉儿在中宗面前屡说武三思才具优长，中宗竟拜武三思为司空，同中书门下三品。既而复封散骑常侍武攸暨为定王，兼职司徒，由是诸武声势复振。武三思入宫与韦后掷双陆，中宗且自为点筹，至三思归第，间或一二日不至，中宗即微服私访，相处得如胶似漆一般亲密。武媚娘被迁到上阳宫后，武三思曾去看望过她，诉说张柬之等人凶恶，所以不便进宫来。武媚娘说：“你可与韦后设计，除此五恶，我族可高枕无忧矣。”“五恶”乃是指发动神龙政变为首的五个人：张柬之、恒彦范、敬晖、袁恕己和崔元暐，武媚娘、武三思均恨之入骨。中宗复位后，洛州长史薛季昶曾对张柬之、敬晖说：“二凶虽诛，产禄犹在（产禄指汉吕后从子吕产、吕禄，曾凭借外戚权势横行作乱），斩草不除根，终恐复生。”张柬之、敬晖道：“大事已定，尚有何虑?我看若辈如几头肉呢。”季昶出叹道：“吾辈恐无死所了。”朝邑尉刘幽求也对恒彦范、敬晖说：“三思尚存，公等终无葬地，若不早图，噬脐无及。”彦晖二人仍付诸一笑，仍然不睬。由于他们缺乏远见，不早作图谋，结果均遭恶果。武三思一心要除去张柬之等人，向中宗前日夕进谗，说张柬之等五人，恃功专宠，将不利社稷。不久，昏庸的中宗即贬张柬之为襄州刺史，恒彦范为洛州刺史，敬晖为滑州刺史，袁恕己为豫州刺史，崔玄暐为梁州刺史。

又复令中书舍人郑愔再告敬晖等谋变，辞连张柬之，因再贬敬晖为崖州司马，恒彦范为陇州司马，张柬之为新州司马，袁恕己为窦州司马，崔玄暐为白州司马。武三思意尚未足，定欲害死五人，方快心愿。乃密令人至天津桥畔，揭示皇后秽行，请加废黜，又故意令中宗闻知，中宗大怒，即令李承嘉穷究。李承嘉受武三思密嘱，奏称由敬晖等五人所为，遂更流敬晖至琼州，恒彦范至瀼州，张柬之至泷州，袁恕己至环州，崔玄暐至古州。五家子弟，年至十六以上，皆流放岭南。中书舍人崔湜并代武三思策划，令外兄大理正周利用赍了一道伪造的墨敕，前往追杀五人。周利用前为五人所嫉，贬为嘉州司马，由武三思召为刑官，至是命摄右台侍御史，出使岭外。周利用立即启行，兼程逾岭，适张柬之、崔玄暐已经道殁，只缚住敬晖、恒彦范、袁恕己三人。敬晖被剐死，恒彦范被杖毙，袁恕己饮野葛汁不死，也被捶死。薛季昶累贬至儋州司马，闻五人遇害，自知不能免祸，也具棺沐浴，饮毒而终。其他一些参加神龙政变的大臣也纷纷遇害。独有一人幸得脱免，他就是神龙政变定策功臣姚元之。神龙政变成功，许多功臣都受重封，独他出为亳州刺史。为什么呢？因为当中宗复位时，曾封他为梁县侯，食邑二百户。武媚娘迁居上阳宫，姚元之曾随驾往省，见了武氏，竟呜咽流涕。及还，张柬之、恒彦范对他说："今日何日？岂公涕泣时么？"姚元之答道："前日助讨凶逆，是不废大义，今日痛别旧君，是不忘私恩，就使因此得罪，亦所甘心。"张柬之入告中宗，乃即出为亳州刺史。姚元之以为人敏达著称，他说的话乃是避祸之计，后来五人遭害，姚元之独能避免，系赖有此计。姚元之后来成了玄宗朝最得力的宰相之一。细想张柬之为去周复唐，立下显赫功劳，最后竟以八十多岁高龄惨死流放途中，诚令人叹息，他的失着是缺乏远谋，他傲视武氏子弟如几上肉，结果自己却成了武氏几上肉。这笔血债，也该算到武媚娘这个凶残贼婆娘身上，是她在临死前嗾使侄儿武三思干这惨绝人寰、伤天害理事的。武媚娘临死仍不忘屠杀，人们应当永志这是神龙政变的一个惨痛的血的教训！

【批】

古话说："百足之虫，死而不僵。"令人想像不到，武媚娘这个最恶毒淫秽的女皇虽被赶下台仍然很有权威，她死后还能通过武三思几乎杀尽神龙政变重要功臣，并在后世得到一些缺乏伦理、人性与良知的人的称颂。

【第三十二章】无字碑苍茫千秋罪

一、空白石碑

神龙元年十一月，八十二岁的武媚娘病死在东都洛阳上阳宫的仙居殿。次年五月，武媚娘与高宗合葬于乾陵。乾陵位于乾县西北的梁山上。进入乾县后，向西北方向远眺，就会看见高耸入云的三座峻峭秀美的山峰，似貌若天仙的女子，光彩照人地倚躺在灿烂阳光之下，分外引人、妖娆。中国历史上颇引人争议的武媚娘与其丈夫唐高宗李治就合葬在这里，墓称乾陵，大概是因它位在乾县故有此名。乾陵是一座巍峨的高山，有一个高峰和两个低峰紧紧相连，乾陵地宫主体位于最高的北峰，南面两个较低的山峰东西对峙，像是天然宏伟的迎客使者恭立两旁，中间一条笔直的司马道直达山顶，宽畅而宁静；走在上面，有一种心旷神怡之感。从山下到山顶，约需两个小时才能到达。一路苍松翠柏，石雕群象，琳琅满目，美不胜收，虽然山高路远，却似乎不费劲儿即可轻松步上山顶。陵前朱雀门外一东一西矗立着两座巨大石碑。西面的那块属于唐高宗，名叫《述圣碑》，由武媚娘撰文，唐中宗书写，歌颂高宗的丰功伟绩；南面的那块属于武媚娘，因为无字被人们称作无字碑，碑体十分高大，矗立于朱雀门外司马道的东侧，与其西侧高宗文治武功的《述圣碑》并肩而立。

无字碑平面光滑，半字皆无，与其旁密密麻麻、记述高宗丰功伟绩的《述圣碑》对照，显得寂寞零丁，凄然可悲。这是由一块完整的巨石雕琢而成的石碑，通高 7.53 米，宽 2.1 米，厚 1.49 米，总重量达 98.84 吨，也可是说百吨重的石碑了。这么一个庞然大物单雕琢、搬运和竖立所花的人工与财力，已是够惊人的，可是把它艰难搬运而来并竖立起来，竟赫然一字皆无，这不能不说是一件怪事、奇谈。恐怕连当时立碑的人也有些没头没脑、莫明其妙。

虽说碑顶及两旁也有些雕刻，碑首刻有八条互相缠绕的蟠龙，两侧各刻有升龙图一幅，刀法、线条均很娴熟、优美，阳面还有一幅狮马图，狮马均刻绘得生动逼真，很有生气，然而与整个平板无痕、单调无字的碑面相对照，就愈益使这整座巨碑显得苍茫可哀、黯然失色。古往今来许多游客来到这里，都不能不面对这块耸立在茫茫苍天下巨大无字碑陷入千头万绪的无尽的遐想与哀思。

是的，这就是所谓有名的武则天无字碑。武则天并非她生前的名字，而是她死后谥号，史籍和古人都不叫她武则天，而只叫她的本名媚娘，或叫她武氏、武后。近代有些人赶时髦，刻意吹捧她，就把武则天名字叫开了，这碑也就称作武则天无字碑了。为了尊重历史，还历史真面目，就应直称此碑为无字碑或武媚娘无字碑、武氏无字碑。这碑有名没有名？当然有名了，因为古今中外几千年来只有这一块巨大的无字碑，许多国内外游客纷至沓来参观，还不有名吗？不过，从严格意义上说，什么叫作碑？凡刻着文字竖立起来作为纪念物或标志的石头才叫碑，这上面一个字也没有，就不够资格称作碑，只能称之为无名石。称它为无字碑不过是一种迁就、方便的说法。

凡碑都应有字，这么巨大的碑竟然一字皆无，这就是个问题。后人在这碑上刻写的字，已斑驳陆离、模糊不清。据《雍州金石记》载：“碑侧刻龙凤形，其面及阴俱无字。”《乾县新志》也载：“向无字。金元后，往来登眺，有题咏诗篇刊其上。”别人的题刻绝不能代表碑本身的题刻，因此，它永远只是一块虽巨大但苍白无力的无字碑。

首先要弄清楚，这无字碑是谁立的。古人的墓碑，大都不是本人立的，而是后人为他立的，除非有特殊情况者例外。但武媚娘没有任何特殊情况，她被逼退位后被软禁在上阳宫，由李湛率兵专门日夜看管，完全被剥夺了自由，她还能设想如何为自己立碑吗？

中国古代皇帝的陵寝是不立碑的。唐高宗死后，武媚娘突破了这个传统，给高宗立了个叫《述圣记》的碑，歌颂他的丰功伟绩。这就为帝王立碑开了个头。武媚娘死后，中宗李显也为她立了个碑。但是，问题出来了，怎么评价武媚娘呢？对皇家父母的评价，自然是由继位作皇帝的儿子做主。李显会如何评价自己的母亲呢？前面说过，他秉承父皇高宗之命做了皇帝，只因说了一句不恰当的话就被母亲一脚踢下帝座，贬为庐陵王，幽禁房州长达二十多年，他知道母亲嗜杀成性，一个亲生女儿、两个儿子都被她杀死了，自己不知何日会突然厄运降临，下敕赐死，因此每天都提心吊胆，度日如年，这二十年就是备受煎熬、非常痛苦地熬过来的，好不容易在狄仁杰、李昭德、吉顼等忠于李唐王朝的重臣的劝谏下，母亲才同意他回京立为太子，但是还死抱住皇权不放，不肯传位给李显为帝，他的长子李重润和女儿李仙惠说话

不慎竟被母亲凶残处死，这对他的打击真是太大了。母亲还听信二张谗言诬诌兄弟相王李旦谋反，欲置李旦于死地。至于母亲为夺权称帝而滥杀大批唐室和唐臣，内心的恶毒、手段的凶残，那就更不用说了。李显再平庸无用，这些事还是记得住的。他怎么可能去为这无比恶毒的母亲歌功颂德呢？当时神龙政变的重臣张柬之等仍执掌重权，姚元之因见武媚娘时流了眼泪立被贬外放为亳州刺史，因此，为武媚娘歌功颂德，在张柬之、恒彦范、敬晖、袁恕己、崔玄玮等大臣面前也通不过。怎么办呢？干脆就给竖个无字碑吧。而在武媚娘去世后的八年时间里，唐朝政局进入动荡时期，一共爆发七次政变，皇帝像走马灯一样不停更换，从武媚娘换成中宗李显，又换成殇帝李重茂，再换成睿宗李旦，最后轮到李隆基才稳定下来。武媚娘的称号也换了很多次，直到玄宗天宝八年（749 年）才最终改成则天顺盛皇后，这时离武媚娘去世已四十多年了。在这么漫长的时间里始终没有人能给武媚娘一个确定的评价，因而，她陵前的碑也就长期空白着，一直无人料理去在碑上刻些什么字。岁月匆匆，一千三百多年过去了，原碑仍在，这就是我们今天所看到的苍茫悲凉的空白无字的石碑。

二、千秋罪碑

武媚娘陵墓前的巨大石碑虽然无字，但是正如古人所说，“此时无声胜有声”，在那巍峨、苍白的石碑上，却无形地镌刻着武媚娘罄竹难书的罪恶。当初中宗李显竖立这块无字碑的时候，他的心情是沉重而矛盾的，他想写而又实在无法写出他母亲有哪些丰功伟绩，他眼前晃动的只是无数被武媚娘血腥屠杀的无辜子女后代与唐宗唐臣的凄惨的情景，他实在无法下笔，忠于李唐皇朝的大臣们当然也无从下笔。算了吧，就立个石碑，她的千秋功罪，让后人去评说吧。其实，立空白碑的本身，就是包含极大贬义的。从来为人立墓碑都是为死者歌功颂德或至少要给予好评的，哪有一字不写的呢？一字不写本身就说明此人实在无可写之处，无功绩或好评可言，所以才给竖个空白碑。这是任何稍有头脑的人都可以想象得到的。因此，简言之，无字碑其实就是罪孽碑。又因为罪过太多，擢发难数，难以尽写，因而就完全空白，一字不写，这又进一步证明武媚娘罪恶之深之重。

对历史人物评价，可各抒己见，见仁，见智，这是文史界的共识。这里我先将前辈对武媚娘的批评概述一下，以作为我下面评述的基础。

宋代著名学者朱熹的《通鉴纲目》、欧阳修的《新唐书》、司马光的《资治通鉴》几乎通篇对武媚娘的淫毒屠杀暴政进行无情的鞭挞。《新唐书》痛斥“武后乘高、中懦庸，盗攘天权，畏下异己，欲胁制群臣，翦宗支，故纵使上飞变，构大狱。”“见大臣常切齿，欲因大狱去异己者。”《资治通鉴》说：“太后自李敬业之反，疑天下人多图己，又自以久专国事。且内行不正知宗室大臣怨望，心不服，欲大诛杀以威之。”“元礼性残忍，推一人必令引数十百人。太后数召见赏赐以张其权。”都痛斥她是为篡夺皇权帝位而用酷吏、兴大狱进行血腥大屠杀的恶魔。明末清初的思想家王夫之认为，武媚娘一生“鬼神之所不容，臣民之所共怨。”著名文人赵翼认为她最残忍，痛斥她是“千古未有之忍人。”当代学者隋唐史专家岑仲勉断言：“即使撇去私德不论，总观其在位二十一年实际，尢丝毫政绩可记”，“武则天对外族侵凌缺乏对策，而又居心疑忌，秉性残酷，陷人于罪，全凭锻炼；赋民间农器，立颂德天枢，铸九鼎，构天堂，对国民生计毫无裨益。”吕思勉在《隋唐五代史》中称武媚娘是“暴君”，“使滥刑，任酷吏”，无德政可言。毛泽东赞赏的著名历史演义作家蔡东藩在《唐史演义》中一直蔑称武媚娘为“武氏”，对她的重大罪行进行严厉批判，称“古今以来之妇女，未有如武氏之阴柔险狠者。”“（将王后萧妃）断其手足，投入瓮中，试问其具何心肠，乃至于此？禽兽尚不自戕同类，武氏直禽兽之不若。故读此回而不发指者，非人也。”“（武氏）如此淫恶，任其横行无忌，天乎人乎？越王贞父子，一举即亡，连坐者数十家，株累者数千人，而武氏则拜洛受图，筑堂受贺，倾万民之财力，张一己之淫威。”“欲篡唐室，不得不杀人，此武氏之本意，故杀人最多，几乎不可殚述……欲安诸武，又不得不杀人。”“这个老淫妇，真是天下尤物，居然能通宵达旦，极乐不疲。”“比新莽之篡汉，还要容易，一座唐室江山，竟轻轻移入老淫妇手中。”由上述情况可见，武媚娘确实是人人得而诛之、虽碎尸万段也不足以解民愤的万恶的淫婆、屠妇、暴君。

其实武媚娘也知道自己罪恶深重。据史载，她经常做恶梦，梦见王皇后、萧淑妃、长孙无忌、褚遂良、韩瑗、柳奭等屈死的冤魂向她索命。直到临死之前，这种恶梦更加频繁、严重。她移居洛阳就是自觉有罪而避祟悔罪的表现。她一生罪恶真是太多了，她自己都记不清，但她心知罪恶深重。所以，当她看到《讨武曌檄》时，并未有多大反感，还一边读一边赞扬这篇文章写得好，表明她基本认可了该檄文历数她“秽乱春宫，狐媚惑主”、“残害忠良、杀姊屠兄”、“包藏祸心、窥窃神器”、“君之爱子，幽居别宫，贼之宗盟，委以重任”等诸多罪行。圣历二年（699 年）武媚娘七十六岁时患了重病，被载入史册，可见病势不轻，对她精神打击非常大，意识到自己已来日无多。为了寻求长生不老，她开始相信道教，要大臣阎朝隐到嵩山祭祀山神，求山神保佑她快点好，同时服用丹药，以求早愈，更重要的是她特地指派帮她炼丹有功的道士胡超替她到嵩山封禅台北面投下一个赎罪的金简，金简上写明“乞三官九府，除武曌罪名”。这明显是个祈神赎罪简，什么罪没有写，万一

被人捡到那可不好办，但郑重地请道士上山投简以求赎罪这件事本身，已足够说明武媚娘在病危时深感自己毕生罪行太多太重，才特地到嵩山之巅投入此赎罪金简的。武媚娘在指使来俊臣穷究李旦谋反案时，太常乐工安金藏剖腹证明李旦没有谋反，武媚娘十分悔恨、惭愧，对苏醒过来的安金藏痛心地说："吾有子不能自明，累汝至此！"这也是她一次明显的自惭、悔罪的表现。还有一件事也可证明武媚娘自感罪行很重，希望减罪赎罪。当武媚娘病逝前，中宗等人来到病榻前，只听神志昏糊的武媚娘连说鬼话呓语："啊哟！你等都来了么？要我老命，奈何？"临死前，她后悔地对中宗说："王后、萧妃二族，我以前待他过甚，你应赦免他的亲属。就是褚遂良、韩瑗、柳奭等遗嗣，俱宜释归，这是至嘱。"武媚娘临死前向这些人悔罪了。武媚娘要悔罪赎罪的有关人物和事件很多。她病危临死，神志昏迷，很难一一忆述，所以其他罪行她都未说出来。从她临终悔罪的表现来看，她的确感到她一生罪行太多，很想悔罪赎罪，以求减轻良心上的谴责和死后鬼魂受到的严厉惩罚。还有她曾在朝廷上公开承认自己已成淫刑之主，中国几千年封建王朝中只有她这么个淫刑之主，可见她罪恶多么深重了！由此可见，挺立在苍茫宇宙下的武媚娘无字碑实实在在就是一块罪行累累、罄竹难书的千秋罪孽碑。

三、十四罪状

对武媚娘的历史功过评价，古代大多数人是持严厉批判、否定态度。由于武媚娘死后唐朝历代皇帝都是她的亲生子孙后代，皇帝及朝臣虽明知她罪恶深重也难于对她有什么过多指责。到了宋代，程朱理学和儒家正统思想兴起，对她的批判逐渐严厉起来。朱熹的《通鉴纲目》和欧阳修的《新唐书》都基本上对武媚持否定、批判态度。以后历代文人也大体痛斥武媚娘种种血腥暴行。清代学者王夫之痛骂武媚娘"鬼神之所不容，臣民之所共怨"与骆宾王在讨武曌檄文中所说的"人神之所同嫉，天地之所不容"如出一辙，充分表达了广大有正义感的志士仁人和文史学者对武媚娘极端仇视和痛恨的态度。这是对武媚娘历史评价的主流。到了近代，女权运动兴起，一些人把武媚娘与妇女解放运动联系起来，替她大做翻案文章。按实说，历史上的武媚娘与妇女解放运动毫无联系，她是她生活的那个时代的人，一切应和那个时代的社会和政治思想相联系，才能看清问题的本质，这叫做历史唯物主义，脱离具体历史把今天的思想强加给古人是违反历史唯物论的，因而是绝对错误的。

可以说，武媚娘的一生是充满罪恶的一生，她的罪恶真的罄竹难书，令人发指。其一生主要罪恶可概述为十四大罪状：

第一，泯灭人伦，勾引太子。据史载，“时，上在东宫，因入侍，悦之。”还有武媚娘写的一首带有调情意味的相思诗《如意娘》：“看朱成碧思纷纷，憔悴支离为忆君。不信此来常下泪，开箱验取石榴裙。”这两份史料都有力证明武媚娘早在为太宗才人时，就已在病榻前突破人伦底线勾引太子李治成奸并深深恋着李治纠缠不放了。史家认为，她为人淫荡轻佻，年龄比李治大四岁，而李治性格“懦弱”，偷欢通奸的主动方肯定是媚娘而非李治。她当然是为了在太宗逝世后找出路才主动去挑情勾引太子李治的，但她是李治庶母，她主动勾引与李治成欢，负着不可推卸的乱伦罪责。当武媚娘之后听到褚遂良说“昭仪经事先帝”和骆宾王说她“秽乱春宫，狐媚惑主”时，她都默认而一笑置之，都更有力证明她是主动挑逗庶子李治与其淫乱交欢的。在古代，庶母勾引庶子乱伦可是一条万难容忍的罪行。

第二，耍尽阴谋，攀登高位。武媚娘阿谀奉承表现在两方面，一是从感业寺回宫对王皇后、萧淑妃低三下四，卑躬屈膝，“下辞降体事后”，并笼络宫人，而她这样做是有目的的，就是使人对她丧失警惕，以利于她伺机将王萧二人一脚踢开，取而代之；二是对高宗李治竭尽阿谀谄媚之能事，“能屈身忍辱，奉顺上意”，“痛柔屈不耻以就大事，帝谓能奉己”，加上她床笫功夫了得，很快便赢得李治的宠爱和信任，由才人而一步跃升为昭仪。她完全是靠玩弄阴谋诡计攀登上后宫高位的。

第三，掐死公主，陷害皇后。武媚娘为了谋夺后位，亲手掐死亲生女婴小公主。当时小公主已有好几个月，长得十分活泼可爱。可是，淫毒无比的武媚娘为了陷害王皇后，竟亲手掐死小公主，然后向高宗哭诉是王皇后害死小公主。王皇后为人端庄平和，性简重，不曲事上下，根本不可能做杀害小公主这样的事，只有权欲熏心且极端阴险恶毒的武媚娘才会干得出来。《唐会要》说“昭仪所生女暴卒。”《新唐书·后妃列传》则直说武媚娘亲手杀死了小公主，然后嫁祸于王皇后。史学家都一致认定是武媚娘亲手杀死小公主的。为了入主中宫，竟敢干出如此灭绝人性的事来。

第四，王后萧妃，断肢醉死。王皇后、萧淑妃被废为庶人打入冷宫后，高宗前去探望，被武媚娘知道了，立即去和高宗胡闹，逼着高宗同意她处死王萧二人。据史载，武媚娘将王萧二人各打了一百大板，打得皮开肉绽之后，又断去她们手足，纳入酒瓮中，说是“令二妪骨醉”。汉吕后对待戚夫人曾施过这种虐杀酷刑，遭后人唾骂，武媚娘冒天下之大不韪，仿而效之，虐杀情况之惨有过之而无不及。这还不算，又改王皇后姓为“蟒”，萧淑妃姓为“枭”，极尽刻毒侮辱之能事。

第五，疯狂诬杀，顾命重臣。长孙无忌、褚遂良都是太宗授命托孤的顾命重臣。为了反对废王皇后立武媚娘为后，褚遂良在朝廷上拼死劝谏，结果

遭到贬黜外放，惨死贬所。以后又诬陷长孙无忌谋反，柳奭、韩瑗均被牵连进去，都被处死。裴炎是高宗授命托孤的顾命重臣，他因要武媚娘退位，让皇帝李旦亲政，触怒武媚娘，就诬他谋反将他处斩。这先后两批顾命大臣，都无任何过错，也都对朝廷忠心耿耿，都因反对武媚娘谋夺权位而遭诬处死。这反映出武媚娘顺我者昌、逆我者亡的高压铁血政策已到达多么猖狂地步，此后朝廷中大臣都胆战心惊，噤若寒蝉。

第六，绝灭人性，杀害亲人。为夺后位掐死公主仅是武媚娘杀害亲人的一个开端。此后她为满足其权欲和淫欲，又残杀了许多骨肉至亲和家人。四个儿子均遭残杀陷害。先后害死两个亲生儿子太子李弘和李贤。李显废黜在外二十多年，惶恐不安，度日如年。人至贬所，惶惶不可终日，时刻担心赐死。又诬陷小儿子李旦谋反，令酷吏之王来俊臣逼供，欲将其处死。七十八岁的她竟凶残逼死两个孙儿孙女和一个孙女婿，即庐陵王李显长子李重润、女儿永泰郡主和女婿武延基。此前还杖毙了李贤两个儿子，逼杀四个贤惠的媳妇，即李弘妃裴氏、李显妃赵氏、李旦正妃刘氏和德妃窦氏。两个同父异母哥哥武元庆和武元爽、两个堂房哥哥武惟良和武怀运均因说话不慎、得罪了武媚娘和她母亲杨夫人而遭惨死。毒死姐姐韩国夫人及其女魏国夫人。杀死三个庶子，即废太子忠及许王素节、泽王上金，并尽诛他们所有儿女与亲人。

第七，司法独裁，集权一身。武媚娘掌权后大力提高御史台的监察权。监察御史权势极大，有相当一部分人是酷吏，又被赋予生杀予夺大权，他们官小位卑，仅为八品官，却上可弹劾宰相，下可监控百官，他们独立于中央机构之外，只对皇帝负责。裴炎、刘祎之等宰相便是由监察御史除掉的。监察御史巡视全国各地时地方官员都畏之如虎，因慑于酷刑而自杀的地方官员非常多。武媚娘又专断地收回了用人权、监察权与司法权，使君权发展到登峰造极地步，从而做到了集天下大权于一身，将整个帝国置于自己的铁腕统治之下。这种集权一身的独裁铁腕统治是制造许多骇人听闻的冤案血案的罪恶渊薮。

第八，引蛇出洞，屠尽唐宗。垂拱四年武媚娘颁布诏书，声称她将于十二月二十五日亲临洛水，拜祭所谓宝图，举行受图大典。诏书中命诸州都督刺史及宗室外戚等，于拜洛前十日齐集于神都洛阳扈驾受图。其实这是武媚娘玩弄的引蛇出洞诡计，迫使唐朝宗室亲王贵族走上求生存的谋反之路。嗅出了这道旨意背后的杀机，李唐皇族终于先坐不住了，互相联系起兵讨伐武媚娘。博州刺史李冲仓促起兵，遭到失败，李贞起兵响应，亦城破身亡。武媚娘对李唐宗室兴起谋反大狱，不问他们是否互相联系，先后将诸亲王及其子孙一概抓捕入狱，韩王李元嘉父子、鲁王李灵夔、常乐公主等人被迫自杀，霍王李元轨等一批近亲宗室纷纷被处死，就连当初拒绝起兵的舒王李元铭和纪王李慎也被牵扯进来，在劫难逃。以《旧唐书》所载皇族子孙 215 人为参考，非命而亡的约有 113 人，其中武后掌权时被杀的占到 60%，加上流放、潜逃的，则占到 73%。最终高祖二十二子、太宗十四子都无一存活。她把唐朝宗室亲王和后代几乎都杀光了。武媚娘此举为她废唐立周、君临天下彻底扫除了障碍。

第九，任用酷吏，枉杀无辜。武媚娘为了加强她的皇权统治，鼓励告密，任用酷吏，动辄以莫须有的谋反罪大肆屠杀对她不满或有反感的人。从垂拱初年开始，酷吏兴起，索元礼、侯思止、周兴、万国俊、来俊臣二十七个酷吏纷纷登场，每一个酷吏的名字都背负了上千条或数千条人命，进入了武媚娘掌权以来最恐怖的时代。酷吏编写《罗织经》，专门将一些毫无过错的人罗织到谋反案中，动用酷刑，严刑逼供。酷刑名目繁多，令人见而恐怖，如“驴驹拔橛”、“仙人献果”、“玉女登梯”、“凤凰展翅” 等等。来俊臣还制造十套不同款式的巨型枷锁，使犯人一看到这些巨型枷锁就魂飞魄散，甘愿自诬。被酷吏迫害而死的人不计其数。高丽大将泉献诚因拒绝来俊臣的索贿，被迫自杀身亡。玉钤卫大将军张虔勖被来俊臣不问一款，以乱刀斩杀，无人敢问。宰相魏玄同得罪了周兴，便被诬告谋反，含冤自杀。就连大名鼎鼎的宰相狄仁杰也曾被酷吏构陷入狱，几乎被杀。武媚娘临朝称制一共用过七十五个宰相，其中有 60% 被酷吏拷打贬杀。连几万流人也惨遭武媚娘连派六道使进行血腥大屠杀。任用酷吏，滥杀无辜，一直是人们严厉批判武媚娘的主要罪证。

第十，不问贤愚，滥用官吏。在武媚娘专政时代，不问贤愚，只要能为她效忠，就能委以重任。侯思止一字不识，好吃懒做，武媚娘鼓励告密，他就去告本州刺史和李唐宗室谋反，武媚娘立刻提拔他为五品游击将军，后又升为四品秋官侍郎。来俊臣是个死刑犯，品质恶劣，他告已被处死的本州刺史李唐皇族东平王李续诬陷他入狱，武媚娘大笔一挥，来俊臣当了侍御史，后又高升为御史中丞。酷吏索元礼生性残忍，嗜血成性，每治一狱必牵连数十甚至数百人，“衣冠震惧，甚于狼虎”。由于武媚娘选用官员无论贤愚，悉加擢用，上等试用凤阁舍人及给事中，次等试用员外郎侍御史及补阙拾遗校书郎，时人作诗嘲笑道：“补阙连车载，拾遗凭斗量，欋推侍御史，碗脱校书郎。”郭霸因会逢迎谄媚而被授为监察御史。霸前为宁陵丞，闻李敬业起兵，自请往军前效力，有“抽其筋、食其肉、饮其血、绝其髓”等语，因此被称为“四其御史”。中丞魏元忠患病，郭霸前往探望时私尝元粪，说“粪甘可忧，今系苦味，可保无虞。”因此人们称他为吃屎御史。宰相杨再思专会谄媚，称张昌宗之美“乃莲花似六郎”，又奉迎武媚娘说：“昌宗合神丹，圣躬服之有验，此莫大之功”，被时人讥刺为“两脚狐”。唐同泰敬献假瑞石，即封为游击将军。傅游艺率百姓上表请武媚娘登基为帝，即晋封为给事中，后又升为鸾台侍郎平章事。他入朝才一年，历衣青绿朱紫，时人鄙视他称他为“四时官宦”。武媚娘推行告密制度，凡告密确有其事的都可加官进爵，这样，许多既无才能又无功劳的人都能做上高官。例如有个叫常无楷的人就因告密而封为羽林将军。武媚娘多次走马灯似的更换宰相，常常换上的是才能虽低但能效忠她的人，因此历来人们都指责武媚娘任用官员，不问优劣，完全是为她自己结党营私，培植亲信。武媚娘为巩固自己政权，鼓励告密，泛滥封官，其中不少是品行、才能低劣的人，这是任何一个朝代都不曾有过的。

第十一，窥窃神器，自立为帝。神器指君权、帝位。武媚娘以谋反罪处死的人成千累万，其实都是莫须有的罪名，欲加以罪，何患无辞，凡是她不喜欢或她认为会阻碍她前进的人，都给扣上谋反的帽子，立即处死，并灭门灭族。其实，真正谋反的人，不是别人，正是她自己。可以说，自从她立为皇后、垂帘听政之后，她就已有自立为帝之心了。这天下是李氏唐朝的，你武媚娘想自立为帝，改朝换代，这不是谋反是什么？她一步一步向窥窃神器、自立为帝之路前进，先是自尊为圣后，接着自尊为天后，胃口越来越大。高宗经常患病，使她有长期临朝听政的机会。朝臣们开始习惯于对她俯首称臣。从这时起，她就产生了君临天下的野心。高宗一去世，她便培植亲信很快贬黜李显，幽禁李旦。为了她借拜受洛图之机使惊恐万状的李唐宗室起兵自救，结果陷入她打草惊蛇、引蛇出洞的圈套，把李唐皇室成员一网打尽。她又利用酷吏和酷刑严厉打击敢于反对她的大臣，制造铁血恐怖气氛，终于一举灭唐兴周，自立为帝。就大唐皇朝而言，她乃是千真万确、罪大恶极的谋反者。

第十二，广收少年，荒淫无道。武媚娘有几个男宠，原是可以的。问题在于她过度宠爱男宠，放纵男宠为非作歹，干预朝政，使朝廷陷于惶乱不安状态。薛怀义出身于卖药的小混混，无任何才能，更不会打仗，竟封他为二品辅国大将军和讨伐逆道行军大总管，还派两个宰相做他的幕僚，其中一个宰相还被他指责打骂。薛怀义火烧明堂不但未予处罚，还让他继续修明堂。张易之、张昌宗更嚣张，他们都封了三品官，他们三个兄弟也都权倾一时，大肆贪赃枉法，贪赃受贿高达四千万钱。更严重的是，二张竟猖狂干政，一是向武媚娘诉说庐陵王李显的儿子郡王李重润、女儿永泰郡主、郡主婿魏王武延基私议二张的事，逼令三人自杀；二是诬告宰相魏元忠和张说谋反，致魏元忠被贬为高要尉，张说被判流放。而且，武媚娘与薛怀义、沈南谬、张易之、张昌宗在内宫纵欲淫乐，常常不避人耳目，无论白天黑夜都恣意纵淫，致秽闻四溢。连太子舍人郝象贤都知道此中情状，他在被诬谋反临刑前极口诋骂武媚娘，把她宫中的淫秽情状，一古脑儿扬说出来，可见武媚娘纵欲无度的秽闻当时已尽人皆知了。更令人愤慨的是，武媚娘竟设立控鹤监，广收美少年进宫供武媚娘淫乐受用，弄得朝廷风气败坏。许多大臣反对，劝止控鹤监广收美少年入宫淫乐行为，武媚娘拒绝不听，仍我行我素。武媚娘年近八旬仍如此无耻放纵淫乐，是最为人所不齿和鄙弃的。

第十三，奢侈浪费，挥霍无度。武媚娘在《建言十二事》中曾提倡节俭，那完全是骗人的政治作秀。她为了供自己享受和显耀自己威仪，大肆挥霍浪费，修建了许多本不该修建的东西。武媚娘早有临朝称帝野心，她坚持要在洛阳建一个东都，为的是远离李唐王朝贵族聚居的长安，在洛阳有利于她聚蓄权势，改朝换代。因此，特花费巨大钱财在洛阳建设了与长安皇朝一样的巨大豪华的宫殿，宫阙万千，锦绣耀目。还特地修建了明堂和天堂，花了几万劳力，花费巨万资财。明堂修建得非常雄伟、高大、富丽堂皇，主要目的就是为了显示武媚娘的权威和改朝换代实现“天子坐明堂”的愿望。她在嵩山修建奉天宫、三阳宫，又在万安山兴建兴泰宫，同时又修建一尊巨佛，除朝廷拨款外还向天下僧尼征收十七万余贯捐款。二张和他们的三个弟弟张同休、张昌期、张昌仪从中贪污了四千万钱，可见工程费用惊人巨大。还在洛阳城外修建了一个高一百零五尺、直径十尺，用铜和铁铸成的“大周万国颂德天枢”，又铸造了九鼎，由于消耗铜铁量大，钱不够用，强行征调民间铜铁和广募捐款，史书称：“功费甚广，百姓苦之。”“工役钜万万，百姓悲叹”。

第十四，经济停滞，国土沦丧。武媚娘当政，阻滞了贞观以来社会经济的发展。尤其是统治后期，朝政腐败，淫糜风盛，新贵形成，社会混乱，对历史的前进起了阻碍作用。她对外族侵凌缺乏对策，麻木无能，军事上节节失利，北方百姓惨遭外族涂炭，失掉安西四镇，危害了国家统一。契丹侵占赵定二州，将被虏七八万人口悉数坑死，掠走大量金银财宝，待至闻讯出兵，敌人已走得无影无踪，损失惨重。总观她在位二十一年实际，在政治、经济、社会、文化各方面都毫无政绩可言。监察御史李善感曾上书称：“近来年谷不登，饿莩载道，四夷交侵，兵车屡出”，呈现一片凄惨、动乱社会景象。当时许多老百姓开始脱离户籍，远离家乡，流离失所，逃避兵灾，寻求生路，造成政府收入的减少和不安定因素的增加。史载当时“剑南逋逃，中原亡命”，老百姓到处逃亡，苦难不堪。加上酷吏横行，北方百姓和边远流民遭受大批杀戮，到处呈现一片恐怖、黑暗景象。酷吏武懿宗为了讨功请赏，把被外敌裹胁走又逃回家园的人都安上谋反罪名给杀了，尸山血海，哀声动地，惨不忍睹，因此老百姓恨透了毫无安邦治国才能、只会残害和屠戮生灵的武媚娘这个暴君。

武媚娘的罪恶数不胜数，实在不止以上这些，难以尽述。例如她随心所欲、枉杀大臣的人数之多乃是中国封建皇朝历史上所罕见的，她搞个人崇拜达到登峰造极地步，凡向她报祥瑞和赞美她的都可得重金奖赏和封官进爵，凡效忠她的人不管品质多么恶劣，她都尽力加以保护等等。总之，她为了满足自己的权欲和性欲是任何最绝灭人性的事都干得出来的。文学大师林语堂、隋唐史学家吕思勉都怒斥她是中国历史上罕见的暴君。

四、屠杀名单

（一）屠杀嫡亲骨肉与亲人：

小女儿：刚出生不久，雪白粉嫩，活泼可爱，武媚娘为谋夺后位，将亲生小女儿掐死，移祸于王皇后，终夺后位。

李弘：长子，毒死，二子杖死。

李贤：次子，流巴州后派人杀死，三子被鞭杀而死。

李重润：李显长子，被赐死。

永泰郡主：李显女儿，被赐死。

武延基：侄孙，永泰郡主丈夫，赐死。

韩国夫人：姐姐，毒死。

魏国夫人：外甥女，毒死。

武元庆：同父异母兄，忧死贬所。

武元爽：同父异母兄，病死贬所。

武惟良：堂兄，诬陷处斩，改姓蝮。

武怀远：堂兄，诬陷处斩，改姓蝮。

弘妃裴氏：媳妇，弘被毒死后，受武媚娘虐待致死。

显妃赵氏：媳妇，受武媚娘疑嫉，被囚禁饿死。

旦妃刘氏：媳妇，被武媚娘秘密处死。

旦德妃窦氏：媳妇，被武媚娘秘密处死。

善氏：堂嫂，鞭打肉烂致死。

李忠：庶子，废太子，逼迫缢死。

李明：曹王，高宗妃杨氏所生。庶子，逼死。

李素节：庶子，萧淑妃所生，许王，杀死，九个儿子也被处死，改姓虺。

李上金：庶子，泽王，七个儿子也被处死，改姓虺。

（二）屠杀李唐宗室

1. 高祖子女与亲人

李元嘉：韩王，绛州刺史，处死，灭门。

李误：元嘉子，黄国公，通州刺史，处死，灭门。

李申：元嘉子，上党公，处死，灭门。

李谊：元嘉子，武陵公，处死，灭门。

李灵夔：鲁王，荆州刺史，处死，灭门，仅三孙存。

李元轨：霍王，青州刺史，以槛车徙黔州，中途死。

李元铭：舒王，处死，灭门。

李融：故虢王李凤之子，东莞郡公，申州刺史，处死，灭门，仅存一子。

李谌：故道王李元庆之子，广汉郡公，处死，灭门。

李颖：故密王李元晓之子，南安王，宗室十二人，处死，灭门，仅存一子。

李蔼：灵夔子，范阳王，处死，灭门，三子存。。

故滕王李元婴六子，全部处死，灭门。

故郑王李元懿之子，多数处死，仅存二子。

常乐公主：逼令自杀，灭门，儿子长孙仲、长孙诠被杖杀。

2. 太宗子女与亲人

李贞：越王，豫州刺史，兵败被杀，灭门，连坐数十家，株连数千人。

李冲：李贞子，琅琊王，兵败被杀灭门。

李乾：李贞弟，常山王，处死，灭门。

李慎：纪王，贝州刺史，槛车徙巴州，途中暴卒。

李续：慎子，东平王，徐州刺史，处死，灭门。

李琮：慎子，义阳王，处死，灭门，二子存。

李睿：慎子，楚国公，处死，灭门。

李秀：慎子，襄郡公，处死，灭门。

李献：慎子，广化郡公，处死，灭门。

李钦：慎子，建平郡公，处死，灭门。

李玮：故蒋王李恽之子，汝南郡王，辰州别驾，共有十二位皇族，处死，灭门，仅存一子。

李明：太宗少子，曹王，谪居黔州，逼令自杀。

李畴：故蜀王李愔之子，广都郡王，处死，灭门。

李湮：潘阳公，连州别驾，流徙嶲州而死，灭门，一子存。

李蟠：承嗣的蜀王，处死，灭门。

李陵：曹王明子，零陵王，处死，灭门。

李杰：黎国公，处死，灭门，仅存一子。

李绪：元轨次子，江都王，金州刺史，处斩，灭门。

李蓁：汶山郡公，处死，灭门。

李续：东平王，处死，灭门。

李琫：广都郡公，处死，灭门。

李厥：嗣恒山郡王，处死，灭门。

李琎：嗣郑王、鄂州刺史、宗室六人处死，灭门，二子存。

李修琦：嗣滕王，处死，灭门。

李亶：豫章王，处死，灭门。

李颖：南安王，处死，灭门，一子存。

李昭：鄅国公，处死，灭门。

李蓁：汶山公，处死，灭门。

李象厥：恒山王承乾之子，处死，灭门，仅存一子。

李直：李唐宗室，处死，灭门。

李敞：李唐宗室，处死，灭门。

李然：李唐宗室，处死，灭门。

李勋：李唐宗室，处死，灭门。

李策：李唐宗室，处死，灭门。

李黯：李唐宗室，处死，灭门。

李玄：李唐宗室，处死，灭门。

李英：李唐宗室，处死，灭门。

李志业：李唐宗室，处死，灭门。

李知言：李唐宗室，处死，灭门。

李玄贞：李唐宗室，处死，灭门。

3. 高宗亲属（儿女已写在前面）

长孙无忌：舅父，太尉，同中书门下三品，逼令自缢，兄弟子侄一律处死。

王皇后：杖百下，断四肢，纳入酒瓮，哀号数日惨死，斩首，改姓蟒。

萧淑妃：杖百下，断四肢，纳入酒瓮，哀号数日惨死，斩首，改姓枭。

柳奭：王皇后舅父，吏部尚书，斩首，成年儿子都处死，远近亲戚俱流放岭南。

薛绍：驸马都尉。太平公主丈夫，女婿，杖一百，饿死狱中。

（三）屠杀唐朝忠臣良将

褚遂良：右仆射、同中书门下三品，托孤老臣，贬死爱州，子彦甫、彦冲在流爱州途中被杀，远近亲戚俱流放岭南。

韩瑗：中书令，斩首，远近亲戚俱流放岭南。

来济：中书令贬为台州刺史，心怀悲愤，在一次与敌交兵中冲入敌阵捐躯而死。

毕正义：大理丞，逼令自缢。

韦季方：太子洗马，遭诬陷处斩。

上官仪：西台侍郎，同东西台三品，处斩，子庭芝也处死，又株连好几十人。

王伏胜：宦官，处斩。

裴　炎：中书令，处斩。

程务挺：羽林将军，处斩。

胡元范：凤阁侍郎，流琼州而死。

刘祎之：中书侍郎，赐死于家。

乐思晦：鸾台侍郎，同平章事，处死。

岑长倩：内史、右相，处死。

裴承先：殿中丞，郧公，处斩，灭门。

赵持满：凉州刺史，诬与无忌同反，斩之，尸陈城西，亲戚莫敢视。

长孙铨：驸马都尉，无忌族弟，流巂州，县令杖杀之。

长孙恩：常州刺史，与无忌通书，处绞。

王方冀：夏州都督，王后近亲，流崖州而死。

李孝逸：右卫大将军，遭诬陷流儋州而死。

来子珣：左羽林中郎将，流崖州而死。

张楚金：秋官侍郎，处死。

元万顷：凤阁侍郎，坐诛。

崔　督：夏官侍郎，遭周兴诬陷致死，史称“其余内外大臣坐死及流贬者甚众”。

苏干：冬官尚书，被来俊臣诬杀。

王慈徵：右玉钤将军，处斩。

泉献诚：左卫大将军，来俊臣求金未得，缢死。

张虔勖：钤卫大将军，来俊臣廷审时乱刀砍杀，枭首于市。

黑齿常之：武卫大将军，被诬缢死。

韦方质：地官尚书，同凤阁鸾台三台，为周兴构陷，流于儋州。

王安仁：胜利都督，不服诬告，周兴于枷上刎其首，又刎其子首。

李崇德：给事中，遭诬下狱后自杀。

裴居道：太子少保、纳言，太子弘裴妃之父，处斩。

邓玄挺：天官侍郎，坐知反不报受诛。

魏玄同：地官尚书、检校纳言，赐死。

樊　綦：司刑府史，被诬谋反诛杀，子讼于朝堂无人敢问，剖腹而死。

刘如璇：秋官侍郎，同情樊綦，处绞刑，改流放而死。

刘兄威：尚衣奉御史，与兄弟坐谋反被诛。

范履冰：春官尚书，同平章事，连坐受诛。

格辅元：地官尚书、同平章事，处死。

蹇味道：左肃政大夫、同平章事，处死。

李安静：右卫将军，因拒绝上表劝进被处死。

郝处俊：太子通事舍人，被诬处斩时痛揭武媚娘秽行而死。

李昭德：监御御史，揭发来俊臣，受诬被斩。

史务滋：纳言，被来俊臣诬杀。

薛颛：济州刺史，与李冲同谋，处斩，灭门。

薛绪：薛颛弟，处斩，灭门。

武思文：地官尚书，诬与李敬业同谋，流死岭南。

李公褒：道州刺史，与兄弟同为酷吏诬陷处死，灭族。

云弘嗣：歧州刺史，遭诬陷，来俊臣先斩其首，然后伪立案奏之。

裴匪躬：尚方监，私谒皇嗣旦，腰斩。

范云先：内侍，私谒皇嗣旦，腰斩。

裴贞：恒州刺史，处死，灭族。

刘易从：彭州刺史，受连坐，就地诛之。

谢佑：黔州都尉，处死。

李敬真：李敬业弟弟，逃亡被捉处死。

张嗣明：洛阳令，李敬真好友，处死。

高政：太子典膳丞，因李贤案被杀死。

李思徵：芳州刺史，遭诬处死。

刘思礼：箕州刺史，遭诬处死。

綦连耀：洛州参事，遭诬处死。

江融：左史，遭诬处死。

崔敦礼：兵部尚书，遭诬处死。

邢文伟：内史，被诬，自杀。

张行廉：尚书左丞，遭诬陷处死。

毛公：汾州司马，与周兴饮酒时被无故斩首。

赵瓌：寿州刺史，诬陷被杀，灭门。

萧德琮：长史，诬陷被杀，灭门。

傅延庆：新蔡令，诬陷被杀，灭门。

裴守德：汝南县丞，诬陷被杀，灭门。

李元素：凤阁侍郎、同平章事，遭诬陷致死、灭族。

孙元亨：夏官侍郎，遭诬陷致死，灭族。

石抱忠：知天官侍郎，遭诬陷致死，灭族。

给事中周及王的哥哥：泾州刺史，遭诬陷致死，灭族。

《资治通鉴》说武懿宗构陷李元素等“凡三十六家，皆海内名士，穷楚毒以成其狱，皆族诛之，亲旧连坐流窜者千馀人。”

刘行实：雅州刺史，处死，灭门。

弓嗣业：洛州刺史，处死，灭门。

郭正一：陕州刺史，处死，灭门。

弓致元：蒲州刺史，处死，灭门。

李光谊：梁州都督，处死，灭门。

刘廷景：陕州刺史，处死，灭门。

赵环节：右鹰扬将军，处死，灭门。

刘景先：辰州刺史，处死，灭门。

王本立：地官尚书，处死，灭门。

柳明肃：汴州刺史，处死，灭门。

苏践言：太常丞，处死，灭门。

白令言：曾江县令，处死，灭门。

欧阳通：纳言，著名书法家，遭诬陷流放致死。

阿思那惠：将军，处死，灭门。

张行廉：尚书右丞，处死，灭门。

裴望：麟台郎，处死，灭门。

裴琏：司膳丞，处死，灭门。

张光辅：内史，酷吏，后被诬陷处死。

（四）屠杀平民

1. 屠杀灭门灭族中受牵连的百姓：

武媚娘任用酷吏屠杀不附己的平民，数量巨大、惊人。史无确切统计，仅留下两个流人的姓名：俞文俊和韦方质。还有一个是武攸暨的妻子，武媚娘因欲以太平公主妻武攸暨，便暗中派人杀掉武攸暨的妻子，但不知她姓甚名谁。武媚娘嗜杀成性，在屠杀大批唐宗唐臣时常伴以灭门灭族，灭门灭族的对象大都是无官职的平民，还有大量远亲近属及关系密切的朋友，也大都是平民百姓。把这些被株连屠杀的远近亲属、朋友加起来，数字就非常庞大了。据《旧唐书》记载，李唐皇族的女眷与亲友也有数百家遭受屠杀，每一家都有很多人总计就有成千累万的人被杀。史书称：“太后自垂拱以来，任用酷吏，先诛宗室贵戚数百人，次及大臣数百家，其刺史郎将以下，不可胜数。”“（周）兴、（索）元礼所杀各数千人，（来）俊臣所破千余家。”单株洲杀越王贞余党就有数千人。武懿宗构陷凤阁侍郎李元素等“凡三十六家，皆海内名士，穷楚毒以成其狱，皆族诛之，亲戚连坐流窜者千余人。”光上述唐宗唐臣被灭门灭族受株连处死的家属亲友平民，总人数就有几万人。

2. 屠杀平民与难民

武媚娘任用酷吏出征或监察外地时，支持纵容屠杀当地百姓，无辜百姓被杀的人数也很巨大。琅琊王冲起兵，丘神勣率兵征讨，冲兵败，州人杀冲，素服出近，丘神勣尽杀之，凡千余族，回京报功，武媚娘迁升为大将军。这千余族大都是无辜百姓。契丹入侵，武懿宗出兵河北，残酷对待被贼裹胁后逃回来的难民，指为贼党，刳心剖胆，状极凄惨。张光辅到河北也滥杀被契丹掳去后逃回来的百姓。总计被武懿宗、张光辅为邀功请赏而屠杀的难民有数千人。酷吏王弘义出巡赵州，见闾里耆老作邑斋，遂告以谋反，杀二百余人，还受到奖赏、升迁。

3. 屠杀流民

岭南等荒僻地区有大批被牵连流放的人，称为流民，民间流传“代武者刘（流）”的讖语。武媚娘害怕这些流人造反，就决心血腥镇压。她先派酷吏万国俊去岭南巡视，万国俊把流人集中驱赶到水边，一齐杀了三百多人，回洛阳后受到武媚娘嘉奖，还升了官。武媚娘接着又派出五道使，到各流人集中地，大肆屠杀流人。总共有好几千流人就这样被残酷屠杀掉了。这就是武媚娘为消除心头之患而蓄意制造的大杀流人的臭名昭著的“六道使事件”。

武媚娘时代是很沉痛、悲惨的年代，大批被屠杀的唐宗唐臣是留下一些姓名来了，而被滥杀的百姓却未能也无法留下姓名，这后一个被屠杀无名氏的民众的人都要超过留下姓名的唐宗唐臣许多倍，其情状之惨烈，为历史所罕见。当时被屠杀的唐宗唐臣和无辜民众，总人数有好几万人，真可谓血流成河，尸积如山，武媚娘就是靠这样的大屠杀肆意制造恐怖气氛、维持其血腥统治的。

五、淫刑之主

武媚娘在世时就被人们斥为淫刑之主，她自己也无法否认。不过，她在这问题上又要弄花招，使用她惯常使用的装糊涂、受蒙蔽、推卸责任的手法，把责任推到宰相头上。她在和宰相姚元崇谈话时说：“前宰相务顺可，陷我为淫刑主。”（《新唐书·姚崇传》）“时宰相皆顺成其事，陷朕为淫刑之主。”（《资治通鉴》卷二〇六）两处记载的说法各有不同，但意思是一个：责怪宰相顺应酷吏肆意屠杀，没有及时向她提醒和谏阻，以致她被人们诬陷为淫刑之主。她这种狡猾的混淆视听的说法必须予以澄清和驳斥。

武媚娘做淫刑之主，是从她为了争夺后位而凶残地掐死出生才几个月的活泼可爱的亲生女儿小公主以嫁祸于王皇后开始的。这事在《新唐书·后妃列传》有详细记载。这是古今从未有过的一个女人为了争夺皇权而凶狠地残杀亲生女的绝灭亲情、人性的骇人事件。可怜小公主还未看清世界就任由恶母主宰使她一命归阴了。这样武媚娘就用小公主为代价开始成了中国封建皇朝空前绝后的淫刑之主。如果追溯唐朝和中国封建皇朝酷吏、酷刑的起源，就是从这时开始的。此后，武媚娘为了掌控皇权和清除异己者，就一直杀戮不断，使许多骨肉亲人和忠臣良将惨遭屠杀，且手段都很残忍。她先后残杀了两个亲生儿子、五个孙儿孙女、两个女婿孙女婿、四个贤德媳妇以及哥哥、姐姐、外甥女，其中女婿薛绍、媳妇赵妃活活饿死，几个孙儿孙女被迫自杀或鞭打致死，他们都是毫无罪过的骨肉至亲啊，试问世界上有哪个国家的皇后或皇帝如此残忍对待自己亲生骨血和亲人的？她竟敢在皇帝在世时亲自用酷刑鞭打废王皇后、萧淑妃后又截断四肢投入酒瓮备受煎熬，惨号几日才死，死后又予斩首，开世界妒妇淫毒之首。她在称帝前肆意罗织罪名、疯狂屠杀忠臣良将方面手段更加血腥而残忍。凡反武立后和反对她临朝称制的大臣都被她加上莫须有的谋反罪名，横遭屠杀，开国重臣和首席宰相长孙无忌、褚遂良、韩瑗、柳奭、来济、于志宁、上官仪、裴炎、刘祎之和威镇边陲的常胜将军程务挺等均遭到无情残酷镇压，韩瑗已死遭掘棺戮尸，长孙无忌两个身为驸马的儿子均遭杖杀，兄弟子侄无论亲疏一律处死，族弟、驸马都尉长孙铨、常州刺史长孙祥亦遭诛灭，凉州刺史赵持满被诬与无忌同反而“诛之，尸于城西，亲戚莫敢视”，褚遂良两个儿子在被流放途中杀死。因上官仪案而被株连的废太子忠被杀后抛尸荒野，无人敢看望收尸。以上一系列惨痛的血淋淋的事实充分证明武媚娘在重用酷吏之前她早已成为酷吏之王、之祖了。

武媚娘后来重用酷吏、滥用酷刑的目的，是要进一步强化她淫刑之主的地位，她就是要杀人立威，杀得越多越好，谁杀得多就会得到奖赏和升迁。至于罪名，凡涉及谋反的，一律处死、灭门、灭族，而不问有无罪证，细节概不过问。她用的酷吏大都是品质很恶劣的人，她认为越是品质恶劣的，越残忍无情，越会动用酷刑逼供，越会罗织株连大量无辜者，这样，就越能震慑朝臣，噤若寒蝉，从而可确保她江山永固。这方面，史书的记载明明白白，血债累累，罪恶昭彰，不管她怎样巧辩也无法推脱罪责。好一个“陷朕为淫刑之主”的“陷”字，她还要别人来陷害她吗？她就是明目张胆、公开亮相全心全意要做淫刑之主嘛。请看看大量史书记载吧：《新唐书》说：“武后乘高、中懦庸，资擅天权，畏下异己，欲胁制群臣，翦宗支，故纵使上飞变，构大狱。”“索元礼，胡人也，天性残忍。初，李敬业兵兴，武后患之，见大臣常切齿，欲因大狱去异己者……后数引见赏赐，以张其威，故论杀最多。”《资治通鉴》说：“太后自垂拱以来，任用酷吏，先诛唐宗室贵戚数百人，次及大臣数百家，其刺史、郎将以下，不可胜数。”“是时，酷吏恣横，百官畏之侧足。”这些史书的记述都明摆着武则天就是要利用酷吏成为她诛除异己、打击政敌的工具。历史明摆着，酷吏统治是武媚娘最受人诟病之所在。因此，武媚娘胡说什么宰相陷她为淫刑之主，完全是自欺欺人、欲盖弥彰的欺世谎言。为了消除妨碍她登基的潜在威胁，她利用酷吏大肆屠杀李唐宗室，把李唐宗室的人几乎都杀光了，对于细节她一概不问，她要的就是血腥屠杀的结果，高祖二十二子、太宗十四子无一存活，高宗的两位庶子上金和素节也被处死，上金的七个儿子、素节的九个儿子也无一活命。在消灭李唐宗室的战斗中，酷吏是她的最佳拍档，周兴、侯思止、来俊臣、索元礼都平步青云，权势熏人，朝臣侧目。在她登基之后，又开始对她不服的李唐旧臣展开大规模杀戮，尤以天授二年（691 年）达到高潮。《资治通鉴》说：“周兴与索元礼、来俊臣竞为暴刻，兴、元礼所杀各数千人，俊臣所破千余家，元礼残酷尤甚。”在武媚娘授意、支持下，宰相魏玄同、名将黑齿常之等均被诬告致死。刘思礼谋反案，酷吏穷推罗织，逼思礼引凤阁侍郎同平章事李元素、夏官侍郎同平章事李无亨、知天官侍郎石抱忠、刘奇、给事中周潘等，凡三十六家，皆海内名士，穷楚毒以成其狱，皆斩首灭族，亲朋连坐千余人；李敬真案亦诬引监军魏元忠、宰相张光辅、秋官尚书张楚金等多名朝廷重臣受害遭诛。武媚娘任用二十七个酷吏，每个酷吏都残杀上千条或几千条人命，被他们冤杀的总共有多少万人实在难以统计。从武媚娘临朝称制开始，她共用过七十五个宰相，其中有四十五个宰相被贬杀，真正是中国封建皇朝疯狂杀宰相之最。她把正直忠诚的宰相杀了那么多还胡说宰相“务顺可”，真太无耻了。应该说，她千真万确是酷吏的开山鼻祖，唐代惨痛残暴的酷吏政治，万千罪恶全在武媚娘一个人身上。欧阳修对此段血腥历史有深刻慨叹，他愤然叹息说：“天宝后……不得如武后时敢搏挚杀戮矣。呜呼！非吏敢酷，时诱之为酷”耳！这个“时”就是指武媚娘铁血恐怖大肆杀戮时期。事实上她当时就是铁定了心要做淫刑之主，放纵酷吏操杀生之柄，血腥镇压异己者，以确保江山永固，所以，任何人的谏阻都阻止不了她推行铁血政治滥杀无辜的脚步。

【批】

武媚娘无字碑分明表示她罪孽深重、无功可述，前人大都认定此乃她的千秋罪碑。这已成历史铁案，谁也翻不了这个案。本书以大量史实揭露她十四罪状，写列出了令人怵目惊心的被她残暴屠杀无数屈死冤魂的名单，并强调点明她从扼杀小公主开始就一直凶残杀戮不断决心成为中国封建皇朝的淫刑之主，则更有力证明她的无字碑千真万确是中国封建皇朝史上臭名昭著的千秋罪碑。

【附录】
文学大师林语堂《武则天传》

武氏暴行摘录

掐死小公主　谋杀王皇后

王皇后来的时候，武氏故意离开了。王皇后一走，她就进来把孩子（自己亲生的小公主）掐死，用被子盖上。她知道高宗下朝以后一定来看孩子……

武后下令，命婢仆打王皇后和萧淑妃各一百鞭子。然后将手足割下，将两臂两腿倒捆在身后，扔进了酒瓮。武后说："让这两个小淫妇如醉如痴骨软筋酥去吧。"

捏造谋反案　诛杀众朝臣

韩瑗、褚遂良、来济，都在武后的钢鞭之下粉碎了……现在刀刃儿向长孙无忌落了下来……（长孙无忌）自缢身死了。

燕王忠的冤狱完全是许敬忠的伪构，而太宗皇帝当年开国的元老大臣都死在此冤狱之下。

为了夺皇权　残杀两太子

太子弘说："前些日子我若不大胆向母后说起义阳、宣城两位公主，她俩不就一直在家里吗？可是，母后把她俩嫁给世代书香之家不好吗？干什么嫁给仆役们呢？她们毕竟是皇上的亲女儿呀。"

武后说："你退下去吧！"声音冷酷得可怖，脸绷得狰狞凶险，两眼眯成了一道线。

不多不少，正好在十八天以后太子弘在陪同父母驾临合璧宫的时候中毒而死……最后的记载是这样：武后共有八个儿子，一个早死，她自己害死了五个，另外两个幽禁了十二年，她亲手掐死的那个幼小女儿还不在内。

（章怀太子李贤）被控阴谋造反……他谋反要谋害谁呢？要反什么人呢？再想，他身为太子，登基为天子已经为期不远，这时竟要造反？想来的确荒唐，那种控告真是可笑！

几个大臣奉命审问，照着武后的意思定了罪，太子身犯叛国之罪，依法当诛。武后宣称，事已至此，不得不大义灭亲，国家纲纪，不可轻忽。

（丘神勣）这位特使第一步先把李贤监禁在后院屋内，然后逼迫他自缢……为掩饰此次谋杀，武后令在显福门举哀。

忠臣遭残杀　直臣斥酷刑

在武后残杀迫害雷厉风行之时，大唐臣子之中，尚有一些忠贞不阿之士，或为正义而甘心就死，或尽其所能，与淫邪之徒作殊死之争。正直之气得以不绝于人寰，人类之前途，赖以保存一线之希望。中书侍郎刘祎之被害一案，便是一例。曾有人闻听刘祎之说武后当还政于太子，以安天下，因此获罪……他的确说过武后应当归政于皇上。他说这话并非不忠，并非违反国法，此种主张应当坚持……武后赐他自缢身死。他在狱中上疏自陈，大义凛然。他与家人共进最后一餐，向家人告别，身着朝服，从容自缢。此种情形，完全与韦方质、魏玄同、欧阳通三人死时一样。

诗人陈子昂，在武后垂拱二年三月，逮捕诬陷正雷厉风行之时，觉得理当上疏进谏……子昂书奏达武后，自然没有下文……在武后永昌元年至十月，又在大屠杀如火如荼之时，子昂奋斗不懈，屡次上书，奏请武后罢酷刑行仁政。所以陈子昂可称是为维护人类尊严及国家法律而奋斗之第一人。

宗室大屠杀　唐朝几毁灭

唐室王公之起兵完全是武后逼出来的，然后以皇族造反为借口，借故将唐室皇族完全消灭……一人受审，看来仿佛合法，几十家便遭灭门之祸。整肃一次又一次，就如波浪一个个跟踪而至。押赴刑场处斩的行列就如同游行一般，尽量铺张宣传，借以使恐怖气氛深入人心。

审判、逮捕由武后光宅四年起，一直继续到武后天授二年的后半年，株连的关系性质越来越广泛、越细微，可以说，唐室宗族大多数人及重要的王公都已消灭殆尽。

参考书目

刘　昫《旧唐书》
欧阳修、宋祁《新唐书》
司马光《资治通鉴》
朱　熹《通鉴纲目》
英崔瑞德、鲁惟一《剑桥中国隋唐史》
吕思勉《隋唐五代史》
吴宗国《隋唐五代简史》
林语堂《武则天传》
郭沫若《武则天》
蒙　曼《武则天》
赵葭苇《武则天时代》
褚人获《隋唐演义》
许啸天《唐朝宫廷秘史》